中国特色社会主义法治道路探索的历程与经验研究

ZHONGGUO TESE SHEHUI ZHUYI FAZHI DAOLU
TANSUO DE LICHENG YU JINGYAN JANJIU

李 婧 ◎ 著

人民出版社

目　　录

自　序

方向决定道路,道路决定命运。如同中国特色社会主义道路的开辟、坚持和拓展一样,中国特色社会主义法治道路也是在改革开放 40 多年、新中国成立 70 多年、中国共产党成立百年的伟大实践中走出来的。2014 年 10 月召开的党的十八届四中全会通过的《中共中央关于全面推进依法治国若干重大问题的决定》,首次提出了"中国特色社会主义法治道路"的科学命题。习近平总书记指出:"每一种法治形态背后都有一套政治理论,每一种法治模式当中都有一种政治逻辑,每一条法治道路底下都有一种政治立场。我们要坚持的中国特色社会主义法治道路,本质上是中国特色社会主义道路在法治领域的具体体现;我们要发展的中国特色社会主义法治理论,本质上是中国特色社会主义理论体系在法治问题上的理论成果;我们要建设的中国特色社会主义法治体系,本质上是中国特色社会主义制度的法律表现形式。"①这就告诉我们,中国共产党作为中国特色社会主义法治道路探索的主体,对于这条道路的开辟、坚持和拓展具有极为重要的决定性意义。中国共产党的领导是中国特色社会主义法治之魂,是当代中国法治同西方资本主义国家法治的最大区别。中国共产党百年来的历史充分证明,坚持中国特色社会主义法治道路,是中国共产党和中国人民经过长期艰辛探索作出的历史性选择,是建设社会主义法治国家的唯一正确道路。

2020 年 11 月召开的中央全面依法治国工作会议正式提出了习近平法

---

① 《习近平关于全面依法治国论述摘编》,中央文献出版社 2015 年版,第 34—35 页。

治思想,明确了习近平法治思想在全面依法治国、建设法治中国中的指导地位。这在马克思主义法治理论发展史与中国特色社会主义法治道路探索史上具有里程碑意义。习近平法治思想,全面回答了法治中国建设走什么路的问题,深刻阐释了中国特色社会主义法治道路的核心要义、根本原则和基本要求,"科学指明了全面推进依法治国的政治方向,向全社会释放正确而明确的信号,统一了全党全国各族人民的认识和行动。"①习近平法治思想,是马克思主义法治理论同中国实际相结合的最新成果,是习近平新时代中国特色社会主义思想的重要组成部分,是中国特色社会主义法治理论的创新发展。它不仅为我国社会主义法治建设发生历史性变革、取得历史性成就提供了根本指针,成为新时代全面依法治国的根本遵循和行动指南,而且为人类政治文明进步贡献了中国智慧,为全球治理体系变革提供了中国方案。认真学习和贯彻习近平法治思想,对于继续坚持和拓展中国特色社会主义法治道路,推进法治中国建设无疑具有极为重要的引领价值和意义。

本书是我于 2015 年申请获批的国家社会科学基金项目"中国共产党探索中国特色社会主义法治道路的历程与经验研究"(批准号:2015BDJ025)的最终研究成果,2020 年 6 月经全国社会科学规划办公室批准结项,鉴定等级为优秀。本书以习近平法治思想为遵循,以马克思主义法治理论中国化为主线,以中国特色社会主义法治道路探索的历程及其成果为载体,力求实现研究视角、框架和内容三个方面的创新:

在研究视角方面,本书坚持以中国共产党对法、法制、法治在治国理政中地位和作用的认识为分析视角,将中国共产党对中国自己法治道路的探索置于中国革命、建设与改革百年历史发展的大背景之下,充分运用中国共产党、中华人民共和国重要历史文献为基本依据,系统研究中国特色社会主义法治道路探索的理论基础、法治资源、历史前提及其演进历程,深刻揭示中国工农民主法治道路、抗日民主法治道路、人民民主法治道路对于中国特

---

① 《习近平法治思想概论》编写组:《习近平法治思想概论》,高等教育出版社 2021 年版,第 112 页。

色社会主义法治道路探索、开辟与拓展的重大基础性、前提性的意义。

在研究框架方面，本书以中国特色社会主义法治道路为核心命题，以中国特色社会主义法治道路探索的历史轨迹及其基本经验为主体内容，建构了具有重大理论和实践意义的新的研究框架和研究范式，从整体上系统研究了中国特色社会主义法治道路探索、坚持和拓展的一系列基本问题，深刻揭示中国特色社会主义法治道路演进发展的历史逻辑、理论逻辑和实践逻辑的统一，为新时代坚持和拓展中国特色社会主义法治道路、贯彻中国特色社会主义法治理论、建设中国特色社会主义法治体系，推进法治中国建设提供具有较强创新性价值和现实性意义的研究成果。

在研究内容方面，本书提出了一系列具有创新价值的理论观点：

第一，马克思主义关于法的产生发展与消亡、法的内涵特征与本质、法的功能与价值、对待旧法的基本立场以及社会主义法治建设基本原则等法治思想，为中国特色社会主义法治道路探索奠定了重要的方法论基础；毛泽东思想中的法治思想，特别是他关于法的本质、法的地位和作用以及我国社会主义法治建设的思想，为中国特色社会主义法治道路的探索提供了重要的思想理论指导；中国特色社会主义法治理论则是开辟和拓展中国特色社会主义法治道路的根本思想引领等观点。

第二，中国传统法治思想是我国古代思想家和政治家思考治国理念、探索并实践治国方式的经验总结和智慧结晶，也是中国特色社会主义法治道路探索的重要法治思想资源；探索中国特色社会主义法治道路必须坚持从我国实际出发，但决不意味着可以关起门来搞法治，还要充分注意学习和借鉴西方资本主义发达国家法治文明的先进成果；苏联在社会主义建设中所形成的社会主义法治类型及其理论与实践，无论是其成功还是其失误，无论是其经验还是其教训，都对包括中国在内的其他社会主义国家产生过重要的影响，也为中国共产党探索中国特色社会主义法治道路、建设社会主义法治国家提供了重要的经验借鉴等观点。

第三，工农民主法治是中国共产党通过武装的革命反对武装的反革命这一主要斗争形式,在革命根据地彻底摧毁旧政权和旧法治,建立工农民主专政新政权并借鉴苏联革命法治建设经验的基础上,创建起来的新的民主革命性质的法治类型;抗日民主法治则与工农民主法治既有联系又有区别,与抗日民主政权是一切赞成抗日又赞成民主的人们的政权、是几个革命阶级联合起来对于汉奸和反动派的民主专政相适应,集中展示了从工农民主法治向抗日民主法治过渡的法治形态;人民民主法治的确立是同废除国民党反人民的法治传统相伴随的,抗战胜利后国民党继续其一党专政的"国体"和所谓的"法统",悍然发动了反人民的全面内战,中国共产党在胜利推进人民解放战争的基础上,明确提出废除国民党旧国体、伪宪法和旧法统的基本要求,《中国人民政治协商会议共同纲领》的通过,为人民民主法治基本形态的创制奠定了极其重要的法治基础,也为社会主义法治道路的探索提供了根本历史前提等观点。

第四,新中国成立、人民民主法治道路的继续探索、特别是《中华人民共和国宪法》的颁布,以及社会主义改造的基本完成和社会主义基本制度的确立,为中国特色社会主义法治道路的开启奠定了重要的政治前提和制度基础,标志着我国社会主义法治道路的探索正式开启;党在探索中国自己社会主义建设道路并全面开始社会主义建设进程中所发生的一系列失误,造成了中国特色社会主义法治道路探索的曲折和困顿;"文化大革命"抛开法治方式,用所谓"大民主"的方式去解决党和国家存在的问题,结果导致了"无法无天""全面内乱""打倒一切"的混乱局面,留下了惨痛的教训和深刻的启示。

第五,十一届三中全会是新中国成立以来党的历史上具有深远意义的伟大转折,也是党探索中国特色社会主义法治道路的伟大转折。邓小平社会主义法治思想的形成,标志着党对社会主义法治道路探索指导思想的根本转变,为重新开启中国特色社会主义法治道路的探索提供了重要的理论指导;伴随党治国理政实践的不断深入而逐步提出来的依法治国基本方略,则成为党对法治认识上的一次重大飞跃,对中国特色社会主义法治道路的开辟具有重要的理论和实践意义;进入新世纪新阶段,党对中国特色社会主义法治认识的不断提升,则凸显了党对法治在中国特色社会主义事业中的"基本"的地位,标志着党对法治认识上的质的飞跃。

第六,新时代,以习近平同志为核心的党中央在全面推进依法治国、建设社会主义法治国家的进程中,明确提出了中国特色社会主义法治道路的科学命题及其核心要义,并围绕如何坚持和拓展中国特色社会主义法治道路提出了一系列符合中国实际,具有原创性、基础性的理论观点,既明确了全面推进依法治国的根本方向,又突出了其关键环节和工作重点,为新时代中国特色社会主义法治道路的坚持与拓展提供了根本遵循和思想引领。

第七,中国共产党在持续探索并最终开辟中国特色社会主义法治道路的过程中,紧紧围绕坚持党的领导、人民当家作主、依法治国有机统一的原则,正确认识和处理党的领导与法治、人民民主与法治、德治与法治、法治创新与法治借鉴等一系列相互关联的重大理论和实践问题,积累了宝贵的经验:党的领导和法治的关系是我国社会主义法治建设的核心问题,也是坚持走中国特色社会主义法治道路首先必须解决的重大理论和实践问题;在当代中国政治话语体系下,民主即是指人民民主,法治即是指社会主义法治,这是在坚持中国特色社会主义法治道路视域下正确认识和处理民主与法治关系的基础;把法治建设和德治建设更加紧密地结合起来,既强调道德对法治的支撑作用,又重视运用法治手段解决道德领域的突出问题,使法治和德治相互补充、相互促进、相得益彰,是坚持和拓展中国特色社会主义法治道路的内在要求,也是其显著特征;坚持走中国特色社会主义法治道路,必须既立足本国国情、坚持从本国实际出发,推进法治建设的自主创新,又要以开放的态度看待其他国家法治建设的成果和经验,合理吸收和借鉴包括资本主义法治在内的人类法治文明成果,并将二者紧密衔接起来,正确处理法治创新与法治借鉴的关系。

本书的研究特色主要体现在:一是整体性研究的特色。本书将法治道路的探索与整个中国特色社会主义道路的探索紧密地衔接起来,集中展示中国共产党对法、法制、法治、社会主义法治、中国特色社会主义法治,以及中国特色社会主义法治道路、理论、体系的认识和实践成果。二是历史性研究的特色。本书将法治道路的探索与中国革命、建设与改革历史的发展紧密地衔接起来,集中展示中国共产党对新民主主义法治道路、社会主义法治道路、中国特色社会主义法治道路探索的历史进程及其基本经验。三是比较研究的特色。本书将法治道路的探索与古今中外法治文明成果的借鉴紧密地衔接起来,集中展示了中国特色社会主义法治道路探索的丰厚法治资源,强调中国特色社会主义法治道路的探索既离不开对中华民族法治文化传统的历史继承,也离不开人类其他文明所提供的法治文化资源。

中国特色社会主义法治道路的探索与开辟,既是一个重大的理论问题,也是一个重大的实践问题。如同改革只有进行时没有完成时一样,中国特色社会主义法治道路的坚持和拓展也需要不断推进。由于项目研究计划和时间的限定,本书不可能完全解决法治道路探索进程中的所有问题,期待在后续的研究中加以补充和完善。

李 婧

2021 年 12 月 9 日

第一章　理论基础:马克思主义法治思想及其中国化成果

中国特色社会主义法治道路,是中国特色社会主义道路的有机组成部分,是中国共产党坚持把马克思主义法治思想与中国法治实践相结合,经过长期探索和实践走出的一条适合中国国情的正确法治道路,是中国特色社会主义道路在法治领域的集中体现。马克思主义法治思想是党探索中国特色社会主义法治道路的理论基础,中国化马克思主义法治理论则是探索这一法治道路的直接理论前提。

一、马克思主义的法治思想

马克思主义经典作家运用历史唯物主义和辩证唯物主义分析和研究法的产生与发展、法的现象与本质、法的职能与价值等问题,批判地继承以往人类的法律文化遗产,并同资产阶级法学理论进行长期斗争、总结无产阶级革命运动的实践经验逐步形成了马克思主义法治思想。

(一)法的产生、发展与消亡

马克思指出:"法的关系正像国家的形式一样,既不能从它们本身来理解,也不能从所谓人类精神的一般发展来理解,相反,它们根源于物质的生活关系,这种物质的生活关系的总和"①。"人们在自己生活的社会生产中

---

① 《马克思恩格斯选集》第2卷,人民出版社2012年版,第2页。

发生一定的、必然的、不以他们的意志为转移的关系,即同他们的物质生产力的一定发展阶段相适合的生产关系。这些生产关系的总和构成社会的经济结构,即有法律的和政治的上层建筑竖立其上并有一定的社会意识形式与之相适应的现实基础"①。这就是说,社会的物质条件是社会意识产生的基础,也是法产生与发展的基础。

从法的产生来看,法不是从来就有的。"在社会发展的某个很早的阶段,产生了这样一种需要:把每天重复着的产品生产、分配和交换用一个共同规则约束起来,借以使个人服从生产和交换的共同条件。这个规则首先表现为习惯,不久便成了法律。随着法律的产生,就必然产生出以维护法律为职责的机关——公共权力,即国家"②。法和国家都是人类历史一定发展阶段的产物。马克思、恩格斯通过分析人类历史各个发展阶段的不同所有制形式的演进,揭示了国家和法产生的历史逻辑。随着分工的发展,个人、家庭利益与人们共同利益之间产生了矛盾,"这种共同利益不是仅仅作为一种'普遍的东西'存在于观念之中,而首先是作为彼此有了分工的个人之间的相互依存关系存在于现实之中"③。为了解决这一矛盾,每一个力图取得统治的阶级,都必须首先取得政权,以便把自己的利益作为"普遍的利益",进而"采取国家这种与实际的单个利益和全体利益相脱离的独立形式"④,"使得通过国家这种虚幻的'普遍'利益来进行实际的干涉和约束成为必要"⑤。这就在指明了国家产生根源的同时,揭示了法作为国家对于"真正地同共同利益和虚幻的共同利益相对抗的特殊利益所进行的实际斗争"⑥的具体手段产生的必然性。马克思、恩格斯在批驳青年黑格尔派关于"法、法律、国家等产生于普遍概念,归根到底产生于人的概念,并且也是为

---

① 《马克思恩格斯选集》第2卷,人民出版社2012年版,第2页。
② 《马克思恩格斯选集》第3卷,人民出版社2012年版,第260页。
③ 《马克思恩格斯文集》第1卷,人民出版社2009年版,第536页。
④ 《马克思恩格斯文集》第1卷,人民出版社2009年版,第536页。
⑤ 《马克思恩格斯文集》第1卷,人民出版社2009年版,第537页。
⑥ 《马克思恩格斯文集》第1卷,人民出版社2009年版,第537页。

了这个概念而被创造的"①错误观点时,明确指出:"那些决不依个人'意志'为转移的个人的物质生活,即他们的相互制约的生产方式和交往形式,是国家的现实基础,而且在一切还必需有分工和私有制的阶段上,都是完全不依个人的意志为转移的。这些现实的关系决不是国家政权创造出来的,相反地,它们本身就是创造国家政权的力量。在这种关系中占统治地位的个人除了必须以国家的形式组织自己的力量外,他们还必须给予他们自己的由这些特定关系所决定的意志以国家意志即法律的一般表现形式。这种表现形式的内容总是决定于这个阶级的关系,这是由例如私法和刑法非常清楚地证明了的"②。这些论述,科学地阐明了法产生的现实物质生活条件,并把法的产生归之于不以个人意志为转移的生产方式和交往形式的矛盾运动,从而对法的起源问题做出了历史唯物主义的回答。

从法的发展来看,法不是从来就有的,也不可能永远不变。法的发展体现了从低级到高级、从野蛮到文明的历史规律。法的发展体现了人们在社会中的利益关系由特殊性逐渐被法律抽象为普遍性的过程。法的发展还因自身社会物质生活条件的变化而呈现出不断嬗变、完善的趋势。由于法赖以存在的物质基础是随着生产力与生产关系的矛盾运动而向前发展的,因之,作为物质基础的反映,法的内容也必然随之发生变化。法的发展变化有两种基本形态,即量变的形态和质变的形态,二者都有其客观依据。

列宁继承并发展了马克思主义关于国家与法的思想,认为资产阶级的国家与法不是自行消亡的,而是由无产阶级在革命中来消灭的,同资产阶级国家被迫地退出历史舞台不同,无产阶级国家主动公开申明,自身党的存在只是历史的、暂时的,而不是超历史的、永恒的。列宁根据马克思主义的社会发展理论,阐明了国家与法消亡的经济基础,强调"国家完全消亡的经济基础就是共产主义的高度发展"③,无产阶级国家在经过一段时间的必要强

---

① 《马克思恩格斯全集》第 3 卷,人民出版社 1960 年版,第 394 页。
② 《马克思恩格斯全集》第 3 卷,人民出版社 1960 年版,第 377—378 页。
③ 《列宁全集》第 31 卷,人民出版社 2017 年版,第 92 页。

化之后,随着经济、政治、教育、文化和个人全面发展等各种社会条件的逐步成熟而逐渐走向消亡。

马克思主义关于法的产生、发展及其消亡的一系列论断,充分体现了辩证唯物主义和历史唯物主义的世界观和方法论,揭示了国家与法产生、发展的客观前提和基础,为人们理解和认识法、法律、法治等基本问题指明了正确的方向。

(二)法的内涵与本质

马克思主义认为,任何事物都有本质和现象两个方面,本质是事物的内部联系,现象是事物的外部表现。法的本质与现象作为法的一对范畴,分别从法的内部依据和法的外部显现两个方面把握法的问题,这就从根本上划清了马克思主义法学与资产阶级法学的界限,科学揭示了法的本质和特征。法的特征是法的本质的外化,是法与其他现象或事物的基本关系的表现,是法本身所固有的、确定的东西。对于法的内涵与本质的揭示,是马克思主义法治思想的核心内容。在马克思主义经典作家的许多著作中,都经常同时使用"法"和"法律"这两个既有联系又有区别的概念,进而体现了内容与形式、应然与实然的关系。马克思、恩格斯在揭示法的关系的物质根源的同时,首次揭示了法律的内涵,即在一定的物质生产关系中,"占统治地位的个人除了必须以国家的形式组织自己的力量外,他们还必须给予他们自己的由这些特定关系所决定的意志以国家意志即法律的一般表现形式"[1]。马克思将法、法律的内涵与本质的问题提高到整个社会形态的高度,认为"不是人们的意识决定人们的存在,相反,是人们的社会存在决定人们的意识"[2],进而揭示了法、法律作为社会上层建筑的重要组成部分与社会物质生活之间的关系,并在指出法作为意识形态、上层建筑的范畴的基础上,进一步深刻揭示了法的根源的物质性,阐明了马克思主义法学的根本出发点。

---

[1] 《马克思恩格斯全集》第3卷,人民出版社1960年版,第378页。
[2] 《马克思恩格斯选集》第2卷,人民出版社2012年版,第2页。

列宁继承并发展了马克思主义关于法的本质的思想,并基于对沙皇俄国法律的具体分析,进一步揭示了法与法律的本质,强调指出,从表面上看,俄国政府是不受任何限制的,它好像是完全独立的,"实际上,政府并不是凌驾于阶级之上的,而是维护一个阶级来反对另一个阶级……不受限制的政府如果不给有产阶级种种特权和优待,就不可能管理这样一个大国"①,沙皇政府的法律"只是为富人的利益制定的"②。

马克思主义关于法与法的本质的思想,为人们理解和把握法与法治问题指明了正确方向,奠定了重要基础。正是由于马克思主义经典作家深刻揭示了法与国家、法与统治阶级、法与社会物质生活条件的关系,进而揭示了法的客观性、阶级性、历史性等基本特征,阐明了法的价值与功能。

(三)法的功能与价值

马克思主义把法与阶级、国家和社会联系起来,在揭示法的本质和基本特征的基础上,深刻阐明了法的功能与价值。马克思主义认为,国家与法具有两种职能,一是公共事务的职能;二是政治统治的职能。马克思深刻分析了资产阶级与无产阶级矛盾的实质,指出在资本主义条件下与每个工人对立的,不仅是个别资本家,而且是整个资产阶级。在各个资本家之间彼此的利益关系是一致的。工人为了摆脱资本家的剥削和压迫,必须以整个阶级的力量来反对整个资产阶级,打碎资产阶级的国家机器及其法律制度。恩格斯进一步指明了国家与法两种职能的相互关系,强调"政治统治到处都是以执行某种社会职能为基础,而且政治统治只有在它执行了它的这种社会职能时才能持续下去"③。列宁在发展、捍卫马克思主义国家学说的过程中,对国家的性质、职能和发展方向作了科学的论证,特别是在国家与法、无产阶级专政与社会主义法制的关系的问题上,具体阐述了社会主义国家与

---

① 《列宁全集》第2卷,人民出版社2013年版,第84页。
② 《列宁全集》第4卷,人民出版社2013年版,第257页。
③ 《马克思恩格斯选集》第3卷,人民出版社2012年版,第559—560页。

法的职能,即消灭剥削阶级、组织社会主义经济以提高劳动生产率、发展社会主义文化教育事业。法的功能与法的价值密切相关,后者通过前者得以实现,法与自由、权利等的相互关系,彰显了法的价值意义。

同时,马克思主义经典作家还深入分析了资产阶级的人权思想,一方面肯定了资产阶级人权理论的历史进步性,另一方面又指出其局限和不足,尖锐指出人权不是天赋的,而是产生于物质生产方式的历史发展,并受制于物质生活条件,而法权关系则是由经济关系决定的。人权"只是与别人共同行使的权利。这种权利的内容就是参加共同体,确切地说,就是参加政治共同体,参加国家。这些权利属于政治自由的范畴,属于公民权利的范畴"[1]。人权不同于公民权,人权"无非是市民社会的成员的权利,就是说,无非是利己的人的权利、同其他人并同共同体分离开来的人的权利"[2]。马克思、恩格斯也肯定了人权所具有的共性,即"一切人,或至少是一个国家的一切公民,或一个社会的一切成员,都应当有平等的政治地位和社会地位"[3]。

(四)对待旧法的基本立场

无产阶级政权必须打碎旧的国家机器与法律制度是马克思主义经典作家的基本立场。早在1848年资产阶级民主革命席卷欧洲大陆时,马克思、恩格斯就对普鲁士专制法律制度的本质特征进行了揭露和批判,尖锐地指出,三月革命后历届政府所颁布的各种专制法律不能被归结为某个政治家的奇思妙想或统治集团的偶然之举,而是他们所代表的那个阶级的物质利益的法律表征,是德国自由资产阶级保存"法制"的"协商论"这棵"黄金"之树上自然生长出的果实。马克思、恩格斯认为,和资产阶级玩弄革命的态度不同,社会革命对于人民群众具有无比重要的意义,这是因为,"革命是

---

① 《马克思恩格斯文集》第1卷,人民出版社2009年版,第39页。
② 《马克思恩格斯文集》第1卷,人民出版社2009年版,第40页。
③ 《马克思恩格斯选集》第3卷,人民出版社2012年版,第480页。

人民权利的法律根据;人民根据革命提出自己的强烈要求"①。马克思在德国三月革命期间所发表的一系列文章,通过对声名狼藉的"法制基础"理论的批驳,揭示了法律进步与社会革命之间的辩证关系,进而丰富和发展了其历史唯物主义法哲学思想。随后,马克思又根据1848—1851年欧洲革命的经验教训,在其所写的《路易·波拿巴的雾月十八日》中,揭露了资产阶级国家在政治上的反动本质,得出了必须打碎资产阶级国家机器的重要结论,表明了马克思主义对待旧法的基本态度和立场。这一思想在1871年爆发的巴黎公社革命运动中成为现实。巴黎公社掌握政权后,立即摧毁一切旧的国家机器,建立与人民主权相适应的国家制度与法律,如废除征兵制、建立人民的军队;废除资产阶级的议会制和内阁制,建立了"议行合一"的政权;废除各种官僚体制、建立人民自己的政权组织,成立了10个委员会,废除了旧的司法制度,司法机关由普选产生,等等。马克思依据巴黎公社的革命经验,在其所著的《法兰西内战》一书中,在发展马克思主义关于阶级斗争、国家、革命和无产阶级专政的基本原理的同时,进一步阐明了马克思主义的法思想。马克思晚年还根据人类学著作中所提供的东方社会有别于西方社会经济制度、社会组织、法律文化的大量材料,以及西方殖民主义者在东方社会中的种种行径,从世界历史的高度考察西方文明对东方社会的冲击和作用,进而揭露了西方殖民者对待东方法律的态度。当然,马克思、恩格斯在肯定法具有阶级性的前提下,并未完全排除法所具有的继承性。但同时他们又指出,"如果统治意志失去了自己的统治,那末,不仅意志改变了,而且也是物质存在和个人的生活改变了,而且也只因为这一点,个人的意志才发生变化。法和法律有时也可能'继承',但是在这种情况下,它们也不再是统治的了,而是只剩下一个名义"②。

列宁根据马克思主义关于打碎旧的国家机器与废除旧法律的思想,结

① 《马克思恩格斯全集》第6卷,人民出版社1961年版,第130页。
② 《马克思恩格斯全集》第3卷,人民出版社1961年版,第379页。

合俄国无产阶级革命斗争实践,进一步明确提出了创制无产阶级新法制的思想。早在 1905—1907 年的俄国革命中,列宁就指出:"现代俄国社会运动的主要形式依旧是广大人民群众的直接革命运动,它要废除旧法律,摧毁压迫人民的机关,夺取政权,创立新法制"①。1910 年,列宁在同国际工人运动内部陶醉于资产阶级法制的机会主义的斗争中,又提出了"摧毁全部资产阶级法制,摧毁整个资产阶级制度"②的任务。资产阶级法律的本质即资产阶级随意镇压人民群众的工具,决定了无产阶级只有摧毁资产阶级法制才能建立无产阶级的革命法制,从而完成由资产阶级法制向社会主义法制更替的法律革命。在列宁看来,"只要无产阶级未能掌握国家的实际权力,即消灭、破坏和推翻旧政权,要想建立无产阶级的革命法制,实现社会主义的法律革命只能是一种乌托邦式的幻想。"③

(五)社会主义法治建设基本原则

《共产党宣言》作为马克思主义产生的标志性著作,科学阐述了无产阶级的法权要求,也可以说是提供了一个无产阶级的法权纲领。而 1850 年 3 月马克思、恩格斯发表的《共产主义者同盟中央委员会告同盟书》,则是对无产阶级法权思想的纲领化和策略化的表达。在这两个纲领性文献中,集中表述了马克思主义经典作家关于建立统一的民主共和国、消灭私有制和维护无产阶级的经济利益、实现人民主权、建立独立的工人政党等无产阶级的法权要求,明确提出了工农联盟是实现无产阶级法权要求的基本条件、不断革命是实现无产阶级法权要求的现实途径、无产阶级专政是无产阶级法权要求的最高表现等重要思想。在马克思、恩格斯看来,人类社会最终实现的"将是这样一个联合体,在那里,每个人的自由发展是一切人的自由发展

---

① 《列宁全集》第 12 卷,人民出版社 2017 年版,第 317 页。
② 《列宁全集》第 20 卷,人民出版社 2017 年版,第 16 页。
③ 龚廷泰:《列宁法律思想研究》,南京师范大学出版社 2000 年版,第 131—132 页。

的条件"①。巴黎公社作为无产阶级专政的第一次尝试,打碎了资产阶级的国家机器,并着手进行无产阶级新型民主与法制的构建,但巴黎公社本身却是人类社会迈向社会主义和共产主义的一个过渡时期。虽然,处于过渡时期的巴黎公社构建的无产阶级新型民主与法制必然具有明显的过渡时期特征,但马克思主义经典作家在总结巴黎公社经验教训基础上所形成的一系列重要思想,无疑为无产阶级革命和无产阶级专政条件下的法治建设奠定了重要的理论基础。

列宁领导的俄国无产阶级革命,实现了马克思主义法思想向社会主义法实践的历史性飞跃。列宁明确提出了执政党领导立法、民主立法、法制统一、根据需要适当调整法律等重要原则。关于执政党领导立法原则,强调共产党作为执政党必须加强对立法工作的领导,提出党对立法工作的领导主要有两种:一是用党的政策指导法律,用法律的形式固定政策,而不是用党的政策去代替法律,更不是由党委来直接制定法律;二是党为立法机关的工作制定基本准则,对立法实行政治领导和监督。关于民主立法原则,强调要使社会主义法律体现广大工人和劳动人民的意志和利益,就必须坚持民主立法,广泛吸收人民群众参加。关于法制统一原则,认为"不能有卡卢加省的法制,喀山省的法制,而应是全俄统一的法制,甚至是全苏维埃共和国联邦统一的法制"②。关于根据需要适当调整法律的原则,认为如果旧的法令不行了,已经变化的形势要求改变它,那就应该改变。"在尖锐的斗争时刻不敢修改法律的革命者不是好的革命者。在过渡时期,法律只有暂时的意义。如果法律妨碍革命的发展,那就得废除或者修改"③。

总之,马克思主义经典作家的法治思想是马克思主义法学本体论、价值论和方法论的有机统一,为中国共产党探索中国特色社会主义法治道路提供了根本指导思想,奠定了重要理论基础。

---

① 《马克思恩格斯文集》第2卷,人民出版社2009年版,第53页。
② 《列宁全集》第43卷,人民出版社2017年版,第199页。
③ 《列宁全集》第34卷,人民出版社2017年版,第471页。

二、毛泽东思想中的法治思想

毛泽东思想中的法治思想，同毛泽东思想中的政治、经济、文化、军事、外交等思想一样，都是马克思主义中国化的产物，是中国共产党人集体智慧的结晶，毛泽东为其形成发展作出了主要贡献，党的许多卓越领导人如周恩来、刘少奇、董必武、彭真等也曾对它的形成和发展作出过重要贡献。毛泽东思想中的法治思想，是中国新民主主义法制建设的指导思想，也为中国特色社会主义法治道路的探索奠定了重要的思想基础。毛泽东思想中的法治思想的主要内容包括：

（一）法的本质的思想

毛泽东等在长期同反动政权及其法治进行斗争的过程中，深刻认识到了剥削阶级法与法治的本质，进而揭示了半殖民地半封建法治和资产阶级法治的本质，丰富和发展了马克思主义关于法的本质的思想。

早在新民主主义革命时期，毛泽东就指出，由于中国革命的第一步，"已不是旧范畴的民主主义，已不是旧民主主义，而是新范畴的民主主义，而是新民主主义"①。同时，由于中国新民主主义革命的历史特点是"在第一次帝国主义世界大战和俄国十月革命之后，才形成的"②，这就决定了作为中国政治民主上层建筑重要组成部分的法思想，只能是新民主主义的而不能是旧民主主义的，也不可能是社会主义的。正如毛泽东在讲到新民主主义宪政时所指出，我们现在要的"是新民主主义的政治，是新民主主义的宪政。它不是旧的、过了时的、欧美式的、资产阶级专政的所谓民主政治；同时，也还不是苏联式的、无产阶级专政的民主政治"③。针对抗日战争时期

---

① 《毛泽东选集》第二卷，人民出版社 1991 年版，第 665 页。
② 《毛泽东选集》第二卷，人民出版社 1991 年版，第 666 页。
③ 《毛泽东选集》第二卷，人民出版社 1991 年版，第 732 页。

国民党顽固派所搞的"宪政"欺骗，毛泽东一针见血地指出：他们"实际上要的是法西斯主义的一党专政"①，而民族资产阶级确实想要的资产阶级宪政，则因为"中国人民不欢迎资产阶级一个阶级来专政。中国的事情是一定要由中国的大多数人作主，资产阶级一个阶级来包办政治，是断乎不许可的"②，也只能流于幻想。这就又指明了在中国实现民主政治及法治的艰巨性和复杂性。

旧中国 2000 多年的封建专制统治、100 多年的帝国主义侵略、22 年的国民党专制，封建主义的、殖民主义的、封建买办主义的法和法律制度影响至深且重，特别是国民党执政期间形成的以《六法全书》为主要内容的法律体系，"其中有些内容完全照抄照搬西方国家的法律内容，虽然具有调整社会公共事务的功能，但在性质上仍然是压迫人民的法律"③。1949 年 2 月，为了适应中国革命即将在全国胜利的需要，中共中央发出《关于废除国民党〈六法全书〉和确定解放区司法原则的指示》（以下简称《指示》），针对当时一些人对国民党《六法全书》存在的错误或模糊的认识，明确指出："国民党的《六法全书》和一般资产阶级法律一样，以掩盖阶级本质的形式出现。但是在实际上既然没有超阶级的国家，当然也不能有超阶级的法律"④。《指示》深刻揭露了国民党政府全部法律的实质"是保护地主与买办官僚资产阶级反动统治的工具，是镇压与束缚广大人民群众的武器"⑤，指出这也是蒋介石顽固要求保留伪宪法伪法统的根本原因。同年 6 月 30 日，毛泽东发表了著名的《论人民民主专政》一文，在讲到近代中国人向西方寻求真理屡遭失败，最终经过俄国十月革命找到马克思列宁主义，改变了自己的命运

---

① 《毛泽东选集》第二卷，人民出版社 1991 年版，第 732 页。
② 《毛泽东选集》第二卷，人民出版社 1991 年版，第 732 页。
③ 《法理学》编写组：《法理学》，人民出版社、高等教育出版社 2010 年版，第 217 页。
④ 《建党以来重要文献选编（一九二一——一九四九）》第 26 册，中央文献出版社 2011 年版，第 153 页。
⑤ 《建党以来重要文献选编（一九二一——一九四九）》第 26 册，中央文献出版社 2011 年版，第 154 页。

之后,明确指出:"资产阶级的民主主义让位给工人阶级领导的人民民主主义,资产阶级共和国让位给人民共和国。这样就造成了一种可能性:经过人民共和国到达社会主义和共产主义,到达阶级的消灭和世界的大同"①。文章还明确指出:由于帝国主义还存在,反动派还存在,国内阶级还存在,因此,新中国成立后仍然要"强化人民的国家机器,这主要地是指人民的军队、人民的警察和人民的法庭,借以巩固国防和保护人民利益"②,这就在阐明人民民主专政历史必然性的同时,揭示了人民民主专政国家和法的本质。董必武也曾明确指出,我们的法律要"根据无产阶级和广大劳动人民的意志和利益来拟定"③,"我们的人民民主法制,是工人阶级领导的人民群众通过国家机构表现出来的自己的意志"④。正是基于对法的本质的这一基本认识,1949 年 9 月,中国人民政治协商会议第一届全体会议通过的《中国人民政治协商会议共同纲领》规定:"废除国民党反动政府一切压迫人民的法律、法令和司法制度,制定保护人民的法律、法令,建立人民司法制度"⑤。由此可以看出,主张坚决废除反动统治阶级的旧法统,是以毛泽东为代表的中国共产党人在领导新民主主义革命过程中一贯坚持的基本立场。

新中国成立后,毛泽东等也非常重视法的本质问题,他在领导制定《中华人民共和国宪法》的过程中,就特别强调"我们的宪法是属于社会主义宪法类型的","我们是以自己的经验为主,也参考了苏联和各人民民主国家宪法中好的东西"⑥。1957 年 1 月,毛泽东在省市自治区党委书记会议上的讲话中,在讲到法制问题时明确指出:"法律是上层建筑。我们的法律,是劳动人民自己制定的"⑦。董必武针对一些人提出的"在新中国不妨暂用

---

① 《毛泽东选集》第四卷,人民出版社 1991 年版,第 1471 页。
② 《毛泽东选集》第四卷,人民出版社 1991 年版,第 1476 页。
③ 《董必武政治法律文集》,法律出版社 1986 年版,第 41 页。
④ 《董必武政治法律文集》,法律出版社 1986 年版,第 475 页。
⑤ 《建党以来重要文献选编(一九二一——一九四九)》第 26 册,中央文献出版社 2011 年版,第 762 页。
⑥ 《毛泽东文集》第六卷,人民出版社 1999 年版,第 326 页。
⑦ 《毛泽东文集》第七卷,人民出版社 1999 年版,第 196 页。

旧法"的观点,从国家的本质入手明确提出,"我们如果承认国家是阶级矛盾不可调和的产物,是一个阶级统治另一个阶级的工具,我们就不能不承认六法全书是统治者少数人压迫被统治者多数人的法律,也就是我们革命的对象。现在国家的本质变了,那么,旧国家法律为什么不要推翻,还让它再存在下去呢? 所以,六法全书是一定要取消的。……现在我们的国家,同过去旧的国家有本质上的不同,法律也就非从本质上加以改变不可,决不能率由旧章,以为在新法未完全订出以前不妨暂用旧法的观点,那完全是错误的。"①新中国制定的所有法律都充分体现了社会主义法律的本质属性。

(二)法的地位和作用的思想

毛泽东指出,法律"是维护革命秩序,保护劳动人民利益,保护社会主义经济基础,保护生产力的"②。董必武也指出:"法律是一种上层建筑,这种上层建筑的形成和发展,对摧毁旧基础、巩固新基础有巨大的作用。不知运用法律这个武器,无形中就会削弱国家权力的作用。"③"我们的人民民主法制,是工人阶级领导的人民群众,通过国家机构表现出来的自己的意志,是我们国家实现人民民主专政的重要工具。"④这就充分阐明了法在人民革命和社会主义事业中的重要地位和作用。

一是反映广大人民群众共同意志和根本利益。法是统治阶级通过法定程序将自己的意志上升为国家意志、以实现国家对社会进行领导的方式。国家性质决定法的性质。早在中国共产党独立领导中国革命、建立农村革命根据地政权之初,党就开始认识到法对于建立和巩固根据地、保护革命成果、保障工农大众权利等的极端重要性。1931 年颁布的《中华苏维埃共和

---

① 《董必武法学文集》,法律出版社 2001 年版,第 195 页。
② 《毛泽东文集》第七卷,人民出版社 1999 年版,第 197 页。
③ 《董必武政治法律文集》,法律出版社 1986 年版,第 342 页。
④ 《董必武政治法律文集》,法律出版社 1986 年版,第 475 页。

国宪法大纲》(以下简称《宪法大纲》)规定:"以彻底的改善工人阶级的生活状况为目的,制定劳动法"①;"以消灭封建制度及彻底的改善农民生活为目的,颁布土地法"②;"以保证工农劳苦民众有言论、出版、集会、结社的自由为目的"③,主张工农民主、反对地主资产阶级的民主。抗日战争时期,基于适应国共两党合作抗战、发展抗日民族统一战线、巩固抗日民主政权的需要,1941年颁布的《陕甘宁边区施政纲领》规定:抗日民主政权"保证一切抗日人民(地主、资本家、农民、工人等)的人权,政权,财权及言论、出版、集会、结社、信仰、居住、迁徙之自由权"④。新中国成立前夕,党又适应中国革命即将取得全国胜利的需要,通过1949年颁布的《中国人民政治协商会议共同纲领》(以下简称《共同纲领》)规定了人民依法享有的各项民主权利。1954年第一届全国人民代表大会颁布的《中华人民共和国宪法》(以下简称"五四宪法")则进一步规定了"中华人民共和国的一切权力属于人民。人民行使权力的机关是全国人民代表大会和地方各级人民代表大会"⑤。

二是建立和维护人民民主专政的国家制度。法与国家是紧密相连的,国家性质决定法的性质。国家是法产生和发展的前提,国家政权也需要由法来确认和维护。《宪法大纲》规定:"中华苏维埃共和国家根本法(宪法)的任务,在于保证苏维埃区域工农民主专政的政权和达到它在全中国的胜利。"⑥中国苏维埃政权"所建设的是工人和农民的民主专政的国家"⑦。

---

① 《建党以来重要文献选编(一九二一——一九四九)》第8册,中央文献出版社2011年版,第650页。
② 《建党以来重要文献选编(一九二一——一九四九)》第8册,中央文献出版社2011年版,第651页。
③ 《建党以来重要文献选编(一九二一——一九四九)》第8册,中央文献出版社2011年版,第651页。
④ 《建党以来重要文献选编(一九二一——一九四九)》第18册,中央文献出版社2011年版,第242页。
⑤ 《建国以来重要文献选编》第5册,中央文献出版社1993年版,第522页。
⑥ 《建党以来重要文献选编(一九二一——一九四九)》第8册,中央文献出版社2011年版,第649页。
⑦ 《建党以来重要文献选编(一九二一——一九四九)》第8册,中央文献出版社2011年版,第650页。

《共同纲领》规定:新中国"为新民主主义即人民民主主义的国家,实行工人阶级领导的、以工农联盟为基础的、团结各民主阶级和国内各民族的人民民主专政,反对帝国主义、封建主义和官僚资本主义,为中国的独立、民主、和平、统一和富强而奋斗"①。五四宪法在规定新中国国体的同时,强调"中华人民共和国的一切权力属于人民"②。为了维护人民民主专政的国家制度,我国宪法确定国家权力机关、行政机关、审判机关和检察机关的产生、权力范围和责任,对人民代表大会负责,受人民代表大会监督,以保证国家制度的运作符合人民的意志和利益。从新民主主义的宪法性文献到社会主义宪法,都规定了法所具有的地位和作用,进而为国家权力的运行提供了法治根据。

三是确立和维护国家基本经济制度。任何社会的法都把维护一定的经济制度作为基础性的重要任务。我国新民主主义和社会主义的法都明确规定要确认和维护国家的基本经济政策或制度,以确认和维护人民民主专政的国家政权赖以存在的经济基础。《共同纲领》规定:新中国必须取消帝国主义国家在中国的一切特权,没收官僚资本归人民的国家所有,有步骤地将封建半封建的土地所有制改变为农民的土地所有制,保护国家的公共财产和合作社的财产,保护工人、农民、小资产阶级和民族资产阶级的经济利益及其私有财产③。所有制是经济制度的核心,对于作为上层建筑的法具有决定性的作用。根据过渡时期多种经济成分并存的客观现实,五四宪法确认并规定了包括国家所有制、劳动群众集体所有制、个体劳动者所有制和资本家所有制等生产资料所有制形式及其发展的政策;规定国营经济是全民所有制的社会主义经济,是国民经济中的领导力量和国家实现社会主义改造的物质基础,国家保证优先发展国营经济。与此同时,国家还逐步建立和

① 《建党以来重要文献选编(一九二一——一九四九)》第26册,中央文献出版社2011年版,第759页。

② 《建国以来重要文献选编》第5册,中央文献出版社1993年版,第522页。

③ 《建党以来重要文献选编(一九二一——一九四九)》第26册,中央文献出版社2011年版,第759页。

完善了与我国经济发展相适应的合理的收入分配制度,保障人民群众能够随着生产的发展不断改善物质生活。

总之,从新民主主义革命到社会主义革命和建设,以毛泽东为主要代表的中国共产党人,始终重视法和法治的重要地位和作用,并通过一系列法律文献把法对于革命和建设的地位作用加以确认。正如毛泽东在驳斥美国政府白皮书关于共产党领导的政府是"极权政府"时所说,就人民政府关于镇压反动派的权力来说,"现在写在我们的纲领上,将来还要写在我们的宪法上。对于胜利了的人民,这是如同布帛菽粟一样地不可以须臾离开的东西"①。正是在同国内外反动统治势力的长期斗争中,党不断深化了对法与法治重要地位和作用的正确认识。

(三)党的领导、人民民主与依法执政统一的思想

以毛泽东同志为主要代表的中国共产党人在不断深化对法的本质和地位认识的基础上,初步形成了以党的领导、人民当家作主和依法执政统一的重要思想。

第一,坚持党的领导。中国共产党从在局部地区执政开始,就十分重视法治的作用,并通过把党的政策上升为法律而将法治的基因深嵌于党的组织体系及其运行机制之中,因而在实际上体现了党对法治的领导。毛泽东等在开辟农村包围城市、武装夺取政权的革命新道路的过程中,不仅明确提出了要坚持党的领导的根本原则,制定了坚持武装斗争、开展土地革命、建立根据地政权等一系列正确的路线方针政策,在根据地内部自下至上建立共产党的组织,实际上形成了中国共产党在革命根据地党、政、军、民中的核心领导地位,而且逐步开始了中国新民主主义法治道路的探索,党通过制定和颁布《宪法大纲》及劳动法、土地法、婚姻法等一系列法律、法令、条例、训令等,形成了红色法制体系,开展了包括立法、执法、司法与守法在内的法治

---

① 《毛泽东选集》第四卷,人民出版社 1991 年版,第 1502 页。

实践活动,为革命根据地的法治建设提供了重要基础,也为新民主主义和社会主义法治建设积累了宝贵经验。在这一过程中,党还认识到了正确处理法与政策关系的重要性。毛泽东认为,我们制定和实施任何法律,都要以党的有关政策为依据。这就提出了如何正确认识和处理政策与法律的关系的问题。法与党的政策在本质上是一致的,都是无产阶级及广大人民群众意志的体现。毛泽东法思想中有许多涉及刑事政策和法律关系的思想,如对国民党反对势力要实行首恶者必办、胁从者不问、立功者受奖的方针,镇压反革命要实行镇压与宽大相结合的政策,贯彻一个不杀、大部分不捉的原则等思想,并通过首倡死缓、管制刑事政策创造性地解决了政策与法的衔接问题。董必武也认为,"党的政策、纲领、指示是国家立法的依据、指针,国家法律则体现党的政策、纲领、指示"①。上述有关法与政策关系的思想,实际上也反映了党对法的地位和作用的认识。

第二,支持人民当家作主。党在独立领导中国革命、创建农村革命根据地之初就清醒地认识到:国民党新军阀的统治依然是城市买办阶级和乡村豪绅阶级的统治,"全国工农平民以至资产阶级,依然在反革命统治底下,没有得到丝毫政治上经济上的解放。"②党必须通过领导工农群众进行武装斗争和土地革命,建立革命根据地和工农民主政权,才能使广大人民群众真正获得民主权利。工农民主政权是中国共产党领导的工农民主专政性质的政权,是属于工人、农民、红色战士及一切劳苦民众的政权。它对工农劳苦群众实行"最宽泛的民主",保障民众行使选举、监督批评及集会、结社、言论、出版、罢工等自由权利;而对军阀、官僚、地主豪绅、资本家等反革命分子则实行专政,使他们没有政治上的自由和选举代表参加政权的权利;工农民主政权是由工农兵群众自己掌握政权管理政府和政务,工农兵是政权的主体,并在其中占据绝对优势。尽管政府成员的成分比例不尽一致,但都属于

---

① 参见孙琬钟等:《董必武法学思想研究文集》(第二辑),人民法院出版社2003年版,第630页。

② 《毛泽东选集》第一卷,人民出版社1991年版,第47页。

工人、农民、红军指战员和革命知识分子的范围,所有工人、农民、红色战士及一切劳苦民众都有权选派代表掌握政权的管理;工农民主政权的任务是组织任命参加与支援反帝反封建的革命战争,进行土地革命、锄奸反特,并为红色政权从事革命根据地的经济、政治和文化建设。作为临时宪法的《共同纲领》规定:"人民依法有选举权和被选举权","有思想、言论、出版、集会、结社、通讯、人身、居住、迁徙、宗教信仰及示威游行的自由权"。① 中国共产党及其所领导的人民民主政权始终把广大人民群众的根本利益放在至高无上的地位,使自己的一切言论和行动都服务于人民革命事业的需要。支持人民当家作主是人民民主政权的根本任务,也是红色法治的根本价值追求。

第三,实施依法执政。革命的根本问题是国家政权问题,革命法治的产生,是同中国共产党领导的武装斗争的发展、土地革命的进行和根据地政权的建立密切相关的。早在井冈山时期,毛泽东在总结红色政权建设的经验,分析边界政权建设中存在的重视委员会轻视工农兵代表会、重视党的威权轻视政府威权现象时,即提出了应该"制订详细的各级代表会组织法(依据中央的大纲)"②来规范党政关系。此后,在《古田会议决议》中,又在纠正单纯军事观点的方法中明确地提出:"编制红军法规,明白地规定红军的任务,军事工作系统和政治工作系统的关系,红军和人民群众的关系,士兵会的权能及其和军事政治机关的关系"③。《宪法大纲》与国民党南京政府在此前不久炮制的《中华民国训政时期约法》形成了鲜明对比,使中国人民看到了人民民主和法治的曙光,毛泽东当时即指出:"在两个政权尖锐对立的中国,苏维埃每一具体的施政,要立即取得广大民众的拥护,在帝国主义、国民党的反革命政策之下,受尽压迫剥削的民众,对于苏维埃每一具体的施

---

① 《建党以来重要文献选编(一九二一——一九四九)》第 26 册,中央文献出版社 2011 年版,第 759 页。
② 《毛泽东选集》第一卷,人民出版社 1991 年版,第 72 页。
③ 《毛泽东选集》第一卷,人民出版社 1991 年版,第 88 页。

政,简直如同铁屑之追随于磁石"①。能否依据武装斗争、土地革命和根据地政权发展的需要,制定出反映人民意志和利益的法律、法令等,并严格保证其贯彻实施,对于人民革命事业的成败具有非常重要的意义。以消灭封建剥削及彻底改善农民生活为目的制定的土地法,以加强红军的政治、军事和组织建设为目的制定的军事法制,以彻底实行妇女解放为目的、承认婚姻自由而制定的婚姻法等法律法令,都较好地反映了当时苏区的实际,并使之在根据地土地革命、军队建设和政权建设中发挥了积极作用。

党的领导作为红色法治基因中的最重要元素,体现了其最本质的特征;人民主体地位作为红色法治基因中的中心要素,体现了其核心价值追求;依法执政、依法行政、依法办事作为红色法治基因中的基本元素,体现了其重要特征。

(四)社会主义法治建设思想

社会主义法治建设思想,是以毛泽东同志为核心的中国共产党第一代中央领导集体的一个非常重要思想,对于党在后来探索中国特色社会主义法治道路具有重要指导意义。

新中国成立后,毛泽东等特别重视建立社会主义法治的极端重要性。他在《关于中华人民共和国宪法草案》的报告中指出:"一个团体要有一个章程,一个国家也要有一个章程,宪法就是一个总章程,是根本大法"。强调宪法通过以后,"全国人民每一个人都要实行,特别是国家机关工作人员要带头实行"。他还提出"不仅刑法要,民法也需要……没有法律不行,刑法、民法一定要搞"。② 刘少奇在党的八大政治报告中也明确指出,"国家工作中的迫切任务之一,是着手系统地制定比较完备的法律,健全我们国家的

---

① 《建党以来重要文献选编(一九二一——一九四九)》第 11 册,中央文献出版社 2011 年版,第 98 页。

② 《毛泽东文集》第六卷,人民出版社 1999 年版,第 328 页。

法制"①。周恩来则明确提出了"必须加强立法工作和革命的法制"的要求,强调"今后所有我们国家机关的工作人员都必须严格遵守宪法和法律,并成为守法的模范;同时还必须教育全体人民遵守宪法和法律,以保证表现人民意志的法律在全国统一施行。我们的宪法和法律越有威力,我们的公安机关、检察机关和审判机关越有威力,人民的权利和利益就越有充分的保障,而人民的敌人就越要受到严厉的打击"。②董必武也多次指出:"工人阶级领导的国家必须建立健全法制,才能更有效地发挥国家的职能和保障人民的权利。"③彭真曾明确提出"'法律面前人人平等'这个口号,在资本主义国家中,是不可能实行的"④,在工人阶级领导的人民民主国家,"全体公民在法律面前可能平等,也必须平等"⑤。这些重要论述,为我国社会主义法治建设提供了重要的指导性意见。

毛泽东等还初步提出了社会主义法治建设的基本原则。毛泽东认为,我们的宪法草案结合了原则性和灵活性。"原则基本上是两个:民主原则和社会主义原则"⑥。灵活性就是本着一切从实际出发、实事求是,"现在能实行的我们就写,不能实行的就不写。一时办不到的事,必须允许逐步去办"⑦。他还认为,这个宪法草案所以得人心,理由之一就是起草宪法采取了领导机关的意见和广大群众的意见相结合的方法。"这就是领导和群众相结合,领导和广大积极分子相结合的方法。过去我们采用了这个方法,今后也要如此。一切重要的立法都要采用这个方法"⑧。周恩来也强调,法律在制定过程中要经过群众的充分酝酿和讨论,然后付诸实施,并随时欢迎群

①《刘少奇选集》下卷,人民出版社1985年版,第253页。

②《建国以来重要文献选编》第5册,中央文献出版社1993年版,第613页。

③《董必武政治法律文集》,法律出版社1986年版,第484页。

④《彭真文选(一九四一——一九九〇年)》,人民出版社1991年版,第256页。

⑤《彭真文选(一九四一——一九九〇年)》,人民出版社1991年版,第256页。

⑥《毛泽东文集》第六卷,人民出版社1999年版,第326页。

⑦《毛泽东文集》第六卷,人民出版社1999年版,第326页。

⑧《毛泽东文集》第六卷,人民出版社1999年版,第325页。

众对法治建设工作的监督。董必武则始终重视人民民主法治建设,强调人民民主法治的创制权属于人民。

周恩来、刘少奇、董必武、彭真等还明确提出了要坚持有法可依、有法必依等重要思想。董必武首次提出了"有法可依""有法必依"的思想。他指出依法办事包括两方面意义:一是有法可依。"现在的问题是,我们还缺乏一些急需的较完整的基本法规,如刑法、民法、诉讼法、劳动法、土地使用法等",而"由于政治、经济情况的变化,应该修改的还没有修改,应该重新制定的还没有重新制定"。① 二是有法必依。他认为有法必依是解决执法和守法的关键问题。强调凡属已有明文规定的,必须确切地执行,按照规定办事。"依法办事就是清除不重视和不遵守国家法制现象的主要方法之一"②。

诚然,由于历史条件的限制,主要是由于1957年以后党在指导思想上逐渐偏离马克思主义与中国实际相结合的正确轨道,发生"左"的错误并最终走上"以阶级斗争为纲"的错误理论和实践,党对中国特色社会主义法治道路的探索出现历史性曲折,毛泽东思想中的法治思想在实践中未能得到很好的贯彻和执行。尽管如此,毛泽东等的法治思想对中国特色社会主义法治道路探索的价值和意义还是应该充分肯定的。

三、中国特色社会主义法治理论

目前,学界对于中国特色社会主义法治理论的研究尚处于起步阶段,对这一理论的基本内涵、内容构成等尚未完全形成共识。笔者认为,作为马克思主义及其中国化法治思想继承和发展的理论成果,中国特色社会主义法治理论,是在中国革命、建设和改革中,特别是中国特色社会主义法治建设基础上产生和发展起来的、中国化马克思主义法治思想的最新理论成果。正如习近平总书记所指出:"我们要坚持的中国特色社会主义法治道路,本质

---

① 《董必武政治法律文集》,法律出版社1986年版,第481页。
② 《董必武政治法律文集》,法律出版社1986年版,第488页。

上是中国特色社会主义道路在法治领域的具体体现；我们要发展的中国特色社会主义法治理论，本质上是中国特色社会主义理论体系在法治问题上的理论成果"①。深入理解和掌握中国特色社会主义法治理论，离不开党对法治、法治理念、依法治国方略、法治建设基本方针和原则等基本问题的认识和实践。

（一）中国特色社会主义法治及其相关概念

1. 法治及其相关概念

习近平总书记认为，法治是国家治理体系和治理能力的重要依托，是治国理政的基本方式，也是国家发展的重要保障。我国现行《宪法》规定："中华人民共和国实现依法治国，建设社会主义法治国家。"这就规定了在当代中国依法治国与法治在根本上是一致的。

法制与法治是经常使用的两个概念，二者的主要区别在于：与权力之间的关系不同、产生和存在的时代条件不同、与民主自由人权等价值观念的关系不同。二者之间的联系主要体现为：任何法治都是以法制为基础建立起来的，没有法制也就没有法治。毛泽东等党的第一代领导人都曾多次使用过"法制"这一概念。而在邓小平看来，"法制"与"法治"的意蕴是相通的，贯穿于社会主义法治建设理论与实践之中。

人治是与法治相对的一个概念。它是指一种依靠领导人或统治者的意志和能力管理国家和社会、处理社会公共事务的治国方式。一般认为，古希腊柏拉图所主张的"贤人政治"是人治，中国儒家所主张的"为政在人"也是人治。在当代中国，人治现象最主要的表现就是权力过分集中，个人决定国家事务的重大问题。"往往把领导人说的话当做'法'，不赞成领导人说的话就叫做'违法'，领导人的话改变了，'法'也就跟着改变"②，而要解决权力过分集中于个人或少数人手中的现象，则既要解决思想问题，更要解决制

---

① 《习近平关于全面依法治国论述摘编》，中央文献出版社 2015 年版，第 34—35 页。
② 《邓小平文选》第二卷，人民出版社 1994 年版，第 146 页。

度问题,努力通过制度性的规范治理来处理人治与法治之间的关系。正如邓小平在总结"文化大革命"的惨痛教训时指出:我们过去所发生的各种错误,"固然与某些领导人的思想、作风有关,但是组织制度、工作制度方面的问题更重要。这些方面的制度好可以使坏人无法任意横行,制度不好可以使好人无法充分做好事,甚至会走向反面"①。邓小平把法治与人治严格区别开来,将处理好二者之间的关系以及实行法治作为当代中国政治体制改革的重要目标之一。主张法治、反对人治是邓小平法治思想的基本立场。

德治与法治是有联系也有区别的两个概念。中国古代所讲的德治是通过礼治而得以实现的。"礼"是中国传统社会中以儒家伦理道德作为基础和核心的礼仪规则的总称。与人治相比,德治更强调道德对人尤其是对统治者约束的重要性以及统治者道德的示范意义。作为两种不同的治国方式,尽管法治与德治所属范畴不同,法治属于政治的范畴,德治则属于思想的范畴,二者在治理国家和社会中的方式与特点也不同,但它们在国家和社会治理中又都是不可或缺的。法治与德治、法治建设与道德建设的紧密结合,有助于保证社会的良好秩序,保证国家长治久安。

2. 社会主义法治

社会主义法治是建立在迄今为止人类历史上最高类型的法律制度即社会主义法律制度基础上的法治,是唯一以生产资料公有制为经济基础而建立起来的法治类型。与以往其他法治类型相比,社会主义法治以实现共同富裕、实现普遍的平等和自由为历史目标,以人民性为本质特征,而又继承和发展了以往一切人类法治文明优秀成果等优势和特色。

奴隶社会、封建社会有的只是法制而不是法治。作为近现代法律文明的一种形态,资本主义的法律制度是以全面废除人身依附关系为前提建立起来的、在资本主义市场经济和民主政治条件下存在和运行的法律制度,因而才可能形成具有现代意义的资本主义法治。资本主义法治,反映了资本

① 《邓小平文选》第二卷,人民出版社1994年版,第333页。

主义社会生产的社会化与生产资料私人占有这一基本矛盾,是以维护资本主义基本经济和政治制度、维护资产阶级根本利益和统治为目的的法治。一方面,它确立了私有财产神圣不可侵犯、契约自由、法律面前人人平等等原则,并在这些原则指导下,以不同于古代社会的方式实施自己的统治,其重要价值和意义显而易见;另一方面,其历史局限性也是不可否认的。以资本主义生产关系为经济基础的资本主义法治,其根本任务是维系资产阶级的经济和政治秩序,其根本性质是体现资产阶级意志和利益的、依旧是剥削阶级类型的法治。而社会主义法治则是与资本主义法治根本区别的、在社会主义基本经济和政治制度基础上建立和发展起来的、反映最广大人民根本利益和统一意志的、为巩固和发展社会主义制度服务的新型法治。

自俄国十月革命以来,苏联及其他社会主义国家的法律制度都是在进行社会主义革命、建立社会主义国家政权之后创立和建设起来的。在此之前的新历史类型的法律制度一般都是在原有社会形态的母体中孕育、产生的,在社会革命之前就已经形成了一定规模,在社会革命之后最终形成了较为完备的法律制度。社会主义法律制度的产生方式则与此前的法律制度根本不同。尽管社会主义法律制度的形成和发展也要借鉴、吸收和继承原有法律的合理成分,但由于社会主义公有制经济不可能在以往社会形态中得以形成和发展,社会主义法律制度也就不可能在旧社会的母体中产生出来。同时,由于已经走上社会主义道路的国家,原来大都属于经济文化发展比较落后、民主和法治传统相对薄弱、资产阶级民主革命任务尚未彻底完成的国家,因而建立社会主义法治的任务必然会遇到许多困难和挑战。

3. 中国特色社会主义法治

中国特色社会主义法治,是中国共产党领导人民在开辟中国特色社会主义道路、形成中国特色社会主义理论、创造中国特色社会主义文化的过程中形成的充分体现中国特色和优势的社会主义法治。

半殖民地半封建的旧中国没有也不可能走上独立的资产阶级民主共和国的道路。中国独特的国情、独特的发展道路和独特的文化传统,既然未能使中国成为一个独立的资本主义的民主国家，也没有成为一个如同苏联一样的社会主义国家，那么在中国就既不能照搬西方的资本主义法治，也不能完全照搬苏联的社会主义法治，而只能是另辟蹊径，走上经过新民主主义达到社会主义的道路，并从根本上改变了中国法治发展的道路和前进方向。新中国成立特别是生产资料私有制的社会主义改造基本完成以后，我国社会进入社会主义初级阶段这一基本国情，决定了中国的社会主义革命、建设和改革都必将走出符合本国情况和特点的独特发展道路。中国特色社会主义法治道路，具有科学的指导思想，这就是马克思列宁主义、毛泽东思想特别是中国特色社会主义理论体系作为其理论基础；具有严谨的制度安排，这就是人民民主专政的国体、人民代表大会制度的政体，以及共产党领导的多党合作和政治协商制度等基本政治制度，公有制为主体、多种所有制经济共同发展的基本经济制度等作为制度支撑；具有明确的价值取向，这就是坚持不忘本来、吸收外来、面向未来，用社会主义核心价值观凝聚全党全国各族人民前进的强大精神力量。

虽然，我国也曾在短时期内受到过苏联法治的影响，搬用过苏联法治建设的某些经验，但就其整体而言，中国特色社会主义法治却是既不同于西方资本主义法治又不同于苏联社会主义法治，而是中国共产党人坚持从中国国情出发、主要是通过总结自己的经验创造出来的充分反映中国法治国情及特色的社会主义法治。

（二）中国特色社会主义法治理论的认识和凝练

1. 以"社会主义法制"为核心概念的认识

从党的十一届三中全会前后到邓小平 1992 年发表南方谈话，是以社会主义法制为核心概念对中国特色社会主义法治理论的初步凝练和概括阶段。

1978 年 12 月，邓小平在党的十一届三中全会前召开的中央工作会议上的讲话中，针对"文化大革命"期间我国社会主义民主和法制遭受严重破坏的情况,明确提出"为了保障人民民主,必须加强法制。必须使民主制度化、法律化,使这种制度和法律不因领导人的改变而改变,不因领导人的看法和注意力的改变而改变"①。

1980 年 12 月,他在中央工作会议上的讲话中又针对当时我国民主制度不完善的情况,明确指出:"要继续发展社会主义民主,健全社会主义法制。这是三中全会以来中央坚定不移的基本方针,今后也决不允许有任何动摇。"②他还强调民主和法制这两个方面都应该加强。社会主义民主是民主化与法制化的统一,不能把二者割裂开来。

1986 年 6 月,他在中央政治局常委会上的讲话中在讲到我们国家缺少执法和守法的传统,要在全体人民中树立法制观念的同时,更加明确地指出:"法制观念与人们的文化素质有关。现在这么多青年人犯罪,无法无天,没有顾忌,一个原因是文化素质太低。所以,加强法制重要的是要进行教育,根本问题是教育人"③。

直到 1992 年 1 月发表的南方谈话中,在强调要坚持一手抓改革开放、一手抓打击各种犯罪活动,两手抓、两手都要硬时,邓小平仍在强调"还是要靠法制,搞法制靠得住些"④。邓小平在新时期反复强调的发展社会主义民主必须同健全社会主义法制紧密结合起来的思想,也是他对中国特色社会主义法治思想的最初概括。这一概括,回应了全党全国人民对发展社会主义民主、健全社会主义法制的迫切要求,为党的第三代中央领导集体提出依法治国、建设社会主义法治国家奠定了重要基础。

2. 以"依法治国"为核心命题的概括

"法制"与"法治"虽然只是一字之差,但内涵却有较大差别,从"法制"到"法治"表明中国不仅要加强法律制度的建设,而且要彻底改变传统的治

---

① 《邓小平文选》第二卷,人民出版社 1994 年版,第 146 页。
② 《邓小平文选》第二卷,人民出版社 1994 年版,第 359 页。
③ 《邓小平文选》第三卷,人民出版社 1993 年版,第 163 页。
④ 《邓小平文选》第三卷,人民出版社 1993 年版,第 379 页。

国方式和治国理念，表明党在治国理念上开始发生根本性变化、实现重大突破。

党的十四大在提出建立社会主义市场经济体制目标的同时，特别提出要加强立法工作，抓紧制定与完善保障改革开放、加强宏观经济管理、规范微观经济行为的法律和法规。1993 年 11 月，党的十四届三中全会就加强法制建设问题做了全面部署，提出遵循宪法规定的原则，加快经济立法，适时修改和废止与建立社会主义市场经济体制不相适应的法律法规，逐步建立起适应社会主义市场经济体制的法律体系。

1996 年 2 月，江泽民在党中央举办的法制讲座上明确地提出依法治国的要求，强调指出：“加强社会主义法制建设，依法治国，是邓小平建设有中国特色社会主义理论的重要组成部分，是我们党和政府管理国家和社会事务的重要方针”①，并强调“依法治国是社会进步、社会文明的一个重要标志，是我们建设社会主义现代化国家的必然要求”②。

党的十五大进一步提出依法治国是“党领导人民治理国家的基本方略。”1999 年 3 月九届全国人大二次会议将依法治国、建设社会主义法治国家这一治国方略正式写入宪法修正案。随着依法治国方略的提出和实施，党对中国特色社会主义法治的认识也在逐步深入。

3. 以“依法执政”为核心命题的概括

党的十六大明确提出依法执政的命题，并将之与依法治国紧密衔接起来，强调要“善于把坚持党的领导、人民当家作主和依法治国统一起来，不断提高依法执政的能力”③。2003 年 12 月，胡锦涛在纪念毛泽东同志诞辰 110 周年座谈会上的讲话中进一步指出：“要进一步改革和完善党的领导方式和执政方式，坚持党总揽全局、协调各方的原则，实行依法执政，更好地实

---

① 《江泽民文选》第一卷，人民出版社 2006 年版，第 511 页。
② 《江泽民文选》第一卷，人民出版社 2006 年版，第 513 页。
③ 《十六大以来重要文献选编》（上），人民出版社 2005 年版，第 39 页。

施党对国家和社会的领导"①。他强调,"坚持依法治国的基本方略,把依法执政作为党治国理政的一个基本方式,坚持在宪法和法律范围内活动,严格依法办事,善于运用国家政权处理国家事务"②。党的十六届四中全会通过的《中共中央关于加强党的执政能力建设的决定》,系统阐述了党依法执政的基本内容和要求,并将之与科学执政、民主执政作为党执政以来的主要经验之一。

2011年3月,胡锦涛在十七届中央政治局第27次集体学习时的讲话中,又明确提出要全面推进依法行政、弘扬社会主义法治精神的基本要求,强调认真落实依法治国基本方略,要以建设法治政府为目标,更加注重制度建设,更加注重行政执法,更加注重行政监督和问责,更加注重依法化解社会矛盾纠纷。

依法执政、依法行政的提出,进一步深化了党对中国特色社会主义法治重要地位和作用的认识,从而为中国特色社会主义法治理论命题的正式提出奠定了重要基础。

4. 以"全面推进依法治国"为核心命题的凝炼

全面依法治国,是完善和发展中国特色社会主义、实现国家治理体系和治理能力现代化的必然要求,贯穿于改革、发展、稳定的各个方面。

党的十八大明确提出"法治是治国理政的基本方式"③的重大观点,强调要更加注重法治在国家治理和社会管理中的重要作用,"提高领导干部运用法治思维和法治方式深化改革、推动发展、化解矛盾、维护稳定能力"④。党的十八届三中全会通过的《中共中央关于全面深化改革若干重大问题的决定》提出"建设法治中国"的命题,并进一步提出"必须坚持依法治国、依法执政、依法行政共同推进,坚持法治国家、法治政府、法治社

---

① 《十六大以来重要文献选编》(上),中央文献出版社2005年版,第650—651页。
② 《十六大以来重要文献选编》(中),中央文献出版社2006年版,第226页。
③ 《十八大以来重要文献选编》(上),中央文献出版社2014年版,第21页。
④ 《十八大以来重要文献选编》(上),中央文献出版社2014年版,第22页。

会一体建设"①的要求。党的十八届四中全会通过的《中共中央关于全面推进依法治国若干重大问题的决定》首次提出了"中国特色社会主义法治理论"的命题,明确指出全面依法治国总目标是建设中国特色社会主义法治体系、建设社会主义法治国家。习近平总书记强调全面推进依法治国必须坚持党的领导、坚持中国特色社会主义制度、贯彻中国特色社会主义法治理论,"这三个方面实质上是中国特色社会主义法治道路的核心要义,规定和确保了中国特色社会主义法治体系的制度属性和前进方向"②。党的十九大进一步提出深化依法治国实践,强调"全面依法治国是国家治理的一场深刻革命,必须坚持厉行法治,推进科学立法、严格执法、公正司法、全民守法"。

顺应实现中华民族伟大复兴时代要求应运而生的习近平法治思想,从根本上廓清了一个时期以来在党与法治这一当代中国法治建设核心问题上存在着的错误认识和模糊观念,为中国特色社会主义法治理论体系的建构奠定了重要基础。

(三)中国特色社会主义法治理论的主要内容

改革开放以来,中国共产党把马克思主义基本原理同当代中国法治实际相结合,相继提出了一系列法治建设的重要思想,形成了中国特色社会主义法治理论。这一法治理论的主要内容,蕴含在邓小平、江泽民、胡锦涛、习近平关于法治的一系列重要论述中。

1. 中国特色社会主义法治建设的基本方针

从改革开放之初邓小平在提出健全社会主义法制的同时,提出要坚持"有法可依、有法必依、执法必严、违法必究"的"十六字方针",到党的十八大提出"科学立法、严格执法、公正司法、全民守法"的"新十六字方针",我

---

① 《十八大以来重要文献选编》(上),中央文献出版社2014年版,第529页。
② 《十八大以来重要文献选编》(中),中央文献出版社2016年版,第146页。

国的社会主义法治经历了一个不断演进的过程。习近平总书记在进一步确立法治作为治国理政基本方式的同时,深刻揭示了我国法治建设发展的内在逻辑,强调指出,"全面推进科学立法、严格执法、公正司法、全民守法,坚持依法治国、依法执政、依法行政共同推进,坚持法治国家、法治政府、法治社会一体建设,不断开创依法治国新局面"①,这就在阐明法治建设基本方针的基础上,赋予其在中国特色社会主义法治理论构建中的重要地位。

依法治国,首先要做到有法可依,用明确的法律规范来调节社会生活、维护社会秩序。中国特色社会主义法律体系的形成,标志着国家和社会生活各方面总体上实现了有法可依,这是改革开放以来在法治建设方面取得的重大成就,其意义不可低估。同时,也必须看到我们在法治建设上还存在着许多不可忽视的问题。如何按照全面建成小康社会和加强社会主义民主政治建设的新要求,进一步完善中国特色社会主义法律体系,仍然是一项长期和艰巨的任务。这就是要从党和国家工作大局出发,着力解决立法中遇到的问题,破除部门、行业等局部利益对立法工作的干扰,使科学立法真正落到实处。

"天下之事,不难于立法,而难于法之必行"②。党的十六大提出"推进依法行政",为建设法治政府奠定了重要基础。在我国,行政机关是国家法律法规的主要实施者,其行政能力和执法水平与人民群众的生产生活息息相关。深入推进依法行政,是加快建设法治政府的中心环节,应该着力规范政府行为,完善执法体制,创新执法方式,加大执法力度,规范执法行为,坚决防止和克服执法工作中的利益驱动,坚决惩治腐败现象,全面落实实行行政执法责任制,做到有权必有责、用权受监督、违法必追究,切实维护公共利益、人民权益和经济社会秩序。

深化司法改革,保证司法公正,是全面推进依法治国的重要保障。公正司法是维护社会公平正义的最后一道防线。司法的公信力就在于通过司法

---

① 《习近平关于全面依法治国论述摘编》,中央文献出版社2015年版,第3页。
② 《十八大以来重要文献选编》(中),中央文献出版社2016年版,第188页。

程序使人民群众的合法权利得到切实维护和保障。改革开放以来,司法体制改革逐步推进并取得较大进展。但是与广大人民群众对司法公正的期待和要求还有很大差距,司法体制改革仍任重道远。习近平总书记强调,要"努力让人民群众在每一个司法案件中都能感受到公平正义,决不能让不公正的审判伤害人民群众感情、损害人民群众权益"①。

中国共产党领导下的广大人民群众是全面推进依法治国的力量源泉,也是法治中国建设的坚实基础,必须坚定相信和依靠广大人民群众,深入开展法治宣传教育,抵御错误观点的干扰和影响,使社会主义法治真正深入人心,努力营造办事依法、遇事找法、解决问题用法、化解矛盾靠法的良好法治环境。党作为在全国长期执政的马克思主义政党,能否坚持依法执政,正确领导立法、带头守法、保证执法,对于全面推进依法治国具有极为重要的意义。

2. 中国特色社会主义法治建设的基本原则

坚持党的领导、人民当家作主与依法治国的有机统一,是我国法治建设的一条基本经验,也反映了其内在发展的基本逻辑,并构成中国特色社会主义法治理论的主要内容。

党的领导是社会主义法治最根本的保证。党领导人民制定宪法和法律,也领导人民遵守、执行宪法和法律。中国特色社会主义法治是适应新时期党的领导方式、执政方式转变的需要而逐步确立并发展起来的。在当代中国,坚持党的领导与走中国特色社会主义法治道路从根本上来说是一致的。"社会主义法治必须坚持党的领导,党的领导必须依靠社会主义法治。"②习近平总书记指出:"全面推进依法治国这件大事能不能办好,最关键的是方向是不是正确、政治保证是不是坚强有力,具体讲就是要坚持党的领导,坚持中国特色社会主义制度,贯彻中国特色社会主义法治理论"③。

---

① 《习近平关于全面依法治国论述摘编》,中央文献出版社 2015 年版,第 67 页。
② 《十八大以来重要文献选编》(中),中央文献出版社 2016 年版,第 146 页。
③ 《十八大以来重要文献选编》(中),中央文献出版社 2016 年版,第 146 页。

加强党的领导,关键要做到"善于使党的主张通过法定程序成为国家意志,善于使党组织推荐的人选通过法定程序成为国家政权机关的领导人员,善于通过国家政权机关实施党对国家和社会的领导,善于运用民主集中制原则维护中央权威、维护全党全国团结统一"①。在社会主义法治建设中坚持党的领导地位不动摇,党依靠社会主义法治实施领导不动摇。坚持党的领导,是中国特色社会主义法治理论形成的内在动力,也是贯彻这一理论必须遵循的根本原则。

人民是依法治国的主体和力量源泉。人民是依法治国的力量主体、监督主体、受益主体。坚持党的领导与尊重人民主体地位相结合在本质是一致的,其实质就是坚持党性与人民性的统一。正如习近平总书记所指出:"党性和人民性从来都是一致的、统一的。坚持党性,核心就是坚持正确政治方向,站稳政治立场……坚持以民为本、以人为本"②。党的领导是尊重人民主体地位、维护人民根本利益、实现人民当家作主的根本政治保证;尊重人民主体地位则是党的工人阶级先锋队性质和全心全意为人民服务的根本宗旨的本质体现。改革开放以来,中国共产党在推进法治国家建设的实践中,总是时刻关注最广大人民群众在法治建设中的重要地位和作用,把人民利益、愿望和要求作为法治建设的出发点和归宿,使人民成为推动我国法治建设不断前行的根本动力。

法治是党治国理政的基本方式。依法治国凸显了法治在治国理政中极其重要的地位。全面推进依法治国作为国家治理领域一场广泛而深刻的革命,必然涉及国家体制、机制和重大利益关系的调整和人们思想观念的革新,要求把国家事务和社会事务、经济和文化事业的管理都纳入法治化轨道。中国特色社会主义法治理论是从中国法治建设的实际出发提出来的,又是在我国法治建设的实践中得到丰富和发展的。全面推进依法治国,关键是必须贯彻好中国特色社会主义法治理论,不断推进社会主义法治理论

① 《十八大以来重要文献选编》(中),中央文献出版社2016年版,第158页。
② 《习近平谈治国理政》,外文出版社2014年版,第154页。

的创新。在新的历史起点上,推进法治理论创新,必须坚持从我国基本国情出发,同改革开放和社会主义现代化建设进程相适应,科学总结党领导人民进行法治建设的实践经验,以法治建设的重大问题为导向,着力发展符合中国实际、具有中国特色、体现法治发展规律的法治理论,为依法治国提供理论指导和学理支撑。

3. 中国特色社会主义法治建设的基本目标

全面推进依法治国的总目标是建设中国特色社会主义法治体系、建设社会主义法治国家。"提出这个总目标,既明确了全面推进依法治国的性质和方向,又突出了全面推进依法治国的工作重点和总抓手"①。这一总目标的提出特别是中国特色社会主义法治体系的提出,在党的历史上是第一次,在世界范围内也具有独创性,是党的治国理政思想的重大创新。

第一,建立完备的法律规范体系。依法治国首先要做到有法可依。我国法律体系虽然已经形成但还尚不完善,如有的法律法规未能全面反映客观规律和人民意愿,立法质量、立法效率均有待提高;立法中的部门化倾向、争权诿责现象也对法律体系的完善和发展产生不同程度的影响。只有紧紧抓住提高立法质量这一关键,不断推进科学、民主、依法立法,切实解决现实生活中存在的某些法律规范不协调、不好用的问题,才能为法治体系建设奠定坚实的法制基础。

第二,建立高效的法治实施体系。"法律的生命力在于实施,法律的权威也在于实施"②。人民政府、人民法院和人民检察院作为法治实施的主体,对法治实施中各种突出问题的解决负有不可推卸的责任。建立高效的法治实施体系,首先要求各级政府必须依法全面履行职能,坚持严格规范公正文明执法,强化对行政权力的制约,加快法治政府建设。同时,要求各级司法机关必须保证公正司法、不断提高司法公信力。只有建立高效的法治实施体系,才能为法治体系建设提供强有力的支撑。

---

① 《十八大以来重要文献选编》(中),中央文献出版社 2016 年版,第 147 页。
② 《十八大以来重要文献选编》(中),中央文献出版社 2016 年版,第 150 页。

第三,建立严密的法治监督体系。古今中外的法治实践表明,不受监督的权力必然导致腐败。全面推进依法治国,必须强化监督机制,建立健全监督体系,使执政党的执政权,国家的立法权、执法权和司法权,都能获得宪法和法律的制约和监督,真正做到将权力关进制度的笼子。

第四,建立有力的法治保障体系。全面推进依法治国,必须经过多方面的共同努力才能形成强有力的法治保障体系。为此,就要通过切实加强党的各级组织对法治的领导,进而提供有力的政治和组织保障;通过加强法治专门与服务队伍建设,以及相关机构的建设,进而提供坚实的人才和物质保障;通过改革和完善不符合法治规律的体制机制,进而提供完备的制度保障;通过提高全体人民的法治意识、法治观念,进而营造良好的社会氛围。

第五,形成完善的党内法规体系。"党内法规既是管党治党的重要依据,也是建设社会主义法治国家的有力保障"[①]。完善的党内法规体系,不仅要求内容科学,而且要求程序严密,并要求配套完备、运行有效。形成完善的党内法规体系,就要认真解决党内法规的系统性、整体性和与国家法律的协调性不够的问题,把科学制定与坚决执行党内法规二者紧密衔接起来,不断推动党内法规制度建设。

建设中国特色社会主义法治体系,是中国特色社会主义法治从理论向实践转化的重要载体,也标志着党对我国社会主义法治建设理论与实践的认识已经达到了一个系统化、制度化的新高度。

4. 中国特色社会主义法治建设的基本路径

建设社会主义法治国家,必须将整体推进和协调发展紧密结合起来,"坚持依法治国、依法执政、依法行政共同推进,法治国家、法治政府、法治社会一体建设"[②],集中概括并深刻揭示了我国社会主义法治建设的基本途径。

依法治国是党领导人民治理国家的基本方略,其基本内涵是保证人民

---

① 李建国:《全面推进依法治国的总目标》,《人民日报》2014 年 11 月 5 日。
② 《十八大以来重要文献选编》(中),中央文献出版社 2016 年版,第 157 页。

在党的领导下,依法通过各种途径和形式管理国家事务、经济文化事业和其他社会事务,实现社会主义民主的制度化法律化;依法执政是党执政的基本方式,其基本内涵是党要通过法定程序把自己的主张上升为国家意志,并带头遵守宪法法律,确保宪法法律实施;依法行政是法治状态下政府行为的基本原则和方式,其基本内涵是合法行政,即法定职责必须为、法无授权不可为。"依法治国、依法执政、依法行政是一个有机联系的整体,三者具有内涵的统一性、目标的一致性、成效的相关性,必须彼此协调、共同推进、形成合力。"①

"社会主义法治国家"是法治中国建设的终极目标,其基本内涵就是:国家的权力必须由宪法和法律赋予,且依照法律规定的程序行使,行使公权力必须承担相应的法律责任;政府必须依法设立,其职权由法律赋予且依法行使,并对其行为承担法律责任;公民、法人和其他社会组织依照法律行使权利履行义务,依法承担社会责任,依法进行社会治理。"法治国家、法治政府、法治社会,三者相互联系、内在统一,是法治建设的三大支柱,缺少任何一个方面,全面推进依法治国的总目标就无法实现。"②

中国特色社会主义法治理论内容十分丰富,除上述四个方面主要内容以外,还应该包括:建设法治中国的重要思想,依宪治国、依宪执政的重要思想,法治和德治相结合的重要思想,等等。

---

① 李建国:《全面推进依法治国的总目标》,《人民日报》2014年11月5日。
② 李建国:《全面推进依法治国的总目标》,《人民日报》2014年11月5日。

第二章 法治资源：中国法治的 历史传承与国际借鉴

马克思在讲到人类的历史创造时指出："人们自己创造自己的历史，但是他们并不是随心所欲地创造，并不是在他们自己选定的条件下创造，而是在直接碰到的、既定的、从过去承继下来的条件下创造。"①中国特色社会主义法治道路的探索，既离不开对中华民族法治文化传统的历史继承，也离不开人类其他文明所提供的丰厚法治文化资源。

一、中国传统法治思想

中华文化源远流长、底蕴深厚、独具特色，其中蕴涵着丰富的法治思想。中国传统法治思想作为中华法律文化的重要组成部分，是我国古代思想家和政治家思考治国理念、探索并实践治国方式的经验总结和智慧结晶，是中国特色社会主义法治道路探索的重要历史基础。

（一）中国传统法治思想形成的历史条件

任何思想或理论的形成与发展都同其特定的历史条件和时代需要密切相关。中华民族是具有特定生活方式、社会环境、民族心理、民族性格和历史传统的民族，在其特定历史文化背景下形成了独特的中国古代法律文化，

---

① 《马克思恩格斯选集》第 1 卷，人民出版社 2012 年版，第 669 页。

孕育了丰富的法治思想，其形成与发展也是与中国社会发展的历史变迁紧密相联，与中国社会历史发展的基本特点相一致的。中国传统法治思想是在自给自足的农耕经济结构、高度集权与专制的政体和严格的宗法等级社会基础上逐步得以形成发展起来的。

第一，自给自足的农耕经济和以家庭为生产单位的生产方式，奠定了中国传统法治思想形成发展的经济基础。中国作为世界四大文明古国之一，较早完成了由游牧向农耕的转化，地处东亚大陆的广阔地域使得农业生产很早就成为中华民族主要的经济生产方式。农业生产的目的不是为了交换，而是用于自己消费。在古代中国，"自给自足的自然经济占主要地位。农民不但生产自己需要的农产品，而且生产自己需要的大部分手工业品。地主和贵族对于从农民剥削来的地租，也主要地是自己享用，而不是用于交换"①，这也是形成以中原为核心、以农业为主体的具有极强凝聚力和向心力的中国古代文化的基本原因。在漫长的历史发展进程中，"国以农为本"，"重农抑商"成为古代中国的基本国策，"尚农除末"一直是古代中国劳动人民的最高信条。"而任何游牧民族的'入主中原'都意味着被同化的开始。"②在自然经济模式下，"个人缺乏应有的独立性，人的依赖关系成为其物质生产的社会关系的共同特征。"③随着生产力的发展，农业生产方式发展到以家庭为主要的生产单位，并在中国漫长的封建社会中占据绝对主要的地位，从而形成了稳定、内向、封闭的生产格局，因而客观上造成了人们在生产过程中的关系变得极为简单，人们相互间的交流减少，纠纷亦随之减少，即使发生少量纠纷，也完全可以通过风俗习惯、宗教礼法等规范的约束来解决。内向型自给自足的农耕经济和以家庭为生产单位的生产方式孕育了重义轻利、崇拜君权、追求和谐、重视民生等稳定朴素的伦理本位观念，亦为中国传统法治思想的形成奠定了经济基础。

---

① 《毛泽东选集》第二卷，人民出版社 1991 年版，第 623—624 页。

② 武树臣等：《中国传统法律文化》（下），北京大学出版社 1994 年版，第 723 页。

③ 公丕祥：《中国传统法律文化与义务本位》，《学习与探索》1991 年第 6 期。

第二,以血缘为纽带的宗法家族社会制度奠定了中国传统法治思想形成发展的社会基础。在我国漫长的古代社会,以家庭为基本单位、以血缘为纽带的宗法等级社会关系,使宗法家族成为社会的基本细胞。外向的、扩张的宗法结构与孤立的、内向的自然经济的相互促进、互为条件、和谐统一,奠定了中国古代宗法家族社会制度的基础。宗法制原本是处理家族内部关系的习惯准则,后来与国家政治相结合,家国一体、君父合一成为中国古代社会的基本制度和古代法制维护的重要内容,这就导致古代中国既是按照地域来划分居民,更是按照血缘来确定身份和等级,并导致了"法"的产生和发展的独特性。无论是由日益频繁的部落战争导致的以军事首长权威为后盾的"法"(即"刑")的出现,还是由部落时期庄严的祭礼导致的以神权为后盾的"法"(即"礼")的形成,都是以宗法家族社会为其基础的。"源于战争的刑,格外重视法的威慑力,手段也极为残酷;源于祭祀的礼,则带有浓厚的血缘亲情,手段也较为温和。残酷与温情为一体也正是中国古代法律的特色"①,这也导致中国传统法治思想不可避免地带有宗法伦理色彩,并以充分体现宗法等级的礼仪纲常为主要内容。

第三,君主专制与高度集权的政治体制奠定了中国传统法治思想形成发展的政治基础。在古代中国,"皇帝有至高无上的权力,在各地方分设官职以掌兵、刑、钱、谷等事,并依靠地主绅士作为全部封建统治的基础"②。中国古代国家的形成,是建立在帝王间血腥征伐的基础之上的,强者为王。"普天之下,莫非王土;率土之滨,莫非王臣。"③王者,具有生杀予夺的权力,强权在强势中形成,王权至上。由于自然经济模式决定传统社会存在等级制和人身依附,因而"天子为民父母,以为天下王"④,"王者居宸极之至尊,奉上天之宝命,同二仪之覆载,作兆庶之父母。为子为臣,惟忠惟孝。乃敢

① 马小红、姜晓敏:《中国法律思想史》,中国人民大学出版社 2015 年版,第 11 页。
② 《毛泽东选集》第二卷,人民出版社 1991 年版,第 624 页。
③ 《诗经·小雅·北山》。
④ 《尚书·洪范》。

包藏凶慝,将起逆心,规犯天常,悖逆人理"①。这种君君、臣臣、父父、子子等建立在三纲五常之上的等级关系成为封建社会的基本理念,使得"上者"对"下者"拥有着绝对的权威,从而形成了一个自上而下的权威体系。由于家庭或亲情关系的融入,政治权威便与伦理感情紧密结合,在最大限度地获得民众心理认同的基础上,专制君主统治的合法性得以确立,并且君主权力和统治秩序是神圣不可侵犯的,否则"天理难容"。封建君主专制决定了其政治体制是一种纵向的统治与服从的结构。在这种高度集权的政治体制下,主权和执政权合为一体,君主既是主权者,也是政治权力的实际掌控和运用者。故而确立君主至高无上的权威与权力,"治国""治吏"和"治民"就成为中国传统法治思想形成发展的起点和归宿。

总体而言,在我国封建社会所固有的自然经济模式、君主专制政体和宗法家族社会制度基础上形成发展的中国传统法治思想,与近代西方国家在商品经济、民主政治和社会自治基础上产生的法治思想迥然不同,也与现代法治思想存在较大差异,因而这些法治思想必然带有特定的历史局限性。

(二)中国传统法治思想的基本内容

认识中国传统法治思想形成的历史条件,离不开古人对法的意蕴的理解。古人所说的"法",与今天人们所说的法既有联系也有区别。从广义上说,古人所说的法的内涵远比今人所说的法宽泛:神意祖制、自然规律、风俗习惯、国家制度、乡规民约等,皆可以"法"统称。这个"法"的层次亦十分复杂,既包括理念意识,也包括制度规则。从狭义上说,古人所说的法则专指"律"即"刑"。中国古代法观念的产生与法律的起源相互伴随。法律是随着私有财产日益增多、贫富分化、阶级出现、国家形成而产生的,这是法律起源过程中的共同规律,而中国法律的起源还有其特殊性:一是部落联盟时期日益频繁的部落战争,导致了"刑"的出现;二是先民的祭祀导致了"礼"的

---

① 《唐律疏议·名例一》。

形成与发展。严复曾写道:"盖在中文,物有是非谓之理,国有禁令谓之法,而西文则通谓之法,故人意遂若理法同物,而人事本无所谓是非,专以法之所许所禁为是非者,此理想之累于文字者也。中国理想之累于文字者最多,独此则较西方有一节之长。西文'法'字,于中文有理、礼、法、制四者之异译,学者审之"①。这就是说,中西法的语境存在着巨大的差异:中国古人说到"法"时,大都指制度规章,也就是国家的禁令;西方的"法"则集禁条、规范、制度、原理、精神于一体。

中国传统法治思想具有丰富的内容,学界从不同角度对其进行了概括。有学者从法治思想"突破"的视角,认为中国传统法治思想主要是春秋战国时期法家代表人物的思想,其要义有四:"'以法为治'之义;'生法者君也'之义;'法之必行'('君主从法')之义;'救世、富强、致治、尊君'之义"②。有学者从挖掘传统法治中所蕴含的依法治国思想的角度,提出中国传统法治思想包括了法大于权的法律至上的思想、法大于情的执法原则、建立有效的监察制约机制、重视执法队伍建设和法律教育等方面。③ 还有学者从传统法治文化对当代中国公众法律认同的角度,概括了中国传统法治思想中具有消极作用的"权大于法""以法治民""法治人治化"等思想,具有积极作用的"民为邦本""法比权大""法比情重""以民监官"等思想④。笔者认为,中国传统法治思想的主要内容包括以下三个方面:

第一,实行法治的思想。春秋战国时期百家争鸣的焦点之一就是选择法治还是选择德治的问题。作为法家先驱之一的管仲最早提出"以法治国"的概念并强调法是最高之至道、治国之根本。《管子》的不同篇章中多次论及"以法治国"思想,如《管子·明法》中的"威不两错,政不二门,以法

---

① [法]孟德斯鸠:《孟德斯鸠法意》(上册),严复译,商务印书馆1981年版,第2—3页。
② 程燎原:《中国法治思想的"突破"》,《法商研究》2011年第3期。
③ 杨立新:《论中国传统法治中的依法治国思想》,《辽宁教育学院学报》1998年第4期。
④ 李春明:《传统"法治"文化与当代中国公众的法律认同》,《东岳论丛》2007年第6期。

治国,则举措而已"。即统治者治理国家,无须将其权威建立在更多基础上,只要通过法律就可以治理好国家。《管子·论法》中的"故法者天下之至道也,圣君之实用也""不法法则事无常,法不法则令不行""法者民之父母也"。《管子·任法》中的"巧者能生规矩,不能废规矩而正方圆;虽圣人能生法,不能废法而立国。故虽有明智高行,背法而治,是废规矩而正方圆也"。这些思想实际上都蕴含着实行法治、以法治国的思想理念。商鞅作为法家主要代表人物之一,极力主张以"法"代"礼",认为"法令者,民之命也,为治之本也,所以备民也。为治而去法令,犹欲无饥而去食也……欲东而西行也,其不几亦明矣"①。"故有明主、忠臣产于今世,而能领其国者,不可须臾忘于法。破胜党任,节去言谈,任法而治矣……臣故曰:法任而国治矣。"②他还从富国强兵、奖励农耕以及人的"好利恶害"本性三个方面论证了实行法治的必要性。集法家思想之大成的韩非,总结前期法家的思想与实践,根据当时的形势情况,提出以法为中心的法、术、势相结合的治国思想。韩非提出:"明主之道,一法而不求智"③。也就是说,贤明君主的治国之道在于依法而不是依靠个人才智。韩非认为,客观的、外在的法律比主观的、内在的道德更有助于实现对社会、国家的治理。他明确提出"国无常强,无常弱。奉法者强则国强,奉法者弱则国弱"④的治国思想。

　　第二,如何实行法治的思想。中国传统法治思想中关于如何实行法治的思想也较为丰富,涉及立法、执法、司法及守法等诸多方面。关于立法的思想。古代思想家已经认识到"立善法"的重要性。早在春秋战国时期,子产就提出"都鄙有章,上下有服"⑤的主张,并铸刑书于鼎上,开创了中国成文法之先河。北宋王安石明确提出了"立善法于天下,则天下治;立善法于

---

① 周晓露:《商君书译注》,上海三联书店 2014 年版,第 218 页。
② 周晓露:《商君书译注》,上海三联书店 2014 年版,第 218 页。
③ 张松辉、张景:《韩非子译注》第 4 辑,上海三联书店 2014 年版,第 348 页。
④ 张松辉、张景:《韩非子译注》第 4 辑,上海三联书店 2014 年版,第 39 页。
⑤ 《左传·襄公三十年》。

一国,则一国治"①。同时认识到立法要尊重和体现客观规律,如《管子》认为君主有立法之权,但君主也不能随意立法,而应以"道"为法,即立法要注意遵循自然法则,还要考虑民众的实际承受能力;立法要明确、统一并有相对稳定性,法令要"布之于百姓",使"民知所必就,而知所必去"②,即法令的内容必须明确并向百姓公布,使人们有所遵循而不能朝令夕改;立法要随着时代发展而完善,商鞅明确提出了"不法古,不循今"的主张,至唐代以唐太宗为首的统治者更加重视立法,《唐律》不仅成为以后历代封建王朝所沿袭的法典范本,而且在世界法制史上也具有重要地位。关于执法、司法的思想。在中国古代,人们已经充分认识到执法、司法的重要性,认识到"天下之事,不难于立法,而难于法之必行"③。"法令行则国治,法令弛则国乱。"④为此,就要做到"法立,有犯而必施;令出,唯行而不返"⑤,"不别亲疏,不殊贵贱,一断于法。"⑥秦朝特别强调要提高各级地方行政长官的执法司法水平,规定"良吏"必须"明法律令"。《唐律》还确立了严惩"六赃"的刑法原则和法官"出入人罪""受财枉法"和"纵囚"的法官责任制度。⑦ 古人倡导的"公生明,廉生威"⑧的思想,实际表达了公正才能严明、廉洁才有威望的理念。关于守法的思想。我国古代思想家大都主张无论君臣、官民都应守法。在法自君出的封建社会,法治的关键实质上在于君主本人能否守法。"君臣上下贵贱皆从法,此谓大治。"这实际上已经在一定程度上表达了法律面前人人平等的守法思想。商鞅反对儒家"刑不上大夫"的观点,进一步提出了"刑无等级"的思想。韩非则提出"法不阿贵,绳不挠曲,法之

① (北宋)王安石:《周公》。
② 《管子·七臣·七主》。
③ (明)张居正:《请稽查章奏随事考成以修实政疏》。
④ (东汉)王符:《潜夫论·述赦》。
⑤ (唐)王勃:《上刘右相书》。
⑥ 《史记·太史公自序》。
⑦ 陈景良、吴欢:《清明时节说包公——包公"司法之神"形象的形成动因与观念基础》,《法学评论》2014 年第 3 期。
⑧ (明)年富:《官箴》刻石。

所加,智者弗能辞,勇者弗敢争,刑过不避大夫,赏善不遗匹夫"①等,这些思想虽然不可能从根本上解决法律面前人人平等的守法问题,但对于消解贵族特权、树立法律权威、维护法律尊严也曾产生一定的积极影响。

第三,法治与德治关系的思想。法治与德治的关系问题一直是古代思想家争论不休的问题,形成了三种具有代表性的观点。一是德治为主、法治为辅的观点。周文王首次提出的"明德慎罚"思想,并为孔子"德主刑辅"思想的提出奠定了基础。自孔子开始,儒家思想在理想层面上始终以德治为目标。儒家的道德内容以仁、义、礼、智、信为主线,是一套超越统治者立法之上的理想法则,是衡量政治权威合法性的标准。孔子认为,德治才是主要手段,而"刑"即法治只是辅助手段。崇尚德治即要实行德教,并且认为德教比刑罚更重要,也更有成效。二是崇尚法治但也不否认德治作用的观点。管仲在主张"以法治国"的同时,也重视德、礼。他把礼、义、廉、耻称为"国之四维",认为"四维不张,国乃灭亡"②。商鞅虽曾反复告诫国君要"不贵义而贵法""任法而治",但也不否认礼与德的作用,并提出了"法者所以爱民也,礼者所以便事也"③的思想。即使在韩非"术"的思想中,也未完全否定道德教化的作用。三是法治与德治并重的观点。孟子早就提出治理国家必须把行善政与行法令结合起来,认为"徒善不足以为政,徒法不能以自行"④。荀子曾明确提出"隆礼重法"的思想。而"天为法则,相爱相利"则是以墨子为代表的墨家法治思想的核心。汉代王充提出"德法并重"的思想,认为治理国家只有交替采用法治与德治这两种方式,才能实现国家长治久安的目的。明太祖朱元璋也曾提出"为国之治道,非礼则无法,若专法而无礼则又非法也。所以礼之为用,表也;法之为用,里也"⑤。

---

① 《韩非子·有度》。
② 《管子·牧民》。
③ 《商君书·更法第一》。
④ 《孟子·离娄上》。
⑤ 《明太祖文集·刑部尚书诏》。

总体而言,传统法治思想作为中国传统文化的重要组成部分,具有丰富的思想内涵。如何深入挖掘这些宝贵的思想资源,分析和研究这些思想在中国传统治国思想体系中的地位和作用,正确认识其对于中国特色社会主义法治建设的重要价值和意义,是一个需要我们认真研究和解决的重要课题。

(三)中国传统法治思想的历史演变及其地位

中国传统法治思想同我国古代社会经济、政治、文化的变革和发展相伴随,是先贤哲人不懈探索治国模式的重要成果,其发展演进有一个过程。对这一过程的认识,有学者认为经历了三个大的阶段:即"夏、商、西周的'礼治'时代","春秋战国至秦的'法治'时期","汉中期以后的礼法结合时期"[1]。另有学者认为,中国法治思想有过两次大的突破:"第一次'突破'是春秋战国时期法治思想的'突破',第二次'突破'主要是中国近代法治思想的'突破'"[2],并认为第一次"突破"最终归于失败,第二次"突破"仍然正在进行中。

在中国传统法治思想的演进中,法家最为重视法治,其"以法治国"的理论和方法相对比较完整,并为秦朝中央集权的建立、形成"大一统"的国家体制奠定了重要基础。秦的二世而亡又影响到人们对法治的认识和评价。"后人论及秦朝的暴政及其灭亡的原因,往往将其归咎于法家的法治理论及其实践。法治由此背上了恶名,几乎成为专制、暴政的代名词,以致后人谈及法治便心存余悸。实际上,秦朝覆灭的原因很多,并非仅仅因其法治"[3]。

汉唐时期儒家思想逐渐被确立为官方正统思想。然而,"外儒内法"

---

① 于敏、马小红:《中国传统法在法的现代化进程中的几个问题的研究》,《法制与社会发展》2003 年第 4 期。
② 程燎原:《中国法治思想的"突破"》,《法商研究》2011 年第 3 期。
③ 高鸿钧:《先秦和秦朝法治的现代省思》,《中国法学》2003 年第 5 期。

"礼法合流"等治国理念依然得以传承和延续。贾谊在继承先秦法家思想的基础上,针对当时诸侯王多骄纵不法的现象,提出"众建诸侯而少其力"的主张,奠定了汉文帝、景帝和武帝削弱诸藩的理论基础,并主张用具体的法制规范约束商贾、豪民越制。董仲舒作为汉代复兴儒学的主要代表人物,并未否认法治所具有的非道德教化所能替代的治国功能,进而形成了"以儒为体、以法为用"的治国方略。唐太宗将德礼寓于法律之中,形成了"礼法合一,依礼制法"的重要思想,促进了唐代盛世统治的出现,并为以后各朝代所沿用。

中国封建社会后期,君主专制的统治日益衰落,商品经济的发展有力地冲击着封建统治。黄宗羲等思想家从否定封建专制出发提出了:法治优于人治、立"天下之法"、法有善恶之分等具有一定革命意义的法治思想。关于法治优于人治,认为"法"具有稳固性,而"治国之人"则具有善变性,从而赋予"法治"以新的含义。关于立"天下之法",认为必须首先破除君主的"一家之法"而立"天下之法",实际上,"是把保护个人权利和法律上的平等作为基本要求的"①。关于法有善恶之分,认为如果以恶法治国,即使君王仁德贤能兼备也会因恶法之限制而不能治理好国家。而只要有"天下之法"的善法、良法存在,治国贤才就能更好地发挥作用。

由于中国古代国家的形成是建立在帝王间血腥征伐的基础之上的,强者为王,王权至上,因而必然导致中国传统法治思想不仅不限制专制,而且为加强和巩固专制服务,长期积淀于民众社会心理的是"权大于法""君本法次"。从权与法的关系看,古代一些思想家、政治家虽曾提出过法大于权的重要思想,但其维护君权的根本目的则往往使"法"成为维护封建君主专制的工具和手段;从权与情的关系看,不少思想家虽曾主张法大于情,并主张秉公执法、不徇私情,但实际上并没有冲破封建宗法家族观念固有的束缚,没有从根本上解决"人情大于王法"的痼疾;从传统法治的实际运行看,

①　刘新:《黄宗羲民主法治思想评析》,《法学家》2001年第2期。

行政、执法与司法不分的体制，实际上使权力成为法治实施的前提，法成为皇权的化身，法的工具性地位必然使其丧失权威性。

近代以来，中国法治思想开始发生剧烈变化。资产阶级的改良派、封建统治集团中的有识之士、资产阶级的革命派均相继提出自己的法治思想。康有为、梁启超及其后继者立宪派极力主张"法治主义是今日救世的唯一主义"①，提出了"凡立宪国民之活动于政界也，其第一义，须确认宪法，共信宪法为神圣不可侵犯"②的思想，企图走"君主立宪式"资产阶级法治道路；一些有识之士甚至已经认识到"西方有法治，中国也有自己的法治"③，主张应博采古今中西善法，实行现代法治，以挽救国家危亡；孙中山则否定封建专制和改良主义，提出"主权在民"，主张"共和政治，法律为纲"，倡导"五权宪法"，试图走西方资产阶级民主法治道路。然而，在"人治"和"专制"之下，任何有价值的法治思想都难以发挥其应有的价值和功能。

毋庸置疑，传统法治思想中既有糟粕又有精华，既与近代西方法治思想迥然不同，也与中国现代法治思想存在根本区别。坚持走中国特色社会主义法治道路，建设社会主义法治国家，既要面向世界认真学习和借鉴国外法治建设的有益经验和积极成果，更要立足我国历史文化传统，深入挖掘和承继优秀传统法治思想的重要资源。

习近平总书记指出："不忘本来才能开辟未来，善于继承才能更好创新"④。坚持走中国特色社会主义法治道路，必须从我国现实的基本国情出发，又必须植根于中国优秀传统文化。中国特色社会主义法治只有基于自己的文化传统才有望获得成功。这就要求我们必须对中国传统的法治资源进行认真的挖掘、分析和梳理，珍惜并善待自己的优良传统。

---

① 梁启超：《饮冰室合集·文集之十五》，中华书局 1989 年版，第 41 页。
② 梁启超：《饮冰室合集·文集之十五》，中华书局 1989 年版，第 51 页。
③ 李贵连：《法治是什么——从贵族法治到民主法治》，广西师范大学出版社 2014 年版，第 118 页。
④ 《习近平谈治国理政》，外文出版社 2014 年版，第 164 页。

二、西方法治的形成发展及其主要内容

坚持走中国特色社会主义法治道路,必须注重从我国实际出发,但并不意味着可以关起门来搞法治,而是要充分注意学习和借鉴世界上优秀法治文明成果。以古希腊、古罗马法为历史前提,以近代西方资本主义法治的确立为主要标志的西方国家法治,有许多理念、原则和方法,反映了人类法治文明发展的一般规律,应该在坚持以我为主、为我所用的前提下,认真鉴别、合理吸收,但不能全面移植、照搬照抄。

(一)西方法治的形成和发展

1. 西方法治形成的历史前提

尽管西方资本主义国家法治的形成途径和具体方式有所不同,但在起源上却都源于古希腊与古罗马法。如果说"中国古代法(以刑为中心)最初主要形成于部族之间的征战,而西方古代法(古希腊与古罗马法)则是氏族内部贵族与平民之间矛盾和斗争的产物"①。以古希腊法和古罗马法为代表的西方古代法治都是共同一致地随着城邦国家的成长而发展起来的,了解这一基本特点,对于了解西方法治的产生和发展具有特殊意义。

早在公元前 15 世纪,希腊就有了相当发达的迈锡尼文化。然而,公元前 12 世纪的部族大迁徙,导致了迈锡尼文化的毁坏,希腊进入"黑暗"的多里安时代。恩格斯认为,"制度也是英雄时代的制度:人民大会、人民议事会和巴赛勒斯……这就扰乱了氏族制度机关的正常活动,以致在英雄时代就需要设法补救。于是实行了据说是提修斯所规定的制度"②。提修斯改革是在氏族内部矛盾冲突下进行的,这种矛盾的冲突和控制,便成为国家与法产生的一般条件和特殊形式。与雅典法有所不同,古罗马法的演变则经

---

① 张中秋:《中西法律文化比较研究》(第 4 版),法律出版社 2009 年版,第 1 页。
② 《马克思恩格斯选集》第 4 卷,人民出版社 2012 年版,第 123—124 页。

历了一个相对复杂的过程。以《十二铜表法》为标志,罗马法成为一种家本位法。但罗马帝国时代的家长在财产权和继承权上仍然具有相当的权威。

古希腊、古罗马法为西方近代资本主义法治的确立奠定了历史前提,并对其后来的发展产生了深远的影响。"近代资产阶级法治理论很大程度上就是以古希腊、古罗马法治思想传统为基础而形成和发展起来的"①。

2. 西方中世纪法治的倒退

随着罗马帝国的不断衰落,活动在中欧、北欧平原上的日耳曼人、斯拉夫人却先后摆脱原始的、从氏族向部族过渡的所谓"蛮族"社会,相继建立起国家,并开始形成不同于古罗马法的法律。古日耳曼法不只精神原始,形式上亦是原始的。"古日耳曼法乃属人法,而非属地法"②。在征服罗马前后的很长一段时间内,日耳曼人都规定氏族全体成员不论居住何地,均受本氏族部落法律的支配。这种氏族集团本位法,表现在家内关系上亦是以男性为中心的父权和夫权的统治,但在摧毁罗马法的同时,却接受了其国教基督教。而在基督教成为欧洲政治、经济和文化生活主题后,体现上帝意志的《圣经》则成为人们最基本的行为规范。

日耳曼法是一种早期封建制法,反映了其从原始社会直接进入封建社会的历史和现实。伴随日耳曼人的对外扩张,其法律观念亦传遍欧洲,并以一种完全不同于古希腊罗马的姿态宣示着法的神圣性,即法必须得到包括"王"在内的所有氏族成员的遵循。日耳曼人王国兴起之初,以强大而统一的王权为标志的封建专制主义并未立即形成,而其意外的结果则是法律至上观念的逐渐形成。

中世纪的欧洲,上帝的意志代替了所有民族神的意志,神的意志(神法)优于人的意志(制定法或习惯法)。早在古罗马时代,著名的政治法律家西塞罗就对此作出过说明,他认为,"法是上帝贯穿始终的意志","真正

① 张文显:《二十世纪西方法哲学思潮研究》,法律出版社 2006 年版,第 513—514 页。
② [美]孟罗·斯密:《欧陆法律发达史》,姚梅镇译,中国政法大学出版社 1999 年版,第73 页。

的和原始的应用于支配和禁止的法,就是最高的朱庇特(罗马主神)的正当理性。……因为神的理智就是至高无上的法"。① 随着王权的进一步强化和教会权力向世俗国家的渗透,教皇与皇帝之间的斗争日趋激烈,基督教神学在经院哲学的引领下也进入鼎盛时期。作为经院派神学家代表的托马斯·阿奎那,极力把亚里士多德政治哲学思想与基督教的神学有机结合起来,从而使基督教神学的法治观在古典政治哲学的框架、范畴和方法中得到了系统的阐释。毋庸置疑,西方法治在中世纪出现了明显的倒退。

3. 西方近代法治的确立和发展

西方近代法治的确立与罗马法的复兴具有密切关系。自格劳秀斯提出"自然法"之后,洛克、孟德斯鸠、卢梭等一批思想家都从不同角度阐释资产阶级的人权理论,由此衍生出的包括人权天赋、人生而自由平等、所有权不可侵犯、意思自治、契约自由、罪刑法定等法治原则,在近代西方法治确立的过程中得到了较为广泛和成功的运用,其代表性文献为英国的《权利请愿书》和《权利法案》、美国的《独立宣言》和法国的《人和公民的权利宣言》(简称《人权宣言》)。

法国法在欧洲大陆具有典型意义,它不仅是中世纪封建法的典范,也是资本主义成文法的典型代表。法国早在 12 世纪即开始继受罗马法,13 世纪以后,法国则成为罗马法复兴运动的中心。罗马法的近代化恰恰主要是通过法国的尝试而得以复兴。法国法还沿袭了罗马法区分公法与私法的传统。由于法国是欧洲大陆较早进行资产阶级革命的国家,且革命较为彻底,不仅成为其他国家资产阶级革命的榜样,而且为法国资产阶级法律制度的传播创造了条件。近现代的法国由于资本主义经济有了充分的发展,其资产阶级相对于英国资产阶级更为成熟,力量也更为强大,因而其法律也得以在比较彻底的资产阶级革命后建立和发展起来,法国资本主义成文法的创立,系统反映了资产阶级利益和意志,为形成大陆法系奠定了重要基础。与

① [古罗马]西塞罗:《国家篇 法律篇》,沈叔平、苏力译,商务印书馆 1999 年版,第108 页。

此同时,以英国的普通法、衡平法和制定法为基础,融入罗马法、教会法以及中世纪商法的若干原则,并经过美国法对英国法的移植、接受及美国普通法传统的形成而使另一个世界性法律体系——英美法系得以形成。两大法系的形成标志着西方资产阶级法治的确立。

随着近代西方资本主义在世界各地的不断扩张,西方资本主义法治相继对欧洲、非洲、北美洲、拉丁美洲、亚洲、大洋洲等许多国家产生重大影响,并进而得到不断发展,形成现当代西方资本主义法治。正如有学者所指出:"基于对西方社会历史的反思,资产阶级启蒙思想家打出了'理性''民主''法治'的旗帜,并就何为法治、何以需要法治、如何实行法治等问题进行了系统的理论阐述和论证"①。

(二)西方法治的主要内容

西方法治历史悠久、内容丰富,既有较为完备的法律规范体系,又有系统的法治理论及独特的法律文化传统。作为人类文明成果的重要组成部分,西方法治为人类法治文明发展作出了重要贡献,也为中国探索自己的法治道路提供了重要的法治资源。

1. 西方两大法系

法系,是西方法学中一个常见概念。一般认为,凡是在内容和形式上具有某些共同特征、形成一种传统或派系的各国法律,就属于同一个法系。西方近代以来形成的大陆法系与英美法系,并称为当今资本主义世界的两大法系。

大陆法系是以法国法为其母版的。法国大革命的爆发,为近现代法国法的产生及成文法传统的形成奠定了重要基础。1789 年 8 月 4 日至 11日,法国国民议会即通过了"八月法令",宣布"永远废除封建制度",铲除教俗封建主在法律上的特权地位。同年 8 月 27 日,又通过《人权宣言》,提出

---

① 张文显:《二十世纪西方法哲学思潮研究》,法律出版社 2006 年版,第 514 页。

了反封建纲领和一系列资产阶级法制原则。1793 年至 1794 年雅各宾派再次把法国资产阶级革命推向高峰,并颁布了将公有土地分给农民、全部废除封建义务、镇压反革命等一系列法令。1799 年拿破仑发动"雾月政变"后,建立了统一、强有力的国家机构,法国进入新法创制高潮时期。拿破仑上台之后,迅速制定了新宪法,即 1799 年宪法,借此巩固了自己作为"第一执政"的地位。1804 年,法国颁布《法国人的民法典》(后改为《拿破仑法典》)。此后,拿破仑又组织制定了《法国民事诉讼法典》(1806 年)、《法国商法典》(1807 年)、《法国刑事诉讼法典》(1808 年)、《法国刑法典》(1810年),这五部法典加上最先公布的 1799 年宪法,史称"法国六法",构成了较为完备的法国成文法体系。拿破仑失败后,德国法在受法国法影响的同时,还针对自身情况作了较大改进,特别是其颁布的《德国民法典》也对其他国家特别是未受到法国法影响的国家产生了重要影响。

英美法系以英国法为母版,其许多重要原则和制度都来源于英国法律。英国法所确立的一系列法律渊源、法律原则、司法制度、概念术语等为其他国家继受以后,逐渐形成以英国的普通法、衡平法和制定法为基础,融入罗马法、教会法和中世纪商法若干原则的英美法系。英美法系以判例法为其主要渊源,普通法和衡平法是判例法,是通过法官的判决逐渐形成的,以遵循先例为基本原则,法官在英美法系产生中发挥了极为重要的作用;英国法是在较为纯粹的日耳曼法—盎格鲁-撒克逊习惯法基础上发展起来的,其中的一些原则和制度对英美法的影响很大;在诉讼程序方面,英美法系国家无论在刑事诉讼还是民事诉讼当中,均采用"抗辩式"的诉讼程序,即由律师与检察官或律师与律师进行辩论、质证,法官只充当"被动的仲裁人";英美法系受罗马法的影响较小,没有公法与私法的划分。作为世界范围内最为庞大的法系之一,英美法系至今仍然保持着极为重要的影响。

2. 西方的法治观念和思想

在西方,"法治"观念源远流长,不仅有系统的法治理论,而且形成了较为完备的法律制度。"到了近代,随着资本主义商品经济以及与之相应的自由、平等、人权等民主思想的发展,法治(而不是人治或神治)的观念开始广泛传播,并在宪法和其他法律中得到明确肯定和宣布"①,按照资本主义市场经济与民主政治的本质要求,逐步建立了资本主义的法治国家。古今西方学者对法治的认识和概括表明,西方法治不仅是具有丰富内涵的理念,而且是一种价值取向明显的意识形态。

第一,法治作为一种治国方略或社会调控的方式,是与人治相对立的一个概念。法治强调主权在民,依据反映大多数人的意志的法律,实行众人之治,当法律与当权者个人意志冲突时,法律高于个人意志。法治否定了以往"主权在君"或以当权者个人及其集团的意志为表征的人治思想和理念,划清了法治与人治的基本界限。

第二,法治作为一种表征行为状态的概念,强调要依法办事,即政府和官员、公民的全部活动都要接受法律的约束,社会秩序得以在法律的基础上建立,并成为社会关系参加者活动的普遍原则。法治表征了社会生活的主要方面已经基本实现制度化、法律化,社会成员和社会组织都可以按照明确的权利和义务,行使和维护法定的权利。

第三,法治作为一种融汇多重意义的概念,集中体现了西方民主、自由、平等、人权、秩序等价值观念,确认了私有财产不可侵犯、法律面前人人平等、法律至上以及契约自由、罪刑法定等法治原则。在西方法治话语下,国家一切权力根源于宪法和法律,宪法和法律高于任何个人、群体、政党的意志,有至上的权威;公民不因性别、种族、肤色、信仰、语言和地位等而有基本权利义务上的差别,法无禁止即为合法或准许;公民的自由、权利和利益等非经正当法律程序不受非法侵犯等等,成为一种理想图景。

诚然,西方法治毕竟只是资产阶级统治的一种手段,并非是全部统治手段,"当资产阶级感到法治有碍于他们的统治时,就会抛弃法治",甚至会导致第二次世界大战时期德、意、日等法西斯专制统治类型的出现。同时,由

---

① 张文显:《二十世纪西方法哲学思潮研究》,法律出版社 2006 年版,第511页。

于西方法治的一些所谓"普适性"的原则,说到底只是为了保障资产者的私有财产不受侵犯,保障资产者控制下的商品生产和交换在契约形式下正常进行,保护资产者平等地参与对国家政权的控制,实际上不可能也不会真正全部实现。

3. 西方法治实践的主要模式

近代以来,西方法治的实践主要表现在:贯彻了人权神圣、不可侵犯,法律至上、法律面前人人平等,分权与制衡的法治原则,形成了英国的"法律至上"、法国的"公选公决"、德国"法治国"、美国的"宪政分权"等法治模式[1],并各自走出了合乎国情需要和政治生态的法治之路。

英国"法律至上"的法治模式。英国被视为世界上第一个现代法治国家。英国"法律至上"的法治模式,对美加澳新等英语国家和地区产生了深远影响。英国式"法治"包括合法性与自由裁量权、议会主权和政府服从法律三个原则命题。英国数百年法治发展的实践经验主要体现为:建立适度强大的政治权威,进而实现政治与法律的良性互动,这是顺利走向法治的必要前提;法律自治的制度化建设是关乎法治成败的决定性因素;法治平衡的关键在于政治权力实体都能成为法律主体,通过法定程序可以追究其法律责任并使其承担法律后果;法治发展的重要动力是自治型司法制度的建设。

法国"公选公决"法治模式。法国大革命后逐步形成的"法律至上"和注重人权原则、司法双轨制下行政法院对行政权力的监督与制约以及宪法委员会确立的司法审查制度,是分析法国法治模式的三个重要维度。法国《人权宣言》的核心内容是"人权"与"法治"。法律至上、行政法院规范行政权力、确立合宪性审查制度以及《法国民法典》的编纂和颁行,表明法国资产阶级革命的胜利果实已经以法律的形式固定下来,并为此后法国法治的发展奠定了坚实基础。

---

[1] 冯玉军:《中国法治的道路与特色》,中国社会科学出版社 2017 年版,第 176 页。

德国"法治国"法治模式。德国法治国经历了自由法治国、形式法治国和社会法治国的转变过程。自由法治国是法治国发展的初级阶段,被认为是"理性国"或"理智国",国家在人的共同生活秩序中或者为人的共同社会秩序实现了理性原则;形式法治国是法治国发展的中间阶段,法等同于法律,"法治"等同于"依法行政",纳粹时期,国家被赋予一种新的精神与新的价值观:民族、人民被置于个人之上;社会法治国是法治国发展的晚近阶段,第二次世界大战后,德国以和平方式回归国际社会,组建宪法委员会制定《基本法》,选择了自由主义的宪政模式。

美国"宪政分权"法治模式。美国法治既不同于欧洲大陆的立法中心主义,也不同于英国的普通法传统主义,而是集中表现为以美国宪法为基础、以违宪审查制为核心的司法中心主义模式。其主要特征体现为:制宪行宪,努力维系国家主权和法治统一;权力分立制衡,纵向上中央与地方对等分权的联邦制;横向上强调立法、行政和司法的分权制衡;实行违宪审查制度,通过普通法院,维护公民宪法规定的权利和自由;主权在民,维护宪法中的公民基本权利和自由。美国法治模式的主要问题在于对内民主自由,对外强权政治;司法中心主义和违宪审查在实践中也有不少缺陷,各类冤假错案的发生率不低;民主自由过于注重形式和程序,容易被垄断资本家与权贵阶层控制和利用。

(三)西方法治借鉴的基本原则

中国特色社会主义进入新时代,全面依法治国进入关键阶段。新时代,面对经济全球化、世界多极化和文化多元化的挑战、影响和冲击,中国特色社会主义法治建设如何做出应有的回应成为亟待解决的重大课题。法治是人类共同创造的文明成果,不同国家之间法治的相互交流与借鉴,符合人类文明发展的一般规律和内在要求。西方法治作为人类法治文明的重要成果,既有其重要的价值,也有其历史局限性。学习、吸收和借鉴西方法治文明成果,必须遵循以下基本原则:

1. 立足国情、以我为主

中国特色社会主义法治建设是以中国国情为基本出发点和落脚点的，而国情的核心内容乃是一定历史阶段的社会性质。中国作为世界闻名的法制文明古国，具有历史悠久、特色鲜明的法律传统，并曾对世界法治文明发展作出过重要贡献。坚持走中国自己的法治道路，要借鉴包括西方法治文明在内的一切人类文明成果，但必须坚持立足本国国情，坚持以我为主的原则。

中国特色社会主义法治，是在中国的土壤中孕育、成长起来的，首先必须符合中国的国情和实际，对产生于西方社会历史条件的法治，不能简单地不加分析地照搬、照套西方法治理论与实践模式，而只能在认真加以分析和研究的基础上，借鉴其中的有益成分。立足本国国情，主要依靠本国人民自己的力量，走出符合中国实际和特点的革命、建设和改革的道路，这是中国共产党取得成功的最基本经验。

早在民主革命时期，毛泽东就明确指出："认清中国社会的性质，就是说，认清中国的国情，乃是认清一切革命问题的基本的根据"①。新中国成立之初，毛泽东更是进一步指出，半殖民地半封建的旧中国，是一个分散落后的自然经济和半自然经济占统治地位，政治、经济和文化的发展极端不平衡的东方大国。这是中国革命和革命胜利后一个相当长时期内一切问题的基本出发点。改革开放之初，邓小平即明确提出："照抄照搬别国经验、别国模式，从来不能得到成功。这方面我们有过不少教训。把马克思主义的普遍真理同我国的具体实际结合起来，走自己的道路，建设有中国特色的社会主义，这就是我们总结长期历史经验得出的基本结论"②。党的十八大以来，习近平总书记更是明确强调，走什么样的法治道路、建设什么样的法治体系是由一个国家的基本国情决定的。所有这些，都在告诉我们，学习和借鉴包括西方法治在内的一切人类文明成果，必须坚持从本国实际出发，坚持

---

① 《毛泽东选集》第二卷，人民出版社 1991 年版，第 633 页。
② 《邓小平文选》第三卷，人民出版社 1993 年版，第 2—3 页。

以我为主的原则。

2. 辩证分析、合理借鉴

借鉴西方法治,必须对其进行全面、深入、辩证的分析和研究,既要考察其产生、发展的经济、政治和历史文化背景,又要探究其形成发展的原因和趋势,努力做到既"知其然"又"知其所以然",进而全面认识和把握西方法治的历史进步性与局限性,从而做到辩证分析、科学扬弃、合理借鉴。

具体问题具体分析是马克思主义活的灵魂。毛泽东认为,"研究问题,忌带主观性、片面性和表面性"①。主观性就是不用唯物的观点看问题,片面性就是不全面地看问题,表面性就是不能揭示事物的本质。在这里,毛泽东实际上提出了如何正确认识事物的基本方法。

关于如何学习外国的问题,毛泽东在 1956 年发表的《论十大关系》的讲话中明确指出:"我们的方针是,一切民族、一切国家的长处都要学,政治、经济、科学、技术、文学、艺术的一切真正好的东西都要学。但是,必须有分析有批判地学,不能盲目地学,不能一切照抄,机械搬用"②。法治作为上层建筑的重要组成部分,只有促进了社会生产力的发展,反映了生产关系的要求,适应了经济基础的变化,才能实现进步的、可持续的价值追求。从世界范围来看,由于各国的历史、文化和社会制度的不同,形成的法治模式和道路也各不相同。随着社会生产力的发展、经济基础的变化和生产关系的调整,法治也会随之不断变化调整。"法治是人类文明的重要成果之一,法治的精髓和要旨对于各国国家治理和社会治理具有普遍意义,我们要学习借鉴世界上优秀的法治文明成果。但是,学习借鉴不等于是简单的拿来主义,必须坚持以我为主、为我所用,认真鉴别、合理吸收,不能搞'全盘西化',不能搞'全面移植'"③。虽然西方法治由于历史、地理、文化、社会结构及政治经济关系等的差异而呈现出诸多明显的差异,但也存在着某些共

---

① 《毛泽东选集》第一卷,人民出版社 1991 年版,第 312 页。
② 《毛泽东文集》第七卷,人民出版社 1999 年版,第 41 页。
③ 习近平:《论坚持全面依法治国》,中央文献出版社 2020 年版,第 111 页。

通之处，因而都有其重要的价值和意义。对待西方法治应该采取实事求是、辩证分析的态度，而不能采取全盘否定、一概排斥的态度，通过辩证分析，吸收和借鉴西方法治中的有益成分。

3. 不搞照搬照抄

在当代中国，探索具有本国自己特点的法治道路，是任何一个走向现代化的国家和民族从未经历过的人类文明建设的重大工程。"近代以前，中国一直稳健地走着自己的路。从近代开始，历史发生了剧变，东方从属于西方，伟大而古老的东方文明遭到了西方殖民炮舰和文化的无情冲击"①。从"师夷长技以制夷"到"中学为体、西学为用"，再到"全盘西化"，中国人在学习西方的过程中，经历了千辛万苦，最终在马克思主义的指引下，走上了中国自己革命、建设和改革的道路。坚持中国特色社会主义法治道路，既要总结中国自己的经验，又要学习和借鉴国外的有益经验，但不能搞照搬照抄。

一个国家的法治决定于这个国家的基本经济和政治制度。与经济、政治制度的选择和评判一样，法治的选择和评判也应该是历史的、具体的，而不应该是抽象的。西方法治是建立在西方资本主义私有制和"三权分立"的政治制度基础上的，而当代中国的法治则是建立在社会主义基本经济和政治制度基础上，反映了我国各族人民的共同意志和根本利益，这就决定了必须走自己独特的法治发展道路，而不能照搬照抄其他国家的法治模式。二战后，一些国家摆脱殖民统治、实现民族独立后，因简单照搬西方法治模式而导致其经济发展停滞、社会矛盾突出、政局长期动荡的教训是深刻的、沉痛的。即使是发达资本主义国家的法治，其具体的法治模式也是不尽相同的，如美国实行的是总统制，英国实行的议会制，而法国实行的则是半总统制；司法独立在西方被公认为法治的标准之一，但在法国，行政法院却是设在政府系统之内的。应当说，各国的法治，说到底都是为解决本国一定历

①　张中秋：《中西法律文化比较研究》，法律出版社 2009 年版，第 1 页。

史时期经济社会发展中的突出问题而逐渐形成的,没有也不可能有完全一致的法治模式。

三、苏联时代的社会主义法治

苏联作为 1917 年俄国十月革命胜利后建立起来的第一个社会主义国家,曾对世界社会主义运动和人类文明的发展作出过重要贡献。苏联在社会主义建设中所形成的社会主义法治类型及其理论与实践,无论是其成功还是其失误,无论是其经验还是其教训,都对包括中国在内的其他社会主义国家产生过重要的影响,也都为中国共产党探索中国特色社会主义法治道路、建设社会主义法治国家提供了重要的借鉴。

(一)苏联社会主义法治形成发展的历史条件

20 世纪初的俄国是帝国主义时代各种矛盾的集合点。1905 年的二月革命推翻了沙皇专制统治,但革命成果落入资产阶级手中。列宁提出继续进行革命、由民主革命向社会主义革命过渡的方针,取得十月革命的胜利,并建立了社会主义性质的法治。十月革命前后俄国所面临错综复杂的国内外条件下形成的法治,是与苏联社会主义革命和建设实践紧密联系着的一种特殊类型的社会主义法治。

1. 苏联社会主义法治形成的国际背景

19 世纪末 20 世纪初,资本主义发展的不平衡导致资本主义大国之间的力量对比发生了重大变化。德、美等国跳跃式发展,迅速赶上并超过英、法等老牌资本主义国家。帝国主义各国之间新的力量对比,同历史上形成的对殖民地的占有状况极不相称。各国实力与其对殖民地的占有极不相称的状况,使新兴的帝国主义国家极为不满,它们强烈要求重新瓜分世界,而老牌帝国主义国家则竭力维护自己的既得利益和世界霸权。这样,帝国主义国家之间展开了重新瓜分世界和争夺霸权的争斗。

　　在帝国主义重新瓜分世界的争斗中,形成了以德国、奥匈帝国、意大利组成的"同盟国"集团,以英国、法国、俄国组成的"协约国"集团。两大集团首先在巴尔干展开争夺。1914年6月28日发生的萨拉热窝事件成为第一次世界大战的导火索。随后,两大集团相互宣战,第一次世界大战爆发。第一次世界大战爆发后,第二国际各国机会主义者纷纷背叛无产阶级国际主义原则,支持本国政府进行战争。战争的进程对俄国极为不利。俄国参加战争的目的,是从奥匈帝国手里夺取靠近俄国西南边境的加里西亚,从奥斯曼土耳其手中夺取君士坦丁堡,进而控制博斯普鲁斯海峡和达达尼尔海峡,打通俄国从黑海通往地中海的通道。它还有一个重要的目的,即转移国内民众对其不满的视线。列宁对此尖锐指出:"沙皇政府把这场战争看作是转移人们对国内日益增长的不满情绪的注意力和镇压日益高涨的革命运动的一种手段"①。

　　早在1887年恩格斯在讲到德国未来可能发生的战争时指出:"对于普鲁士德意志来说,现在除了世界战争以外已经不可能有任何别的战争了。这会是一场具有空前规模和空前剧烈的世界战争"②。这场战争的结局,"只有一个结果是绝对没有疑问的,那就是普遍的衰竭和为工人阶级的最后胜利创造条件"③。第一次世界大战及其结局证明了恩格斯当年的预言,也揭示了帝国主义战争的本质。帝国主义战争对于社会主义革命有着特殊重要的作用。列宁基于俄国革命的实践深刻分析了帝国主义战争对社会主义革命发生的特殊作用,强调帝国主义战争"使整个现代社会组织受到如此严重的打击,因此人类必须作出抉择:要么是灭亡,要么是把自己的命运托付给最革命的阶级,以便最迅速最激进地过渡到更高的生产方式"④。同时,国际社会在帝国主义战争中所表现出的有利因素也使无产阶级革命朝

---

① 《列宁选集》第2卷,人民出版社1995年版,第517页。
② 《马克思恩格斯文集》第4卷,人民出版社2009年版,第331页。
③ 《马克思恩格斯文集》第4卷,人民出版社2009年版,第331页。
④ 《列宁全集》第32卷,人民出版社2017年版,第223页。

着胜利的方向前进。无产阶级革命在打碎资产阶级国家机器、废除资产阶级法治的同时,就为无产阶级国家的建立和社会主义法治的创立打开了大门。

2. 苏联社会主义法治形成的国内背景

沙皇俄国是一个落后的封建军事帝国主义国家,资本主义的发展远远落后于美、德、英、法等国。18 世纪下半叶,当西欧先进国家由工场手工业向大机器工业过渡之际,俄国才开始兴起作为资本主义发展早期原始形态的工场手工业。从 18 世纪下半叶至 19 世纪上半叶的近百年间,俄国的资本主义有了较大的发展,但与欧洲典型的资本主义兴起相比,还有着明显的差距及特点。一是西欧资本主义是在封建经济基础瓦解甚至崩溃的基础上兴起并得到发展的,而俄国资本主义则是在封建农奴制依然占绝对主导地位甚至得到强化的基础上兴起和成长起来的;二是西欧资本主义是在封建上层建筑已经或正在被摧毁的前提下得到发展的,而俄国的资本主义却是在封建集权制的统治不断强化的过程中得以发展的;三是俄国资本主义的兴起与沙俄的侵略扩张和与之相应的发展军需业密切相关、相互促进。这就表明,俄国从封建主义向资本主义的社会转型从其开始就带有深深的封建主义烙印。

第一次世界大战前的俄国,是帝国主义统治链条中的一个薄弱环节。从经济上看,战前俄国的工业总产值虽然已占欧洲第四位、世界第五位,但发展程度与欧美大国相比还有很大差距。在许多大银行中,外国资本占 50%—70%。外国资本利用俄国丰富的天然资源、广大的市场和廉价的劳动力在俄国的扩张,使俄国资本主义日益加深了对西方帝国主义的依赖;从政治上看,1861 年的农奴制改革后,俄国仍然实行绝对君主制,沙皇独揽国家的最高权力,不受任何限制;从外交上看,沙俄奉行对外扩张政策。俄国国内的政治经济状况使其成为帝国主义各种矛盾最集中、最尖锐的国家,这也决定了俄国发生革命的必然性。

俄国十月革命前,资产阶级临时政府与工兵代表苏维埃两个政权的并存,反映了革命发展中的一种过渡状态,即"这时革命已超出了一般的资产阶级民主革命的范围,但是还没有到达'纯粹的'无产阶级和农民的专政"①。在两个政权并存、斗争形势错综复杂的严峻形势下,列宁写下了《国家与革命》《无产阶级革命与叛徒考茨基》《布尔什维克能保持国家政权吗?》等著作,论证了无产阶级专政国家与法的学说,阐明了俄国完全具备了社会主义革命的经济前提和政治前提,并说明苏维埃是革命群众自己建立起来的政权机构,在当时是最大多数人民利益和意志的最好体现者。列宁根据马克思主义的国家学说,强调工人阶级必须摧毁地主资产阶级国家机构,建立起新的无产阶级的国家政权机构,这就是苏维埃。这个政权"依靠下面人民群众的直接的创举,而不依靠集中的国家政权颁布的法律。这完全不是欧美先进国家中迄今最常见的那种一般类型的资产阶级议会制民主共和国政权"②。列宁还认为"苏维埃政权是最高的国家类型,是巴黎公社的直接继续"③。列宁关于苏维埃政权的一系列理论和实践创新,为苏联社会主义法治的创立奠定了重要的基础。

3. 苏联社会主义法治的形成发展

十月革命后,苏维埃政权的政治体制发生了从人民直接管理制到政党代表制的演变,形成了高度集权的政治体制。这一体制的形成主要因素有:一是迫于战争形势和内外压力而不得已采取的临时政体,在当时情况下很难实行充分的民主,而必须把权力集中在无产阶级政党及其领袖集团手中;二是广大工人阶级和农民群众文化、政治素质低,客观上无法直接行使民主权;三是列宁和布尔什维克尚没有从理论上正确解决无产阶级执政党自身的民主化、发现新型民主的特殊规律和现实途径、民主与法制的关系、党和国家政权之间的关系等问题。与这一政治体制相适应,苏联社会主义法治的形成经历了从革命法制到社会主义法治的演进过程。苏联革命法制强调

---

① 《列宁全集》第 29 卷,人民出版社 2017 年版,第 154 页。
② 《列宁全集》第 29 卷,人民出版社 2017 年版,第 131 页。
③ 《列宁全集》第 34 卷,人民出版社 2017 年版,第 102 页。

为确立革命法制而斗争,并赋予肃反委员会以特殊权力。从体制上看,全俄肃反委员会受人民委员会和全俄中央执行委员会的垂直领导,同时也受党的垂直领导。虽然这种做法在非常时期是迫不得已的,但其缺陷也是明显的。

十月革命后,苏维埃政权面对的是一个百废待兴的国家,从战时共产主义到新经济政策,从和平法令到土地改革,再到工作重心向"文化"发展的转移,无不体现出苏联社会主义法治建设与经济、政治、文化相互关系的历史性转变,为创制社会主义新型民主法治国家奠定了重要的基础。在法与经济的关系上表现为:从俄国实际出发,坚持马克思主义法与经济辩证统一的基本原理,科学地揭示了经济与法之间作用与反作用的正确关系,进一步阐述了法对社会主义经济发展的作用,而新经济政策的提出与实践则标志着具有俄国特色的社会主义道路的制度构建和体制创新已经取得重要的成果;在法与政治的关系上表现为:把无产阶级革命政权的创建与法治的建设有机地结合起来,制定并颁行了大量法律、法令,为在社会主义条件下正确认识和处理民主与法治的关系提供了宝贵经验;在法与文化的关系上表现为:认识到文化发展与民主法治建设密切联系,创造社会主义新型法治文明,既要从本民族传统文化中汲取精华,又要注意吸收全人类的一切优秀思想文化成果。

列宁逝世后,斯大林成为苏联党和国家的最高领导人。从 1924 年到 1953 年的近 30 年时间,苏联在经济、政治、文化等各个领域经历了尖锐而又复杂的斗争。在国际资本主义的包围和封锁下,在国内异常困难和政治状况十分复杂的条件下,斯大林"和苏联共产党的其他领导人在一起维护了列宁的关于苏维埃国家工业化和农业集体化的路线"[1],领导苏联完成了工业、农业和商业的社会主义改造,完成了国家工业化,实现了农业集体化。

---

[1] 《建国以来重要文献选编》第 8 册,中央文献出版社 1994 年版,第 229 页。

（二）苏联社会主义法治建设的主要成就

从 1917 年十月革命胜利到 1924 年初列宁逝世的 7 年中，在列宁领导下，苏俄政府通过颁布一系列镇压剥削者反抗的法律、法令，着力解决专政与法律、民主与法律、政党与法律、经济与法律等问题，对特定社会转型时期的革命法制建设进行了不懈探索，为苏联社会主义法治建设奠定了重要的基础。列宁逝世后，斯大林为了继承列宁的遗志，实现无产阶级国家的宏伟目标，曾多次强调法制建设的重要性，并明确指出："新政权建立新法制、新秩序，这种秩序就是革命秩序"①。总体而言，斯大林在领导苏联社会主义建设中，对法制建设还是给予了必要的注意，并作出过不少努力，从而使苏联社会主义法治建设取得了显著的成绩。

1. 形成了较为完备的社会主义法律体系

制定宪法和相关法律法令以形成完备的法律体系，是俄国社会主义革命胜利后列宁特别重视的一项工作，为苏联社会主义法律体系的形成奠定了重要基础。十月革命当天夜里，列宁就亲自起草了《土地法令》，宣布废除俄国的封建土地私有制。第二天，即拟定了《和平法令》。随后，制定了将工业部门的各大企业、设备完善的地方企业以及铁路运输方面的各种企业收归国有的法令，为建立社会主义经济奠定了法律基础。

从 1918 年到 1924 年间，苏联相继制定了两部宪法和一部宪法性质的权利宣言，以及包括工人管理工厂、国营企业管理条例、铁路运输法令等在内的一系列经济法规，特别是 1922 年苏维埃国家集中制定、修改并颁布了《刑法典》《民法典》《刑事诉讼法典》，以及《检察机关条例》《律师机构条例》《法院组织条例》等，进而为后来形成比较完备的社会主义法律体系奠定了重要基础。

斯大林时期，苏联社会主义法治建设的成就显著，集中表现为《1936 年

---

① 《斯大林文选》上卷，人民出版社 1962 年版，第 15 页。

苏联宪法》和许多新的法律法令的颁布和实施。斯大林在《关于宪法草案》的报告中,阐述了1936年宪法的基本特点及其与资产阶级宪法的根本区别。这部宪法规定:苏联是工农社会主义国家,全部权力属于城乡劳动者,政权性质为无产阶级专政,政治基础是劳动者代表苏维埃;生产资料所有制有两种形式,即国家财产(全民财产)和合作社集体农庄财产,允许个体农民及手工业者不剥削他人的小规模的私有经济的存在,宪法还保护公民的个人财产权和继承权,并规定了"各尽所能,按劳分配"的社会主义原则;确定苏联为联盟国家及其国家机关体系;确定了普遍、平等、直接和秘密投票的选举制度;规定了苏联公民享有劳动权、休息、受教育权、物质保障权,以及宗教、言论、出版、集会、游行示威、结社的自由等基本权利,同时规定了苏联公民必须严格遵守宪法和法律、劳动纪律,尊重社会主义公共生活准则等义务。这一时期,为适应宪法所确定的原则,苏联还颁布了《苏联国籍法》《苏联和各加盟共和国法院组织法》等许多新的法律法令。《1936年苏联宪法》的颁布和实施,标志着苏联社会主义法治建设进入了一个新的时期。

1941—1945年苏联进行了伟大的反法西斯卫国战争。在此期间,苏联不仅没有因为战争而放弃法治建设,而且继续通过法制来保证战争的胜利。为适应战时需要,苏联颁布了《关于戒严》《关于铁路和水陆运输施行军事体制》《关于在战时散布足以引起居民恐慌的谣言的责任》等法令,这些法令巩固了战时的社会秩序,保证了战争的胜利。上世纪50年代,苏联法律法规的许多内容已落后于现实生活的需要,立法改革成为一项重要任务。

2. 建立了社会主义司法机关

苏联社会主义司法制度的建立是在列宁司法思想指导下产生和发展起来的,是十月革命后苏俄法治建设的重要实践,标志着人类历史上第一次形成了与资本主义司法制度相区别的社会主义司法制度。列宁阐发了司法独立、司法平等、司法民主、司法监督和司法公正等一系列司法理念,并据此对社会主义国家的司法制度和司法体系进行了建构并应用于苏联社会主义司法建设的实践,逐步建立了较为完善的司法机构和司法系统。

作为保卫革命秩序的机关,1917 年 10 月成立的内务人民委员部主要担负反对资产阶级的反抗和进攻、组织地方建设,并领导工农警察局、职业民警、刑事侦查、内卫军和户籍登记等工作。同年 12 月,又在人民委员会下成立了全俄肃清反革命和怠工非常委员会(后来称为"契卡"),其主要任务是侦查和预防犯罪活动。1922 年"契卡"被取消后,其一部分职能由审判机关执行,另一部分职能由内务人民委员部里新设立的国家政治保安局承担。1934 年成立苏联内务人民委员部,国家政治保安总局被撤销,其职能由苏联内务人民委员部里的国家安全总局所取代。

十月革命胜利的同时即摧毁了俄国旧的法院系统,并依据苏维埃政府相关法令建立了人民法院和革命法庭两种新的法院。随后经过司法改革确立了人民法院、省法院和最高法院的三级法院体制。苏维埃社会主义共和国联盟建立后,成立了苏联最高法院。1936 年宪法规定"最高法院是苏联最高审判机关,有权取消加盟共和国的有关决定。1957 年 2 月苏联最高苏维埃通过了新的最高法院条例,扩大了加盟共和国审判机关的权力"[1]。

依据 1922 年 5 月通过的检察机关条例,决定在司法人民委员部中设立国家检察机关,其既是公诉机关又是监督法制的机关,"严格执行一长制原则,一切决定由相应的检察长单独处理。上级检察长认为有必要时,可以撤销下级检察长的抗诉"[2]。1924 年在苏联最高法院内设立检察院,由此开始出现两个组织上彼此不相联系的检察系统。1933 年成立苏联检察院,最高法院内的检察院不复存在。1936 年通过的《关于成立苏联司法人民委员部》的决议完成了检察活动的集中化。根据苏联宪法,检察机关成为一个独立的国家机关系统。

最早的中央司法管理系统是十月革命后建立的俄罗斯联邦共和国司法

---

[1]　杜艳钧:《苏联法制建设的历史沿革及其经验教训》,《苏联东欧问题》1988 年第 1 期。

[2]　杜艳钧:《苏联法制建设的历史沿革及其经验教训》,《苏联东欧问题》1988 年第 1 期。

人民委员部,其任务是组建并领导地方法律机构,负责制定社会主义法律章程,编纂法律、解释和公布法律。苏联建立后,又陆续成立了各加盟共和国司法人民委员部。1936年后,依据苏联宪法成立了统一的联盟共和国司法人民委员部,实现了司法管理机关的统一。1956年苏联司法部被取消,由各加盟共和国司法部实现其领导法律机关工作的职能,而部分职能转交给各加盟共和国最高法院和政府所属的法律委员会。

苏联国家安全和社会秩序保卫机构、国家审判机关、检察机关和司法部的建立,有力地保证了苏联司法权的公正高效行使以及司法机关的严格公正司法,对促进苏联社会主义法治建设发挥了重要的作用。

3. 开展了社会主义法治宣传教育

列宁曾严肃地提出,必须恪守苏维埃政权的法令和命令,并监督所有的人来执行。为此,全俄苏维埃第六次非常代表大会通过了《关于严格遵守法律》的专门决议,明确指出:"共和国的全体公民,所有苏维埃政权机关和一切公职人员,都严格遵守俄罗斯社会主义联邦苏维埃共和国的法律和中央政权机关过去和现在所颁布的决议、条例和命令"①,这就在规定了严格执法和守法主体的同时,实际上规定了对全体人民包括共产党人进行法治宣传教育的必要性,使法治宣传教育成为法治建设的一项重要任务。与此同时,苏联党和国家还非常重视提高法律工作者的业务水平,并在全国范围内持续地对公民开展法律宣传和教育。苏联司法部专门成立法律宣传和公民法律教育处主管普法工作。高等院校普遍开设法律教程,将《苏联法律》列入非法律专业学生的必修课。同时,出版了大量的法律书籍杂志,所有这一切都对增强公民法治观念,提高公民法律意识发挥了重要作用。

总之,苏联社会主义法治建设经历了从法制到法治的演进过程,并延伸到苏联解体以前,形成了包含立法、司法、执法和普法等在内的社会主义法治建设的基本框架,取得了较大的成就,但也出现过一些严重的失误,其经

①　吕世伦:《列宁社会主义法制建设的理论和实践》,《马克思主义研究》1983年第1期。

验和教训都值得其他社会主义国家借鉴。

(三)苏联社会主义法治建设的经验和教训

苏联社会主义建设的经验非常丰富,其教训亦极为深刻,对其他社会主义国家的产生和发展具有重大影响,而其在社会主义法治建设上的经验,与西方发达国家的法治经验相比较,则更具有针对性和可参照性,因而也更为其他社会主义国家所重视。有学者认为,"苏联法对中国法制的影响时间最长,程度最深。从孙中山领导的民族民主革命时期,到中国共产党创建农村革命根据地时期,再至新中国建国后 50 年代都曾经大量移植了苏联法制"①。

1. 苏联社会主义法治建设的主要经验

社会主义国家政权建立后,建立与封建传统法制和资本主义法治具有本质区别的新法治的任务,成为摆在社会主义国家执政党和政府面前的一项重大任务。建立革命法制并在此基础上建设社会主义法治国家,这是苏联社会主义法治建设取得的一项重要成就。

第一,高度重视社会主义法治建设。建立革命法制,是建设社会主义法治国家的必然要求。十月革命后不久,列宁即提出:"工人阶级夺取政权之后,像任何阶级一样,要通过改变同所有制的关系和实行新宪法来掌握和保持政权,巩固政权"②。基于社会主义法制建设与国家建设紧密相关的考虑,列宁不仅亲自起草了 1918 年 7 月苏俄第一部宪法,而且在健康情况极差的情况下对苏俄民法典给予高度重视。列宁逝世后,1925 年 5 月在斯大林的倡议下,苏联第三次苏维埃代表大会通过了《关于坚决施行革命法制》的专门决议。该决议提出:"保证苏维埃法律的正确实行与巩固苏维埃革命法制的基础,是重要任务之一"③。1932 年 6 月,苏联中央执行委员会和

---

① 孙光妍、于逸生:《苏联法影响中国法制发展进程之回顾》,《法学研究》2003 年第 1 期。

② 《列宁全集》第 38 卷,人民出版社 2017 年版,第 307 页。

③ 叶扬主编:《欧洲社会主义国家政治体制的理论与实践》,中共中央党校出版社 1989 年版,第 79 页。

人民委员会所通过的决议又进一步指出："革命法制是巩固无产阶级专政，保护工人和劳动农民的利益及与劳动阶级敌人（富农、投机倒把者、资产阶级暗害分子）及其反革命的特务机关作斗争的极重要手段之一"①。苏维埃政权还通过颁布一系列重要法令，特别是通过颁布宪法，以根本法的形式确认了苏联的国家性质、政权性质、政治基础和共产党在社会生活和国家生活中的领导作用，确认了苏联所有制形式和分配原则等，进而为苏联实现社会主义现代化、巩固和发展社会主义制度创造了重要条件。苏联社会主义建设的历史充分证明，无产阶级在夺取政权以后，及时建立革命法制，不断加强社会主义法治建设是完全必要的。

第二，维护社会主义法治权威。苏维埃政权建立初期，列宁即主张要用法律的国家强制力或威慑力来实现捍卫社会主义政权和国家经济社会秩序重建的目的。他鲜明地提出，社会主义法制权威的树立要通过全体公民自觉地遵守法律得到实现。全俄苏维埃第六次非常代表大会通过的《关于严格遵守法律》的决议指出："共和国全体公民、所有苏维埃机关和一切公职人员，都严格遵守俄罗斯社会主义联邦苏维埃共和国的法律和中央政权机关过去和现在所颁布的决议、条例和命令"②。列宁还特别强调法制的统一性问题，认为社会主义国家法制统一性的基础是立法机关统一行使立法权，为此，全俄苏维埃第八次代表大会还就立法权问题作出决定："除全俄苏维埃代表大会、全俄中央执行委员会及主席团和人民委员会外，其他任何机关都没有颁布全国通行的法律的权力"③。执政党的领导地位体现在党指导立法但不是替代立法机关。为保证苏维埃政权和社会主义法制的权威性和统一性，苏联还成立了一个由中央垂直领导的法律监督机关——检查机构，

---

① ［苏］盖尔青仲：《苏联和苏俄刑事立法史料汇编（1917—1952）》，郑华等译，法律出版社 1956 年版，第 615 页。

② ［苏］盖尔青仲：《苏联和苏俄刑事立法史料汇编（1917—1952）》，郑华等译，法律出版社 1956 年版，第 98 页。

③ 张述周：《列宁对社会主义法治国家建设的构想》，《当代世界与社会主义》2007 年第 6 期。

从体制上保证了社会主义法制权威和统一的有效维护。

第三,正确处理与社会主义法治建设相关的几个重要关系。社会主义法治建设的任务十分艰巨和复杂,既要正确认识和处理法治建设本身的问题,又要正确认识和处理党的领导与法治、经济建设与法治、政治建设与法治、文化建设与法治之间的关系。苏联作为世界上第一个社会主义国家,在上述诸方面均进行了有益探索,提供了重要的经验借鉴。

一是,党的领导与法治的关系。如何处理执政党和法的关系问题,是马克思、恩格斯不曾遇到的问题,也是苏联社会主义法治建设中遇到的非常重要的问题。列宁为此进行了有益的探索,提出了坚持党对立法和司法机关的领导、执政党及其党员要带头守法等基本要求,揭示了社会主义国家执政党正确认识和处理党法关系的基本准则。党的政策和法律是社会调控和治理过程中两种互为补充的手段,各自发挥着其独特的作用。对于一些涉及国家层面的宏观性、全局性政策,应当通过法定程序,使其固化为国家法律,不能用党的政策去代替法律,更不能由党来直接制定法律。正确处理党法关系,必须从重处罚违法犯罪的共产党员,这是关乎苏联社会主义发展命运的一个重大原则问题。苏联后来在党法关系方面的重大失误,特别是弱化并导致取消苏共在国家政治生活中的领导地位,成为苏联国家变质解体的重要原因。

二是,政治建设与法治的关系。在社会主义条件下,如何建设高度的民主与完备的法治,如何正确理解和处理民主与专政、民主与法律之间的关系,是列宁在十月革命胜利后着力探索的一个重大问题,也是苏联社会主义法治建设中始终面临的重大理论与实践问题。社会主义的民主或曰人民民主是人类历史上最高类型的民主。它与狭隘的、残缺不全的、虚伪的、骗人的资产阶级民主截然相反,它使工人阶级和广大人民群众开始真正享有广泛的民主权利,成为国家的主人。苏联社会主义建设的实践表明,法治建设必须与民主建设紧密结合、同步进行。

三是,经济建设与法治的关系。马克思主义认为,法与经济的关系是辩证统一的。法律作为上层建筑,必须以社会经济为基础,同时又服务于社会经济。任何时期的法的内容和发展都必然要受到经济、政治、文化、历史、传统、宗教信仰、民族精神等各种因素的影响,但最终起决定作用的乃是经济因素。十月革命后,苏联通过摧毁旧的经济基础、逐步建立并发展了新的经济基础,并使之通过宪法得以确认,从而较好地解决了经济建设与法治建设的关系,对于建立和维护以生产资料公有制为基础的社会主义基本经济制度,保证国家社会主义经济建设沿着正确的轨道进行,促进社会生产力发展,迅速改善苏联的经济状况;对于惩治各种经济犯罪行为,都产生了重要的作用。尽管由于历史条件的限制,苏联在经济关系和经济活动方面曾存在由于过多实行直接、微观调控,拒绝承认民法的私法属性并发挥其优势,导致后来形成过分集中的计划经济体制和高度集权的政治体制,对苏联社会主义经济发展产生了消极的影响。

四是,文化建设与法治的关系。十月革命后,列宁曾敏锐地洞察到,文化发展与社会主义民主法制建设之间的密切联系,把文化发展置于苏维埃国家发展的首要地位,并提出了一系列重要的思想。列宁曾明确指出,文盲是社会主义民主法制建设的"三大敌人"之一。他认为,苏维埃政权在原则上实行了无产阶级的民主制,但在实践上却远远不能做到人人参与,其主要原因不是法律的障碍而是文化的落后。文盲是处在政治之外的。只要还存在文盲现象,就很难谈得上建设高度的民主和完备的法制。他强调要把文化的发展提高到创造社会主义新型法治文明的高度来加以认识,要克服民族文化虚无主义,从传统文化的精华中吸取营养为新型法治建设服务,还要注意汲取全人类的一切优秀思想文化成果,正确处理好社会主义民主法治建设与人类一般文化遗产的批判继承关系。苏联社会主义建设实践证明:只有加强文化建设,正确认识和处理文化建设与法治建设的关系,才能在摆脱物质贫困和文化贫困、建设物质文明和精神文明的基础上,建立起高度的社会主义法治文明。

2. 苏联社会主义法治建设的失误及其教训

列宁作为无产阶级革命的伟大导师,领导缔造了苏联这一各民族一律平等的社会主义联邦制国家,提出了依法治国、党在宪法范围内活动、法律保护公民权益等重要思想,并使之诉诸实践,奠定了苏联社会主义法治建设的基础。斯大林对苏联社会主义革命和建设事业包括法治建设曾作出过重要贡献,同时也犯有若干严重错误,特别是在搞个人集权、肃反严重扩大化以及践踏法治等方面的错误,对苏联社会主义法治的损害非常之大,也对其他社会主义国家产生了严重影响。他的"个人专断的工作方法,曾经在一定程度上损害了苏联党的生活中和国家制度中的民主集中原则,破坏了一部分社会主义法制"[1],对苏联社会主义法治的发展造成了严重损害。

斯大林破坏法治的错误,主要表现在肃反扩大化及其造成的不良影响。根据当时苏维埃国家面临的阶级斗争形势,通过两次肃反对极少数从事破坏活动的反革命分子加以严惩和打击是必要的。苏联肃反对于纯洁党的组织和革命队伍,巩固苏维埃国家政权,保卫社会主义建设,准备和抵御德国法西斯的入侵,曾起到一定的作用。但其扩大化也曾对苏联社会主义事业造成严重危害。按照苏联法律规定,法院行使审判权,而在苏联肃反中,实际上不少案子是由国家保安机关审理;苏联宪法、法院组织法、诉讼法规定了许多司法民主原则,诸如被告有辩护权、上诉权、审判公开等,但实际上也没有真正切实地贯彻执行,肃反中很多案子都是秘密审判的,即使有些案子公开审判,也没有严格遵守法律程序;尤为严重的是,在当时的司法工作中,对一些案件的审理竟然搞严刑逼供,把肉刑视为"正当的做法"。苏联肃反扩大化发生的上述种种,直接导致已经建立起来的苏联社会主义法治遭受严重破坏。

斯大林之后的苏联领导人,从赫鲁晓夫的政令多变、朝令夕改,到勃列日涅夫时期的墨守成规、停滞不前,苏联并未吸取斯大林破坏社会主义法制

---

[1] 《建国以来重要文献选编》第9册,中央文献出版社1994年版,第570页。

的教训、充分重视社会主义法治建设问题。1985 年戈尔巴乔夫出任苏共中央总书记后，提出所谓"新思维"，将民主和人权作为社会主义法治国家的基础与核心，他过多否定苏共历史，错误吸取历史教训，照搬西方法治经验，并最终在宪法中取消苏共的领导地位，进而导致苏共亡党、苏联解体。

第三章 历史前提:中国新民主主义法治道路探索的概念演进

中国特色社会主义法治道路的探索有着特定的历史前提,其是在近代以来中国社会由传统向现代的被动转化、中国革命由旧民主主义向新民主主义的艰难过渡中进而逐步创造的。以康有为、梁启超为代表的资产阶级改良派及其后继者立宪派极力主张"法治主义",力图通过资产阶级的改良,否定封建专制的人治,走"君主立宪式"资产阶级法治道路,因变法失败而告终;孙中山领导的资产阶级革命派提出了"主权在民"的口号,倡导"五权宪法",主张"共和政治,法律为纲",否定封建专制和改良主义,试图走西方资产阶级民主法治道路,却没有能力实现其民族资产阶级的法治理想;北洋政府、南京国民政府迫于民主共和的时代潮流,不得不在形式上引进西方法治,实质上仍在维持其专制统治。俄国十月革命为中国送来了科学社会主义。中国共产党对新民主主义法治道路的探索,以工人阶级(经过共产党)为领导的、以工农联盟为基础的人民民主政权从局部到全国的建立为主要标志,经历了从工农民主法治、抗日民主法治到人民民主法治的探索历程,为中国特色社会主义法治道路的探索创造了历史前提。

一、工农民主法治道路的探索

工农民主法治的产生不是偶然的。中国共产党成立初期,以从事工人运动为中心任务。党通过发动工人罢工和起义,在全国人民面前表现了中国工人阶级的伟大力量。1922年8月拟定的《劳动法案大纲》，是党最早提出的劳动立法斗争纲领。第一次国共合作的形成，推动了工人运动的发展。五卅运动后在广州创立的"省港罢工委员会"执行了革命政权的某些职能，制定了一些革命的法规，并建立革命法庭作为执法和司法机关，中国工人阶级创制革命法治的意愿和要求得到了初步的表达。随着北伐战争的胜利进军，农民运动在湖南、湖北、江西等省得到迅速发展，组织起来的农民在建立革命政权和农民武装以及制定惩治土豪劣绅法令等方面，发挥了其创造性才能。1927年3月，中国共产党通过领导上海工人举行第三次武装起义，建立了上海市民代表会议和市政府，制定了革命纲领，这是中国工人阶级领导人民大众建立革命政权的最初尝试。而大革命失败后，随着党对于武装斗争、土地革命和中国革命道路等问题认识的不断深入，党对于工农民主革命法治的认识亦逐渐深化，进而开启了工农民主法治道路的探索。

（一）工农民主法治道路的初步探索

1927年至1931年11月，从毛泽东创建井冈山革命根据地建立工农民主政府到中华苏维埃共和国的成立，是工农民主法治道路初步探索的阶段。

1927年，蒋介石、汪精卫相继背叛革命后，国内政治局势陡然逆转，中国革命从高潮转入低潮。在严酷的斗争和血的教训中，党深刻认识到，没有革命的武装就无法战胜武装的反革命，就无法担起领导中国革命的重任，就无法夺取中国革命的胜利，就无法改变中国人民和中华民族的命运。中共中央在革命紧急关头召开的八七会议，制定了开展土地革命和对国民党反动派实行武装斗争的基本方针。在这一重大决策的指引下，中国共产党相继领导和发动了南昌起义、湘赣边界秋收起义和广州起义，则标志着中国共产党开始独立领导革命战争、创建人民军队和武装夺取政权。

大革命失败后，国民党新军阀代替了旧军阀，中国社会依然被城市买办阶级和乡村豪绅阶级所统治，中国的社会性质、革命性质都没有改变，但革命形势却由高潮转入了低潮，发生了根本性的改变。尽管中国迫切需要一个由无产阶级领导、资产阶级的民主革命，但是这一革命已经不能再走以城市为中心的道路。井冈山革命根据地的创建与发展，初步回答了"一国之内，在四围白色政权的包围中，有一小块或若干小块红色政权的区域长期地存在"①的原因和条件。而赣南、闽西革命根据地则进一步阐明了红色政权存在和发展的历史必然性。正如毛泽东在当时所指出的，若认清了中国已经成为一个许多帝国主义国家互相争夺的半殖民地这一现实，就会明白中国统治阶级内部日益激烈长期混战的特殊性、农民问题的严重性及其如今全国性的发展规模、工农民主政权的正确性，就会明白随着红军和游击队的存在和发展成长的小块红色区域存在和发展的原因、条件，"也就会明白红军、游击队和红色区域的建立和发展，是半殖民地中国在无产阶级领导之下的农民斗争的最高形式，和半殖民地农民斗争发展的必然结果"②。毛泽东这一重要论述，不仅揭示了中国革命必须走以农村为重心，先占农村后取城市，武装夺取政权道路的必要性，也分析和阐明了中国工农民主革命法治产生的深刻社会背景与历史动因。

工农民主法治的起源，可以追溯到井冈山革命根据地的初创阶段。大革命失败后，集中体现中国革命正确方向的是毛泽东。1927 年 11 月，毛泽东领导的工农革命军进驻茶陵，建立了湘赣边界第一个红色政权——茶陵县工农兵政府。次年 1 月，工农革命军又攻克遂川县城，井冈山革命根据地初步形成。此间成立的遂川县工农兵政府通过了《遂川工农兵政府临时政纲》，这一法规由毛泽东主持、陈正人起草，明确规定工人、农民、士兵以及其他贫民都享有政治权利，有集会、结社、言论以及出版、居住、罢工的绝对自由，"凡地主、祠庙、公共机关的土地、山林和一切附属"③，分配给广大贫苦农民和退伍的士兵，并规定工农平民停止偿还和缴纳之前所有的租金债

---

① 《毛泽东选集》第一卷，人民出版社 1991 年版，第 48 页。

② 《毛泽东选集》第一卷，人民出版社 1991 年版，第 98 页。

③ 参见逄先知：《毛泽东年谱（一八九三——一九四九）》（上卷），中央文献出版社 2013 年版，第 230—231 页。

务和苛捐杂税,自此开始了工农民主革命法治道路的探索。这一阶段探索的成果主要围绕着党在农村革命根据地如何解决建党、建军、建政的基本原则而逐步加以展开,其标志性的文献是1929年红四军党的第九次代表大会通过的《古田会议决议》,以毛泽东为主要代表的共产党人在党的建设、军队建设、政权建设和土地革命等方面所取得的主要成果如下:

第一,党的建设基本原则。三湾改编决定要在工农革命军中建立党的各级组织,实行党代表制度,使党的支部建在连上,且在连以上设党代表,营、团设党委,这就从组织上确立了党领导军队的原则。湘赣边界党的第一次代表大会于1928年5月召开,会议选举产生了以毛泽东为书记的中国共产党湘赣边界特委,以统一领导边界红军和根据地的革命斗争。同年10月,边界党的第二次代表大会召开,根据中共中央指示组成了以毛泽东为书记的中共中央红四军前敌委员会,进一步加强了党对井冈山根据地的领导。针对当时边界各县的党几乎完全是农民成分的党的状况,毛泽东明确提出"无产阶级思想领导的问题,是一个非常重要的问题"①,这就初步确立了党的思想建设的原则。红四军进军赣南、闽西后,在军队建设指导思想上领导人之间产生了一些不同看法,军内存在的单纯军事观点、流寇思想和军阀主义残余等非无产阶级思想亦有所发展。在此期间,毛泽东曾打算通过红四军党的七大总结过去斗争经验,解决党和红军建设中的主要问题。但他的正确主张未能被多数人所认识和接受。8月,陈毅到上海向中央汇报红四军工作。中共中央"九月来信"对红四军党内发生的争论问题作出了明确结论,并要求红四军前委和全体干部战士维护朱德、毛泽东的领导,毛泽东"应仍为前委书记"。12月下旬,古田会议召开,会议传达了"九月来信"的精神,通过了由毛泽东起草的《古田会议决议》,《决议》在党的建设方面,明确提出了加强党的思想建设的极端重要性,分析和指出了当时党内出现的各种非无产阶级思想的表现与来源,提出了加以纠正的具体办法。同时,

---

① 《毛泽东选集》第一卷,人民出版社1991年版,第77页。

《决议》明确指出要以加强党的思想建设和组织建设为任务，厉行集中指导下的民主生活，要求在发展新党员时务必注重质量。《古田会议决议》作为中国共产党建设的纲领性文献，针对党员以农民为主要成分的状况，如何以加强党的思想建设为着力点，保持党的无产阶级先锋队性质的问题作出了初步回答，确立了加强党的建设的基本原则。

第二，军队建设的基本原则。早在井冈山时期，毛泽东就认识到了以农业为主要经济、以军事发展暴动是中国革命的重要特征之一，强调"边界的斗争，完全是军事的斗争，党和群众不得不一齐军事化"[①]。毛泽东认为，尽管红军士兵大部分是由雇佣军队来的，但是士兵们一到红军就发生了性质上的根本变化。红军首先废除了雇佣制，这一变化便能够使士兵感觉到他们并不是为别人打仗，而是为自己和广大人民打仗。毛泽东同时指出，在物质生活如此菲薄、战斗如此频繁的条件下，红军仍能够维持不敝，除了中国共产党的领导作用得以发挥以外，那便是依靠军队内部民主主义的实行。当时，红四军内部的连、营、团都建立了士兵委员会，代表士兵利益，并做政治工作和民众工作。毛泽东特别强调，不仅中国人民需要民主主义，革命军队也需要民主主义。军队内的民主主义制度的建立和实施，必将成为破坏和打击封建雇佣军队的一个重要的武器。在这一思想引导下，毛泽东于1927年底规定了部队必须执行打仗消灭敌人、打土豪筹款子、做群众工作三项任务。后来他又总结部队群众工作的经验，规定部队必须执行三大纪律（当时称"三条纪律"）、六项注意，再后来发展成为三大纪律、八项注意，这就从整体上基本规定了人民军队的本质、任务和纪律，初步确立了人民军队建设的基本原则。《古田会议决议》系统地分析了单纯军事观点在红军内部的表现、来源，提出了纠正的方法，进一步明确了红军的性质和任务。《决议》着重指出，中国的红军作为一个执行革命政治任务的武装集团，必须绝对服从中国共产党的领导，必须全心全意地践行党的纲领、路线和政

---

① 《毛泽东选集》第一卷，人民出版社1991年版，第63页。

策,红军不仅要对敌人进行军事力量上的打击和斗争,同时要对广大群众进行宣传、武装和帮助,担负建立革命政权和共产党的组织等在内的各项重大任务。强调红军必须加强政治工作,并特别提出要通过红军法规的编制,清晰、明确地规定红军的任务,厘清军事工作系统与政治工作之间、红军与广大人民群众之间、士兵会的权能及其与军事政治机关之间的关系。《古田会议决议》作为人民军队建设的纲领性文献,构建了在农村进行革命战争的环境中,将农民为主要成分的军队建设成为无产阶级领导的新型人民军队的战略要求和具体实践路径,进而明确了政治建军的基本原则。《决议》在红军第四军以及后来在各部分红军的实行,保证了整个中国红军完全成为真正的人民军队。

第三,政权建设的基本原则。毛泽东在井冈山时期就已经认识到政权问题对于根据地建设的极端重要性。他曾指出,只有在革命斗争中实行民主集中主义的制度,使广大人民群众了解这一制度对于发动群众和推动革命的巨大优势,才能进一步发挥民主集中主义的效力并推动其更加普遍和真实的应用。此外,毛泽东针对当时人们只知道"工农兵政府"是权力机关,而不知道政府的权力是由"工农兵代表会"赋予的,"民主集中主义,在政府工作中也用得不习惯"①,要求中国共产党执行领导政府的任务,除了宣传之外,党的主张办法在执行的时候要通过政府的组织,同时要避免国民党直接向政府下命令的错误办法。在《古田会议决议》中,毛泽东更是针对红四军党内当时盛行的"单纯军事观点"明确指出,红军并不是只有单纯的作战打仗这一个任务,如果没有对广大人民群众的宣传、组织、武装的任务,没有对革命政权建设的目标,红军的存在及其军事斗争都将失去意义。而在给林彪的一封党内通信中,则将根据地的政权建设明确概括到农村包围城市道路的主要内容之中。1931年苏维埃第一次全国代表大会召开以前,没有全国统一的中央政权机关。各边区(省)工农兵政府即为各该根据地

---

① 《毛泽东选集》第一卷,人民出版社1991年版,第72页。

的最高政权机关,各边区政府之间互无隶属关系。因而,革命法制也是不统一的。伴随各地红色政权的建立,相继颁布了适用于本地区的苏维埃政权组织法。如《江西苏维埃临时组织法》《闽西苏维埃政权组织法》《湖南省工农兵苏维埃政府暂行组织法》《鄂豫皖区苏维埃临时组织大纲》等等。这一阶段,党不仅提出了"一切政权归工农兵士贫民代表会议"的口号,而且由党的第六次全国代表大会通过的《关于苏维埃政权组织问题决议案》,围绕苏维埃政权的建设问题作出了详尽的规定,确立了无产阶级领导、民主集中制、议行合一等苏维埃政权组织法的指导原则。这就表明,任何阶级如果不能掌握政权,就不可能把自己的意志制定为法律,并使之得以施行,当然也就没有法治而言。

第四,土地革命的政策法令。旧中国的土地制度极不合理,封建半封建的土地制度占着绝对优势。大革命时期,党对土地问题已经提出自己的主张,并将土地问题与民主革命的任务联系起来,但是尚未明确提出解决农民土地问题的政纲。八七会议确定了实行土地革命的总方针后,各地武装起义都打出了土地革命的旗帜。为了把广大农民从封建剥削制度下解放出来,党在创建革命根据地进行革命战争的同时,都领导农民开展了土地革命斗争,并相继制定了一些关于土地问题的决议案和土地法。其中,《井冈山土地法》是革命根据地第一部土地法。但是,由于当时的斗争形势比较复杂,工作缺乏经验,特别是又有"左"倾路线的多次干扰,所以在土地立法的许多具体政策问题上,如没收土地的对象和范围,分配土地的标准和办法,土地所有权的归属问题,对待地主和富农的政策问题,都经历了一个曲折的认识过程和反复的斗争过程。正如毛泽东在讲到井冈山根据地的土地问题时谈到,在红色区域实行没收全部土地和彻底分配的政策,必须同时打击豪绅阶级和中间阶级,但是这一政策在实际的执行过程中却遭受中间阶级的严重阻碍。伴随革命根据地的扩大和土地革命斗争的发展,1929 年 4 月,毛泽东在其主持制定的《兴国土地法》中,根据党的六大规定的土地政策的精神和群众土地斗争的实践经验,改正了《井冈山土地法》中"没收一切土地"的错误规定。随后,中共闽西党的一大通过的《关于政治决议案》《关于土地问题决议案》等文件,又在一些具体土地政策上作出新的规定,进而逐步形成了依靠贫农,团结中农,限制富农,保护工商业者,消灭地主阶级的正确土地革命路线。土地革命政策法令的制定和实施,有力地促进了革命根据地土改运动的开展,为进行武装斗争和根据地建设提供了重要的法治保障。

这一阶段,以建党、建军、建政基本原则和土地革命政策法令为主要内容的中国工农民主法治道路的初步探索及其成果,反映了以毛泽东为主要代表的中国共产党人创造性地运用马克思主义解决中国革命实际问题的高度理论自觉,体现了坚持从中国实际出发、把马克思主义与中国具体实际相结合的基本精神,为土地革命时期苏区红色法治的形成和发展奠定了重要的思想理论基础。

(二)工农民主法治道路的系统探索

自 1931 年 11 月中华苏维埃共和国成立,到 1934 年 10 月工农红军撤离南方革命根据地,是工农民主法治道路的系统探索阶段。

这一阶段,工农民主法治道路的探索呈现出较为复杂的情况。一方面,由于党的六大肯定了中国社会是半殖民地半封建社会,明确指出引起现代中国革命的基本矛盾尚未得到解决,因此判断中国现阶段的革命依然是资产阶级民主革命,这便指出了中国革命的根本性质,并发布了民主革命的十大纲领,使全党在中国革命基本问题上进一步统一了认识,各地党组织利用国民党新军阀频繁混战的有利时机,发动农民,建立红军,开辟和发展革命根据地,红军的力量得到了较大发展,全国苏维埃工农兵代表大会亦在筹备之中,这就为工农民主法治道路的探索提供了良好条件。另一方面,受蒋冯阎战争爆发的影响,"左"倾急性病又在党内逐渐发展起来,形成了由当时在实际上主持中央工作的李立三为代表的"左"倾冒险错误。而在这一"左"倾错误基本得到纠正之后不久,又出现了以王明为代表的"左"倾教条主义错误,这一错误在党中央领导机关占统治地位长达四年之久,对革命造成了更为严重的危害。应该指出的是,"左"倾中央领导人所采取的政治策略、军事策略和干部政策在主要方面都是错误的,但是,其在坚持反帝反封建、开展土地革命以及武装反对国民党反动派等问题上的若干观点,与党的纲领和主张正确路线的同志们又是相同的,这是工农民主法治道路所以能够得以继续推进并取得成就的重要原因。同时,由于这一阶段的前期,"左"倾中央当时远在上海,尚未迁到中央革命根据地,以毛泽东为主要代表的正确路线继续得到贯彻,中央革命根据地红军才能够粉碎和突破国民党前三次的军事"围剿",其间军事革命的胜利促使革命根据地进一步巩固和扩大,以江西瑞金为中心的中央革命根据地便因此基本形成,为全国性工农民主政权的建立和工农民主法治的创制奠定了重要的前提和基础。

工农民主法治,是在中国共产党领导下,通过武装的革命反对武装的反革命这一主要斗争形式,彻底摧毁旧政权和旧法治,建立工农民主专政新政权的基础上,从革命根据地的实际出发,运用马克思主义法治理论解决法治建设的基本问题,并学习和借鉴苏联法治建设的经验,在广大人民群众积极参与下创建起来的。1931 年 11 月 7 日,中华苏维埃第一次全国代表大会在江西瑞金叶坪召开,《中华苏维埃共和国宪法大纲》(以下简称《宪法大纲》)的通过和颁布,直接阐明了中华苏维埃共和国的国家性质,规定了中华苏维埃共和国的政治制度、经济制度、公民权利和义务等基本内容,以根本法的形式把人民革命的胜利成果固定下来。《宪法大纲》是中国共产党领导中国人民创建革命政权早期经验的结晶,是中国人民反帝反封建的革命意志和工农兵及一切劳苦大众争取民主自由愿望的集中体现。这一阶段工农民主法治道路探索的主要成果集中表现为:基本形成了相对统一的法律体系,初步建立了较为完整的行政和司法组织系统,开展了法治宣传教育。

1. 形成了相对统一的法律体系

马克思指出:"不能使旧法律成为新社会发展的基础,正像这些旧法律不能创立旧社会关系一样。"①临时中央政府十分重视法治建设,先后颁布了 120 多部法律、法令,包括苏维埃国家的根本法、行政法规、刑法、民法、婚姻法、经济法等,初步建立起具有鲜明阶级性和时代特征的法律体系,基本上做到了有法可依。

第一,《宪法大纲》与苏维埃选举法规。《宪法大纲》明确规定,在性质上,苏维埃共和国实行工人和农民的民主专政,苏维埃的全部政权属于包括广大工人、农民、红军兵士在内的一切劳苦民众,全国工农兵代表大会是中华苏维埃共和国的最高权力机关,在其闭会期间,最高政权机关由全国苏维埃临时中央执行委员会代替,在中央执行委员会下组织形成的人民委员会,负责处理日常政务,有权发布一切法令和决议案。《宪法大纲》同时确立了民主集中制和议行合一的基本原则,明确规定了中华苏维埃共和国基本法的任务是捍卫和保障苏维埃区域的工农民主专政的政权,并且使之达到在全中国范围内的胜利,指出这个专政旨在消灭一切封建残余,驱逐帝国主义列强在中国的势力,实现国家统一,同时对资本主义的发展实行有系统地限制,发展国家经济,提高无产阶级的团结力与觉悟程度,在其周围团结广大贫农群众,进而转变到无产阶级的专政;规定了包括苏维埃公民在法律面前一律平等、都有选举权和被选举权、享有言论集会出版结社的自由和从事劳动、服兵役、婚姻自由、免费受教育、信仰宗教自由等权利。② 这就以根本法的形式确定了中国共产党在这一时期的基本纲领和基本政策。《宪法大纲》是土地革命时期中国共产党领导中国人民创建革命政权的早期经验总结,也是中国共产党领导中国人民制定的第一部宪法。它兼有根本法和纲领的性质,反映了中国人民反帝反封建的革命意志和争取民主政治的强烈

① 《马克思恩格斯全集》第 6 卷,人民出版社 1961 年版,第 292 页。
② 参见《建党以来重要文献选编(一九二一——一九四九)》第 8 册,中央文献出版社 2011 年版,第 649—653 页。

愿望,是中国人民宪政史上第一部由劳动人民当家作主、确保人民民主制度的根本大法。与此同时,以《宪法大纲》为依据,相继颁布了有关选举的若干训令和指示。1933 年 8 月颁布的《苏维埃暂行选举法》,废除了之前制定的各项选举法规,统一了选举事项,是苏维埃时期最为完善的一部选举法。这些选举法规贯穿着一个总的精神,即着眼于实际民主,切实保障劳动群众行使当家作主、管理国家的权利,在立法中确立并贯彻了:选举权和被选举权属于劳动群众、代表名额的分配以有利于加强工人阶级领导为原则、直接选举与间接选举并用、选民对代表拥有监督权和罢免权等基本原则。关于选民代表监督、罢免权的规定,体现了列宁倡导的“真正民主制的基本原则”。这一原则不但见之于《宪法大纲》和有关法律,更重要的是它实际贯彻于苏区的政治生活中。毛泽东对工农民主专政的苏维埃作出了高度评价,认为苏维埃政权赋予一切被剥削、被压迫的民众真正的选举权与被选举,实现了男女在权利上的平等,是苏维埃最宽泛的民主的鲜明体现,工农劳苦群众对这样的权利的取得是中国历史上的第一次。

第二,政权机构组织法。早期各革命根据地组织法的相继颁布,为建立全国苏维埃政权、制定全国性苏维埃组织法积累了经验并奠定了基础。为实现各级地方苏维埃政府的内部组织的统一,中央执行委员会第一次全体会议于 1931 年 11 月召开,通过并颁布了《苏维埃地方政府的暂行组织条例》,规定地方苏维埃分为省、县、区、乡四级,在市镇设城市苏维埃。1934年 2 月 17 日,《中华苏维埃共和国中央苏维埃组织法》颁布,规定由各省、中央直属市、直属县苏维埃代表大会及红军所选出来的代表组成的全国苏维埃代表大会是中华苏维埃共和国的最高政权机关,其主要权力为颁布和修改宪法、对外订立各种条约及批准国际条约、制定法院的系统组织、颁布民事和刑事诉讼法律等;在全国苏维埃代表大会的闭幕期间,中央执行委员会则成为全国最高政权机关,有权颁布各种法律和法令;在执委会闭幕期间,中央执行委员会主席团和人民委员会分别成为最高政权机关和行政机关,负指挥全国政务的责任;中央执行委员会之下设立最高法院,负有对一般法律作法定解释、审查各省裁判部及高级军事裁判所的判决书和决议等权限。① 由民主选举产生的各级工农兵代表大会,对广大人民负责且受人民监督,必须定期向选举单位和广大选民报告工作;工农兵苏维埃代表大会既是议事的机关,决议大政方针、制定法律,又是执行机关,直接组织行政贯彻执行法律和各项决议即议行合一。中央和地方各级苏维埃的机构设置和人员配备,始终贯彻精干和效能原则。

第三,土地法规。毛泽东总结和揭示了广大农村的地租、高利贷和苛捐杂税的繁重情况,指出:"结果土地集中于地主阶级与富农,绝大多数农民失去土地,陷于求生不能求死不得的惨境。"②中华苏维埃第一次全国代表大会后不久,便及时公布和实施了《中华苏维埃共和国土地法》,规定废除一切地租、高利贷债务和苛捐杂税,其意义是显而易见的。这部土地法是土地革命时期影响最大、实施地区最广、适用时间最长的土地法。土地法规的制定和实施为解决全国土地问题提供了明确的法律依据,以后各根据地依照这一土地法分别制定了本地区的具体执行办法。如 1931 年 12 月江西省苏维埃的《对于没收和分配土地的条例》,1932 年赣东北省的《苏维埃土地分配法》,1932 年福建省苏维埃的《检查土地条例》,等等。这些土地法规的颁布和实施,没收了地主富农的土地,使农民得到了土地,摆脱了地主富农利用封建地租和高利贷的残酷剥削,增强了广大贫苦农民革命和生产的积极性,使农村生产力得到了解放,推动土地革命的进一步深入发展,支援了革命战争,巩固了苏维埃政权。

第四,刑事法规。土地革命战争时期,伴随各革命根据地的建立和发展,国民党反动派也加紧了对革命根据地的干扰和破坏。他们在向各根据地加紧进行军事"围剿"的同时,还不断派遣特务分子潜入根据地,与被推

---

① 参见《建党以来重要文献选编(一九二一——一九四九)》第 11 册,中央文献出版社 2011 年版,第 219—226 页。

② 《建党以来重要文献选编(一九二一——一九四九)》第 11 册,中央文献出版社 2011 年版,第 115 页。

翻的地主豪绅相勾结,组织反革命团体,进行各种破坏活动。工农民主政权刑事立法的主要任务,就是要在坚决、及时地摧毁一切反革命组织,给予各种反动破坏活动以严厉打击的同时,又要惩办危害人民利益的其他刑事犯罪分子,以巩固工农民主政权。各地工农民主政权建立后,摧毁反动组织、镇压一切反革命活动、惩办各种反革命犯罪分子成为紧迫任务。为了巩固工农民主政权和根据地的革命秩序,维护和保障人民生命财产安全,保证和促进革命战争的胜利,各地工农民主政府先后颁布过一些地区性的肃反法令。中华苏维埃共和国成立之后,由中央执行委员会随即起草并发布了《处理反革命案件和建立司法机关的暂行程序》(第6号训令)。此后,又先后颁布了《关于镇压内部反革命问题》(第21号训令)、《关于惩治贪污浪费行为》(第26号训令)等。1934年4月8日正式颁布了《中华苏维埃共和国惩治反革命条例》这一比较完整的单行刑事实体法规。与此同时,还先后颁行了《裁判部暂行组织及裁判条例》《中华苏维埃共和国司法程序》等刑事程序法。

第五,财政经济政策法规。中华苏维埃共和国成立后,毛泽东任中华苏维埃临时中央政府主席,他在被"左"倾中央逐渐排斥了对党和红军领导权的情况下,用主要精力领导根据地经济建设。针对当时忽视根据地经济建设工作,把经济建设和革命战争对立起来的错误观点,毛泽东指出:"只有开展经济战线方面的工作,发展红色区域的经济,才能使革命战争得到相当的物质基础,才能顺利地开展我们军事上的进攻,给敌人的'围剿'以有力的打击"[1]。1931年11月,第一次全国苏维埃代表大会通过的《中华苏维埃共和国关于经济政策的决议案》,对根据地的工业、商业、财政、税收金融等方面的政策作出详细规定。之后,《苏维埃国有工厂管理条例》《合作社暂行组织条例》《中华苏维埃共和国暂行财政条例》《中华苏维埃共和国国家银行暂行章程》《中华苏维埃共和国暂行税则》等法规相继出台。苏维埃

---

[1]　《毛泽东选集》第一卷,人民出版社1991年版,第120页。

财政经济政策法规的贯彻实施,对保障革命胜利和发展根据地经济起到了极为重要的作用。

第六,劳动法规和婚姻法规。毛泽东认为,苏维埃劳动政策的出发点应该是:"基于他的政权的阶级性,基于武装劳动民众以革命战争打倒帝国主义国民党的伟大任务"①,保障工人的根本利益,提高他们的革命积极性。为此,中华苏维埃共和国成立后颁布了《中华苏维埃共和国劳动法》《关于实施劳动法的决议案》《中华苏维埃各级劳动部暂行组织纲要》等劳动法规法令。劳动法的制定和实施,使"工人的生活得到了极大的改善,工人的革命积极性大大发扬起来"②,工人成为革命战争和苏维埃建设中的有力推动力量。

为了使广大妇女群众从野蛮封建的婚姻制度之中解放出来,实行男女真正平等的婚姻制度,1931年11月中华苏维埃临时中央政府成立后,便开始在各革命根据地已经颁行和实施的有关婚姻法律、法令、决议的现实基础上,依据《宪法大纲》制定和颁布了《中华苏维埃共和国婚姻条例》,彻底、全面地改革了封建主义婚姻家庭制度,同时又根据实际情况在修改和完善了相关法规的具体条例后,于1934年4月8日正式颁布了《中华苏维埃共和国婚姻法》。苏维埃的婚姻法所确定的基本原则和制度,是从当时的实际情况出发的,反映了广大劳动民众的意志,因而是完全正确的,深受广大群众特别是青年男女的拥护。它与剥削阶级的婚姻立法有着本质上的不同,正如毛泽东所指出的:"这种民主主义的婚姻制度,打碎了数千年束缚人类尤其是束缚女子的封建锁链"③,为以后抗日根据地和解放区的婚姻立法奠定了重要基础,因而具有里程碑式的意义。

---

① 《建党以来重要文献选编(一九二一——一九四九)》第11册,中央文献出版社2011年版,第109页。

② 《建党以来重要文献选编(一九二一——一九四九)》第11册,中央文献出版社2011年版,第114页。

③ 《建党以来重要文献选编(一九二一——一九四九)》第11册,中央文献出版社2011年版,第127页。

2. 初步建立了司法组织系统和司法制度

革命根据地工农民主政权建立之后,彻底摧毁了反动的司法机关,总结和吸收了当时苏联司法机关建立的历史经验,在此基础上逐步建立起了自己的司法组织系统和司法制度。

革命根据地的司法机关根本区别于中国历史上封建的、半殖民地半封建的司法机关,它以工农民主专政的理论为指导思想,斗争的矛头指向政治上和经济上压迫与剥削广大工农劳动群众的反革命阶级和反革命势力,以人民群众的直接行动和广泛参与为坚实依靠,为工农民主政权的巩固服务,适应革命战争的需要。过去的苏区并没有司法机关,中央革命根据地的司法机关是中央政府建立之后的创举,司法工作的每一部分都是新的创造和新的建设。中华苏维埃共和国中央临时政府成立后,中央执行委员会制定和颁布了《处理反革命案件和建立司法机关的暂行程序》(第6号训令),对中央苏区时期司法机关的中心任务加以明确规定:要求各级苏维埃政府坚决、迅速地建立革命秩序,以明晰的法规保障革命群众的生命权利和其他一切法律上应该获得的权利;同时,要坚决地惩罚和镇压反革命的组织和活动,以保卫红色政权和促进革命战争的胜利。不仅如此,革命根据地的司法机关还要受理、审判一般刑事案件与民事案件。

中央苏区司法机关有着特定的组织系统,包括:从中央到地方,设立了四级审判机关,在中央设最高法院,地方设省、县、区三级裁判部,在红军内部则设有军事裁判所。司法人民委员会管理中央的司法行政工作,地方上的各级裁判部则有管理司法行政工作的职能。由于尚未设置专门的检察机关来,在审判机关之内设置的专职检查员承担检察职能,军事裁判所的所在地则设有军事检察所,由其担负军事检察职能。这一阶段,由于各红色区域开辟时间上的差异,也由于当时各红色区域处于被敌人分割包围的游击战争环境,因而司法机关的建立呈现出组织机构多样化;政治保卫局虽不是司法机关但却在司法工作中处于特别重要的地位;裁判部和革命法庭构成为同级政府的组成部分等特点。

第一,肃反委员会。肃反委员会是苏维埃政权的临时专政机关,分为省、县、区(市)三级组织。每一级肃反委员会都各自隶属于各级苏维埃政府或革命委员会之内,受同一级别苏维埃政府的领导与节制,上级的肃反委员会领导下级的肃反委员会。肃反委员会将公、检、法三者合一,使之兼具侦查、逮捕、审讯、判决、执行等职能,有力地镇压了阶级敌人的破坏和反抗活动,打击了各种刑事犯罪,进一步巩固了新生的工农民主专政,保障了根据地革命的秩序。

第二,裁判部和军事裁判所。中华苏维埃中央执行委员会成立后不久,即为迅速建立革命秩序,保障革命群众一切法律上应得的权利,同时彻底消灭反革命组织及其活动,通过并发布了《苏维埃地方政府的暂行组织条例》,规定在省、县、区、市的各级执行委员会之下设立裁判部,作为临时司法机关。随后,为了使统一红色区域的审判权能够进一步统一,增强对审判业务的具体领导,决定成立临时最高法庭,以代行最高法院的职权。中华苏维埃执行委员会制定和颁布了《裁判部的暂行组织及裁判条例》,统一了红色区域内从中央到地方的审判组织。各级裁判部为同级政府的组成部分,受同级政府主席团领导,在审判业务上,由临时最高法庭和上级裁判部节制。在各级裁判部之下,设有刑事法庭和民事法庭,二者分别审理刑事和民事案件,同时可以组织巡回法庭以进行重要案件的审理,有效吸收了广大群众参与司法工作。各级裁判部为更好地行使审判职权,在实践过程中日益形成了一套符合当时需要且行之有效的工作制度和机制,例如裁判员专任制度、对新近选拔担任裁判工作的人员实行教育制度、巡视和报告制度等。军事裁判所是与地方各级裁判部同时存在的审判机构,也是红色区域司法体系的重要组成部分。为维护工农红军的纪律,保障红军指战员和军事工作人员的权利,中央执行委员会颁布了《中华苏维埃共和国军事裁判所暂行组织条例》,明确将军事裁判所作为红军内部的军事审判机关,承担对红军中的一切刑事案件进行审判。

第三,法庭和法院。这一阶段,工农民主政权相继建立的审判机关包括临时最高法庭、最高法院、最高特别法庭、劳动法庭、革命法庭和巡回法庭。一是临时最高法庭。临时最高法庭由中央执行委员会委任正、副总主席，组成以正主席为领导的审判委员会，负有讨论和决定法庭范围内的一切重大问题和案件的职责，其下设有刑事、民事和军事法庭分别审理不同性质的案件。临时最高法院作为中华苏维埃共和国最高法院成立前的最高审判机关，代行最高法院职权，对中央执行委员会及其主席团负责并报告工作，具有解释国家一般法律的职能，并且有权审查各省裁判部及高级军事裁判所判决书和决议，并指导这些司法机关的审判工作等。二是最高法院。最高法院依据《中华苏维埃共和国中央苏维埃组织法》的规定而设立，它的职能与临时最高法庭相同。中央执行委员会主席团任命最高法院的院长和副院长，最高法院委员会以院长为主席，负责讨论、决定职权范围内的各项重大事项和案件，其下设有刑事、民事以及军事法庭，各设庭长 1 人，分别审理不同性质的案件。三是最高特别法庭。最高特别法庭是最具临时性的审判机关，负责对中央执行委员犯法的特殊案件进行专门的审判，经其审判的案件被告人一律无上诉权。它对中央执行委员及其主席团负责并对其报告工作，案件审理完毕即行解散。四是劳动法庭。为保障工人利益、及时解决破坏劳动法令和违反集体和劳动合同的案件而设立在区裁判部和市裁判科的司法机关，其法律地位和内部结构与刑事、民事法庭相同。五是革命法庭。它是这一阶段根据地司法体系的组成部分。作为苏维埃政府的司法机关，革命法庭的任务是镇压各种反革命阴谋破坏活动，保障苏维埃宪法和法令的执行，维护工农群众的利益，并负责审理一切刑民案件和纠纷。六是巡回法庭。巡回法庭是一种特殊的审判方式，在裁判部依据实际的需要，组织革命法庭在重要案件的出事地点进行审判，通过吸收广大群众参与旁听，从而使群众受到必要的教育。

第四，中央司法人民委员部。这是中国共产党最早设立的全国性司法行政机关，负责中华苏维埃共和国的司法行政管理事务，对人民委员会负责并报告工作。中央司法人民委员部下设刑事、民事、劳动感化和总务处，分别掌管刑事、民事诉讼的行政事宜以及各地看守所、劳动感化院的具体事务,同时包括审判机关的设置、任命和培训司法工作人员,法制宣传和制度建设在内的一系列事宜也由中央司法人民委员部管理。它在促进地方各级苏维埃政府组建裁判部、确保各项司法制度的贯彻执行以及司法程序的改进等方面发挥了重要作用。

第五,国家政治保卫局。国家政治保卫局是负责镇压反革命任务的专门机关,其职权是侦查、逮捕和预审一切反革命案件。中央设国家政治保卫局,省、县设国家政治局分局,在区设政治保卫局特派员构成了国家政治保卫局的组织系统。国家政治保卫局的各级机关都是集权组织并且实行采取委任制度,上级领导下级工作,每一级政治保卫局之下都设有委员会组织,承担保卫局工作及所提供的材料的审查和讨论工作,各政治保卫局以各自的局长为其委员会主席,参加的委员应有同级的共产党代表和检察员。国家政治保卫局委员会委员由中央人民委员会批准委任,各分局的委员会委员则由国家政治保卫局委任。

第六,检察员。工农民主政府时期,实行审检合一的组织原则,并没有专门的检察机关,而是在审判机关内部和军事裁判所所在地分别设置了专职检察人员和军事检查所。检察机关的职能均由附设机构的检察长和检察员行使。县级以上裁判部设立检察员制度。检察员的职责在于对犯罪案件进行侦查和预审,只要是涉及犯罪的行为,检察员都要对之加以有检察的权利,如果预审之后被认为确有犯罪的事实和证据,检察员要在做出结论后将案件移交至法庭审理,并作为代表国家的原告人。军事检查所内部实行首长集权制,对于重要案件检查所所长有决定权,检察员如有不同意见只能提请上级解决。

第七,看守所和劳动感化院。中华苏维埃共和国成立后,在系统创建革命司法制度的过程中,依据相关规定,各根据地工农民主政府调整和整顿了监所组织及其管理制度,逐步形成了工农民主政权的监所体制和与历史上一切剥削阶级监狱根本不同的新的监狱制度。看守所是最先设立的监所机构,是各地肃反委员会、国家政治保卫局及其下属部门、各级裁判部的附属机关,分别设立于各级肃反机关和司法机关,不构成独立的系统。它以关押未决犯为主要任务,同时担负关押和教育改造判处短期监禁犯人的职责。劳动感化院则是中华苏维埃共和国成立后决定设立的,对判处长期监禁的犯人实行看管、教育和劳动改造的机关。依据相关规定,省、县两级裁判部下设的劳动感化院,隶属于各该级裁判部。司法人民委员部颁布的《中华苏维埃共和国劳动感化院暂行章程》,明确规定了劳动感化院任务、组织机构和基本管理制度,确定了对罪犯实行劳动改造的制度。工农民主政权监所的设立是我国监狱制度史上的一次革命,它使监狱这一历来剥削阶级镇压劳动人民反抗的工具,变成为工农群众维护革命法律秩序的武器,从根本上改变了旧监狱野蛮残暴腐败黑暗的管理制度,实行了对罪犯进行感化教育和劳动改造结合的方针,使监所成为对罪犯实行感化教育和劳动改造的特殊学校。

3. 开展法治宣传教育

中华苏维埃共和国临时中央政府一经成立,便通过在中国工农红军和工农民主政权内部的各级共产党组织、政治机关及相关部门在"法制宣传"的概念的引领下,积极开展了广泛、多样法治宣传教育活动。这一阶段的法治宣传教育活动,对于增强广大党员干部和工农大众的法治观念、巩固红色政权发挥了重要作用,也为后来新中国的法治宣传教育提供了初步的经验。

第一,通过创办报纸杂志进行法治宣传教育。《红色中华》是当时中华苏维埃共和国政府的机关刊物,也是这一阶段进行法治宣传教育的重要载体。为了使干部和广大群众能够及时学习、掌握工农民主政府新制定的法律法规,了解人民政权的司法工作状况,中央执行委员会和中央政府充分利用当时发行量较大且传播较快的《红色中华》进行法治宣传和教育,许多重要法律文件,诸如《中华苏维埃共和国宪法大纲》《裁判部的暂行组织及裁判条例》《中华苏维埃共和国惩治反革命条例》等,以及中央司法人民委员部结合实际对一些法令、法规所作出的宣传解释,都曾发表在《红色中华》上。《红色中华》还通过开辟和设置"苏维埃法庭""铁锤""突击队"等专题栏目,对党和政府工作人员的不良作风和腐败现象予以揭露、批评。其他中央级报刊例如《斗争》《红星》《青年实话》《苏区工人》《苏维埃文化》以及苏维埃共和国各省的报刊如《福建日报》《闽赣红旗》《湘赣红旗》等,也均曾开辟过相关法治教育的专栏。这些重要报纸杂志成为引导广大工人、农民、红军战士及一切劳苦民众学法、知法、守法,增强法治观念的重要渠道,有力地提高了法治宣传效果。在充分利用《红色中华》等权威报纸、杂志进行法治宣传教育的同时,中华苏维埃政府有关部门还创办了《苏维埃司法》《选举运动周报》《选举运动画报》以及宣传土地法、劳动法等专门法规的画报刊物,这些主要面向中央苏区发行的专门报刊,也在宣传和教育方面发了重要作用。

第二,通过出版发行法律书籍与大众读物进行法治宣传教育。中华苏维埃共和国中央政府成立后,及时成立了中央出版局总发行部,规定各级出版社在出版面向广大民众的读物中必须存在一定的普及工农民主法律法规知识的内容。同时,鉴于苏维埃政府所颁布的条例和法令不仅一般民众不甚明了,而且政府的基层干部也不甚明了的情况,要求尽快出版发行中央政府所颁布的各种重要法律法规的单行本,供广大群众学习和贯彻。"据不完全统计,中央执行委员会、中央政府制定颁发的有关国家机构、刑事、民事、经济法、行政法等方面的法规达 100 余种,其中出了单行本或汇编本的就有 50 余种。"[①]为进一步方便广大干部和群众能够集中学习与贯彻党和政府颁布的各项方针政策及法律法规,中央政府还整合出版了部分法律法规汇编,如《苏维埃法典》《苏维埃教育法规》等。此外,还出版过一些面向工农及其子弟的法律知识的普及读物,如《苏维埃公民》《工人千字课》等。

第三,发动群众参与审判活动。革命根据地的各级裁判部在中央司法

---

① 彭光华、杨木生、宁群:《中央苏区法制建设》,中央文献出版社 2009 年版,第205页。

人民委员部的领导下，积极发动和吸收群众参与审判工作，着力增强了广大人民群众对审判工作的参与程度，通过开展巡回审判、实行人民陪审、开展"同志审判会"、吸收妇女群体参加裁判工作、举办培训班等多种多样的方式方法，提高了审判工作的透明度，并通过公开的方式促进公正的实现和传播，不仅进一步强化了人民群众对司法机关审判工作的监督，又起到了促进人民群众行使权利、对人民群众进行法治宣传教育的作用。因此，苏维埃法庭在本质上就是广大群众的法庭，其工作也是在工农群众监督之下开展的。除了设有刑事、民事法庭外，革命根据地还设有流动的巡回法庭，在事发地点或群众聚集的地方进行案件的审判，广大群众通过旁听、参与案件的审理受到深刻的法治教育。

第四，通过群众集会、演讲等形式进行法治宣传教育。工农民主政府的各级党、政、工、青、妇等组织，通过召开各种集会如党的代表大会、苏维埃代表大会、工人大会等开展法治宣传教育；学术性的群众组织如马克思主义研究会曾多次举行学习法律知识报告会；当时的苏区还发布了大量的布告，以布告的形式宣传法律政策；通过创作红色歌谣、革命话剧、红色标语、口号、漫画等生动而丰富多彩的形式开展法治宣传教育，是工农民主政权时期普及性法治教育的鲜明特色。

尽管这一阶段党的法治道路的探索深受王明"左"倾错误的消极影响，一些法律法令的制定和实施也曾受到不少干扰，并由于红军被迫进行战略大转移而中断。但就其整体而言，工农民主政权时期的法治建设，对于中央苏区的政治、经济、文化建设还是起到了重要的保障和推动作用，为新民主主义法治道路的进一步深入探索奠定了必要的基础。正如毛泽东后来所指出，这一阶段"大批干部重新在党内涌出，而且变成了党的中心骨干。党开辟了人民政权的道路，因此也就学会了治国安民的艺术"①。

---

① 《毛泽东选集》第二卷，人民出版社 1991 年版，第 611 页。

（三）工农民主法治道路探索向抗日民主法治道路探索的过渡

从九一八事变到华北事变再到七七事变,日本企图变中国为其独占殖民地而发动的这些空前的历史事变,不仅使中日之间的矛盾成为国内的主要矛盾,而且也使国内外形势发生了深刻的变化。工农民主法治道路向抗日民主法治道路探索的过渡经历了三个阶段:从九一八事变到中央红军长征开始之前,伴随全国抗日救亡运动的兴起而使抗日民主的要求不断凸显;从遵义会议到瓦窑堡会议召开,伴随"左"倾错误在党中央统治的结束、抗日民族统一战线策略的确立和把工农共和国的口号改为人民共和国、民主共和国的口号,则使党获得了在抗日民主的条件下进行法治道路探索的重要前提;从西安事变和平解决到全面抗战的爆发,则为最终实现在抗日民主条件下进行法治道路的探索奠定了政治基础。

1. 抗日民主要求与纲领的初步提出

1931 年 9 月 18 日,日本侵略者发动九一八事变并迅速占领沈阳。由于国民党政府不抵抗政策的实行,便使日军在短短几个月内就占领了东三省。1932 年 1 月 28 日,日本侵略者又进攻上海、发动了一·二八事变。正是由于以蒋介石为首的国民党政府实行不抵抗政策,日本帝国主义才能够轻而易举地迅速实现其侵略计划。

九一八事变发生后,中日民族矛盾开始上升为中国社会的主要矛盾,国内各个阶级之间的相互关系也因此发生了重大改变。工人、农民、学生、城市小资产阶级都一致表达了抗日的要求,民族资产阶级对于革命的态度由附和反革命转变为要求抗日和民主,全国性的抗日救亡高潮日益显现;就是国民党及其反动军队内部也开始发生分化,先后出现了马占山、蔡廷锴、冯玉祥等起来要求抗日的人物。但是,代表大地主、大资产阶级利益的国民党蒋介石集团,不但继续采取可耻的不抵抗政策,对疯狂入侵的日本侵略者一再妥协退让,而且在一·二八事变后奉行了"攘外必先安内"的方针,加紧对红军和革命根据地的反革命"围剿",镇压刚刚兴起的抗日民主运动。

九一八事变之后，中国共产党为反对日本帝国主义侵略，先后发表《中共中央为日本帝国主义强暴占领东三省事件宣言》，通过了《中共中央关于日本帝国主义强占满洲事变的决议》，积极领导东北人民抗日斗争，援助上海一·二八抗战和察绥抗日同盟军。中国共产党于1933年1月17日以中华苏维埃临时中央政府和中国工农红军革命军事委员会的名义，发表宣言提出中国工农红军准备在"立即停止进攻苏维埃区域""立即保证民众的民主权利（集会、结社、言论、罢工、出版之自由等）""立即武装民众创立武装的义勇军，以保卫中国及争取中国的独立统一与领土的完整"①三个条件下，愿意与任何武装部队订立作战协定，来共同反对和推翻日本帝国主义侵略。1934年4月20日，中国共产党提出以"中国民族武装自卫委员会筹备会"发起人宋庆龄等人的名义发表的《中国人民对日作战的基本纲领》，明确表示"全体海陆空军总动员对日作战""全体人民总动员""全体人民总武装""立刻设法解决抗日军费""成立工农兵学商代表选举出来的全中国民族武装自卫委员会"②等六点要求作为中国人民武装抗日的共同行动纲领。但由于这时的中共中央不仅未能适应形势发展的需要制定出正确的战略策略，而且继续奉行着"左"倾冒险主义和关门主义的方针，因而使党没有能够充分利用"九一八"后出现的有利形势，促成以抗日战争为中心的中国革命新局面的到来，还导致了党在国民党统治区和南方革命根据地的严重损失。

从工农民主法治道路的探索向抗日民主法治道路的探索是一个伟大的转折，既需要中国共产党和工农民主政府作出重大的决策，实现中国革命从国内战争向抗日战争的战略转变，也需要当时处于执政地位的国民党及其政府作出必要的政策调整。然而，由于国民党对红军的军事"围剿"特别是第五次"围剿"的发动，也由于这时在中共中央仍坚持其"左"倾错误的领

---

① 《建党以来重要文献选编（一九二一——一九四九）》第10册，中央文献出版社2011年版，第28页。

② 《建党以来重要文献选编（一九二一——一九四九）》第11册，中央文献出版社2011年版，第368—370页。

导,不仅使党和红军遭受第五次反"围剿"的失败,被迫进行长征,而且也推迟了从工农民主法治道路向抗日民主法治道路探索的顺利实现。

2. 红军北上抗日方针的贯彻与抗日民族统一战线策略的确立

1934 年 10 月,中央红军开始进行长征。长征初期,由于"左"倾领导者并未真正认识到长征对于红军和革命战略转变的意义,没有适时做出转变战略方针的决断,并对这一转移的意义、任务和方向等缺少必要的政治动员等原因,红军继续遭受严重损失。1935 年 1 月,中共中央在红军长征途中于遵义召开的政治局扩大会议,是党的历史上一个生死攸关的转折点。会议集中全力纠正了当时中国共产党在军事上和组织上的错误,增选毛泽东为中央政治局常委,事实上确立了毛泽东在党中央和红军的领导地位,开始确立了以毛泽东为主要代表的马克思主义正确路线在党中央的领导地位,开始形成以毛泽东同志为核心的第一代中央领导集体,开启了党独立自主解决中国革命实际问题的新阶段,在最危急关头挽救了党、挽救了红军、挽救了中国革命。但由于当时历史条件的限制,还不可能明确提出从根本上解决"左"倾冒险主义在政治路线上的错误,不可能提出整个中国革命总体上的战略转变问题。尽管如此,正是由于遵义会议开始的这一伟大转折,中国共产党才能在极端艰险的条件下保存并锻炼了党和红军的基干,胜利地结束长征,进而为实现从工农民主法治道路向抗日民主法治道路探索的转变奠定了重要的军事、思想和组织基础。

遵义会议之后,毛泽东、周恩来、朱德等人直接指挥下的中央红军首先进行了四渡赤水战役,这一战役显示出中国共产党人军事指挥的灵活性、策略性和主观能动性,扭转了国民党的重兵围困和被动挨打的局面,军事战略转变为主动,实现了与红四方面军的会师。之后,刚刚落脚陕北的中共中央发表《为反对日本并吞华北与蒋介石卖国宣言》,在亡国灭种的紧要关头提出"全中国海陆空军与红军携手共同北上抗日"①的方针,奠定了中国革命

---

① 《建党以来重要文献选编(一九二一———一九四九)》第 12 册,中央文献出版社 2011 年版,第 209 页。

由国内战争向抗日民族战争转变的初步基础,华北事变爆发之后,红军在民族危亡之际确立北上抗日方针,意义十分重大。

但由于张国焘拒绝执行中央北上抗日的正确方针,坚持退却逃跑并另立"中央"的右倾分裂主义错误,中央政治局为继续北上抗日方针,规避红军内部发生冲突的可能,决定率领右路军中的红一、三军团和军委纵队(后改称红军北上抗日先遣支队)迅速转移,先行北上,并于北上途中正式作出以陕北为中央红军落脚点的决定。同时,红军长征期间由中共驻共产国际代表团根据共产国际"七大"关于建立反法西斯统一战线政策的精神,也相继传到国内。党关于停止内战、一致抗日的号召,在全国产生了强烈的反响。位于华北前线的北平爱国学生首先行动起来,组织和发动了伟大的一二・九运动。运动迅速在全国范围内扩大开来,标志着全国性的抗日救亡运动新高潮的开端。1935年12月25日,为了正确分析九一八事变以来特别是华北事变之后国内的政治状况,研究和制定党的任务和策略,中共中央在陕北召开了瓦窑堡会议,正式决定建立抗日民族统一战线的重大策略方针。毛泽东在会议结束后党的活动分子会上所作的《论反对日本帝国主义的策略》报告中,深刻分析了日本帝国主义侵略中国之后可能引起国内阶级关系变化的具体表现,系统地阐明了建立抗日民族统一战线的必要性、可能性及其方针政策,对党内存在的"左"倾关门主义的错误加以批评,并将"工农民主共和国"的口号改为"人民共和国"的口号,因而在实际上为后来抗日民主法治道路的探索做了重要的准备。

3. 停止内战、一致抗日局面的基本实现

瓦窑堡会议后,中国共产党为争取抗日民族统一战线的建立付出了巨大努力,进行了艰巨复杂的斗争。同时,西安事变的发生及其和平解决是国内政治局势转换的重要枢纽。中国共产党进行的艰辛斗争也实现了由停止内战、争取国内和平到为巩固和平、争取民主、实现抗战的重大转变。

中国共产党在瓦窑堡会议上提出建立促进抗日民族统一战线、实现全国性的抗日救亡和中国共产党对日直接作战主张的同时,要求把扩大红军与准备对日作战结合起来,决定组织中国人民红军抗日先锋军进行东征。然而,进入山西后,中国人民红军抗日先锋军遭到蒋介石、阎锡山的重兵堵截,使其无法东出河北以直接地对日作战,为避免内战,抗日先锋军撤回黄河西岸。中共中央于5月5日发出《停战议和一致抗日通电》,明确表示了中国共产党欲在一个月之内与进攻抗日红军的所有武装队伍实行停战议和、一致抗日的真诚意愿。此次东征,不仅扩大了红军力量,而且有力地宣传了抗日民族统一战线,成为推动国民党政府转变对日态度的关键之举。中国共产党对抗日民族统一战线政策的贯彻与落实,根据环境的变化丰富了统一战线的应用形式,积极开展抗日斗争,取得了东北军和十七路军联合抗战的突破。此外,党对富农、民族资本家以及国民党蒋介石统治集团的具体策略也开始逐步改变。红军主力胜利会师,全国抗日民主运动也日益高涨,而蒋介石却对此感觉震惊和担忧。在日本帝国主义的步步紧逼之下,蒋介石不顾民族利益,下令逮捕抗日救国会领袖,欲发动大规模"剿共"内战,张学良、杨虎城两将军以"兵谏"的形式予以反对,发动了震惊中外的西安事变。

西安事变发生后,中国共产党着眼大局,正确地分析了这一事变的性质和前景,提出了力争和平解决的基本方针。周恩来等应张学良、杨虎城的邀请赴西安参加南京政府方面的谈判。在此期间,周恩来与蒋介石会面,蒋介石口头答应和接受了停止内战、联共抗日的各项主张,西安事变得以和平解决,成为中国停止内战、联合抗战的关键转变。之后,为促使国民党转变政策,中国共产党在1937年2月10日致电国民党三中全会,提出了"停止内战,集中国力,一致对外""言论集会结社之自由,释放一切政治犯""召集各党各派各界各军的代表会议,集中全国人才共同救国""迅速完成对日作战之一切准备工作""改善人民的生活"五项主张,只要国民党接受并实行上述要求,作为有原则、有条件的让步,中国共产党愿意实行"在全国范围内停止推翻国民政府之武装暴动方针""苏维埃政府改名为中华民国特区政府,红军改名为国民革命军,直接受南京中央政府与军事委员会指导""在特区政府区域内实施普选的彻底的民主制度""停止没收地主土地之政策,坚决执行抗日民族统一战线之共同纲领"①四项保证。

在这一阶段,中国共产党还遵循抗日民族统一战线的要求,明确将人民共和国的口号改为民主共和国的口号,并在某些政策和法令方面作出相应的调整,为后来抗日民主法治道路的探索奠定了重要基础,做了重要的准备。

二、抗日民主法治道路的探索

抗日战争是在第二次国共合作的历史条件下进行的。国共两党在如何抗日的问题上,一开始就存在着不同主张。蒋介石集团实行片面抗战路线,单纯依靠政府和军队抗战,不愿意实行民主、改善民生,不敢发动和依靠人民大众。中国共产党则主张实行全面抗战路线,废除国民党的一党专政,给人民以充分的抗日民主权利,适当地改善工农大众的生活,充分动员、组织和武装民众抗战,使抗日战争成为真正的人民战争。这一时期,国内形势的基本状况集中表现为,由于日本帝国主义的侵略,整个中华民族陷入生死存亡的危险境地,改变了国内阶级关系,进一步促进了当时作为中国两个最大政党——国民党和共产党二者政策的转变;国际形势的基本状况集中表现为,日本帝国主义对中国发动的侵略战争,在阵线上属于世界法西斯势力发动的侵略战争的一部分,因此日本得到了作为法西斯盟友的德国和意大利的支持,但同时也遭到苏联、英、美等反法西斯国家以及世界上一切爱好和平的人们的强烈反对。国共两党在共同抗日的政治基础上实现了新的合作,但在关于抗日的许多问题上还存在着明显的分歧。抗日战争作为中国新民主主义革命发展的一个特殊阶段,也是新民主主义法治道路探索中的一个特殊阶段,必然带有许多新的特点。在国共两党两个政权、两支部队、

① 参见《建党以来重要文献选编(一九二一——一九四九)》第 14 册,中央文献出版社 2011 年版,第 38—39 页。

两种抗日指导路线之下,如何探索适合当时情况的抗日民主法治道路,如何对待工农民主法治道路探索取得的成果? 如何对待国民党的法制传统? 如何在争取抗日民主、建立抗日根据地政权的同时进行有利于人民抗日的法治? 就成为一个极为特殊的问题。随着各地抗日民主根据地及其政权的建立和发展,中国共产党开始了抗日民主法治道路的持续探索。与苏维埃时期工农民主法治道路探索最大的不同,表现为抗日民主法治道路的探索是在抗日战争和抗日民族统一战线的条件下进行的,必然具有许多不同的情况和特点。抗日民主政权的性质,就是一切既赞成抗日又赞成民主的广大人民的政权,是几个革命的阶级联合起来对汉奸和反动派实行的民主专政。抗日民主政权的施政纲领,是在新民主主义理论指导下,以团结抗战为基本内容,把建立强盛、独立、民主的新中国作为奋斗的根本目标。抗日民主法治道路的探索大体经过了三个阶段。

(一)抗日民主法治道路的初步探索

从抗日战争全面爆发至抗战进入相持阶段,是敌后抗日根据地和抗日民主政权创立和初步发展的阶段。这一阶段,国共两党共同对敌,都宣布了自己的抗日纲领和政策。国民党处于执政地位,军事上共产党与国民党进行了密切合作,相互配合作战;在政治上国民党也有了一些进步,相对放松了专制独裁统治,这一阶段国共两党之间的关系还算比较融洽。1937 年 8 月 22 日,国民政府军事委员会发布命令,将红军改编为八路军,任命朱德和彭德怀分别为总指挥、副总指挥。与此同时,中国共产党在坚决领导红军、坚持独立自主两项原则下,也作了如取消政治委员、将政治部改为政训处等一定程度的退让。国民党中央通讯社在 9 月 22 日公布了中国共产党在卢沟桥事变后不久就提出的《中国共产党为公布国共合作宣言》,次日,蒋介石发表《对中共中央公布合作宣言的谈话》,标志着他对中国共产党的合法地位的实际承认。9 月,国民政府行政院第 333 次会议正式承认了陕甘宁边区政府的合法存在。国共合作宣言和蒋介石谈话的发表,成为国共两党第二次合作正式形成的鲜明标志。在国共第二次合作基础上建立起来的抗日民族统一战线，极大地推动了中国革命的发展进程，为彻底打倒日本帝国主义提供了根本动力，其重大意义显而易见。但是，由于国民党在全面抗战后仍然坚持其一党专政的立场，因而未能使国共新的合作颁行共同承认的纲领，也未能形成固定的组织形式，两党合作在实际上采取了遇事协商谈判的特殊形式。这就决定了抗日民主法治道路的探索不可能由国共两党共同完成，中国共产党在敌后开辟抗日根据地、成立各级抗日民主政府的基础上，开始了抗日民主法治道路的艰辛探索。

1. 国共两党抗日纲领的制定

第二次国共合作形成初期，尽管国共两党围绕三民主义还存在着一定的分歧，但确实还有可能将其作为二者合作的政治基础。而问题的关键则在于，国民党蒋介石集团是否愿意彻底地恢复孙中山晚年提出的革命的三民主义。其实，中国共产党早在 1936 年 8 月正式提出国共重新合作时，就已经强烈呼吁国民党人恢复孙中山先生革命的三民主义，实行孙中山先生提出的联俄、联共与扶助农工三大政策，号召国民党将自己的注意力与心思集中在贯彻实行革命的三民主义与三大政策之上，一以贯之地践行孙中山先生的革命遗嘱，坚决地担负起继承和发展孙中山先生革命事业的重大责任。国民党五届三中全会以后，由于国民党当局迫于在全国人民与国民党内爱国分子的压力，表达了"对于恢复孙中山先生三民主义的革命精神"的"一些善意的愿望"，中共中央又据此公开声明，表示愿意像第一次国内革命战争时期那样，"坚决为革命的三民主义的胜利，即对外独立解放的民族主义，给人民以民主权利的民权主义，与改善人民生活的民生主义的胜利，同国民党共同奋斗"[①]。毛泽东在 1937 年 5 月召开的党的全国代表会议上的报告中，回答共产党对于三民主义的态度问题的同时，又进一步明确指出："重新整顿三民主义的精神，在对外争取独立解放的民族主义、对内实

---

① 《中共中央文件选集（一九三六——一九三八）》第 11 册，中共中央党校出版社 1991 年版，第 197—198 页。

现民主自由的民权主义和增进人民幸福的民生主义之下,两党重新合作,并领导人民坚决地实行起来,是完全适合于中国革命的历史要求,而应为每一个共产党员所明白认识的。"①基于对国民党革命态度和所奉行理论的基本认识,中国共产党才发布了《中共中央为公布国共合作宣言》,并在其中郑重表示:"孙中山先生的三民主义为中国今日之必需,本党愿为其彻底的实现而奋斗。"②国共两党虽未在全面抗战爆发后形成共同的纲领,但中国共产党却提出了符合马克思主义和新三民主义的抗日救国十大纲领。

全面抗战爆发之后,中国共产党围绕抗日救国共同纲领的制定和实行作出了十分积极而艰辛的努力。毛泽东指出:"抗日需要一个坚固的统一战线,这就需要一个共同纲领。"③作为统一战线的行动方针,共同的纲领也如同一条绳索,紧紧约束各党派各界各军一切加入这一战线的团体和个人,以实现真正的团结。在国共两党关于开展第二次合作而进行的谈判中,中共一再建议两党制定一个共同的纲领,但直至抗日战争全面爆发,国共两党在制定共同纲领的问题上仍未达成一致意见。

全国抗战伊始,中国共产党就号召全国人民总动员,主张开放民主,改善民生,致力于广泛发动、武装群众,呼吁全体人民参加和支援战争,即走人民战争的路线。毛泽东于1937年7月23日发表了《反对日本进攻的方针、办法和前途》一文,阐述了实行坚决抗战的一系列办法,其中包括:动员全国军队,立即将中央军、地方军、红军的主力开到国防线;动员全国人民,积极开展爱国运动,并释放政治犯,取消《危害民国紧急治罪法》和《新闻检查条例》两个规定,对现有爱国团体的合法地位予以承认;同时实行政治机构的改革,吸收和容纳各个党派和人民领袖来一共管理国家事务,打击和清除政府中暗藏的亲日派和汉奸分子,使政府和人民相结合;在外交方面,不给日本帝国主义者以任何利益和便利;宣布即刻开始实行改良人民生活的纲

---

① 《毛泽东选集》第二卷,人民出版社1991年版,第259页。
② 《周恩来选集》上卷,人民出版社1980年版,第77页。
③ 《毛泽东选集》第二卷,人民出版社1991年版,第367页。

领,取缔苛捐杂税,减少地租和限制高利贷,改善工人、士兵以及下级军官生
活等;在国防教育方面,根本改革过去的教育方针和教育制度,新闻、戏剧、
电影、出版等文艺活动必须符合和服务于国防利益的需要;在财政政策方
面,要立足于有钱出钱、没收日本帝国主义者和汉奸的财产的原则,抵制日
货、提倡国货,在经济生活中以一切为了抗日的根本目标;全国各族人民、政
府机关和军队必须紧密团结在一起,形成坚固的民族统一战线。抗战的方
针和上述各项政策的有效执行,必须牢牢依靠这个联合的阵线,其中,国共
两党的亲密合作是这一联合阵线的中心和关键。"这一套为着实现坚决抗
战的办法,可以名为八大纲领。"①毛泽东在这篇文章中所说的两种方针、两
套办法、两个前途,揭示了国共两党在抗战路线上的根本分歧及其实质,为
中国共产党全面抗战路线和抗日救国纲领的制定奠定了重要基础。

　　中共中央于 1937 年 8 月 22 日至 25 日召开了洛川会议,讨论、制定了
党在抗日战争时期的任务和政策。会议通过了《中国共产党抗日救国十大
纲领》,鲜明表达了中国共产党在抗战时期的基本政治主张,明确指出了坚
持长期持久抗战、进而夺取革命最终胜利的具体路线。一是打倒日本帝国
主义。对日绝交,驱逐日本在华官吏,逮捕日本侦探,没收日本在华财产,否
认日本外债,废除与日本帝国主义签署的各种条约,收回日本租界,将日本
帝国主义驱逐出中国,反对任何动摇、妥协,等等。二是全国军事的总动员。
动员全国范围内的海、陆、空军队,实行全国抗战;反对单纯的防御性的消极
作战方针,实行独立自主的积极的作战方针;设立和召开经常性的国防会
议,讨论、决定国防计划和作战方针;武装人民,发展游击战争,以配合主力
军的集中作战;改革军队中的政治工作,使指挥员和战斗员紧密团结。三是
全国人民的总动员。除了汉奸外,全国人民都有权发表抗日救国的言论,有
出版、集会、结社以及对敌实行武装反抗的自由权利;废除一切旧的、束缚人
民展开爱国运动的法令,颁布符合革命需要的新法令;释放爱国革命的政治

---

　　①　《毛泽东选集》第二卷,人民出版社 1991 年版,第 348 页。

犯,开放党禁等。四是改革政治机构。召开人民代表的国民大会,通过真正的民主宪法,商讨和决定抗日救国方针,选举国防政府;国防政府必须吸收各个党派以及人民团体中的革命分子,驱逐亲日分子,采取民主集中制,执行抗日救国的革命政策;实行地方自治,坚决铲除贪官污吏以建立廉洁的政府。五是抗日的外交政策。包括在不丧失领土主权的范围内,与一切反对日本帝国主义侵略的国家形成反侵略的同盟,在军事上形成互助协定;拥护国际的和平阵线,反对德日意法西斯主义侵略阵线等。六是战时的财政经济政策。没收汉奸财产作为抗日经费,实行有钱出钱原则;整顿、扩大国防生产,发展农村经济以保证战时农产品自给;提倡国货、禁绝日货等。七是改良人民生活。改良工人、职员、教员以及抗日军人的生活待遇;优待抗日军人的家属;废除苛捐杂税,开展减租减息和救济失业等。八是抗日的教育政策。改变教育制度和课程,构建和实行符合抗日救国需要的新制度新课程。九是肃清汉奸、卖国贼以及亲日派,巩固战略后方。十是抗日的民族团结。以国共两党的第二次合作为基础,建立全国各个党派以及各界各军的抗日民族统一战线,精诚团结、共赴国难。这一纲领确立了抗日民主政权施政的基本指导方针,成为抗日民主政权制定施政方针、探索抗日民主法治道路的重要基础性文献。

在转变对日政策和发动抗日战争的影响之下,国民党持续十年之久的反对实行革命三民主义的态度也开始改变,出现了"转向恢复革命三民主义之征候"。1937 年 9 月 23 日,蒋介石表示,当前的中国革命应以实现三民主义为目标,不应计较过去,要团结全体国民保障国家的生存与发展。他还指出:"今日凡为中国国民,但能信奉三民主义而努力救国者,政府当不问过去如何,而咸使有效忠国家之机会。"[1]事实上,国民党虽然实行了抗日的方针和政策,部分地践行了孙中山先生的民族主义,但是却完全没有真正实行民权和民生主义。以蒋介石为代表的国民党既不愿意实行以三民主义

---

① 《中共中央抗日民族统一战线文件选编》(下),档案出版社 1986 年版,第 823—824 页。

改造政府和军队,也不愿意实行两党承认和公布的政治纲领,不肯发动广大人民群众参与抗日战争,依旧不对人民生活加以改善。国民党关于抗战的全部纲领和政策,除停止内战、一致抗日这个变化以外,其他政府机构、军队制度、民众政策以及财政、经济、教育等政策方面,依旧和对峙的十年间一样。正如毛泽东所说:"现在的问题,不是共产党信仰不信仰实行不实行革命的三民主义的问题,反而是国民党信仰不信仰实行不实行革命的三民主义的问题。"①这也是国共两党第二次合作没有达成共同纲领的根本原因之一。

国民党当局一直不愿同共产党及其他民主党派一道,而是要单独提出一个纲领,根本原因是其欲包办抗战,争夺领导权,意图孤立、削弱以至"溶化"共产党,继续保留和实行其一党专政的制度。国民党于1938年3月29日至4月1日召开了临时全国代表大会,通过了《中国国民党抗战建国纲领》。这一纲领既表示了全面抗战初期国民党的某些进步,但同时也反映出其进步在程度上的有限性,它与《中国共产党抗日救国十大纲领》相比,有其相同之处,也有根本的差别。

国共两党抗战纲领的相同之处,在于共产党提炼了三民主义的精神内核,将民族解放与民主革命的基本要求有机统一;国民党的《抗战建国纲领》也规定要确定三民主义为一般抗战行动及建国之最高准绳。同时,在抗战的具体政策方面,国民党当局也作了某些与共产党基本相同的规定,例如要对军队进行政治训练,严惩汉奸,以及使全国范围内的官兵进一步深刻明确抗战建国的重大意义等。

但是,国共两党关于抗战建国的基本原则特别是关于三民主义的理解上,依然有着重大分歧,因此,国共两党的抗战纲领存在根本差异。第一,关于对日作战,国民党只规定了"制止日本侵略""欲求抗战必胜"的目标,但却没有明确提出将驱逐日本帝国主义出中国以及反对任何动摇妥协的具体

---

① 《毛泽东选集》第二卷,人民出版社1991年版,第369页。

目的和实际政策。第二,关于国内的民主政治,国民党在纲领上只是提出了建议召开国民参政会,吸纳共产党、民主党派以及其他爱国人士的少数代表参与咨询、视察政务工作,却没有提出召开人民代表参加的国民大会;只规定了广大民众只能在国民党法律允许之下有一定的民主,而并没有提出通过制定民主的宪法赋予人民广泛真实的权利,以及关于释放政治犯、各党派之间平等合作在内的具体条文。第三,在经济方面,国民党只笼统地提出要改善人民生活、发展农村经济以及开发矿产等宏观举措,没有提出现实的、具体的减租减息等基本策略,以进一步解决农民生活问题。

《抗战建国纲领》集中体现了国民党既要抗日、又要反对民主的两面性特点,鲜明展现了国民党抗战路线的片面性,因而这一纲领不可能真正引导中国革命取得胜利。随着时间的推移,这个纲领所蕴含的消极面与反动性也日益显露出来。

2. 抗日民主法治道路探索的初步成果

全面抗战初期,中国共产党所领导的八路军、新四军相继进入敌后,开展抗日游击战争,先后开辟和建立了晋察冀、晋西北、大青山、晋冀豫以及晋西南、山东、华中等抗日革命根据地,并陆续建立起各级抗日民主政权。从苏区转化而来的陕甘宁边区,不仅是中共中央所在地和民族解放战争的政治指导中心,而且是八路军、新四军以及其他人民抗日武装的战略总后方,在抗日民主法治道路的初步探索中,发挥了重要的示范作用。中国共产党对抗日民主法治道路的初步探索,取得了不少重要成果。

第一,全面抗战初期的根据地立法。随着抗日民主政权的建立,及时颁布政权机构组织法等法律法规作为抗日民主政权建设的法律依据,成为抗日民主政权的一项重要任务。一是行政立法。抗日民主政权的行政立法取得重大进展,大量的行政管理法规相继制定和颁行,涉及军事战勤、民政、治安管理、文教卫生等行政管理的各个方面,采用的具体名称也各式各样。例如,最早由晋察冀边区行政委员会相继公布的《晋察冀边区县政府组织大纲》《晋察冀边区县佐公署组织章程》《晋察冀边区政治主任公署组织法》

《陕甘宁边区各级参议会组织条例》以及《陕甘宁边区政府组织条例》等，均以特定的国家行政机关的组织与活动为调整对象，对抗日根据地权力机关和行政机关的组织体制、职权范围等分别作出明确规定，这一做法后来为其他抗日根据地所普遍采用。如依据中共中央制定的选举政策通过的《陕甘宁边区选举条例》，健全了干部管理法规，使干部的选拔、任免、培养、考核与奖惩制度化，以及相继制定的一系列干部管理法规等。这些不同称谓的行政法规，分别由各根据地政府制定和发布，其共同特点是都以党的抗日民族统一战线为政策依据、适应本地区实际的需要，因而对坚持抗战、巩固抗日民主政权、维护根据地的法律秩序发挥了重要作用。二是刑事立法。制裁汉奸以及其他破坏抗战的重要罪犯是抗日时期刑事立法的主要任务。在中共中央锄奸政策的统一指导下，各个边区政府根据形势发展的需要和各自的实际情况，制定了一些地方性的单行条例，该地区便以此作为对刑事案件进行司法审判的根据。如《陕甘宁边区抗战时期惩治汉奸条例》《陕甘宁边区抗战时期惩治盗匪条例》《晋察冀边区行政委员会处理汉奸财产办法》等等。抗战时期，革命根据地的刑法法规与国民党政府的法律有着根本区别。但是，在"国共合作"的特殊背景和抗日民族统一战线总政策的背景下，边区政府不仅独立自主地制定了许多刑事法规，与此同时，还通过不同形式选取、沿用了国民党刑法中的部分条文。三是民事立法。如各个抗日根据地政府在继承苏区时期婚姻法的基础之上，适应抗战和根据地的实际状况，先后制定和颁布的一些婚姻条例、决定和命令，以及《陕甘宁边区婚姻条例》等法律，不仅丰富和发展了工农民主政权的婚姻立法，而且成为这一时期民事立法的成功范例。

第二，全面抗战初期的根据地司法。这一时期，各抗日民主政府依据人民共和国的理论和抗日民族统一战线的政策，继承苏区人民司法的优良传统，围绕创造与建立适合于新民主主义政治的人民大众的司法制度的目标，建立了根本区别于一切剥削阶级的新民主主义的司法制度，为司法机关规定了明确的任务、正确的方针和原则，并在司法实践中得到了全面、认真的贯彻执行,取得了重要成就。司法机关的设置以抗日根据地的实际状况和需要为依据,以便民简政为原则,实行政府领导司法机关的体制,地方的各级司法机关共同设置在同级的政府机关之中,同级政府司法工作进行集中的、统一的领导,实行司法与行政合一原则。陕甘宁边区政府成立后,原来苏维埃政府所设置的司法部及各级裁判部同时撤销。

第三,全面抗战初期的根据地诉讼制度。伴随各抗日根据地相应司法机关的建立,逐步建立了适应抗日民族解放战争需要的、符合抗日民族统一战线政策的司法体系。与此同时,抗日民主政权的诉讼制度也逐渐完善。一是管辖制度。职能管辖、地区管辖和军民诉讼管辖居于特别重要的地位。由于当时检察机关仍然附设于各级司法机关,依照法律的规定,通过职能管辖来明确划分司法机关和公安机关的工作界限。司法机关管理民事案件和普通的刑事案件,公安机关则管理特种的刑事案件。二是审级制度。三级三审终审制是抗日根据地普遍采用的审级制度,由于各抗日根据地司法机关的设置情况和实际工作环境的不同,这一审级制度的实际执行也各有差异。三是人民陪审员制度。抗战时期,部分抗日根据地民主政权为了进一步推动司法工作民主化和群众化,制定了关于陪审制度的专门法规,促进了陪审制度的不断完善。各个抗日民主政府按照规定,在进行司法审判工作时必须严格吸收人民参与陪审。此外,起诉制度、审判制度、上诉制度、调节制度等也得以建立和完善。

(二)抗日民主法治道路的艰辛探索

从抗战进入相持阶段至抗战转入战略反攻,是抗日根据地、抗日民主政权、抗日民族统一战线艰难发展的阶段。期间,日本帝国主义对国民党采取政治诱降为主、军事打击为辅,而将其军事打击的目标主要集中于敌后战场。国民党统治集团则由于国内外形势的变化和对人民抗日力量发展壮大的恐惧,将其政策的重点从对外转向对内,导致投降、分裂、倒退活动日益严重。1938 年 12 月,作为国民党副总裁、国防会议副主席、国民参政会议长的汪精卫公开叛国。在日本军部的导演下,于 1940 年凑成日本帝国主义占领范围内统一的伪中央政府。以蒋介石为代表的国民党亲英美派集团,虽表示了继续抗日的意愿,但态度却日趋消极,反共倾向亦明显增长。1938年 9 月 29 日至 11 月 6 日,中共扩大的六届六中全会在延安召开。毛泽东在会上作了《论新阶段》的政治报告,报告科学分析了抗日以来的政治形势,明确了党在抗战新阶段的任务,以全面的战略视角规划了党领导抗日战争的方针政策,同时强调"抗日战争发展到了新的阶段之时,同时即是抗日民族统一战线发展到一个新的阶段之时"①。次年 7 月,中国共产党发布了《为抗战两周年纪念对时局宣言》,此后,国共两党围绕坚持抗日、反对投降,坚持团结、反对分裂,坚持进步、反对倒退进行了艰巨复杂的斗争。中国共产党对抗日民主法治道路的探索在艰苦复杂的条件下继续推进,并取得重要成果。

1. 抗日民主法治道路探索的政治基础

抗战进入相持阶段以后,国民党在日本帝国主义、英美的诱降、劝降政策的驱使下,其内部的妥协和投降倾向迅速上升。1939 年 1 月,国民党五届五中全会召开,同年 3 月又开始发动了"国民精神总动员运动",这期间,蒋介石歪曲和阉割三民主义,企图以此达到"溶化"共产主义、共产党的险恶目的。在《敌国必败及我国必胜》的报告中,蒋介石在表示要继续抗战的同时,正式确立了"溶共、防共、限共"的方针,论述了与共产党"积极斗争"的具体策略,其在《唤醒党魂发扬党德巩固党基》和《整顿党务之要点》中,进一步要求国民党员必须对他所表述的三民主义坚决信仰,发扬"忠孝仁爱信义和平"八德和"智仁勇"三大德。1939 年 3 月,国民党设立以蒋介石为中心的精神总动员会,公布的《国民精神总动员纲领》明确将蒋介石的三民主义作为改造国民精神的基本要求。同年 5 月,在《三民主义之体系及其实行程序》的演讲中,蒋介石打着三民主义的旗号,极力鼓吹民生史观和

_____

① 《建党以来重要文献选编(一九二一——一九四九)》第 15 册,中央文献出版社 2011年版,第 602 页。

封建法西斯精神,猛烈攻击唯物史观,声称"以党治国""以党建国",确立了系统的封建买办法西斯主义理论。此外,依附国民党顽固派的反动文人和政客,以三民主义之名,通过创刊、撰文、演讲等各种方式进行"一个主义、一个政党、一个领袖"的反共宣传,要求中国共产党"收起"或"取消"马克思主义。

1939 年 4 月,面对国民党顽固派的狂妄叫嚣,中国共产党在《为开展国民精神总动员运动告全党同志书》中,首次提出了真假三民主义的问题。中国共产党明确强调要举全党全国之力量揭露假三民主义、实行真三民主义。同年 6 月,在《反投降提纲》中,毛泽东区分了假三民主义、半三民主义和真三民主义,明确指出真三民主义是"统一战线的政治基础,是抗日过程中能够适用的原则、方针"①。同时,中共中央提出应实行"用真三民主义反对假三民主义,争取中间性的三民主义"②政策,严正批驳了一些人所散布的"不但反对共产主义而且也是反对真三民主义的'纷歧错杂的思想',亦即假三民主义或中间三民主义的思想"③。国共两党以三民主义为中心的激烈论战从此开始。张闻天、王稼祥、艾思奇等相继撰文,从不同角度有力地批驳了国民党顽固派的反动理论。毛泽东在 1940 年发表的《新民主主义论》和《新民主主义宪政》两篇文章,则通过揭露和批判假三民主义、论述真三民主义,在厘清马克思主义与三民主义关系的过程中,进一步揭示了宪政的本质就是民主的政治,强调我们现在要的民主政治就是新民主主义的政治,我们所要促进的宪政就是新民主主义的宪政。而中国的顽固派所说的宪政实际上要的是法西斯主义的一党专政。中国与英国、法国、美国或者苏联在革命成功、民主事实成立后颁布宪法的做法不同。"中国是革命尚未

---

① 《建党以来重要文献选编(一九二一——一九四九)》第 16 册,中央文献出版社 2011 年版,第 383 页。
② 《建党以来重要文献选编(一九二一——一九四九)》第 16 册,中央文献出版社 2011 年版,第 383 页。
③ 《建党以来重要文献选编(一九二一——一九四九)》第 16 册,中央文献出版社 2011 年版,第 383 页。

成功，国内除我们边区等地而外，尚无民主政治的事实。中国现在的事实是半殖民地半封建的政治，即使颁布一种好宪法，也必然被封建势力所阻挠，被顽固分子所障碍，要想顺畅实行，是不可能的。所以现在的宪政运动是争取尚未取得的民主，不是承认已经民主化的事实。"①

上述情况充分表明，由于代表中国大地主、大资产阶级利益的蒋介石集团顽固推行"一个主义、一个政党、一个领袖"的封建买办法西斯主义，中国共产党与国民党之间除了抗日之外，已不可能再有其他的共同政治思想基础，抗日民主法治道路的探索只能由中国共产党在新民主主义理论的指导下独立自主地进行。

2. 抗日民主法治道路探索的特殊形式

抗日战争时期，中日民族矛盾是主要矛盾，但阶级矛盾仍然存在。伴随国共两党政策的变化，国内的阶级矛盾呈现出了复杂多变、在对立中进行合作的特点。国民党统治集团尽管被迫联合中国共产党共同抗日，但是仍继续坚持和贯彻其反共立场，在实际中既联共又反共、既抗日又准备随时妥协；同时，国共两党在力量对比及其发展态势上存在的不平衡，致使国共合作一直没能形成统一政治纲领和共同的、相对完善的组织形式。国共两党关系是在遇事进行磋商谈判这样一种若即若离的、松散的特殊合作方式。

抗战期间的这种合作方式十分特殊，不仅与两党第一次的党内合作形式不同，也与当时国际上反法西斯国家人民阵线的合作方式有着重大区别。这一特殊的合作方式具有许多自己的特点：一是波浪式运作。在极不稳定和充满矛盾的现实环境中，国共两党的合作经历了许多困难和挫折。国民党先后发动了三次反共高潮，三次反共高潮之后都伴随着与共产党的谈判，且二者的谈判还在继续，国共关系在发展的趋势上，呈现出波浪式运行的特点。二是矛盾性运作。即合作中有对立、对立中有合作，政治上表现为民主与专制的对立；在军事上则表现为，一方面两个战场相互配合，另一方面二

---

① 《毛泽东选集》第二卷，人民出版社1991年版，第735页。

者的军队之间也不断发生摩擦和对立;思想上表现为进行了三民主义的论战。三是不平衡性运作。主要表现为国共两党军事力量和政治影响的增长不平衡,国民党增长缓慢、共产党增长迅速,还表现为区域性合作的不平衡。四是弹性运作。国共两党尽管在合作形式上是不平等的,但是,在实际运作过程中国共两党之间又存在着相对的平等性,即表现为双方都能够根据自己的需要作出自主的判断和选择。两党的这种特殊合作方式并非在一致的协议下进行的,而是在对日作战和相互博弈中逐步自然形成的。全面抗战初期,中共为完善和巩固两党合作继续作出努力,一直与国民党进行沟通与谈判,并相继提出完善两党合作的具体建议,但均被蒋介石所拒绝。武汉失守后,蒋介石在重庆两次约见周恩来,正式提出将共产党合并到国民党内是继续完善合作的唯一的办法,除此之外没有任何其他的出路。中共中央于1939年1月25日致信蒋介石,重申自己不能接受两党合并的一贯立场。这样,国共两党只能依照不成文、不固定、遇事磋商的办法和形式解决问题。国民党临时全国代表大会决定设立的国民参政会,其中国民党占大多数,虽有各党派的成员参加,但这一组织它既不是各党派统一战线的,也不是真正地反映民意。而共产党的七个参政员则是以"文化团体代表"的名义被邀请参加的。正如周恩来后来所说,中国共产党的政治主张是改革政治、成立民意机关。蒋介石却"一方面搞参政会,另方面还是一党专政,参政会只是一个'作客的机关',并且还解散了一些人民团体"①。

随着抗战进入相持阶段,由于国民党在政策上发生的重大变化,国共合作的进行日益艰难,呈现出一波三折的状态。国民党五届五中全会上通过了一个《限制异党活动办法》,会后又在"军令政令统一"等借口下,对"我们的军队,对边区,对共产党,对人民的活动等等,订了许多限制的办法"②。从1939年1月国民党五届五中全会到1944年9月国共两党公开谈判为止的六年间,由于国民党坚持消极抗战、积极反共的方针,"在这六年中,就有

---

① 《周恩来选集》上卷,人民出版社1980年版,第198页。
② 《周恩来选集》上卷,人民出版社1980年版,第199页。

三次反共高潮,进行过三次谈判"①。谈判涉及共产党的合法地位、对陕甘宁边区的承认、八路军新四军的增加和作战区域划分等问题。中共为推动谈判取得进展曾在一些问题上作出让步,而国民党方面则始终坚持其反共立场,坚持其所谓"中央提示案",不仅未能真正承认共产党的合法地位,未明确放弃取消陕甘宁边区,并要求根据地按照原地区改为行政区,实行"中央法令",要求缩编八路军、新四军,限制其防地。由于国民党始终固执地实行一党专政,坚持依其所提条件作为解决问题的准则,致两党之间的谈判始终未能达成有利于在抗战中推进民主改革和社会进步的积极结果,因而抗日民主法治道路的探索,也就不能不在极为复杂的条件下由共产党领导的抗日根据地军民独立自主地进行。陕甘宁边区则由于其在各抗日根据地中所具有的特殊地位而成为抗日民主法治道路探索的"实验田"。

3. 抗日民主法治道路艰难探索中取得的重要成果

政权建设是抗日民主根据地建设的首要和根本问题。1940 年以前,抗日民主政权处于初创阶段,各个抗日民主根据地的政权建设也不平衡,不少地区还存在两种政权并存的局面,抗日民主法治建设尚处于起步阶段。中共中央于 1940 年 3 月发布了《抗日根据地的政权问题》,这一指示由毛泽东起草,明确规定了抗日根据地政权建设的原则和基本政策。在这之后,根据地政权建设开启了一个新的发展阶段。毛泽东认为,抗日民主政权区别于资产阶级专政和土地革命时期的工农民主专政,是一切赞成抗日又赞成民主的人们的政权,是几个革命阶级联合起来对于汉奸和反动派的民主专政,在人员分配上要实行"三三制"原则,即共产党员占三分之一,非党的左派进步分子占三分之一,不左不右的中间派占三分之一。毛泽东明确指出:"抗日统一战线政权的施政方针,应以反对日本帝国主义,保护抗日的人民,调节各抗日阶层的利益,改良工农的生活和镇压汉奸、反动派为基本出

---

① 《周恩来选集》上卷,人民出版社 1980 年版,第 199 页。

发点。"①毛泽东关于抗日民主政权性质、人员分配及施政方针的论述,集中表明了中国共产党遵循抗日民族统一战线的要求,其中关于抗日战争时期的宪政主张,为各地抗日民主政权施政纲领的制定提供了原则上的指导。有学者认为,全面抗战初期,"毛泽东的立法思想具有非常鲜明的特征,即两重性法律思想特征。"②如在统一战线上实行既联合又斗争的方针;在劳动政策方面,适当地改善工人生活,允许和不妨碍资本主义经济的正当发展;在土地政策上,实行地主减租减息、农民交租交息。陕甘宁边区和其他抗日根据地相继颁布的施政纲领,都是各根据地在抗日民族统一战线指导下制定的带有根本法性质的政纲,进而引导和鼓舞了根据地人民坚持抗战、攻坚克难,为争取胜利而不懈战斗。经过民主选举,并按照严格的民主集中制的原则,各个根据地建立了抗日民主政权。这一政权在组织结构上包含立法机关、行政机关和司法机关,边区(省)、县的参议会不仅是民意机关,也是最高的权力机关,政府机关设有边区、县、乡三级,专员公署和区公署则分别作为边区政府和县政府的派出机关。司法机关的设置也分为三级,边区的高等法院、专区的高等法院分院以及县一级的法院。这一阶段,由于陕甘宁边区和延安的特殊地位,党的很多法律法规都是自陕甘宁边区提出、试行,进而推广到其他根据地。陕甘宁边区对抗日民主法治道路的探索不仅成为一个重要标志,而且取得了许多具有创造性的法治成果。

第一,颁布了具有宪法性质的施政纲领,为实现抗日救国、巩固政权以及保障人民权益确定了根本准则。陕甘宁边区第一届参议会于1939年召开,会议通过了《陕甘宁边区战时施政纲领》(以下简称《战时施政纲领》),该纲领明确规定:"本着拥护团结、坚持抗战、争取最后战胜日寇的方针,本着三民主义与抗战建国纲领的原则,依据陕甘宁边区的环境与条件,特制定

---

① 《毛泽东选集》第二卷,人民出版社1991年版,第743页。

② 迟方旭:《毛泽东对中国法治建设的创造性贡献》,中国社会科学出版社2016年版,第49页。

陕甘宁边区抗战时期施政纲领作为边区一切工作之准绳。"①《战时施政纲领》由民族、民权、民生主义三大部分组成,明确提出要坚持团结抗战,促进边区经济发展,保护抗战人民的生产经营活动;发扬民主,健全各级政治机构和司法机关;发展教育,提高边区人民的思想文化水平,增强广大人民的政治意识,并在社会建设方面制定和提出了许多增进人民福利的具体措施,《战时施政纲领》是抗战进入相持阶段之后极具代表性的施政纲领。之后,伴随着民族和阶级矛盾的激化,边区参议会为了适应抗战和根据地建设的新情况,于1942年又通过了《陕甘宁边区施政纲领》,在《战时施政纲领》的基础上,为巩固边区以及推动抗日政治、经济、文化建设的进一步发展制定了更为详细而具体的方针和策略。抗战最为艰苦的时期,《陕甘宁边区施政纲领》是边区制定其他法律的宪法性依据,也是构建新民主主义法律体系的核心和基础。尽管没有"宪法"之名,"施政纲领已是中国宪政运动中,人民民主政权的制定的具有根本法性质的政纲,已经成为当时陕甘宁边区政府的立法基础。"②与此同时,从1940年8月开始,晋察冀、晋冀鲁豫、晋西北等边区也陆续公布了各自的《施政纲领》,贯彻了"三三制""精兵简政""减租减息"等原则。

第二,制定了一系列政权建设的法律法规。一是保障人权的条例。制定专门的法律以保障人权,是抗日民主政权在法治建设过程中形成的一条重要经验。边区的各施政纲领确定了有关人权保障的原则,各个根据地都据此制定和颁布了保障人权的具体法规。如《山东省人权保障条例》(1940年)、《冀鲁豫边区保障人民权利暂行条例》(1941年)、《陕甘宁边区保障人权财权条例》(1942年)、《晋西北保障人权条例》(1942年)等,均规定了人权的法律概念以及保障人权的重要措施。尽管由于各根据地人权状况的不

---

① 韩延龙、常兆儒:《革命根据地法制文献选编》(上),中国社会科学出版社2013年版,第24页。

② 张佺仁、曾明浩:《试论陕甘宁边区抗日民主政权人民民主法制的特点和经验》,《西北史地》1999年第3期。

同和保护权利的侧重面各异,对人权内容的具体规定也有一定的区别,但保障人民的各项自由权特别是人身自由权则是各根据地保障人权条例的共同内容。二是政权组织法规。随着抗日民主政权的建立及边区参议会、临时参议会的召开,各根据地还相继颁布了许多各级政权机构的组织法规,如《陕甘宁边区各级参议会组织条例》(1939年)、《陕甘宁边区政府组织条例》(1939年)、《晋察冀边区行政督察专员公署组织大纲》(1940年)、《晋察冀边区县区村暂行组织条例》(1940年)、《山东省临时参议会组织条例》(1940年)、《陕甘宁边区各级参议会组织条例》(1942年)、《修正陕甘宁边区行政督察专员公署组织条例》(1943年)等,并依据中共中央有关政权建设的政策作了适当修正,使边区抗日民主政权建设有了法律依据。三是选举条例。制定和贯彻选举法规是保障和实现边区人民政治权利的最基本方式。各地抗日民主政府为了进一步巩固抗日民族统一战线和民主政权,严格遵照中共中央制定的选举政策,相继颁布了一系列选举法规,如《陕甘宁边区选举条例》(1939年)、《陕甘宁边区各级参议会选举条例》(1940年)、《晋察冀边区暂行选举条例》(1940年)、《陕甘宁边区各级选举委员会组织规程》(1941年)等,这些法规确立了选举工作的基本原则、程序以及具体实施办法和法律解释,为边区选举工作的顺利进行提供了法律保证。

第三,颁布和实施刑事民事条例和法令。在抗战初期有关惩治汉奸、盗匪、破坏根据地金融秩序等刑事立法的原则规定基础上,全面具体地规定了罪行和处刑办法,如《抗战时期惩治汉奸条例(草案)》(1939年)、《陕甘宁边区抗战时期惩治盗匪条例》(1939年)、《晋西北没收汉奸财产单行条例》(1940年)、《山东省处理汉奸财产条例》(1941年)、《晋察冀边区处理伪军伪组织人员办法》(1943年)等,对于包括贪污罪、盗窃罪、烟毒罪、赌博罪、侵犯公民人身权利罪等其他刑事犯罪,基本上是以专门性条例的形式具体规定了惩治办法。如《惩治贪污暂行条例(草案)》(1939年修订公布)、《晋冀鲁豫边区毒品治罪暂行条例》(1941年)、《陕甘宁边区婚姻条例》(1939年)、《晋冀鲁豫边区妨害婚姻治罪暂行条例》等。立法工作的有效进行,增强了边区政府的政权合法性与组织机构设置的合理性、有序性，为边区政府进一步推进新民主主义政治、经济、文化建设提供了规范路径和法律依据，奠定了革命根据地法治建设深入发展的坚实基础。

第四，抗战中期根据地的司法机构与司法制度。这一阶段的法治建设，不仅重视立法，而且重视司法。以陕甘宁边区高等法院为代表，各抗日根据地坚持党的领导、坚持立足于革命和根据地的实际，贯彻"三三制"、精兵简政等原则，不断推进法律的有效实施，构建了组织完善且权责分明的司法机关系统，使抗日民主政权所制定的法律法规尽可能得到贯彻和执行。边区高等法院虽然在名义上是国民政府辖下的地方司法机关，实际上，在中国共产党和边区政府领导下的边区高等法院独立于国民政府的司法体系之外，其在司法的理念、体制及实践等方面都存在着优势和特点，为新中国司法制度的形成和发展提供了珍贵资源。例如以深入基层调查研究、就地审判不拘形式、简便手续便利人民诉讼为基本特点的马锡五审判方式就是当时极具特色的典型范例。"边区法制相比于其他根据地具有完整性和典型性。边区是中国现代史上唯一经历了新民主主义革命的三个时期、三种政权形态的革命根据地，也是抗日战争时期所有根据地的政治核心和政策策源地。"[1]由于边区高等法院处于极为复杂的历史环境之中，决定其法治工作不仅反映着民族战争与社会革命交织的时代背景，也体现了现代民主法治所必须依赖的落后乡村社会基础。当时的边区是一个农业占绝对优势的区域，人口非农化程度很低，多种观念并存、交织乃至碰撞，导致司法中民族利益与个人利益、一元化政治体制与近代以来司法独立理念、注重诉讼程序的正规化与纠纷解决效率、以工业化和市民社会为基础的法律规则与边区风俗习惯的冲突等等。然而，正是由于这些冲突的对立与妥协，规约着边区司法发展的方向、道路和品格。边区高等法院集审判、检察、狱政管理、司法行政等职能于一身，关注中国现实，适应战时环境，勇于开拓创新，实现了法律

---

① 汪世荣等：《新中国司法制度的基石》，商务印书馆 2011 年版，第 2 页。

与社会的良性互动,为抗日民主法治道路特别是司法道路的探索提供了重要的前提条件。坚持从各根据地实际出发,以便民简政为原则设置司法机构。抗日根据地由于处于战时环境的敌后,法治建设工作的展开必须紧紧围绕根据地的客观实际,遵循因时、因地制宜的原则,不能过分强调正规化、系统化。正是在这一思想指导下,各根据地设置了虽然形式上不尽相同但职能基本相同的司法机关和司法制度。例如,陕甘宁边区高等法院是其最高审判机关,形成了以审判职能为中心,将检察、司法行政及狱政管理职能综合起来,建立了以便利人民司法制度为目标,积极推进人民司法的新民主主义司法制度;晋冀鲁豫边区高等法院虽然是全边区最高审判机关,但其所辖太岳区(行署)法庭则在该行署辖区内行使最高审判权,其所作出的判决即为终审判决,不得上诉至边区高等法院;晋察冀边区则是从边区高等法院到地方法院均设首席检察官一人、检察官若干人行使检察权。总之,各抗日根据地司法机关坚持一切服务于抗日人民的利益和抗日民族解放事业的最高原则,以及司法机关的具体设置坚持便民简政、人员精干、与根据地行政区划相适应等原则,使其随着形势的发展变化而不断得到完善。

第五,普遍开展抗日民主法治宣传教育。守法是法治建设的基本要求。开展广泛而深刻的法治宣传教育是保障抗战胜利和构建安定和谐边区社会秩序的必要条件。陕甘宁边区和各敌后抗日根据地经济十分落后,交通闭塞,人们思想上的封建宗法意识比较浓重,广大农民是法治建设中最广泛的主体,因而边区政府首先是开展了以提高农民的文化素质、政治觉悟和民族意识为目标,把教育、生产和抗战有机结合起来,以生动实用、灵活多样的形式进行了广泛的社会教育,并创造和运用了形式多样的法治宣传教育方式,使广大农民能够知法、懂法、守法;在适用和推行边区法律的过程中,陕甘宁边区政府通过进行土地房屋登记、颁发和组织领取结婚证等行政执法活动,在有效改变与调整了边区社会关系的同时,推动农民接受和遵守法律;案件审理和裁决中,边区的司法机关始终密切联系群众、深入和依靠群众,着力吸引农民参与司法审判工作,普及调解,在推动法治教育、增强人民群众的法治观念等方面发挥了重要作用。与此同时，还要求公务人员"要在品行道德上成为模范，为民表率。要知法守法，不滥用职权，不假公济私，不要私情，不贪污，不受贿，不赌博，不腐化，不堕落"①。中国共产党带头遵守和贯彻法律，有效地推动了边区法律在党内的宣传，教育了广大党员，明确规定："共产党员有犯法者从重治罪。"②要求若共产党员和党的干部违法犯罪，必须执行比其他一般平民更为严苛的纪律和法令，以此树立了法律面前人人平等的基本原则。中国共产党对党员违法行为的严厉惩处，特别是当时对于黄克功案件的处理发挥了十分重要的宣传、警示和教育作用。马锡五审判方式既是这一时期司法实践的典范，也为进一步开展法治宣传和教育、增强人民群众的法律意识提供了可资借鉴的方法和路径。

（三）抗日民主法治道路探索向人民民主法治道路探索的过渡

抗日战争不仅是近代中国百年以来第一次取得完全意义上胜利的民族解放战争，又是新民主主义革命发展历程中的一个特殊阶段。早在抗日战争伊始，中国共产党就把坚持抗战与推进民主、改善民生紧密衔接起来，确立了旨在使抗日战争胜利成为人民胜利的全面抗战路线，并通过坚持独立自主的抗日游击战争，及时而大胆地向敌占区进军，放手发动人民群众，开辟广大的敌后战场，建立强大的敌后抗日根据地，从而得以在抗日民主的条件下进行法治道路的探索。随着世界反法西斯战争和中国抗日战争的相继结束，国共两党围绕战后建立一个什么样的国家的斗争日益成为决定中国前途命运的根本问题。国共两党围绕抗日战争胜利后建立一个什么样的国家这一核心问题，进行了激烈的政治较量，其结果是和平建国的努力失败，国民党统治集团撕毁两党谈判协定和政协决议，悍然发动全面内战；共产党

---

① 陕西省委党史研究室：《民主中国的模型——陕甘宁边区政治文明建设》，陕西人民出版社 2005 年版，第 195 页。

② 韩延龙、常兆儒：《中国新民主主义时期根据地法制文献选编》（上），中国社会科学出版社 2013 年版，第 26 页。

则通过人民战争和人民民主运动,摧毁国民党一党专政的国家政权和其反动的旧法统,并开启建立人民民主专政国家和探索人民民主法治道路的历史新征程。

1. 民主联合政府主张的提出

在抗日战争的条件下,是否实行民主政治始终是国共两党政策的主要区别之一。曾在全面抗战初期召开的全国抗战和国民参政会,对于唤起广大民众对实现民主宪政的强烈诉求发挥了重要作用。国民参政会通过"实行宪政"的决议之后,共产党和各民主党派都强烈要求国民党立即结束"训政",开始实行宪政。但国民党当局始终顽固坚持一党专政的统治,拒绝进行民主改革,并在其统治区内不断扩大特务组织,强化保甲制度,实行法西斯统治。国民党以蒋介石的名义于1943年3月出版了《中国之命运》一书,伪造、篡改了中国历史,极力歌颂和鼓吹封建主义、法西斯主义,反对中国共产党的民族民主革命的理论和实践。伴随抗战后期国民党统治集团政治上的专制和腐败、国统区经济上的严重危机,特别是国民党正面战场豫湘桂战役的大溃败,国统区人民反对国民党一党专制、争取实行宪政民主的运动再度高涨。蒋介石在1943年秋提出要以政治方法解决中国共产党的问题,同时承诺在抗战结束后的一年内实行宪政。1944年初,国民党驻延安的联络参谋向毛泽东转达蒋介石希望中共派代表到重庆谈判的信息。为实现国共之间的合作,中共中央决定停止公开批评国民党,积极参加宪政运动,希望与广大民主人士一起,推动蒋介石在政策上的转变。毛泽东在1944年3月1日为中共中央政治局起草的关于宪政问题给各中央局、中央分局并转各区党委的指示,明确提出中国共产党参加此种宪政运动的目的是:"以期吸引一切可能的民主分子于自己周围,达到战胜日寇与建立民主国家"①,要求"各根据地亦可于适当时机举行有多数党外人士参加的座谈会,借以团结这些党外人士于真正民主主义的目标之下,并向党内干部说明

① 《毛泽东年谱(一八九三——一九四九)》(修订本)中卷,中央文献出版社2013年版,第497页。

党对宪政运动的政策"①。于是，中国共产党明确提出了"召集各党派代表会，成立联合政府，共同抗日将来建国"②的主张，并强调"这一主张，应成为今后中国人民中的政治斗争目标，以反对国民党一党统治及其所欲包办的伪国民大会与伪宪"③。毛泽东曾分析所建立的联合政府有以下三种可能性：第一，联合政府可能是坏的，中国共产党可能要交出军队而做官，这不是我们希望的。第二，这一政府可能是以蒋介石为首的，在形式上承认解放区、实行民主，但是在本质上是独裁的。第三，就是以我们为中心的联合政府，在蒋介石要削弱共产党而不是加以联合的情况下，便要依靠中国共产党150万军队和解放区1.5亿人民建立这种联合政府。这便是中国发展的基本趋势和规律，建设这样一个国家也是中国共产党的最终目标。民主联合政府主张的提出，标志着中国共产党已经开始了从抗日民主法治道路向人民民主法治道路探索的过渡。

为实现成立民主联合政府的主张，从1944年11月至1945年2月，国共两党代表进行了长达3个月的公开谈判。谈判的中心问题是：共产党"提出成立民主的联合政府，而国民党要继续一党专制的政府"④。实际上，抗日民族统一战线在政权上的最高形式就是民主联合政府，这一主张也为国际国内民主人士所拥护和同情，但却遭到蒋介石的断然拒绝。中国共产党为促成谈判，又提出"先开一个各党各派的会议，就是国民党、共产党、民主同盟三方面和无党无派分子的代表人物的会议，来讨论如何改组国民政府成为联合政府，如何起草共同纲领，如何废止一党专政"⑤等问题，针对如

---

① 《毛泽东年谱(一八九三——一九四九)》(修订本)中卷，中央文献出版社2013年版，第498页。

② 转引自《中国共产党历史(1921—1949)》第1卷，下册，中共党史出版社2011年版，第640页。

③ 《建党以来重要文献选编(一九二一——一九四九)》第21册，中央文献出版社2011年版，第488页。

④ 《周恩来选集》上卷，人民出版社1980年版，第204页。

⑤ 《周恩来选集》上卷，人民出版社1980年版，第205页。

此合理的建议,蒋介石用"要联合政府就是要推翻政府,开党派会议就是分赃会议"而加以攻击和反对。在建立民主联合政府的谈判困难重重、无法继续的情况下,1945 年 2 月,中共方面发表正式声明,说明了谈判没有结果的原因,即国民党始终坚持要共产党交出军队,保留一党专政,反对建立民主的联合政府。尽管谈判没有结果,但却有着重要的意义,这就是孤立了顽固派,争取了人民。毛泽东在讲到这一问题时,明确指出:"去年 9 月提出建立联合政府的主张是正确的。这是一个原则的转变,以前是你的政府,我要人民,九月以后是改组政府,我可参加。联合政府仍然是蒋介石的政府,不过我们入了股,造成一种条件。为着大局,可能还要忍耐一点。如何避免缴枪,要采取慎重步骤。"①

在国共两党围绕建立民主联合政府问题进行谈判的同时,美国政府从其战后的战略利益出发,表示愿意调解国共关系,帮助中国实现民主团结,并开始与国共双方接触。太平洋战争爆发后,美国政府逐步认识到中国共产党领导的抗日军队和解放区在对日作战中的重要作用,主张凡是中国抗日的力量都应得到国际的援助,并一度实行过促进国共合作、支持两党军队合作抗日的对华政策。1944 年 9 月,赫尔利以美国总统私人代表身份来华,其使命包括:防止国民政府的崩溃、支持蒋介石作中华民国的主席与军队的委员长、保持蒋介石与美国司令官之间的和谐关系、通过增进中国境内战争物资的生产以防止经济崩溃,以及统一中国境内一切军事力量。从赫尔利来华使命中可以清晰地看出,美国对华政策的重心已经开始改变,即从帮助中国在抗日条件下实现民主团结,转变到适应其战后称霸世界的全球战略。美国政府认为,若想在战后要取代日本全面控制中国,必须扶助蒋介石"统一中国",并巩固这一统治地位。中共中央对美国政府采取了有原则的区别对待政策。一方面,欢迎美国对中国的积极态度,愿意与其友好交往,同意在美国调处下进行国共谈判;另一方面,反对美国干涉中国内政和

---

① 《毛泽东年谱(一八九三——一九四九)》(修订本)中卷,中央文献出版社 2013 年版,第 577 页。

支持蒋介石的反共独裁政策。初到中国的赫尔利介入了国共两党围绕建立联合政府的谈判。11 月 7 日，赫尔利飞抵延安，同毛泽东、周恩来等进行谈判。谈判之后，赫尔利对共产党提出的废除国民党一党专政、建立民主联合政府的主张表示同意，并且双方共同拟定了《中国国民政府、中国国民党与中国共产党协定（草案）》，这一草案的主要内容有：第一，国民党与共产党通力合作，统一所有国内武力打败日本帝国主义，并协力开展中国的复兴工作。第二，改组国民政府，成立联合政府和代表所有抗战力量的联合统帅部。第三，实行民主改革，赋予人民权利。第四，对中国所有的抗日武装力量予以承认，对来自友邦的全部军事装备进行公平的分配。第五，承认所有党派的合法地位。毛泽东代表中国共产党于 11 月 10 日在协定草案上签字，赫尔利以美国总统的私人代表身份签字作证，同时他认为，这个协定对于国民党是有利无害的，蒋介石可能会接受。但是，蒋介石以这一协定所主张的民主改革威胁国民党统治为由拒绝接受，而此时，赫尔利竟违背他之前的承诺与蒋介石公开联合。蒋介石在 1945 年 1 月 1 日发表元旦广播演讲，虚伪地宣布将召开"国民大会"，"颁布宪法"，"以归政于全国的国民"。然而，蒋介石所要召开的"国民大会"的代表，乃是全国抗战爆发前国民党一党专政条件下产生的，完全不能代表人民的意志；蒋介石所要颁布的"宪法"，也是以国民党 1936 年 5 月 5 日制定的所谓"五五宪草"为基础的。因而所谓召开"国民大会"完全是蒋介石设置的一个政治骗局，是他用以拒绝实行国内民主改革，拒绝成立民主联合政府的挡箭牌。

为争取抗日战争的最后胜利，实现抗战胜利的人民民主，"为着打败日本侵略者，建设一个光明的新中国，建设一个独立的、自由的、民主的、统一的、富强的新中国而奋斗"[①]，中国共产党于 1945 年 4 月至 6 月在延安召开了第七次全国代表大会。七大制定了"放手发动群众，壮大人民的力量，在我们党领导之下，打败侵略者，建设新中国"[②]的政治路线。七大强调指出，

---

① 《毛泽东选集》第三卷，人民出版社 1991 年版，第 1026 页。
② 《毛泽东选集》第三卷，人民出版社 1991 年版，第 1027 页。

我们所要建立的新中国,既不应该是大地主大资产阶级专政的国家,不应该是民族资产阶级统治的旧民主主义的国家,也不应该是无产阶级专政的社会主义国家,应该是由工人阶级领导的、各个革命阶级民主联盟的国家,也就是新民主主义的国家。毛泽东明确指出,为了建立新中国,立即废止国民党一党专政是最重要、最迫切的任务。这就为党领导人民争取抗日战争和整个新民主主义革命在全国的胜利奠定了政治上的基础,进而奠定了人民民主法治道路探索的前提和基础。

2. 争取和平建国的努力

抗日战争胜利后的国内外形势是错综复杂的。中国人民既面临着总体上有利的国际国内条件,又面临着重新爆发内战的危险。从国际上来看,一方面,德日意三个法西斯国家在二战中被打败之后,英法等老牌资本主义国家受到很大削弱,尽管美国成了世界上的头号强国,但资本主义世界的总体力量相对有所下降;另一方面,社会主义的力量日益增长,在苏联社会主义建设的逐步巩固的影响之下,东欧、亚洲、非洲的部分国家开始建立了人民民主制度和兴起民族解放运动,世界殖民主义体系日渐衰落和瓦解,各资本主义国家在新的历史和时代环境中,不断推动工人运动和人民斗争向前发展。从国内方面来看,一方面,艰苦的抗战极大地锻炼了中国人民,促使其思想觉悟程度、组织程度得到了空前的提高,人民革命力量不断壮大,国统区的民主力量有了很大的发展,全国人民更加广泛地拥护建立独立、自由、民主、统一、富强的新中国的主张,争取和平建国存在着一定的可能性;另一方面,国民党统治集团发动内战的危险还十分严重,但由于其这时发动内战还面临诸多困难,因而推迟内战的爆发也是有可能的。蒋介石一面准备内战、一面邀请毛泽东赴重庆谈判。在重要历史转折关头,中国共产党深刻分析了国内外形势,提出了和平、民主、团结三大口号,阐明了在和平民主团结的基础上实现全国的统一,建设独立、自由与富强的新中国的主张,并决定毛泽东亲赴重庆同国民党进行谈判。

1945 年 8 月 28 日,毛泽东、周恩来、王若飞赴重庆与蒋介石谈判,9 月 3

日，周恩来和王若飞以"谈话要点"的方式提出中共的方案，确定了和平建国的基本方针。9月8日，国民党政府代表根据蒋介石亲拟的《对中共谈判要点》，对中共的方案予以答复，表示接受中共提出的和平建国，承认党派合法平等，结束党治等项主张，对召开政治协商会议也基本上表示接受，对解放区政权作为合法地方政府却坚决不同意，对军队编组问题也加以种种限制。为了使谈判能够获得进展，中共在政权问题和军队问题上作过多次让步。10月10日，国共两党代表签订了《会谈纪要》（即《双十协定》），双方在和平建国基本方针、政治民主化、人民自由、党派合法等问题上达成协议，但在解放区政权和军队整编两个实质性问题上未能达成协议。重庆谈判表明了中共对和平的诚意，教育了人民，也揭露了国民党的和谈阴谋，使其处于更加不利的地位。在此期间，解放区军民遵照毛泽东确定的"针锋相对，寸土必争"的策略方针，先后粉碎了国民党对解放区的军事进攻，取得了自卫战争的胜利。与此同时，国统区人民掀起了大规模的反内战运动，民主党派的力量不断增强，进一步推动了国统区民主运动的发展。

1946年1月10日至31日，由共产党、国民党、民盟、青年党和无党派人士的代表在重庆举行了协商政治问题的会议。参加政治协商会议的代表共38人，代表着中国社会当时存在的三种政治力量：代表大地主大资产阶级利益的国民党，坚持其一党专政；共产党代表无产阶级和广大人民群众利益，希望建立一个举国一致的民主联合政府；代表民族资产阶级以及上层小资产阶级利益的民盟、无党无派人士，则试图在中国推行资产阶级民主制。政治协商会议通过了关于政府组织、和平建国纲领、国民大会以及宪法草案问题和军事问题等五项协议。这些协议的通过实际上坚决否定了国民党的一党专政与内战政策，进一步明确了和平建国的基本方针。

政治协商会议的成果，最终由于国民党发动全面内战而遭到破坏，但它无疑是中国和平民主力量的一次重大胜利，并在不同程度上有利于人民而不利于国民党反动派。历史充分表明：国民党反动集团同中国人民之间的矛盾已经上升为主要矛盾，这一矛盾的焦点是建立一个什么样的国家，围绕在半殖民地半封建社会继续大地主、大资产阶级的统治还是建立富强民主、独立统一的新中国的争论结果,直接影响到中国政治及法治的发展方向。

3. 抗战后期法治道路探索的主要成果

抗战后期法治道路探索的主要成果集中在两个方面:一是,表现为中国共产党和抗日民主政权为继续完善抗日民主法治所作出的努力及所取得的一些成果,如各抗日根据地依据抗战后期的历史特点和复杂情况颁布施政纲领,不断完善选举立法,进一步完善包括管辖、审级、陪审、审判、调解等诉讼制度。二是,表现为中国共产党为团结全国人民废止国民党一党专政的统治及其旧法统、争取和平建国、进而开启人民民主法治道路所进行的复杂斗争及其主要成果。如《政府与中共代表会谈纪要》(即《双十协定》)中提出了双方"必须共同努力,以和平、民主、团结、统一为基础"的要求,明确了"长期合作,坚决避免内战,建设独立、自由和富强的新中国"的目标,作出召开各党派代表及无党派人士参加的政治协商会议的决定,成为重庆谈判取得的主要成果;而政治协商会议通过的《和平建国纲领》和宪法草案案,参照欧美资本主义国家实行的议会制和内阁制,虽仍不能从根本上改变国民党政府的阶级本质,但否定了国民党的一党专政和蒋介石的个人独裁,对促进政治民主化还是有利的。同时,宪法草案案关于中央与地方分权的原则等,对于解放区民主政权的存在和发展也是有利的。然而,所有这些成果,都因为蒋介石随后撕毁政治协商会议决议、悍然发动反人民的全面内战而损失殆尽。国民党发动的内战,直接表明了其对建立新民主主义国家的反对和阻碍,就是欧美资本主义国家所实行的民主制度也不能容忍。整体而言,上述两方面的成果集中呈现出一种从抗日民主法治向人民民主法治过渡的基本形态。

三、人民民主法治道路的探索

抗日战争胜利后,中国人民热切希望和平、民主,建设一个新的中国。

1945 年 8 月 28 日，毛泽东一行从延安飞抵重庆。这一行动，充分表现了中国共产党谋求和平的真诚愿望。重庆谈判最终由国共双方于 10 月 10 日正式签署《政府与中共代表会谈纪要》，即《双十协定》，并于 1946 年 1 月召开政治协商会议，通过政府组织案、国民大会案、和平建国纲领、军事问题案、宪法草案案等五项协议。全国各族人民都曾一度以为内战就此停止，中国将走上和平民主的道路，中国共产党也曾十分乐观地认为中国即将走上"和平民主建设的新阶段"，并准备参加联合政府和整编复员军队，但并没有陷入对和平民主的幻想，特别是在掌握人民武装和保存解放区这两个基本问题上始终坚持了正确立场，因而使党和人民在国民党统治集团破坏停战协定、撕毁政协协议、发动全面内战时保持了极大的主动性。然而，《双十协定》刚签订，蒋介石就发布进攻解放区的密令。国民党军队在完成内战准备后，便于 1946 年 6 月 26 日悍然进攻中原解放区，挑起全面内战。蒋介石与国民党为什么最终没有能够走向民主反而走向了独裁？而毛泽东与共产党则走向了人民民主，这是了解抗战以后中国政局发展走向的一个核心问题，也是理解人民民主政权和人民民主法治产生的一个关键因素。

（一）一党专政"宪政"骗局的破产

1. 国民党及其政权反民主的本质

早在抗战即将胜利之时，毛泽东在讲到抗战胜利后中国国内的阶级关系、国共两党的关系时，就已经明确指出："国民党怎么样？看它的过去，就可以知道它的现在；看它的过去和现在，就可以知道它的将来。"[①]毛泽东在列举了国民党过去打过整整十年的反革命内战，而抗战中又先后发动过三次大规模的反共高潮之后，又进一步指出："必须清醒地看到，内战危险是十分严重的，因为蒋介石的方针已经定了。"[②]"蒋介石对于人民是寸权必

[①]　《毛泽东选集》第四卷，人民出版社 1991 年版，第 1123—1124 页。
[②]　《毛泽东选集》第四卷，人民出版社 1991 年版，第 1125 页。

夺,寸利必得。我们呢? 我们的方针是针锋相对,寸土必争。"①"抗战胜利的果实应该属于人民,这是一个问题;但是,胜利果实究竟落到谁手,能不能归于人民,这是另一个问题。不要以为胜利的果实都靠得住落在人民的手里。"②毛泽东的这些论述,为正确认识蒋介石与国民党政权反人民、反民主的本质提供了科学的理论指导。

国民党抗战后走上反人民、反民主的道路不是偶然的,有其深刻的历史和现实的原因。从历史上看,坚持独裁、反对民主,坚持一党专政,是 1927年蒋介石集团叛变革命后一贯奉行的反动方针,即使在日本侵略中国、民族危机日益严重的情况下也未曾改变。以蒋、宋、孔、陈四大家族为代表的官僚垄断资本,从一开始形成就与反动的国民党政权结合在一起,依仗他们手中所掌握的国民党和国民政府的军务、党务、政务、财务的大权,以其政治力量进行超经济的强制,巧取豪夺,聚敛财富,从而直接操纵了中国的经济命脉;同时,它又是从买办起家的没有任何独立性,并与封建地主阶级有着密切的联系,主要采取了前资本主义的超经济的强制的掠夺手段,具有浓厚的封建买办性,而其主要部分又带有军事性质。"法西斯主义是资本家对劳动人民大众的最猖狂的进攻。"③它所代表的乃是最少数的大金融资本家,他们公开垄断了全民族的经济和政治,它比自由资本主义的经济和政治坏得多。这个官僚垄断资本集团,为了保证对中国人民的残酷掠夺并实行其无限的扩张和垄断,也为了更有效地充当国际垄断资本的附庸和买办,就要求建立一种极其反动的政治寡头制度和极权的国家机器,并使之不断得到强化,而法西斯的统治正适应了它的这种需要。

抗战期间,蒋介石集团虽然被迫停止内战、参加抗日,但其反共反民主的立场仍未从根本上加以改变。相反,却在思想上开始大肆宣扬"一个主义、一个政党、一个领袖"的法西斯论调,为实行国民党一党专政和蒋介石

---

① 《毛泽东选集》第四卷,人民出版社 1991 年版,第 1126 页。
② 《毛泽东选集》第四卷,人民出版社 1991 年版,第 1129 页。
③ 《季米特洛夫选集》,人民出版社 1953 年版,第 45 页。

个人独裁制造舆论。战后初期,蒋介石虽然在口头上也作了一些和平、民主的承诺,但其实现这些承诺的条件却是所谓"根本大法不容变更,政府基础不容动摇",仍然坚持国民党一党专政和蒋介石个人独裁统治,并对成立民主的联合政府加以反对和阻挠,坚持独裁统治,是国民党维护大地主、大资产阶级利益在政治上的突出表现;而以法西斯高压手段剥夺人民的民主权利,则是国民党维护其反动统治的必然需求。由于重庆谈判和政治协商会议的有关协议不利于蒋介石的独裁统治,因而他便最后撕下了和平的伪装,悍然发动了大规模的内战,最终走向了反人民和反民主的道路。正如周恩来所指出:"他愈觉大地主大资产阶级之软弱无力,他就愈不敢采用资产阶级的民主方法,甚至连一党的专政也不敢采用,而愈要采用恐怖的手段,实行特务的统治和个人的独裁。"①

战后国际形势的复杂变化,特别是美国政府"扶蒋反共"政策的实施,也是导致蒋介石与国民党未能走向民主而走向独裁的一个重要原因。第二次世界大战末期,美国为了在战后控制中国遏制苏联,设计了以"扶蒋反共"为主旨的战后对华政策。这一政策的基本点是:在中国选择与苏联有"严重政策冲突的"、明确表示战后将站在美国一边的蒋介石,作为其在亚洲的理想伙伴。从这一政策出发,中国的抗战一结束,美国便采取了"异乎寻常的步骤"来帮助国民党蒋介石扩大军事占领区,劫收日伪留下的财产,抢夺人民的胜利果实。

美国政府将全部赌注压在国民党蒋介石身上,而蒋介石这时也自认为具备了挑起内战、进而消灭共产党的力量。全面内战开始之初,共产党及其所领导的人民军队的数量和武装、后备资源及外来援助等方面,都与国民党有着明显差距。到了1946年7月,国民党正规军约200万人、总兵力约430万人,在接收了侵华日军的大部分装备的基础上,又有美国政府的大力援助,以陆、海、空军都得到优质的配备统治着76%的国土和3.39亿人口,占

---

① 《周恩来选集》上卷,人民出版社1980年版,第147页。

有全国绝大部分大城市与铁路交通线,国民党拥有全国大部分近代工业和人力,物力资源十分充足;国民党得到了拥有强大经济、军事实力并垄断着原子武器的美国政府的支持。这时的苏联,由于担心支持中国共产党可能会导致美国出兵干涉将自己卷入,而对中国革命采取了消极的态度。所有这些,都助长了蒋介石与国民党政府走向独裁的嚣张气焰。与共产党要建立一个独立、自由、民主、统一、富强的新民主主义国家的建国方案相反,国民党的建国方案,依然是十年内战时期所形成的老方案,不仅与现代国家的建国基础相抵触,也与抗战胜利后国内人民要求和平、民主、团结建国的愿望大相径庭。国民党紧紧抱住自己不合时宜、不合世界发展潮流、违背中国人民愿望的建国方案,不愿作根本上的修改,虽然在政协协议上签字但却从没有准备对其加以遵守和实行。而当他们认为时机成熟的时候,便公然撕毁政协决议,走上了图谋以武力实现自己既定建国方案的道路。

2. 蒋介石的"宪政"骗局

抗日战争时期,蒋介石在坚持一党专政的同时,还曾公开提出要推行所谓的"宪政",并企图以此取消共产党和各民主党派的民主要求。国民党政府的"宪政"肇始于孙中山 1924 年手书的《建国大纲》。孙中山曾设想建设中华民国"之程序分为三期:一曰军政时期;二曰训政时期;三曰宪政时期"。蒋介石在国民党"第二次北伐"之后不久,即宣告进入"训政"时期,1928 年 10 月国民党中央通过的《训政时期纲领》,成为蒋介石实施一党专政独裁统治的重要依据,蒋介石于 1931 年 5 月利用一欺骗人民的"国民会议",制定和通过了《训政时期约法》,则以国家根本法的方式确立了国民党一党专政的国家制度。随着国民党一党专政面目的逐渐暴露,民族资产阶级对其日益不满,各中间党派为争取民主建国,相继提出结束国民党一党专政、实现民主政治的主张。中国共产党在 1939 年 9 月召开的第一届国民参政会上提出了实施民主宪政的议案,两次指示各级党组织积极地主动地参加这一民主宪政运动,使之成为发动广大民众,实行民主政治的有利的群众运动,加快实现新式代议制的民主共和国。但这时,依然想要照老路走下去的国民党统治集团显然并无准备实行"宪政"的诚意，而不过是把"实行宪政"的空话作为其以拖待变的工具。

抗日战争胜利后，全国人民渴望过上和平生活和进行国家建设，因而坚决反对内战，要求结束国民党一党专政、成立民主联合政府。人民的这些要求在政治协商会议的一些决议中大体上得到反映，蒋介石因此要撕毁政协协议，发动了全面内战。全面内战爆发时，国民党用百分之八十的正规兵力进攻解放区，声称仅要3—6个月便能"取胜"。1946年10月11日，国民党军队占领张家口。被军事上的暂时胜利冲昏了头脑的蒋介石，当日即下令单方面召开"国民大会"。召开"国大"与制定"宪法"，是蒋介石继续欺骗人民、镇压人民革命的阴谋：一则用来抑制全国人民所要求的联合政府，把国民党自己凑成的"国民大会"称为"民意"机关，把一党"制宪"称为"还政于民"；二则用"国大"来为蒋介石装点门面，把法西斯的"训政"法统变为其"宪政"的法统；三则为反人民的内战制造"理由"，谁不赞成他们这样做，谁就是破坏"民主"和"统一"，他们就有"理由"宣布"讨伐令"，进行反人民的内战。由国民党一手包办的"国民大会"通过的《中华民国宪法》，在形式上承袭了欧美资本主义国家宪法中关于国会制、责任内阁制和保障人民自由、平等权利的一些条款，但从根本上依然代表和维护的是大地主、大资产阶级的利益，只能成为国民党一党专政及其个人独裁的装饰品。同时，由于这部宪法是在国民党撕毁政协协议并积极进行内战，而作为国内主要民主力量的中国共产党和民主同盟又没有出席"国大"的背景下产生的，这与国民党《训政时期约法》实际上如出一辙，都是以根本法的形式确认国民党独裁专制的国家制度。而其象征性"民主"的"国民大会"，实质上仍是蒋介石镇压人民的工具和欺骗人民的遮羞布，完全是为了维护国民党统治集团的经济和政治利益服务的。

蒋介石的一意孤行，充分暴露了国民党政府独裁、卖国、专制的法西斯本质，因而遭到了共产党、其他民主党派及全国人民的强烈反对。此后，国民党又上演了"宪政"丑剧的第二幕——改组"国民政府"。1947年4月中旬,国民党重新修正公布了《国民政府组织法》。这部组织法,扩大了国民政府委员会的职权,规定国民政府委员会为最高国务机关,诸如立法原则、施政方针及其他重要事项均须经该委员会讨论、议决;国府主席、副主席由国民党中央执行委员会选任,国府委员由主席于国民党外人士中选任;国府主席不能由其他政党中选任,并要对国民党中执会负责,五院院长、国府委员也必由主席决定,对主席负责。改组后的国民党政府,名义上是"多党政府",实质上依然是国民党一党专政的政府,形式上的"多党政府",不过是国民党反动派上演的一幕标榜"民主""自由"的丑剧,其反动的本质却丝毫没有改变。正如毛泽东所指出的:"什么召开国民大会制定宪法呀,什么改组一党政府为多党政府呀,其目的原是为着孤立中共和其他民主力量;结果却是相反,被孤立的不是中共,也不是任何民主力量,而是反动派自己。"①"制宪国大"以后,蒋介石为使其统治合法化,迫不及待地筹备召开"行宪国大"。蒋介石集团为了绝对控制"行宪国大",对所谓"民选"代表的选举作出了种种限制。1948年"行宪国大"在南京召开,其中心议题是"选举总统和副总统"。蒋介石在会上如愿当上"民选"总统,并于1948年5月25日正式宣誓就职。然而,由蒋介石一手导演的"选举"总统的丑剧不仅未能挽救其必然垮台的历史命运,反而更加暴露了其反动、虚弱的本质,加速了其走向灭亡的进程。

(二)人民民主理念的演进与人民民主政权的创建

新民主主义革命和社会主义革命两个阶段构成了中国共产党领导的整个中国革命的历史进程。而在中国革命第一阶段即新民主主义革命阶段所要建立的政权,既不是资产阶级专政的共和国,也不无产阶级专政的社会主义共和国,只能是由无产阶级(经过共产党)领导的、以工农联盟为基础的人民民主共和国。人民民主政权的创建有一个过程,人们对人民民主政权

---

① 《毛泽东选集》第四卷,人民出版社1991年版,第1226页。

及其相关理论的认识也有一个过程。其中，一个关键的问题是如何对待人民和如何认识民主。

1. 人民民主理念的演进

在对待人民的态度上，共产党与国民党的根本区别就在于两党实际上坚持的历史观是不同的。与以往一切统治阶级一样，国民党奉行的历史观是唯心主义的历史观，而共产党的历史观则是马克思主义的唯物史观。"人民"是一个特定的概念，也是一个历史的范畴。毛泽东曾指出："人民这个概念在不同的国家和各个国家的不同的历史时期，有着不同的内容。"①自近代以来，人民的内涵经历了从大革命时期由工人、农民、小资产阶级、民族资产阶级四个阶级所构成的历史范畴，到土地革命战争时期由工人、农民和小资产阶级三个阶级构成的历史范畴，再到抗日战争时期由一切抗日的阶级、阶层和社会集团所构成的更为广泛的概念，解放战争时期，人民是一切反对美帝国主义和国民党统治集团的阶级、阶层和社会集团所构成的历史范畴。与之相适应，"人民民主专政"的概念也经历了由大革命时期实现"革命民众的统治"到土地革命战争时期工农民主专政，再到抗日战争时期几个革命阶级的联合专政抗日，直到解放战争时期正式提出人民民主专政的历史演进过程。

人民民主是中国共产党始终不渝的奋斗目标。党的二大第一次明确了反帝反封建的民主革命纲领。第一次国内革命战争虽然失败了，但是，在革命高潮中产生的"省港罢工委员会""农民协会"以及在工农运动深入发展时产生的"上海市民政府"等都是人民民主政权的雏形。土地革命战争时期，党在领导革命群众开展土地革命、进行武装斗争，反对国民党反动政权过程中建立的红色政权，对于工农和广大民众而言是广大的民主。红军长征北上抗日以后，党又根据革命形势的发展需要，相继将"工农民主共和国"改为"人民共和国""民主共和国"，成为"除了工人、农民和城市小资产

_____

① 《毛泽东文集》第七卷，人民出版社 1999 年版，第 205 页。

阶级以外,还要加上一切其他阶级中愿意参加民族革命的分子"①。抗日战争时期,为适应以第二次国共合作和全民抗战的需要,中国共产党带领广大革命群众在敌后建立了抗日民族统一战线性质的民主政权,是几个革命阶级联合起来对于汉奸和反动派的民主专政。伴随人民解放战争的胜利推进和党的工作重心由乡村到城市的逐渐转移,人民民主政权在各解放区相继建立起来,为中华人民共和国国家政治制度的建立奠定了基础。毛泽东通过总结以工农为主体的人民革命运动历史经验而形成的人民民主专政理论,则为建立人民民主政权提供了科学依据。

1939年5月4日,毛泽东在延安青年群众举行的五四运动二十周年纪念会上的讲话中,第一次明确提出"人民民主革命"的命题之后,在《中国革命和中国共产党》一文中进一步指出:现时中国革命欲建立的民主共和国,"是一个工人、农民、城市小资产阶级和其他一切反帝反封建分子的革命联盟的民主共和国。这种共和国的彻底完成,只有在无产阶级领导之下才有可能。"②毛泽东在1940年发表的《新民主主义论》中在详细论述新民主主义的政治纲领时指出:"现在所要建立的中华民主共和国,只能是在无产阶级领导下的一切反帝反封建的人们联合专政的民主共和国,这就是新民主主义的共和国,也就是真正革命的三大政策的新三民主义共和国。"③并提出这个共和国所要采取的政体是在民主集中制基础上建立起来的"人民代表大会制度"。这就在实质上揭示了新民主主义政权的人民性特征,为这一政权的发展指明了前进的方向。抗战后期,为回应蒋介石"中国之命运"的挑战,毛泽东在党的七大所作的开幕词中明确提出,我们的任务"就是放手发动群众,壮大人民力量,团结全国一切可能团结的力量,在我们党领导之下,为着打败日本侵略者,建设一个光明的新中国,建设一个独立的、自由

---

① 《毛泽东选集》第一卷,人民出版社1991年版,第156页。
② 《毛泽东选集》第二卷,人民出版社1991年版,第649页。
③ 《毛泽东选集》第二卷,人民出版社1991年版,第675页。

的、民主的、统一的、富强的新中国而奋斗"①。在七大《论联合政府》的报告中，毛泽东深入阐述了中国的国家制度，提出中国的国家制度既不是资产阶级专政的，也不是社会主义的。"我们主张在彻底地打败日本侵略者之后，建立一个以全国绝对大多数人民为基础而在工人阶级领导之下的统一战线的民主联盟的国家制度，我们把这样的国家制度称之为新民主主义的国家制度。"②只有这样的国家制度，才真正符合中国人口中最大多数的需要。至此，中国共产党已经将自己和人民对新民主主义政治的认识上升到了国家制度的层面，人民民主理念呼之欲出。

此后，毛泽东又结合形势的变化先后围绕人民军队整编、人民民主政权创建等问题提出了一系列新的观点。1947年10月10日《中国人民解放军宣言》的发布，分析了当时的国内政治形势，提出了"打倒蒋介石，解放全中国"的口号，宣布了中国人民解放军暨中国共产党的八项基本政策，深刻指出中国人民解放军以中国人民的意志为意志这一根本性质。1948年9月，在中央政治局会议上的报告中，第一次明确提出了"人民民主专政"的科学命题，并在简要分析党在这一问题上认识的变化之后明确指出，实行人民民主专政，要求各级政府和各种政权机关都要加上"人民"二字，以区别于蒋介石政权。1949年6月，在纪念中国共产党成立二十八周年发表的《论人民民主专政》一文中，以人民民主专政为核心命题，深刻阐述了人民民主专政的历史必然性。毛泽东认为，人民民主专政在人民内部实行民主、对反动派实行专政的两方面互相结合，是更加符合中国国情的新型民主和新型专政结合的国家制度。他强调指出："总结我们的经验，集中到一点，就是工人阶级（经过共产党）领导的以工农联盟为基础的人民民主专政。"③

民主与法治紧密相关，民主决定法治，法治也离不开民主。人民民主理念的形成和确立，在深刻证明资本主义民主不适合中国的同时，论证了人民

---

① 《毛泽东选集》第三卷，人民出版社1991年版，第1026页。
② 《毛泽东选集》第三卷，人民出版社1991年版，第1056页。
③ 《毛泽东选集》第四卷，人民出版社1991年版，第1480页。

民主专政产生的历史必然性,为人民民主法治道路的深入探索奠定了坚实的制度基础,充分反映了中国共产党作为工人阶级先锋队的性质、全心全意为人民服务的根本宗旨和执政为民的显著特征。

2. 人民民主政权的创建

国民党单方面召开"国大"的行动,充分表明以蒋介石为首的国民党统治集团决心把内战进行到底,通向国内和平的道路被完全堵塞。面对新的形势,中国共产党逐步作出以革命战争方式最后解决国内问题的抉择。伴随中国共产党的战略指导思想由"自卫战争"到"解放战争",由"制止内战、恢复国内和平"到"打倒蒋介石"的转变,党领导的各解放区相继进入人民民主政权的创建时期。

各大解放区人民民主政权的建立。随着人民解放战争的胜利推进,解放区成倍扩大,原来分散的根据地逐步连成一片,形成了五个大的解放区。

一是陕甘宁边区即西北解放区。人民解放军转入外线作战后,陕甘宁边区迅速扩大,到 1949 年初已与晋绥解放区连接。同年 2 月,陕甘宁边区参议会常驻议员、边区政府委员与晋绥解放区代表举行联席会议,决定两个解放区合并,晋绥边区划归陕甘宁边区政府领导,边区最高行政机关仍称陕甘宁边区政府,政府委员由 16 人增加到 31 人。西安解放后,边区政府迁至西安,1950 年建立西北军政委员会。

二是华北解放区。1948 年 5 月下旬由晋察冀解放区和晋冀鲁豫解放区合并而成,设立华北联合行政委员会作为华北解放区的最高行政机关。同年 8 月 7 日,华北临时人民代表大会在石家庄市召开,会议选出政府委员 27 人,组成以董必武为首的华北人民政府,统一了华北解放区的政权,陆续建立起华北区的省、县(市)、村各级政权。华北区位于各大区之间,便于联系各大区,处于重要的战略地位,在支援南线作战,恢复与发展生产中,发挥了重大的作用,特别是为新中国成立后中央人民政府各机关的建立奠定了基础。

三是东北解放区。东北解放区的政权建设是从解放战争初期开始的。

1946 年 8 月 7 日在哈尔滨召开了东北各省市代表联席会议，组成了东北各省市行政联合办事处的行政委员会，简称东北行政委员会。东北全境解放后，整个东北地区建立了村、县、省各级民主政权。东北人民代表会议于 1949 年 8 月在沈阳开幕，选举了东北人民政府委员，东北人民政府成立后，东北解放区政权建设进入了一个新的阶段。

四是中原解放区。1947 年 7 月，人民解放军战略大反攻后，晋冀鲁豫解放军与华东解放军配合作战，迅速扩大了中原解放区的区域。中原解放区于 1943 年 3 月召开了临时人民代表大会，选举产生了该解放区的主席、政府委员，并成立中原临时人民政府。1950 年 2 月奉命撤销，为中南军政委员会所取代。

五是华东解放区。华东解放区包括山东解放区和苏北、皖北等行署，以及淮海战役后人民解放军南下在长江下游新解放区的广大地区和上海、南京等大城市。新中国成立前，华东解放区未建立大区人民政府，1950 年 1 月成立了华东军政委员会。

各大解放区人民代表大会（会议）都通过了大解放区人民政府组织法，规定以各大区人民政府为统一全区行政领导的最高行政机关。由于这时还没有建立全国性的中央政权机关，各大解放区人民政府之间没有隶属关系，都是在中共中央的统一领导下，作为本地区的最高政权机关领导辖区内各级地方政府。大解放区人民政府的建立是贯彻民主集中制的重要环节，既有利于统一和集中，又能够照顾不同地区的特点。其中，华北临时人民代表大会的召开和华北人民政府的成立，在人民民主政权的创建中具有格外重要的意义。正如有学者指出，它"初步确立了新中国由各级人民代表大会选举各级人民政府的基本政治体制，初步形成了多党派合作的政治协商制度，为新中国的民主政治制度作了积极尝试，为新中国政权建设作了组织上的准备，为新中国法制建设奠定了基础"①。"新中国法治建设，从华北人民

---

① 孙婉钟主编：《共和国法治从这里启程》，知识产权出版社 2015 年版，第 4 页。

政府启程。"①

　　人民解放军转入战略进攻后,一大批城市陆续获得解放。城市是经济发展的中心和工人阶级集中的地方,在发展生产、支援解放战争中居于极为重要的地位。同时,在旧中国,城市又是敌人统治的中心,反动势力比较顽固,情况极为复杂。中国共产党虽然在军事上占领了城市,但在政治、经济、文化各方面却都面临着尖锐复杂的斗争,暗藏的敌人时刻妄图颠覆人民政权。如何顺利接管城市成为革命发展的一个突出问题。人民解放军占领城市后,党为了迅速肃清反动残余势力,建立革命新秩序,以保障国家和人民生命财产的安全,实行了军事管制城市的政策,把迅速成立军事管制委员会作为新解放区城市的过渡性的政权组织形式。军管会在人民解放军总部、军区及前线司令部的领导下,为该城市军事管制期间统一的军政领导机关,由解放军总部及军区委任人员组成。由于新解放的城市反革命势力盘根错节,人民对共产党还缺乏深入的理解,群众尚未组织起来,在这种情况下,还不具备实行民主选举的条件。从形式上看,军管会确是一个军事性质的高度集中的对敌专政的机构,但它却为实现人民民主、筹建民主政权做了大量的准备工作。因此,军管会是一种具有临时性和过渡性的组织形式,在特殊历史条件下积累了人民民主专政的重要经验。

　　伴随着人民解放战争的胜利推进,各大解放区都根据革命形势和生产建设发展的要求,参照各地政治、经济、交通、人口及历史、地理等条件,对根据地行政区划进行了较大的调整,其总趋势是区划扩大、统一集中。第一种情况是在老解放区和半老区,撤销行政公署制改为行省制,即以省(市)作为大解放区的构成单位;第二种情况是在新解放区和半老区的农村开展反对封建土地制度的斗争中,广大农民群众在党领导下建立的农民协会和贫农团成为农村临时性的基层政权,在此基础上建立的区、乡(村)两级人民代表会议是解放区政权建设的基石,为新中国的成立及其政权建设奠定了

① 孙婉钟主编:《共和国法治从这里启程》,知识产权出版社 2015 年版,第 5 页。

可靠的基础。第三种情况是在各城市解放之后，由军管会和市政府邀请各界或各业群众代表举行座谈会作为临时性的、不固定的协商组织形式。各界人民代表会议也是人民代表大会制度的过渡形式，为解放区人民民主政权的创建发挥了重要作用。

与此同时，在少数民族地区，则依据我国少数民族的特点实行了民族区域自治的政策，并首先通过成立内蒙古自治运动联合会、召开内蒙古人民代表会议，成立了内蒙古自治政府这一我国少数民族第一个区域自治的民主政府。

（三）人民民主法治道路探索的主要成就

国民党反动派悍然撕毁停战协定和政治协商会议决议、发动全面内战之后，全国人民的中心任务就是坚决捍卫解放区，打败蒋介石集团的武装进攻，把解放战争进行到底，彻底推翻美蒋反动统治，为武装夺取全国政权而斗争。随着革命形势和阶级关系的变化，抗日民主法治道路的探索随之为人民民主法治道路探索所替代。从 1946 年 6 月至 1949 年中华人民共和国成立，人民民主法治道路的探索时间虽然不长，但却取得了许多重要的成就。

1. 制定了一批具有重要意义的宪法性文件

这一时期的宪法性文件，主要包括了各解放区人民政权根据战争的需要，结合本地区实际，在不同发展阶段颁布的宪法原则、施政要端或施政方针；包括了中共中央和中国人民解放军总部适应战争的要求而发布的宣言或布告；而其中最具有标志性的则是代行宪法的《中国人民政治协商会议共同纲领》。

全面内战爆发前，陕甘宁边区第三届参议会第一次会议于 1946 年 4 月 23 日召开，会议通过的《陕甘宁边区宪法原则》（以下简称《宪法原则》），是这一阶段比较具有代表性的重要立法文献。关于政权组织，《宪法原则》规定了边区、县、乡人民代表会议（参议会）为人民管理政权机关，人民普遍直接平等无记名选举各级代表,各级代表会选举政府人员。各级政府对各级代表会负责,各级代表会对选举人负责等原则;在人民权利方面,《宪法原则》明确了"人民为行使政治上各项自由权利,应受到政府的诱导与物质帮助""人民有免于经济上偏枯与贫困的权利""人民有免于愚昧及不健康的权利""人民有武装自卫的权利"等原则;在司法机关方面,《宪法原则》明确规定"各级司法机关独立行使职权,除服从法律外,不受任何干涉""除司法机关、公安机关依法执行职务外,任何机关、团体不得有逮捕审讯的行为"等原则;关于经济,《宪法原则》规定了"应保障耕者有其田、劳动者有职业、企业者有发展的机会""用公营、合作、私营三种方式组织所有的人力、资力为促进繁荣、消灭贫困而斗争"等原则;关于文化,《宪法原则》规定了"普及并提高一般人民之文化水准,从速消灭文盲,减少疾病与死亡现象"等原则。① 根据这些原则,陕甘宁边区参议会已聘请法律专家拟定了《陕甘宁边区宪法草案》。尽管由于全面内战的爆发而使得制宪工作被迫停止,但这一重要宪法性文件"却成了当时陕甘宁边区政府施行的临时大宪章"②,并为人民民主法治道路的探索奠定了重要的基础。解放战争开始后,由各大解放区先后颁布的施政要端、施政纲领、施政方针,反映了这个时期各解放区政权和法制建设的本质和特点。

人民解放战争转入战略进攻后,中国人民解放军总部发布了由毛泽东起草的《中国人民解放军宣言》(以下简称《宣言》)。《宣言》提出了"打倒蒋介石,解放全中国"的政治口号,将摧毁蒋介石反动统治机器及其全部经济基础,把新民主主义革命进行到底作为人民解放军的根本政治任务,并制定了实现这一任务的具体政策,即"联合工农兵学商各被压迫阶级、各人民团体、各民主党派、各少数民族、各地华侨和其他爱国分子,组成民族统一战线,打倒蒋介石独裁政府,成立民主联合政府";"逮捕、审判和惩办以蒋介

---

① 参见韩延龙、常兆儒编:《革命根据地法制文献选编》(上卷),中国社会科学出版社2013年版,第42—43页。

② 张希坡、韩延龙主编:《中国革命法制史》,中国社会科学出版社2007年版,第49页。

石为首的内战罪犯"；"废除蒋介石统治的独裁制度，实行人民民主制度，保障人民言论、出版、集会、结社等项自由"；"废除蒋介石统治的腐败制度，肃清贪官污吏，建立廉洁政治"；"没收蒋介石、宋子文、孔祥熙、陈立夫兄弟等四大家族和其他首要战犯的财产，没收官僚资本，发展民族工商业，改善职工生活，救济灾民贫民"；"废除封建剥削制度，实行耕者有其田的制度"；"承认中国境内各少数民族有平等自治的权利"；"否认蒋介石独裁政府的一切卖国外交，废除一切卖国条约，否认内战期间蒋介石所借的一切外债"。①《宣言》强调，"这些政策是适合全国百分之九十以上人民的要求的"②。全军将士必须提高军事艺术、觉悟性、纪律性，坚决执行命令和政策，切实贯彻三大纪律八项注意，不允许任何破坏纪律的现象存在。《宣言》特别强调，全军将士"必须时刻牢记，我们是伟大的人民解放军，是伟大的中国共产党领导的队伍"③。1949 年 4 月，国共谈判以国民党拒绝在和平协议上签字而再度破裂。中国共产党相继发出了《向全国进军的命令》和《中国人民解放军布告》，宣布对国民党党政人员实行区别对待政策，规定了消灭半殖民地半封建经济的重大政策以及保护人民合法权益等具体措施，进一步丰富和完善了相关政策主张。

随着人民解放军向全国进军的胜利，党领导下的各个解放区不断扩大，逐步连成一片，原本处于分散状态的人民政权也日趋统一，奠定了中央人民政府成立的重要基础。此时，新政治协商会议筹备会第一次全体会议于1949 年 6 月 15 日至 19 日在北平召开，共产党和各民主党派、人民团体、各界民主人士、国内少数民族、海外华侨等 23 个单位 134 人参加了此次会议。会议通过的《新政治协商会议筹备会组织条例》和《关于参加新政治协商会议的单位及其代表名额的规定》，选出了以毛泽东为主任的常务委员会。新政治协商会议之新，旨在区别于 1946 年 1 月举行的政治协商会议。1949

① 《毛泽东选集》第四卷，人民出版社 1991 年版，第 1237—1238 页。
② 《毛泽东选集》第四卷，人民出版社 1991 年版，第 1238 页。
③ 《毛泽东选集》第四卷，人民出版社 1991 年版，第 1239 页。

年 9 月 17 日,新政协筹备会第二次全体会议召开,将新政治协商会议更名为中国人民政治协商会议。同年的 9 月 21 日,中国人民政治协商会议第一次全体会议通过了《中国人民政治协商会议共同纲领》,这是人民民主法治道路探索中一个具有划时代意义的重要文献,为各革命阶级、民主党派、无党派民主人士团结奋斗奠定了共同的法治基础,实际上起到了临时宪法的作用。《共同纲领》总计七章 60 条,在内容上包括序言和总纲、政权机关、军事制度,以及经济、文化教育、民族和外交政策等内容,明确将中华人民共和国的性质规定为人民民主主义的国家,实行人民民主专政,为团结全国人民继续巩固革命胜利成果,进一步推进革命建设事业向前发展,规定了一系列建国后的经济、政治等方针与策略。《共同纲领》明确规定:"在普选的全国人民代表大会召开以前,由中国人民政治协商会议的全体会议执行全国人民代表大会的职权,制定中华人民共和国中央人民政府组织法,选举中华人民共和国中央人民政府委员会,并付之以行使国家权力的职权";"各级政权机关一律实行民主集中制";"废除国民党反动政府一切压迫人民的法律、法令和司法制度,制定保护人民的法律、法令,建立人民司法制度";①等等,进而为保卫新生的人民共和国,巩固人民民主政权,加强人民民主法治建设,提供了基本法治依据。

《陕甘宁边区宪法原则》《中国人民解放军宣言》《中国人民政治协商会议共同纲领》等宪法性文件的制定和颁行,成为人民民主政权和人民民主法治创建的必要法治保障。

2. 废除国民党统治集团反人民的旧国体和旧法统

人民民主法治道路的探索是同废除国民党反人民的法制传统相伴随的。早在抗战初期国民党制定的《抗战建国纲领》中,国民党统治集团即一方面表示了其在抗日问题上的某些进步,另一方面也反映出了其进步的有限性。此后,国民党又将其既要抗日、又反对民主的立场逐步发展成为"一

---

① 参见《建国以来重要文献选编》第 1 册,中央文献出版社 1992 年版,第 2—5 页。

个主义、一个政党、一个领袖"的系统反共主张，最终导致国共两党在抗战胜利前后关于"中国之命运"的激烈争论。而在抗战后期国共两党围绕建立联合政府进行的谈判中，蒋介石仍然空谈什么"还政于民"，"实行宪政"，"实际上是要经过召开一党包办的国民大会，通过一党专制的宪法，来承认国民党专制的合法"①，本意还是要继续其一党专政的"国体"和所谓的"法统"。国民党统治集团的这种反共、反人民的立场始终没有改变。

1949 年元旦，蒋介石意图保存反革命实力发表"求和"声明，要求保存国民党"神圣的宪法""中华民国的国体""中华民国的法统"等条件下重开"和平谈判"，企图重演"和谈"骗局。对此，毛泽东发表了《关于时局的声明》，提出惩办战争罪犯、废除伪宪法、废除伪法统、依据民主原则改编一切反动军队、没收官僚资本、改革土地制度、废除卖国条约、召开没有反动分子参加的政治协商会议和成立民主联合政府并接收南京国民党反动政府及其所属各级政府的一切权力共计八项要求作为重开谈判的条件。毛泽东认为，这八个条件"反映了全国人民的公意，只有在上述各项条件之下所建立的和平，才是真正的民主的和平"②。这就不仅清晰地表明了中国共产党基于立即结束战争以减少人民痛苦，实现真正和平的立场，愿意进行和平谈判，而且深刻反映了人民民主法治道路的探索必须要以废除国民党的伪宪法、伪法统为基本前提。

同年 2 月，中共中央发出了《关于废除国民党的六法全书与确定解放区的司法原则的指示》（以下简称《指示》）。《六法全书》是包括国民党伪宪法、民法、刑法、商法和民事、刑事诉讼法，以及各个时期颁布的单行条例和大量的"判例""解释例"等在内的反动法律的总称。这些法律除继承清末与北洋军阀的封建买办法律传统之外，还大量抄袭了西方资本主义国家的法律原则和条文，特别是吸收了法西斯专制主义的统治方法和手段，是一部集中反映国民党统治集团利益、疯狂镇压广大人民群众反抗的综合性反

---

① 《周恩来选集》上卷，人民出版社 1980 年版，第 206 页。
② 《毛泽东选集》第四卷，人民出版社 1991 年版，第 1389 页。

动法律汇编。在中国人民大革命即将取得全国胜利,人民民主政权迅速创建的形势下,废除以国民党《六法全书》为代表的旧法统,成为创制人民民主法治的一个基本要求。不破不立,不废除代表国民党统治集团根本利益的旧国体、伪宪法和伪法统,反映广大人民根本利益的人民民主法治就不可能真正地建立起来。

首先,《指示》强调,法律是"统治阶级公开以武装强制执行的所谓国家意识形态","只是保护一定统治阶级利益的工具。"①既然没有超阶级的国家,当然也不能有超阶级的法律。国民党全部法律的根本目的就是镇压与束缚广大人民,维护地主与买办官僚资产阶级利益。"正因为如此,所以蒋介石在元旦救死求和的哀鸣中还要求保留伪宪法、伪法统,也就是要求保留国民党的六法全书继续有效。"②《指示》还明确指出,"不能因国民党的六法全书有某些似是而非的所谓保护全体人民利益的条款,便把它看作只是一部分而不是在基本上不合乎广大人民利益的法律,而应把它看作是基本上不合乎人民利益的法律。"这就在深刻揭示法的本质的同时,揭露了国民党《六法全书》反人民的阶级本质,说明了废除《六法全书》的必要性。其次,《指示》明确提出了创制人民民主法治的基本要求和司法工作原则,强调人民民主法治必须以人民的新的法律作为依据,"在人民的法律还不完备的情况下,司法机关的办事原则应该是:有纲领、法律、命令、条例、决议规定者,从纲领、法律、命令、条例、决议之规定;无纲领、法律、命令、条例、决议规定者,从新民主主义的政策。"③再次,《指示》还提出了用人民民主法治思想教育和改造司法干部的要求。强调司法机关要"以学习和掌握马列主义——毛泽东思想的国家观、法律观及新民主主义的政策、纲领、法律、命

---

① 韩延龙、常兆儒编:《革命根据地法制文献选编》(上卷),中国社会科学出版社 2013年版,第59页。
② 韩延龙、常兆儒编:《革命根据地法制文献选编》(上卷),中国社会科学出版社 2013年版,第60页。
③ 韩延龙、常兆儒编:《革命根据地法制文献选编》(上卷),中国社会科学出版社 2013年版,第60页。

令、条例、决议的办法来教育和改造司法干部"①，使司法工作真正发挥人民民主政权工作有机构成部分的重要职能，使司法工作者成为新民主主义政权下的人民的司法干部，真正为人民服务。中共中央这一《指示》的发布，对于澄清当时革命队伍中特别是一些司法人员对国民党《六法全书》的模糊甚至错误的认识，具有十分重要的指导意义，也有力地促进了各解放区人民民主法治的建设，并保证了人民司法机关各项任务的完成。

中共中央这一《指示》发布后不久，华北人民政府又于1949年4月1日发出了《为废除国民党的六法全书及一切反动法律的训令》（以下简称《训令》），进一步强调要彻底地全部废除国民党反动的法律。《训令》对各级人民政府特别是司法工作者提出了明确具体的要求，"用全副精神来学习马列主义——毛泽东思想的国家观、法律观，学习新民主主义的政策、纲领、法律、命令、条例、决议，来搜集与研究人民自己的统治经验，制作出新的较完备的法律来"②。地处西柏坡中共中央和解放军总部的华北人民政府，作为中央人民政府正式成立前曾担负某些中央政府使命的人民民主政权，其《训令》的贯彻和实施，对各解放区产生了重要影响。《指示》和《训令》的发布和实施，为人民民主法治道路的探索扫清了法治障碍。

3. 制定和实施一系列反映人民民主要求的重要法律法令

随着人民解放战争不断取得胜利，中国共产党的组织和党所领导的人民民主政权也日益发展壮大。党在领导人民彻底摧毁旧政权、废除旧法制的过程中，开始着手建立全国性的人民政权和人民民主法治。中共中央认为，新生的中国政权在组织形式上应通过普选实行人民代表大会制，选出政府领导人并制定各项法律法令和施政条例。1948年8月，华北临时人民代表大会召开，成立了华北人民政府委员会，其他各解放区的各界人民代表会

---

① 参见韩延龙、常兆儒编：《革命根据地法制文献选编》（上卷），中国社会科学出版社2013年版，第59—60页。

② 韩延龙、常兆儒编：《革命根据地法制文献选编》（上卷），中国社会科学出版社2013年版，第62页。

议也相继召开,成立了人民政府,一系列反映人民民主要求的重要法律法令的制定和实施,为新中国人民代表大会制政体的确立和人民民主法治的创建奠定了重要基础。仅存续 13 个月的华北人民政府,有序、高效地先后制定了关于政治、经济、民政以及司法和文化教育等各个方面的法令、条例、规章、细则等共计 200 余项。作为具有实行"法治"的现代政府特征的新型的政权建构,华北人民政府开了中国共产党政权建设史上的先河。

第一,解放区人民政权的选举制度和相关法规。内战尚未全面爆发之时,各解放区基本上都继续实行抗战时期的民主选举原则和制度,实行普选和候选人竞选制度,并贯彻"三三制"的原则。全面内战爆发后,随着解放区的不断巩固和扩大,各解放区的选举立法工作相应地提上了议事日程。1948 年 10 月,华北人民政府开始组织专门的会议研究和草拟了村、县人民代表选举条例施行细则和选举手册,用以指导村、县两级人民代表会议的普选运动。随后,东北行政委员会、山东省人民政府又先后颁发了《东北解放区县村人民代表选举条例草案》《关于召开山东省人民代表会议及代表选举办法的决定》,其他地区的人民代表会议决议中也对选举的原则和方法作出了规定,这些选举条例、办法在关于享有选举权与被选举者的范围和条件方面都有了不同于抗日根据地的规定,这是解放战争时期选举法规的重要变化,其原因在于,革命期间整个地主阶级和官僚资产阶级已是革命的敌人,其选举权和被选举权应当被剥夺;普选制与特定历史条件下的推选制,即在农村是实行普遍直接选举产生人民代表会议的代表,在城市则主要采取推选制产生各界人民代表会议的代表;代表候选人提名制度进一步完善,主要表现为放宽对选民提名候选人的限制、发动群众充分酝酿代表候选人、实行差额选举制等。解放区人民政权的民主选举,使广大农村在政治上发生了新的历史变化,有力保障了人民群众的民主权利,促进了人民的主人翁意识、政治积极性的提升,为解放区人民政权的巩固和发展奠定了坚实可靠的基础,并密切了政府与广大群众的联系。

第二,解放区人民政权的行政制度与相关法规。随着解放战争的胜利推进,逐渐形成了华北、东北、中原、西北、华东等大解放区,各解放区整顿了政权组织体制,推动行政制度日渐统一。与此同时,由各行政区政府先后制定和颁行了一批行政管理法规,初步实现了财政、经济贸易、公安、民政以及文化教育等各项制度的统一。解放战争后期,为了建立一套正规制度,华北人民政府、陕甘宁边区政府以及河南、山东等省人民政府陆续制定了行政机关办事通则,以健全各项制度,规范行政机关的活动。行政机关办事通则规定了大行政区政府和省人民政府的会议制度、办公制度与行政纪律、报告制度和公文程式与公文处理规程等,是这一时期行政立法的一个新发展。而在干部的任免、考核与奖惩方面,这一时期颁布的法律法规则有东北行政委员会颁布的《各级行政干部任免暂行办法》,苏皖边区政府颁布的《苏皖边区行政干部任免条例(草案)》,陕甘宁边区政府发布的《关于发动群众对敌斗争及注意对干部的教育奖惩电令》,松江省人民政府发布的《关于干部鉴定指示》以及《关东地区司法工作人员奖惩条例》等。尤其应该指出的是,以 1948 年 8 月华北人民监察院的成立为标志,解放区人民监察制度建设进入了新的阶段。各解放区人民政权的行政制度的统一,虽然还具有一定的因地制宜的区域性,却为新中国成立后全国行政制度的统一作出了重大贡献。

第三,解放区人民政权的刑事法规。同一切反革命分子作斗争是人民民主专政的首要任务。在继续执行既定的刑事政策的同时,党中央和各解放区人民政府为适应革命形势发展的需要,提出和重申了这一时期刑事立法的基本方针,明确规定在进行刑事立法和审判工作时必须依据党和政府的政策纲领条例决议,不得援引国民党的《六法全书》,定罪量刑时必须以犯罪的性质及危害国家社会人民之利益的严重与否为标准;实行镇压与宽大相结合、惩罚与教育改造相结合。解放区的刑事立法是随着革命斗争的形势变化而发展的,特别是关于镇压反革命罪犯的刑事法规更是与革命战争的发展密切相联系的,并紧紧围绕革命战争的进行和各阶段的中心工作开展的。各地人民政府先后制定了有关惩治反革命犯罪的刑事法规,如内战爆发前一些解放区相继颁行的《危害解放区紧急治罪暂行条例》《破坏解放区革命秩序治罪办法》，新解放区的清匪反霸斗争和土地改革运动中的《破坏土地改革治罪条例》，解放战争后期有关惩办战争罪犯、取缔一切反动组织、镇压反革命分子的法令等。而对于一般刑事犯罪如贪污、盗窃、烟毒、扰乱金融、破坏交通等犯罪，则基本上沿用抗战时期颁布的各种刑事法规，同时颁布和修订了部分重要法规，以整顿社会秩序，维护国家利益和人民安全。1949年华北人民政府发布的《关于重大案件量刑标准的通报》，对于什么是犯罪以及量刑的标准等问题所作出的原则规定，对解放区人民政权刑事法规的制定和颁行产生了重要影响。

第四，解放区人民政权的司法机关与诉讼制度。随着各大解放区人民政府的建立，司法机关作为人民政府的重要组成部分同时相应地建立起来。在东北，依照《东北各级司法机关暂行组织条例》的规定，司法机关分为三级结构，地方法院设置在10万人以上的市或30万人以上的县，不设地方法院的县设司法科，省和特别市设高等法院，由各省政府统一领导，东北全区设最高法院东北分院，后又将各级司法机关改称人民法院，推事改称审判员；华北解放区依据《华北人民政府组织大纲》，成立华北人民法院为全区最高审判机关，在人民政府领导下行使审判职权，实现了各行署司法机关名称的统一，各县原有司法组织得到了恢复，在建立了人民司法机关体系的同时，成立了各级政府裁判研究委员会；军事法庭和特别法庭的任务是惩罚战争罪犯和汉奸，整顿国家纲纪，彻底肃清敌伪残余势力，二者都是行使特殊审判职能的非常设机构；解放战争后期，大批新解放城市在军事委员会之下相应设立特别法庭，以维护革命秩序，保障人民利益和镇压重大反革命罪犯；在基层农会（或农联会）直接组织下，解放区成立了以贫雇农为骨干的、有政府代表参加的群众性临时审判机关——人民法庭，专门负责审理与土地改革有关的案件。诉讼制度方面，各解放区在继续沿用并完善此前基本实行的三审终审的审级制度的同时，逐步废止了讼费征收制度，明确划分了公安机关和司法机关的权责，初步确立了公安机关和司法机关既相互配合又有所制约的关系,而在城市中开始推行人民调解制度。华北人民政府颁布的《关于调解民间纠纷的决定》是人民调解工作由农村向城市发展的起点和标志。

第五,解放区人民政权的土地政策和法规。全面内战爆发前夕,为了充分发动农民群众,准备自卫战争,也为了满足农民实行土地改革的正义要求,中共中央于 1946 年 5 月 4 日发布的《关于土地问题的指示》(即"五四指示"),决定没收地主土地分配给农民,并围绕农村的阶级政策、土地问题的解决方式、胜利果实的分配等事务作出了原则性的规定。"五四指示"具有过渡性和暂时性的特点,其内容也有一些不彻底和不完善的地方。为进一步解决土地改革中存在的问题,制定适应新形势的土地政策和法令,在解放区实行更深入、更彻底的土地改革,中国共产党于 1947 年 7 月至 9 月在西柏坡召开了全国土地会议,制定和公布了《中国土地法大纲》,明确规定实行耕者有其田的土地制度,对没收、征收土地财产的对象和范围、土地财产分配的原则与方法,以及特殊财产和特殊问题的处理办法作出了具体规定,强调保护工商业者财产及其合法经营。《中国土地法大纲》颁布之后,各解放区在其精神的指导下掀起了以平分土地为中心的土地改革运动。由于全国土地会议在反对土改中右的错误倾向时未能注意对"左"的错误偏向的纠正和克服,不久就出现了诸如侵犯中农利益、违反工商政策以及土地分配中的绝对平均主义等错误。为纠正土改中出现的各种错误倾向,中共中央先后发布一系列重要指示和决定,纠正了土地改革运动和整党工作中的错误,补充了《中国土地法大纲》的不足,发展了土地法规的内容,形成了土地改革总路线。作为中国民主革命的基本任务,土地改革运动的有序进行,不仅有力地促进了解放区土地制度的根本性变革,促进了广大农民经济地位和政治觉悟的提高,而且对于推进农村民主建政,激发和调动广大农民的生产劳动和革命积极性,支援人民解放战争,都具有极为重要的意义。

第六,解放区人民政权的劳动和婚姻法规。1947 年 12 月,毛泽东在《目前形势和我们的任务》中提出的"发展生产、繁荣经济、公私兼顾、劳资两利"的要求,成为各解放区劳动立法的根本指导方针。各解放区依据党中央制定的劳动立法的总方针和各项政策,相继制定和颁布了一系列单行法规或指示,用以调节各地区的劳动关系。其中,具有代表性的劳动法规主要有:关于职工参加企业管理的法规,如《华北人民政府同意华北第一届职工代表大会关于在国营、公营企业中建立工厂管理委员会与职工代表大会的决定》;关于劳动工资的法规,如《晋察冀边区行政委员会关于张家口、宣化公营工厂工资标准的通知》《晋察冀边区行政委员会关于改定中小学教职员待遇标准的决定》《东北行政委员会关于统一公营企业及机关学校战时工薪标准的指示》等;关于劳动保险的法规,如《苏皖边区保护工厂劳动暂行条例》《东北公营企业战时暂行劳动保险条例》《太原国营公营企业劳动保险暂行办法》等;关于处理劳资关系的法规,如《上海市军事管制委员会关于复工复业纠纷处理暂行办法》《上海市军事管制委员会关于私营企业劳资争议调处程序暂行办法》,以及全国工会工作会议通过的《关于劳资关系暂行处理办法》《劳资争议解决程序的暂行规定》等。解放区人民政权的婚姻法规主要有:《陕甘宁边区婚姻条例》、冀南行署发布的《关于处理婚姻问题的几个原则》、《旅大市处理婚姻案件办法草案(草案)》、《修正山东省婚姻暂行条例》、《辽北省关于婚姻问题暂行处理办法》、华北人民政府司法部《关于婚姻问题的解答》;等等。这些婚姻条例和法规,提出了处理城市婚姻问题的基本政策,强调了离婚的政治条件,重申了保障军人的婚姻问题,规定了干部离婚的原则和程序,同时明确了与婚姻有关的土地所有权和遗产继承问题的处理原则。这些婚姻条例和法规的制定和颁行,对于促进妇女解放、端正婚姻关系、稳定社会秩序发挥了重要作用,为社会主义婚姻法的制定和实施积累了经验。

解放区人民政权制定和颁行的一系列重要法令,为人民民主法治体系的构建奠定了初步基础,同时对于保障和推动人民解放战争的胜利,维护解放区的革命秩序和促进各项事业的发展,都起到了极为重要的作用。

第四章　艰辛探索与曲折发展：新中国成立初期和社会主义建设时期的法治道路

中国新民主主义革命的胜利,从根本上改变了中国社会的发展方向。中华人民共和国中央人民政府的成立、《中华人民共和国宪法》的颁布、社会主义基本制度的确立、社会主义革命和建设的推进,开启了中华民族从站起来走向富起来、强起来的伟大历史征程,也为中国特色社会主义法治道路探索提供了根本政治前提、制度基础和法治基础。而要走出一条自己的社会主义法治道路,既不能照搬西方资本主义的法治经验,也不能照搬苏联社会主义法治模式,只能另辟蹊径,继续探索既适合本国国情和实际,又反映科学社会主义的基本原则、体现人类文明成果的法治道路。这期间,既有成功所积累的经验也有失误而导致的教训。

一、人民民主法治道路的继续探索

从 1949 年 10 月 1 日中华人民共和国宣告成立到 1952 年底国民经济恢复任务的完成,是人民民主法治道路取得显著成就的阶段。中华人民共和国一经成立,标志着中华民族近代百余年所遭受的帝国主义侵略和压迫的历史从根本上结束了,使中国成为一个真正具有独立主权的国家;从根本上结束了极少数统治者压迫广大人民群众的历史,使人民真正成为国家和社会的主人;从根本上改变了中国四分五裂的局面,实现了全国范围(除台湾等岛屿以外)的国家统一和各族人民的大团结,开启了中华民族从站起来走向富起来、强起来的伟大历史征程。这一阶段,人民民主法治道路的继续探索,是以《中国人民政治协商会议共同纲领》为引领,以组建中央人民政府,召开地方各级人民代表会议、建立各级人民民主政权、完成民主革命遗留任务、恢复国民经济,同时进行抗美援朝为主要内容,取得了彻底废除国民党半殖民地半封建旧法统、建立人民民主新法制等一系列重要成果。

(一)民主建政与相关法律法规的颁行

中华人民共和国中央人民政府和地方各级人民政府的组建,是在彻底打碎国民党旧的国家机器的基础上建立起来的。《共同纲领》开篇就明确指出:"中国人民解放战争和人民革命的伟大胜利,已使帝国主义、封建主义和官僚资本主义在中国的统治时代宣告结束。中国人民由被压迫的地位变成为新社会新国家的主人,而以人民民主专政的共和国代替那封建买办法西斯专政的国民党反动统治。"①中华人民共和国成立时,人民解放战争虽然已经取得了基本胜利,但还没有完全结束,民主革命的任务尚未彻底完成,各地各级人民民主政权还没有建立起来。开国大典之前,10月1日下午2时,由人民政协会议所选出的中央人民政府委员会举行第一次会议,宣布就职,一致审议并接受《共同纲领》作为施政方针,并根据《共同纲领》和《中央人民政府组织法》,选出了中央人民政府的主要领导,其中推选林伯渠为中央人民政府委员会秘书长,任命周恩来为中央人民政府政务院总理兼外交部部长,毛泽东为人民革命军事委员会主席,朱德为人民解放军总司令,沈钧儒为最高人民法院院长,罗荣桓为最高人民检察署监察长。会议同时决议向各国政府宣布,本政府为代表中华人民共和国全国人民的唯一合法政府,进而完成了中央人民政府的组建。随后,即领导人民开始了人民民主专政各级地方政权的创建。"从1950年到1952年,全国范围内形成了一

---

① 《建国以来重要文献选编》第1册,中央文献出版社1992年版,第1页。

个以召开各界人民代表会议为主要形式的民主建政高潮。"①

　　人民代表大会制度是我国最根本的政治制度。但由于新中国刚刚成立，仍不十分具备召开普选人民代表大会的条件，民主政治建设也仅仅通过创造和运用各界人民代表会议为开端。人民代表会议起初是经由各地的军事管制委员会和人民政府邀请若干人士为各界代表，召开各界代表会议，作为军管会和人民政府传达政策、联系群众、推动各项工作的协议机关。随着社会秩序的安定，人民觉悟的提高和群众组织的加强，由人民直接和间接选举的代表人数稳步提升，人民代表会议也从原来的协议机关逐步过渡到代行人民代表大会的职权，在此基础上通过选举各级人民政府，使其成为人民行使政权的权力机关。中共中央与毛泽东非常注重人民代表会议的各项工作，在他们看来，人民代表会议是人民政府联系广大人民群众的极好组织形式，也是动员广大人民群众协助政府完成各项革命工作和建设工作的有效办法。毛泽东指出："必须认真地开好足以团结各界人民共同进行工作的各界人民代表会议。人民政府的一切重要工作都应交人民代表会议讨论，并作出决定。必须使出席人民代表会议的代表们有充分的发言权，任何压制人民代表发言的行动都是错误的。"②根据《共同纲领》的规定，1949 年 12 月 2 日中央人民政府委员会通过并颁布了《省各界人民代表会议组织通则》《市各界人民代表会议组织通则》《县各界人民代表会议组织通则》《中央人民政府政务院所属各机关组织通则》，其中前三个通则对省、市、县各界人民代表会议的性质、职权、组织等作了明确规定，第四个通则对政务院所属机构的设置、人员的职称、任免权限、会议制度、职权范围作了具体的规定。③ 1950 年 11 月、12 月，政务院还通过了大城市区、县属区、乡（行政村）各界人民代表会议组织通则。次年 4 月，中央人民政府政务院再次发出"关于人民民主政权建设工作的指示"与"关于十万人口以上的城市召开区

---

　　①　蒋传光：《新中国法治简史》，人民出版社 2011 年版，第 22 页。
　　②　《毛泽东文集》第六卷，人民出版社 1999 年版，第 71 页。
　　③　参见《董必武年谱》，中央文献出版社 2007 年版，第 352—353 页。

各界人民代表会议的指示",其中明确提出了在大城市每年至少开三次,县要至少开两次,确保按期召开人民代表会议;保证各级人民政府的一切重大工作要向各级人民代表会议提出报告,并在代表会议中进行广泛的讨论与审查,一切重大问题也要经由人民代表会议的充分讨论并在此基础上作出决定。针对当时民主建政过程中存在的一些认识上的问题,如一些干部未能明确认识到人民代表会议作为国家基本制度的地位和作用,使其不能更好地运用人民代表会议以集中人民意志。许多干部对政权建设缺乏长远的发展的观点,董必武强调指出:"建政关键在县。""县自己不搞好,也不能对区乡起领导作用。故搞好县人民代表会议,是推动建政工作的重要一环。"①他还认为,"人民代表会议主要是发动人民自己起来当家做主,所以不要规定许多条件来束缚他们,怎么样便利人民就怎么做。我们必须尊重代表意见"②。地方各级人民代表会议的召开和人民民主政权的建立,在调动人民群众管理国家事务的积极性,密切党和人民政府同广大群众的联系,贯彻执行党的方针政策,加强人民的团结,提高群众的觉悟,推动各项工作的开展等方面发挥了良好的作用。"截止到1952年底,全国30个省、2个省级行署区、160个市、2174个县和28万多个乡召开了各界人民代表会议,从中央到地方的各级人民政权普遍建立起来。"③新中国刚成立时期所建立的地方人民代表会议成为人民民主政权的基本组织形式,其普遍召开和制度化运行具有十分重要的意义。它促进了国家民主政治建设与经济建设,有助于人民群众学习了解如何行使自己当家作主的权利,在民主素质、民主程序等方面得到培养和训练,而对于一些受过英美式教育和西方民主政治影响的社会人士来说,也是一种别开生面的教育。它使新生的人民民主政权获得了日益深厚的群众基础,并积累了一系列有关民主选举等行使公民

---

① 《董必武年谱》,中央文献出版社2007年版,第399页。

② 《董必武年谱》,中央文献出版社2007年版,第399页。

③ 杨一凡、陈寒枫、张群主编:《中华人民共和国法制史》,社会科学文献出版社2010版,第5页。

权利的经验，为各级人民代表大会的召开创造了充分的条件。

人民代表会议与人民代表大会，其产生并不是依靠以往存在的任何法律规定，而是经由人民革命所进行的直接创造。新中国通过建立各级人民政权的同时，颁布和施行了一系列有关各级国家政权建设的法律。"以往的奴隶社会、封建社会和现代资本主义社会的国家法律都是统治阶级御用工具。一切旧的国家都是少数人压迫多数人的，一切政权机关都是为少数人服务的，法律也定是这样。现在我们把少数人的政权推翻了，建立了我们人民自己的政权。我们的国家，同过去旧的国家有本质上的不同，法律也就非从本质上加以改变不可，决不能率由旧章。"①《中国人民政治协商会议组织法》规定，在普选的全国人民代表大会召开以前，中国人民政协全体会议执行全国人民代表大会的职权；《中国人民政治协商会议共同纲领》规定，在普选的全国人民代表大会召开以前，由中国人民政协会议的全体会议制定《中华人民共和国中央人民政府组织法》；《中华人民共和国中央人民政府组织法》规定，中央人民政府委员会制定并解释国家的法律、颁布法令并监督其执行，废除或修改政务院与国家的法律、法令相抵触的决议和命令。同时规定政务院颁发决议和命令并审查其执行，废除或修改所属各部、委、署、院和各级地方政府与国家的法律、法令和政务院的决议、命令相抵触的决议和命令，向中央人民政府提出议案。而各级各界人民代表会议组织通则、大行政区人民政府委员会组织通则、政务院及所属各机关组织通则，以及人民法院暂行组织条例、最高人民检察署暂行组织条例等相关法律，则规定了各自的性质、职权及其运行制度。这些法律法规的制定和颁行，不仅为加强各级国家机构建设提供了法律依据，而且为各级国家机关组织建设的顺利进行提供了法治保障，成为这一阶段人民民主法治道路继续探索取得的主要成果。

---

① 《董必武年谱》，中央文献出版社 2007 年版，第 358 页。

（二）以土地改革为中心的民主改革与相关法律法规的颁行

致使农民贫困和农业生产落后的总根源可以追溯到封建土地制度。通过土地改革,封建土地所有制已经转化为农民土地所有制,并成为中国新民主主义革命的基本内容和主要任务,也是巩固人民民主政权、恢复和发展国民经济的重要条件。新中国成立时,全国有 2/3 的地区、2.9 亿农业人口的新解放区和待解放区存在着封建土地制度。尚未进行土地改革地区的贫农、雇农和中农虽然耕种着 90% 的土地,但仅拥有少部分土地的所有权,封建土地所有制严重束缚着我国社会生产力的发展。因此,《共同纲领》明确要求:"凡已实行土地改革的地区,必须保护农民已得土地的所有权。凡尚未实行土地改革的地区,必须发动农民群众,建立农民团体,经过清除土匪恶霸、减租减息和分配土地等项步骤,实现耕者有其田。"[1]按照这一要求,首先,在新解放区,人民政府通过加强消灭股匪,维持社会安定有序,组织和发动了农民进行反霸斗争活动,以保障地主阶级在农村政治统治的推翻。其次,又通过大力开展减租、减息和退押运动,保障解放区的农民能取得经济方面的利益。要在更大范围内甚至全国范围内及时废除封建土地制度,保障土地改革的顺利进行,1950 年 6 月,由人民政府所颁布的《土地改革法》《农民协会组织通则》《城市郊区土地改革条例》等法律法规,有力地保证了土地改革运动的顺利进行。

《土地改革法》相较于以往所公布的一切土地改革法令而言,已成为新解放区广泛推行土地改革的法律依据,在若干政策上作出了新的规定:一是由征收富农多余的土地和财产变为保存富农经济的政策。这一改变反映了党中央和毛泽东在新中国成立初期对富农以及民族资产阶级认识上的变化。毛泽东曾深刻分析了土地改革中保留富农经济、中立富农政策的理由,广泛征求各地对待富农政策的意见,并与民族资产阶级的代表人物反复协

---

[1] 《建国以来重要文献选编》第 1 册,中央文献出版社 1992 年版,第 7 页。

商,最终统一了认识。这一规定的实施,对于贯彻毛泽东"不要四面出击"的战略方针,继续保持和发展共产党与民族资产阶级在政治、经济和组织上的统一战线,保证以土地改革为中心的各项社会改革的顺利进行,都具有十分重要的意义。二是从原来的没收地主在农村中的一切财产转变为只没收其土地、耕畜、农具、多余的粮食及其在农村中多余的房屋"五大财产",其他财产不予没收。这一规定的实施,对于维持地主的生活,并使之其他财产能够投入农业生产或投资工商业,维持社会稳定秩序和推进生产发展有着积极的影响。三是进一步完善了对小土地出租者的政策规定。这一法律依据,对革命军人、烈士家属、工人、职员、自由职业者、小贩以及因从事其他职业或因缺乏劳动力而出租小量土地者所进行的"均不得以地主论"的规定,并确立了"保留不动"的具体标准。由于小土地出租者的土地所占比重很小,基本不动这部分土地对于满足贫苦农民的土地要求和发展农业生产并无大的影响,而照顾这些人尤其使他们当中的生活困难者得以维持生计,又可起到社会保险的作用。四是对中农(包括富裕中农在内)、贫农和雇农的政策,则在一贯坚持团结中农、依靠贫农和雇农这一基本政策的基础上,根据新解放区中农的特殊情况,增加了保护中农的土地及其他财产不受侵犯的规定,保证了贫雇农成为土地改革中经济上的最大受益者,保证了其政治上的主力军地位。《土地改革法》还详细规定了土地分配的各项原则,即在原耕地基础上分配土地、照顾原耕农、特殊问题特殊处理等原则,规定了土地改革的执行机关为乡村代表大会和农民代表会,并包括了在此基础上所推选出的农民协会委员会,区、县、省各级农民代表大会以及农民协会委员会。

《土地改革法》及其相关法律法令颁布后,在新解放区,一场史上罕见的土改运动有领导、有步骤、分阶段地逐步展开了。从 1950 年冬至 1952 年底,除了仅剩的部分少数民族以及台湾省之外,广大新解放区的土地改革已经基本完成。这标志着我国农村的土地占有关系从根本上发生了变化,其中占农村人口 92.1% 的贫农和中农,占有全部耕地的 91.4%;而原来占农村人口 7.9% 的地主富农,只占有全部耕地的 8.6%,这就促使在中国持续了 2000 多年的封建土地制度得到彻底废除,并在中国共产党的领导下,"耕者有其田"的理想已逐步变成了现实,极大地解放了长期被束缚的农村生产力;土地改革的基本完成,又使粮食、棉花、油料等主要农产品的产量逐年增加,在一定程度上充分彰显了在解放生产力、恢复和发展农业生产的进程中土地制度的改革对其产生的巨大推动作用,有利于恢复和发展以农产品为原料的工业生产,促进国民经济实现恢复和发展,并使广大农民的收入普遍增加,生活明显改善;土地改革的基本完成,对我国政治、文化和城乡社会也产生了极为深刻的影响,广大农民由于获得了土地等基本生产资料而迅速提高了经济地位,并形成了有觉悟有组织的阶级队伍,一大批农村党员、农民积极分子参加农村基层政权组织,则实现了对农村旧的基层政权的改造,而农村民兵组织的建立,又成为巩固人民民主专政的重要力量,土地改革运动还极大地促进了农村文化的发展和农民素质的提高。所有这些逐步扫清了我国实现社会主义工业化的阻碍,为新中国的经济发展和社会进步奠定了重要基础。

在进行土地改革运动的同时,党和人民政府还领导了其他各项民主改革,使整个社会面貌发生了深刻的变化。

工矿企业的民主改革是围绕土地改革进行的一项重要的社会改革。1951 年 11 月,中共中央提出《关于清理厂矿交通等企业中的反革命分子和在这些企业中开展民主改革的指示》,要求各地必须有领导有计划、有步骤地对工厂、矿山和交通等企业部门充分发动并依靠工人群众的力量,首先系统清理了国营工矿交通等企业内的残余反革命势力,并对企业内所残余的旧制度加以必要的民主改革;在清理、清除反革命残余势力之后,民主改革的重点则转向加强工人阶级内部的团结,为逐渐在工矿企业中构建起民主的团结协作的这样一种新型关系,就必须使工人、职员、干部努力去克服旧的思想和作风,自觉消除过去的对立和隔阂,坚持搞好团结;为保证企业的各级领导权能够始终掌握在工人阶级的手里,各国营厂矿在民主改革的影响下对劳动组织所进行的整顿是坚持以生产为中心的，通过建立新的劳动制度与组织，将在生产中有经验、群众中有威信的工人和职员更多地提升到行政和生产岗位。在此基础上，各厂矿普遍建立起厂长领导下的工厂管理委员会，并通过工会委员会、职工代表会议联系工人、职员群众、发动和组织职工参加企业管理，逐步建立适合生产需要的民主管理制度。在工矿企业的民主改革的同时，还在党的基础较好、规模较大的私营工厂、矿山及其他企业中陆续开展了民主改革。

改革旧的婚姻制度与《中华人民共和国婚姻法》的颁行。旧中国的封建婚姻制度不仅严重束缚和扼杀着人性、人权，造成许许多多的人间悲剧，更是直接影响着社会的观念、伦理道德以及宗法习俗等方面，因此，中国共产党历来重视婚姻制度的改革问题。新中国成立后，更是集中进行了旧的婚姻制度的改革。中央人民政府成立后，在对新婚姻法草案的内容进行更为深入研究、反复讨论与修改的基础上，1950 年 4 月 13 日，经由中央人民政府委员会第七次会议审议通过了《中华人民共和国婚姻法（草案）》，同年4 月 30 日，由毛泽东主席签发命令公布了新中国第一部基本法律——《中华人民共和国婚姻法》。这部《婚姻法》废除了旧时盛行的包办婚姻和干涉婚姻自主的制度，实行以保障婚姻自由为基本原则，以一夫一妻、男女权利平等、保护妇女和子女合法利益为主要内容的新民主主义婚姻制度，对有关婚姻关系的建立、夫妻间的权利和义务、父母子女关系、离婚等问题作了具体的规定。此外，该《婚姻法》还明确禁止任何人借婚姻关系问题索取财物，这就为彻底否定封建的旧的婚姻制度提供了基本法律依据。《婚姻法》的颁行，不仅在根本上动摇了封建婚姻制度和旧有家庭关系的根基，更是触动了旧的传统思想观念和伦理道德，为新型婚姻家庭关系的逐步构建，以及社会风气发生的新变化提供了重要法治保障。

清除旧社会痼疾。在城市解放初期，诸如卖淫嫖娼、贩毒吸毒和设庄赌博等旧社会痼疾，仍然被大量遗留存在，这些都严重摧毁着社会环境和人们的身心健康。党和人民政府在新中国成立以来对各种社会污泥浊水以迅速和强有力的手段方式进行了扫除式的斗争。一是明令废除娼妓制度。北京市第二届各界人民代表会议根据全市人民的意志于 1949 年 11 月通过决议,决定立即封闭一切妓院、取缔卖淫嫖娼、惩治作恶多端的妓院老板、保护妓女的人身权利等。随后,上海、天津、武汉等大中城市相继取缔卖淫嫖娼,在短短的几年时间里,使长期存在的摧残妇女的社会丑恶现象基本绝迹。二是严惩毒贩。新中国成立之初,鸦片烟毒所造成的祸患仍严重地影响着社会稳定有序。中央人民政府政务院于 1950 年 2 月发布了《严禁鸦片烟毒的通令》,宣布从《通令》颁布起,全国各地严禁制造、贩运以及销售大烟毒品等,违反者不仅要没收大烟毒品,更要从严治罪,并对严禁鸦片烟毒及其他毒品的办法作出了具体的规定。《通令》得到广大人民群众的热烈拥护,也解除了众多烟民的顾虑,全国禁毒运动顺利开展。针对各地在破获与走私贩毒相关的大案要案中暴露出的问题,1952 年 4 月,中共中央发布《关于肃清毒品流行的指示》,提出要在全国范围内进行一次更加彻底更加集中的扫除毒品运动。依据这一指示,各地经过周密计划和充分准备,并发动和依靠群众集中破案,严厉打击了猖獗的制毒贩毒活动,集中根除制毒贩毒问题。同年底,使在旧中国肆虐的种植、制造、贩卖以及吸食烟毒活动得到基本禁绝。三是扫除赌博陋习。在严禁毒品的同时,各地在广大城乡还采取了一系列切实有力的措施开展了严禁赌博的活动。这次改革运动,使社会风气得到明显改善,社会环境进一步得到净化,人民政权实现巩固,民族精神得到振奋,取得了世界瞩目的成就。

(三)"镇反""三反""五反"与相关法律法规的颁行

与民主建政、土地改革、抗美援朝相伴随的是巩固新生人民民主政权的斗争。在革命政权建立和巩固的阶段,必须对一切敌对分子实施严厉的镇压,只有扫除了那些对人民有直接危害的反革命分子以及过去压在人民头上的反动势力,才能在一定程度上使人民群众参加土地改革和生产建设的积极性得到充分调动。在地方人民政府建立的过程中,新解放区面临的一个突出问题是反革命势力和匪患的破坏相当严重。反革命分子采取暗杀、绑架、投毒、残杀基层党政军干部和群众;公开抢劫财物,焚烧民房,奸污妇女,制造白色恐怖;造谣惑众,制造混乱,威胁和恐吓积极分子,离间政府和人民的关系,损坏党和人民政府的威信;破坏交通、工厂、矿山,干扰经济事业,腐蚀收买干部,恐吓农民,破坏土地改革等,极力阻挠新中国各项事业的顺利开展。"1950 年,各地有近 4 万名干部和群众被反革命分子杀害,其中仅广西就达 7000 多人。"①特务、土匪、恶霸、反动党团骨干及反动会道门头子作为镇压反革命运动打击的重点对象,成为反动政权长期统治的基础。剿灭匪患和镇压反革命成为巩固新生人民政权、进行土地改革和其他社会改革、恢复和发展国民经济的一项重要任务。面对这些反革命分子的狂妄进攻,中国共产党依据《共同纲领》关于"中华人民共和国必须镇压一切反革命活动,严厉惩罚一切勾结帝国主义、背叛祖国、反对人民民主事业的国民党反革命战争罪犯和其他怙恶不悛的反革命首要分子"②的规定,对各种反革命分子采取了坚决镇压、毫不姑息的政策。1950 年 6 月召开的中共七届三中全会进一步指出,全党和全国人民对于反革命分子的阴谋活动,应保持警惕,坚决肃清一切可能对人民造成危害的土匪、特务、恶霸及其他反革命分子。毛泽东在会上提出了"不要四面出击"的斗争策略,要求集中力量稳、准、狠地打击反革命首恶分子。7 月,中央人民政府政务院联合最高人民法院先后发出《关于镇压反革命活动的指示》,要求各级政府对一切反革命活动采取严厉的及时的镇压。随之,全国掀起了镇压反革命运动的高潮。10 月,中共中央发出《关于镇压反革命活动的指示》,决定对罪大恶极、怙恶不悛的反革命实行坚决镇压。镇压反革命运动从当年 12 月开始,至 1951 年 10 月底基本结束。镇压反革命运动扫除了国民党遗留在大陆的反革命残余势力,基本上肃清了特务、地下军及会道门等反动组织,社会秩序获得

---

① 本书编写组:《中国共产党简史》,人民出版社、中共党史出版社 2021 年版,第 158 页。

② 《建国以来重要文献选编》第 1 册,中央文献出版社 1992 年版,第 3 页。

前所未有的安定,有力地配合了土地改革和抗美援朝战争。

为正确引导和规范镇压反革命运动的健康发展,中央人民政府政务院还专门发布了《人民法庭组织通则》,决定成立县(市)人民法庭,作为人民法院的特别法庭,其主要任务就是"运用司法程序,惩治危害人民与国家利益、阴谋暴乱、破坏社会治安的恶霸、土匪、特务、反革命分子及违抗土地改革法令的罪犯,以巩固人民民主专政,顺利地完成土地改革"①。人民法庭的普遍建立,弥补了新中国成立初期司法机关力量的不足,也成为镇压反革命的重要机构。1951年2月,中央人民政府根据《共同纲领》的规定批准公布了《中华人民共和国惩治反革命条例》,明确规定了反革命罪的基本概念、重点打击的对象,处理反革命分子的原则和方法,以及镇压与宽大相结合的刑事政策,为镇压反革命的斗争提供了法律依据和统一的量刑标准。其中规定:"凡以推翻人民民主政权,破坏人民民主事业为目的之各种反革命罪犯,皆依本条例治罪"②,列举了勾结帝国主义背叛祖国者、策动、勾引、收买公职人员、武装部队或民兵进行叛变的首要分子或率队叛变者等11种重点打击对象,对于从轻、减轻或免于处刑的条件及刑罚的种类、数罪并罚的原则问题也作出了具体规定。同年5月,《中共中央关于对犯有死罪的反革命分子应大部采取判处死刑缓期执行政策的决定》一经公开,就将对反革命势力的刑事政策分为两类:第一类,背负血债、广大群众极度仇视、严重危害国家利益等罪行严重的反革命分子,属于应杀分子;第二类,不属于第一类的其他反革命分子,可"判处死刑、缓期二年执行、在缓刑期内强制劳动、以观后效"③。《决定》出台的新规定对执行死刑的反革命分子数量进行了严格掌控,在较大程度上改善了其社会政治效用,并在以后的司法实践中形成了独具特色的死缓制度沿用至今。在镇压反革命的活动中,中央人民政府政务院、中央政法机关和各级人民政府,又颁布了许多具体条例和

---

① 《建国以来重要文献选编》第1册,中央文献出版社1992年版,第351页。
② 《建国以来重要文献选编》第2册,中央文献出版社1992年版,第44页。
③ 《建国以来重要文献选编》第2册,中央文献出版社1992年版,第256页。

法规,如关于没收反革命罪犯财产的规定,反动党、团、特务分子及其他反革命分子登记条例和管制反革命分子暂行条例,惩治土匪暂行条例,城市治安条例,农村治安条例,等等,有力地推动了镇压反革命运动的深入开展和有序进行。

到1951年10月底,全国范围内的清查处理工作已逐渐在多数地区完成,基本结束了全国规模的群众性镇反运动。直至1953年秋少数镇反不彻底的地区扫尾工作也全部完成。一批对人民对国家犯有严重罪行的匪首、惯匪、恶霸、反动会道门头子、反动党团骨干分子、特务及反共地下军头目等被关押、管制或受到镇压。

通过这一运动,国民党遗留在大陆的反革命残余势力得以有力清除,这就从基本上肃清了曾经猖狂的各种反动势力和组织。各级人民法院对反革命案件的依法审判,使人民民主法治的权威性得到进一步彰显,新生的人民民主政权得到有效巩固,有力地维护并保障了新中国的社会秩序。

新中国成立初期开展的"三反""五反"运动是又一次大规模的政治运动。1951年11月,东北地区率先开展了"三反"即反贪污、反浪费、反官僚主义运动,此后,中共中央又提出开展"三反"运动的指示,政务院政法委员会、最高人民法院、最高人民检察院、中央法制委员会、中央司法部联合召开了精简节约、反贪污反浪费反官僚主义动员大会,随即又展开了全国性"三反"运动。不久之后,政协也发出了关于增产节约运动与反贪污、反浪费、反官僚主义的指示。1952年1月,政务院人民监察委员会发出了关于反贪污、反浪费、反官僚主义斗争的指示,与此同时,中央节约检查委员会发出了关于处理贪污、浪费及克服官僚主义错误的若干规定。这些法律法规引导并规范了"三反"运动逐步走向高潮。1952年初,在"三反"运动的高潮中,中共中央发布了关于在城市中限期展开具有一定规模的并且坚决彻底的反对资产阶级行贿、偷税漏税、盗骗国家财产、偷工减料、盗窃经济情报的"五反"斗争的指示。

随后,政务院公布了北京市人民政府在"五反"运动中关于工商业户分类处理的标准和办法,使"五反"运动与"三反"运动结合起来。同年2月10日,河北省政府依法公开宣判刘青山、张子善两大贪污犯死刑。4月,中央人民政府委员会根据"三反""五反"运动的经验,批准公布了《中华人民共和国惩治贪污条例》,对贪污罪、行贿罪、受贿罪、盗窃罪、诈骗罪分别作出了处罚规定。中央各有关机关,各大行政区,省、自治区、直辖市人民政府为贯彻执行"三反"运动的方针、政策和法律,也制定和发布了一些有关的法规。这些法律、法规保证了"三反""五反"运动在半年多的时间里胜利结束。据统计,在"三反"运动中,"全国县以上党政机关贪污千元以上者计10.8万人,为参加'三反'运动总人数的2.8%。其中,以中小贪污人员为绝大多数,受行政处分者占20.8%,免受处分的占75.56%;贪污万元以上受到刑事处理的大贪污分子占3.64%,其中,被判处有期徒刑的9942人,无期徒刑的67人,死刑立即执行的42人,死刑缓期执行的9人"①。通过这场斗争,有力地抵制了资产阶级对革命队伍的腐蚀,加强了党和国家机关的廉政建设。"五反"运动还有力地打击了在旧中国长期形成的恶劣经营作风,对教育和团结大多数私营工商业者,保护国家和人民的利益起到了一定的作用。

此外,经济上为收拾国民党留下的千疮百孔的烂摊子,迅速恢复和发展经济而采取的公私兼顾、劳资两利、城乡互助、内外交流的基本经济方针,以及没收官僚资本、组建国营经济,统一全国财政金融,结束国民党统治时期长期恶性通货膨胀和物价飞涨等有力措施,促进了各种经济成分在国营经济领导下分工合作、各得其所的发展;文化上对旧有教育文化事业进行的改革和争取知识分子为人民服务,使学校教育制度与思想文化建设、科学技术、医疗卫生等方面的事业适应新旧社会转换的需要,推进生产事业的恢复和发展;军事上为应对美国武装干涉朝鲜、侵占我国领土台湾造成国家安全遭受严重威胁而进行的抗美援朝战争,使得中国共产党在全国人民心中的

---

① 《中国共产党历史(1949—1978)》第2卷(上册),中共党史出版社2011年版,第162页。

威信得以树立,中国人民的民族自信心和自豪感获得提高;外交上独立自主方针的确立及其贯彻,结束了百余年来旧中国的屈辱外交,为废除旧政权同帝国主义之间的不平等条约,同各国建立新型外交关系创造了重要前提。所有这些,都为人民民主法治道路的探索提供了重要的条件。特别是由于当时中国正处于新旧交替的革命大转折时期,包括立法、执法、司法等法治活动在内的所有社会活动,都带有明显的"破旧""立新""求变"等特点,体现了人民民主法治的阶级性、实践性、人民性的基本特征,以及所遵循的实事求是、群众路线、独立自主等基本原则,不仅为人民民主法治道路的继续探索奠定了必要的基础,而且为后来中国社会主义法治道路的开启做了重要的准备。

二、社会主义法治道路的初步开启

从 1953 年到 1957 年夏的 4 年多时间,以党在过渡时期总路线的提出、第一届全国人民代表大会的召开和《中华人民共和国宪法》的颁行、党的八大的召开为主要标志,我国社会主义法治道路的探索正式开启。这是我国社会主义法治道路探索的初始阶段,其中取得的一系列重要成果在一定程度上为中国特色社会主义法治道路探索做了重要准备,积累了宝贵的经验,奠定了根本制度基础。

(一)党在过渡时期总路线的提出及其法律确认

随着国民经济的恢复与发展,党提出由新民主主义向社会主义过渡总路线的时机已经基本成熟。过渡时期总路线的提出不是偶然的。马克思主义的创始人对过渡时期的理论及俄国革命后向社会主义过渡的经验分析与阐述,为中国共产党提出过渡时期总路线提供了必要的理论依据和重要的经验启示,而党对新中国成立初期我国政治、经济、社会状况以及国际环境的变化的认识和分析,则是过渡时期总路线提出的客观依据。

1. 党和毛泽东对过渡时期的认识及其变化

早在民主革命时期,毛泽东就指出,由于中国的新民主主义革命是资产阶级民主革命的一种特殊形式,所以这个革命的第一步"决不是也不能建立中国资产阶级专政的资本主义的社会,而是要建立以中国无产阶级为首领的中国各个革命阶级联合专政的新民主主义的社会,以完结其第一阶段"①。他明确提出新民主主义社会是"为了终结殖民地、半殖民地、半封建社会和建立社会主义社会之间的一个过渡的阶段"②的重要观点。1948 年 9 月,在人民解放战争进入战略决战前夕召开的中共中央政治局会议上,毛泽东、刘少奇等党的主要领导人形成了在新中国成立后新民主主义要进行一段时间,就工业和整个国民经济而言,要使之在恢复的基础上得以发展,必须使其社会主义因素逐渐提高,并在条件逐渐发展成熟的时期再转变为社会主义等重要思想。毛泽东在 1949 年 3 月所召开的党的七届二中全会上进一步提出并阐述了这些重要思想。

对于从新民主主义向社会主义过渡的思想,毛泽东在后来也发生了重要的思想转变。1952 年 9 月,他在中央书记处讨论第一个五年计划时就明确阐述,我们向社会主义的过渡要从现在开始的 10 年到 15 年的时间内才能在基本上得以完成,而不是在其后的十年或者更久的时间才开始的。这就改变了原来经过 15 年到 20 年的新民主主义建设,然后"一举过渡"到社会主义社会的设想,初步形成了从现在起即进行"逐步过渡"的思想。1953 年 2 月,毛泽东在中央书记处会议上的讲话中,又进一步说明了什么叫过渡时期、过渡时期的步骤是什么样的等问题,进而完成从过去设想的先进行一段时间的新民主主义建设,再"一举过渡"到如今的开始"逐步过渡"的变化。

党在确立了逐步过渡到社会主义认识的同时,即酝酿提出过渡时期总路线。1953 年 6 月,毛泽东在中央政治局会议上首次对其内容进行了较为

---

① 《毛泽东选集》第二卷,人民出版社 1991 年版,第 672 页。
② 《毛泽东选集》第二卷,人民出版社 1991 年版,第 647 页。

完整的阐述。此后,他在审批一些中央文件和中央领导同志的报告时,又对总路线的内容的表述作出一些修改补充,使之臻于完善。同年 12 月,毛泽东对这一路线更为完整的表述是在审阅中共中央宣传部撰写的《为动员一切力量把我国建设成为一个伟大的社会主义国家而斗争——关于党在过渡时期总路线的学习和宣传提纲》稿时进行的,即:"从中华人民共和国成立,到社会主义改造基本完成,这是一个过渡时期。党在这个过渡时期的总路线和总任务,是要在一个相当长的时期内,逐步实现国家的社会主义工业化,并逐步实现国家对农业、对手工业和对资本主义工商业的社会主义改造"①。

2. 过渡时期总路线的内容和实质

为了从根本上建立起社会主义基本制度,党以推进"一化三改"为核心内容制订了过渡时期总路线,包括社会主义工业化与社会主义改造两大方面,形成了"一体两翼"的总体格局。实现社会主义工业化,是国家独立富强的当然要求和必要条件,也是中国工人阶级在中国革命中的一项基本任务。"没有一个独立、自由、民主和统一的中国,不可能发展工业。""没有独立、自由、民主和统一,不可能建设真正大规模的工业。没有工业,便没有巩固的国防,便没有人民的福利,便没有国家的富强。"②毛泽东在党的七届二中全会上还讲到新中国要建立独立工业体系的可能性问题,认为"只有待经济上获得了广大的发展,由落后的农业国变成了先进的工业国,才算最后地解决了这个问题"③。随着人民民主政权的日益巩固和国民经济恢复任务的基本完成,国民经济不仅在数量上有大幅度增长,在性质上也发生了重大变化,社会主义性质的国营经济在整个国民经济中的领导地位基本确立,不仅为大规模工业化建设的进行提供了必要的物质基础,也为生产资料私有制的社会主义改造创造了重要条件。

---

① 《毛泽东文集》第六卷,人民出版社 1999 年版,第 316 页。
② 《毛泽东选集》第三卷,人民出版社 1991 年版,第 1080 页。
③ 《毛泽东选集》第四卷,人民出版社 1991 年版,第 1433 页。

改造个体农业和手工业是实现国家工业化的必然要求,也是其自身发展的需要。对个体农业的社会主义改造是党在领导推进社会主义革命中面临的最为困难的任务。全国土地改革完成以后,封建的土地剥削制度被彻底废除,地主阶级和农民阶级的矛盾得到根本解决,广大农民生产积极性得到迅速提升,农村社会生产力得以快速恢复和提高。但是,部分农民由于缺少其他生产资料而导致贫困和破产的情况时有发生,农村开始出现某种程度上的两极分化现象。同时,个体经济发展同国家工业化建设对农产品日益增长的需要之间的矛盾也日渐突出。我国农业的社会主义改造触动的是传统的生产资料私有制的个体经济和根深蒂固的私有观念,而农民个体所有制在原则上是不能随意剥夺的。在人民民主专政的条件下,只能通过合作化的道路,逐步把这种个体所有制改造成为劳动群众的集体所有制。党在正确分析了土地改革以后农民作为小生产者所具有的劳动者和私有者的两重属性,以及走社会主义和资本主义道路的两种可能性的基础上,阐述了既不能打击农民进行个体劳动的积极性,又要将农民调动并组织起来进行集体劳动,进而采取了从互助组到初级社再到高级社,从手工业生产小组到手工业供销生产合作社再到手工业生产合作社等逐步过渡的形式,引导个体农民和个体手工业者逐步走上社会主义道路。

改造资本主义工商业是我国社会主义改造的重要组成部分,也适应了国家工业化和农业集体化的要求。新中国成立之初,私人资本主义在恢复国民经济和解决民生问题中发挥了积极作用,但自身存在的经济基础薄弱、技术设备落后、管理方法不科学等问题,以及它与国家集中开展大规模计划经济建设存在着不可避免的冲突与矛盾,有步骤地改造私人资本主义经济成为社会主义革命的一项重要任务。在社会主义时期,民族资产阶级所具备的两面性仍然没有改变,一方面,体现在为取得利润而对工人阶级加以剥削;另一方面,自觉地拥护宪法、接受社会主义改造。马克思和列宁很早就提出要通过"和平赎买"的方法对资本主义经济进行改造的理论设想,然而对这一设想却未能进行实践。在我国,对资本主义工商业实行和平赎买政策具有许多有利条件,党充分发挥与资产阶级所建立的统一战线的作用,将对企业的改造和对人的改造更好地结合,这在一定程度上为从低级到高级的国家资本主义创造了委托加工订货、统购包销、经销代销、公私合营等一系列的过渡形式,实现了对资本主义工商业的社会主义改造。

逐渐地改变生产关系,基本完成对生产资料私有制的社会主义改造,使生产资料的社会主义公有制成为我国社会的经济基础,并在此基础上建立起社会主义制度,推动社会生产力的发展,这是党在过渡时期总路线的实质。1954年2月,党的七届四中全会更是以决议的形式正式批准了党在这一时期的总路线。同年9月,第一届全国人民代表大会第一次会议所通过的《中华人民共和国宪法》,把党在过渡时期的总路线作为国家在这一时期的总任务,这就标志着总路线成为国家根本大法的重要内容,因而已经具备了最高法律指导原则的意义和价值。

3. 国民经济第一个五年计划的编制和实施

发展国民经济的第一个五年计划是实现党在过渡时期总路线的一个重大步骤。1951年春,依据毛泽东"三年准备、十年计划经济建设"的设想,中央财经委员会提出了关于五年计划的初步设想,开始尝试编定第一个五年计划。次年7月,形成了《1953年至1957年计划轮廓(草案)》。此草案经由政治局的讨论,认为可以将其作为向苏联提出援助要求的基本依据。1952年八九月间,以周恩来为首席代表,陈云、李富春等组成的中国政府代表团出访苏联,就五年计划轮廓草案同苏方交换意见,争取苏联政府的援助。1953年初,中央财经委员会对五年计划进行了第三次编制。同年6月,改由国家计划委员会进行第四次编制。苏联政府对中国的"一五"计划给予了高度重视。5月15日,受到中共中央委托的李富春,代表中国政府在莫斯科签署了《关于苏维埃社会主义共和国联盟政府援助中华人民共和国中央人民政府发展中国国民经济的协定》等文件,其中规定了苏联对中国新建以及改建的工业项目的援助,由此标志着我国"一五"时期受苏联援助建设的156项重点工程的形成。1955年3月,中国共产党全国代表会议根据我国的实际情况,并经由认真讨论,原则上通过了五年计划草案。同年7月,第一届全国人民代表大会第二次会议正式审议并通过了《中华人民共和国中央人民政府发展国民经济的第一个五年计划(1953—1957)》。至此,经过多次讨论修改,"一五"计划成为实现过渡时期总任务而不断奋斗的具有决定意义的纲领。

"一五"计划在编制和实施过程中,由于坚持了实事求是的原则,谨慎从事,反复论证,集中主要力量来发展重工业,较好地解决了我国经济建设中的优先发展重工业和农业、轻工业的发展关系问题,使我国经济建设中重工业、农业、轻工业比例更加协调,使经济发展布局更加合理,使经济建设的规模和速度与我国的国力相适应,解决了自力更生和争取外援等一系列重大问题,既借鉴了苏联建设的经验,又结合了中国自己的实际,总体上是一个比较好的中期发展计划,不仅在我国工业化建设的起步阶段发挥了重要作用,更为国民经济以较快的速度增长奠定了一个良好的基础。

我国的第一个五年计划,是在编制过程中逐步开始实施的。在第一个五年计划建设开局之年,首先执行的是1953年的年度计划。"一五"计划建设的开局良好。以重工业建设为主,基础设施、能源及轻工业等方面的建设也大规模展开。"一五"计划的经济建设,依靠我国自己的努力,加上苏联和其他友好国家的支援,取得重大成就,突出表现为建立起来了一批为国家工业化所必需而过去又非常薄弱的基础工业,形成了集中统一的计划经济管理体制。从1953年到1956年,全国工业总产值已获得每年均递增19.6%,农业总产值均增4.8%,这表明重要经济部门之间的比例较为协调,取得了经济发展快、效果好的成绩,市场与物价也趋于繁荣稳定,人民生活显著改善。"一五"计划的顺利完成,初步展现了我国经济和社会发展的美好前景。

(二)人民当家作主制度根基的奠定与国家根本大法的颁行

随着国家工业化建设和社会主义改造的顺利展开,加强国家政治、法律上层建筑领域的建设成为迫切的需要,党对社会主义法治道路的探索逐渐提到党和国家的议事日程上来。从全国范围的基层选举的顺利进行,到第一届全国人民代表大会的召开,从《中华人民共和国宪法草案》的制定到《中华人民共和国宪法》的颁行,党对社会主义法治道路的探索取得一系列重要成果。

1. 全国范围的基层选举

1952 年 12 月召开的政协第一届全国委员会常务委员会第 43 次会议,通过中国共产党决定召开全国人民代表大会和各级人民代表大会的提议。1953 年 1 月,中央人民政府委员会第 20 次会议集中讨论了筹备召开全国人民代表大会及地方各级人民代表大会问题,并一致通过《关于召开全国人民代表大会及地方各级人民代表大会的决议》,决定成立中华人民共和国宪法起草委员会和选举法起草委员会,分别由毛泽东、周恩来担任主席。同年 2 月,中央人民政府委员会第 22 次会议审议通过了《中华人民共和国全国人民代表大会及地方各级人民代表大会选举法》(以下简称《选举法》),并于同年 3 月 1 日公布施行,这是新中国第一部选举法。随后,正式启动了全国范围的基层选举,即普选。

进行全国范围的普选,是人民代表大会制度建立的重要前提。普选前,政务院颁布了《为准备普选进行全国人口调查登记的指示》和《全国人口调查登记办法》,随之进行了全国第一次人口普查,获得了进行普选的准确人口数据。《选举法》规定了代表的产生方法和选民资格、代表名额及其分配原则以及少数民族的选举,依法保证了选举权的普遍性和平等性。依据《选举法》,凡年满 18 周岁的中华人民共和国公民,不分民族、种族、性别、职业、家庭出身、宗教信仰、教育程度、财产状况和居住期限,都有选举权和被选举权,妇女有与男子同等的选举权和被选举权,所有男女选民都在平等的基础上参加选举,每一个选民只有一个投票权,对所有年满 18 周岁的公民来说,他们的选举权是不受限制的,是受到充分保障的,体现了选举制度的真正普遍平等的原则。《选举法》还严格规定了不享有选举权和被选举权的四种人:包括依法尚未改变成分的地主阶级分子、依法被剥夺政治权利的反革命分子、其他依法被剥夺政治权利者和精神病患者。所谓地主阶级分子,是指占有土地,自己不劳动或只有附带劳动而依靠剥削为生的人;所谓依法被剥夺政治权利的反革命分子,是指依法被逮捕、判处徒刑、宣布管制或经人民政府审查确定在当时应剥夺其政治权利的反革命分子;所谓其他依法被剥夺政治权利者,是指除依法被剥夺政治权利的地主阶级分子和反革命分子之外的其他刑事罪犯,经人民法院判决剥夺其政治权利的人;所谓精神病患者,是指经医院、医生或机关、团体证明心神丧失、精神错乱的人,进而排除了可能扩大"不享有选举权和被选举权"范围的企图和做法。《选举法》对各级人民代表大会代表的名额作出了明确规定,确定代表名额分配的原则和具体分配的数额,确保各级人民代表大会不仅便于召集会议,更有便于讨论并解决问题,成为具备一定工作能力的国家政权机关;保证各级人民代表大会与人民之间的相互密切联系。在人大中有各民主阶级和各民族的代表,又注意到代表的地区性。① 各级人民代表大会代表名额产生的比例,以人口为基础,同时又照顾到地区。《选举法》不仅就少数民族选举提出专项规定,还就选举组织、选举流程问题进行细节阐释,进而从宏观方面对代表候选人提名办法、选举流程、选举委员会的组织和任务及选民登记问题提出明确规定,尤其在对选举组织、选举流程问题进行细节阐述时,提出普选是中国历史上前所未有的民主选举的实践,使广大人民群众真正享有了当家作主的权利,充分彰显了人民民主的强大生机和活力。自1953年3月至1954年5月底,全国各地依法进行了普选。"当时,全国有6.02亿人,登记选民3.24亿人,占18周岁以上人口总数的97.18%;参加投票的2.78亿人,占登记选民总数的85.88%;选出基层人大代表566.9万人"②,

---

① 转引自韩延龙主编:《中华人民共和国法制通史》(上),中共中央党校出版社1998年版,第182—183页。

② 杨一凡等主编:《中华人民共和国法制史》,社会科学文献出版社2010年版,第51页。

为第一届全国人民代表大会的召开和人民代表大会制度的建立做了充分的准备。

2. 第一届全国人民代表大会的召开

第一届全国人民代表大会是"标志着人民从一九四九年我国建立以来的新胜利和新发展的里程碑"①。1954 年 9 月 15 日至 28 日,北京隆重举行了第一届全国人民代表大会第一次会议。这次大会的任务是:制作编定宪法和几个重要的法律,通过政府所作的工作报告,选举并任命新的国家领导工作人员。毛泽东在《为建设一个伟大的社会主义国家而奋斗》的开幕词中强调,"领导我们事业的核心力量是中国共产党。指导我们思想的理论基础是马克思列宁主义。我们有充分的信心,克服一切艰难困苦,将我国建设成为一个伟大的社会主义共和国"②。刘少奇在《关于中华人民共和国宪法草案的报告》(以下简称宪法草案)中,报告了关于这项草案的起草工作,并就宪法草案的产生、基本内容等问题作出深刻阐述,强调宪法草案"是中国人民一百多年以来英勇斗争的历史经验的总结,也是中国近代关于宪法问题和宪政运动的历史经验的总结"③,"是我国人民利益和人民意志的产物,是我们国家发生了巨大变化的产物","不只是我国人民革命运动的产物,而且是国际社会主义运动的一个产物"④。在《政府工作报告》中,周恩来更是明确提出我国要从 1953 年起开始对于经济建设进行第一个五年计划,并且表明经济工作就整个国家而言处于首要的地位。党的目标是确保国民经济能够沿着社会主义的道路实现有计划的迅速的发展,进而建立起强有力的现代化的工业、农业、交通运输业和国防。经由大会的充分讨论和审议,通过了《中华人民共和国宪法》《中华人民共和国全国人民代表大会组织法》《中华人民共和国国务院组织法》以及人民法院、人民检察院、地方

① 《毛泽东年谱(一九四九——一九七六)》第 2 卷,中央文献出版社 2013 年版,第283 页。

② 《毛泽东文集》第六卷,中央文献出版社 1999 年版,第 350 页。

③ 《建国以来刘少奇文稿》第 6 册,中央文献出版社 2008 年版,第 355—356 页。

④ 《建国以来刘少奇文稿》第 6 册,中央文献出版社 2008 年版,第 367 页。

各级人民代表大会和地方各级人民委员会的组织法,并按照宪法和有关组织法的规定,任命了国家领导工作人员。毛泽东当选为中华人民共和国主席,朱德为副主席;刘少奇当选为全国人民代表大会常务委员会委员长,宋庆龄等 13 人为副委员长;选举董必武为最高人民法院院长,张鼎丞为最高人民检察院检察长。依据毛泽东主席的提名,大会决定周恩来为国务院总理。之后又依据周恩来的提名,决定任命陈云、林彪、彭德怀、邓小平、邓子恢、贺龙、陈毅、乌兰夫、李富春、李先念为国务院副总理。

第一届全国人民代表大会的召开,标志着我国社会主义根本政治制度的正式确立,标志着中国政治制度史上的一次具有深远影响的变革,它深刻体现了中国从反动统治者的专制独裁政治到人民民主政治和社会主义民主政治的进一步跨越。它不仅是将马克思主义基本原理同中国具体实际相结合的具有深刻意义的创造,更是中国共产党带领人民不断团结奋斗的重要成果,使全国各族人民的共同利益与愿望得到深刻展现,使中国人民长期为之奋斗的民主制度从此建立在更加稳固的基础之上,并为实现人民当家作主提供了根本遵循。"人民代表大会制度所以能够成为我国的适宜的政治制度,就是因为它能够便利人民行使自己的权力,能够便利人民群众经常经过这样的政治组织参加国家的管理,从而得以充分发挥人民群众的积极性和创造性。"①

3.《中华人民共和国宪法》的颁行

第一届全国人民代表大会第一次会议的首要任务,就是制定中华人民共和国宪法。我国宪法的制定是以事实作根据的。"这就是我国人民已经在反对帝国主义、反对封建主义和反对官僚资本主义的长期革命斗争中取得了彻底胜利事实,就是工人阶级领导的、以工农联盟为基础的人民民主国家已经巩固地建立起来了的事实,就是我国已经建立起社会主义经济的强有力的领导地位、开始有系统地进行社会主义改造、正在一步一步地过渡到

---

① 《建国以来刘少奇文稿》第 6 册,中央文献出版社 2008 年版,第 379 页。

社会主义社会去的事实。"①宪法从这些事实出发必然也只能体现的是人民民主性质的，因而其属于社会主义类型的而不是资本主义类型的。在我国，宪法既是中国人民百余年斗争经验的总结，更是近代以来关于宪法问题和宪政运动的经验结晶。"宪法由谁来立、为谁而立、用什么方法才能真正实现人民民主以及我们到底要建立一个什么类型的国家，这是中国近代以来立宪必须首先回答和解决的根本性问题。"②自19世纪末20世纪初以来，中国人民革命力量同反革命统治势力之间的激烈斗争，"表现为三种不同的势力所要求的三种不同的宪法"③。一是从清末、北洋军阀一直到蒋介石国民党所制造的伪宪。由于这些封建买办阶级是连资产阶级民主也要反对的，因而只是到其末日来临的时候才制造一种骗人的"宪法"，用来装点门面，其目的当然不可能达到；二是中国民族资产阶级在以往多年所盼望的宪法，对于这种宪法，除孙中山在辛亥革命后所制定而随后即被袁世凯撕毁的那个《临时约法》外，可以说中国并未产生过资产阶级民主共和国的宪法；三是工人阶级领导的、以工农联盟为基础的人民共和国的宪法。由于中华人民共和国的成立已经结束了殖民地半殖民地的历史，成为真正意义上的主权独立的国家；已经结束了封建主义的统治和混乱局面，实现了国内和平和国家的空前统一；已经在极广泛的范围内结束了人民无权的状况，实现了人民民主；已经在很短的时间内，恢复了国民经济并开始了社会主义建设和社会主义改造事业。因此，我国宪法是体现广大人民群众的利益并得到人民群众欢迎和拥护的真正的宪法。

《中华人民共和国宪法》是由毛泽东亲自主持制定的。1954年1月标志着宪法起草工作的正式开端。为便于中央政治局对宪法问题进行更为充分的讨论和研究，毛泽东在宪法起草的初始，就立即要求起草委员会成员、

---

①　《建国以来刘少奇文稿》第6册，中央文献出版社2008年版，第355页。

②　李婧、蒋青青：《毛泽东宪法思想及其当代价值》，《思想理论教育导刊》2014年第7期。

③　《建国以来刘少奇文稿》第6册，中央文献出版社2008年版，第360页。

中央政治局委员和在京各中央委员阅读包括 1918 年苏俄宪法,波兰、捷克等社会主义国家的宪法,中国历史上 1913 年天坛宪法草案,1923 年曹锟宪法,1946 年中华民国宪法,以及代表较进步较完整的资产阶级内阁制宪法的法国 1946 年宪法等一些主要参考文件。3 月初,宪法起草小组陆续完成了四读稿,随后中共中央政治局又接连召开三次扩大会议对宪法草案进行仔细研究与修改,并提交全国政协常委会讨论。经过广泛讨论和反复斟酌,修改后的四读稿成为宪法草案初稿,由毛泽东代表中共中央提交宪法起草委员会。在这之后的近 3 个月的时间里,关于宪法草案的全民讨论广泛征集了各方面的意见,全国共有 1.5 亿余人参与其中并提出 52 万多条修改和补充意见①,几乎涉及草案的每一项条款,充分体现了领导机关和广大群众的结合、革命经验和建设经验的结合、本国经验和外国经验的结合,发扬了民主精神,调动了人民群众的积极性与创造性,不仅使宪法的内容臻于完善,而且使宪法得到了全国广大人民的拥护和支持,获得了最广泛最坚实的群众基础。

《中华人民共和国宪法》(以下简称"五四宪法")由序言、四章共计 106 条构成。"五四宪法"坚持民主原则和社会主义原则,在总结新中国成立初期国家各方面工作经验的基础上,对国家性质、制度和公民的基本权利义务作了较为完备的规定。一是明确规定了国家的根本性质即国体:"中华人民共和国是工人阶级领导的、以工农联盟为基础的人民民主国家。"②工人阶级领导和以工农联盟为基础,表明了中华人民共和国是一个既与资产阶级专政的国家性质完全不同、又与无产阶级专政的社会主义国家有所区别的人民民主专政的国家。二是明确规定了国家的根本政治制度即政体:"中华人民共和国的一切权力属于人民。人民行使权力的机关是全国人民代表大会和地方各级人民代表大会。全国人民代表大会、地方各级人民代

① 韩大元:《1954 年宪法制定过程》,法律出版社 2014 年版,第 327 页。
② 《建国以来重要文献选编》第 5 册,中央文献出版社 1993 年版,第 522 页。

表大会和其他国家机关,一律实行民主集中制"①。标志着"人民代表大会制"作为我国根本政治制度以根本大法的形式被正式确立下来。这一制度是同我国的根本性质相联系的、适宜我国国情和实际、便利于人民行使自己的权利和参加国家管理、充分发挥人民群众积极性和创造性的政治制度。三是明确规定了人民民主统一战线的法律地位:"我国人民在建立中华人民共和国的伟大斗争中已经结成以中国共产党为领导的各民主阶级、各民主党派、各人民团体的广泛的人民民主统一战线。今后在动员和团结全国人民完成国家过渡时期总任务和反对内外敌人的斗争中,我国的人民民主统一战线将继续发挥它的作用"②。这就以根本大法的形式确认了人民民主的基本原则,并在实际上确立了共产党领导的多党合作和政治协商的基本政治制度。四是确立了民族区域自治制度的法律地位:"中华人民共和国是统一的多民族的国家","各民族一律平等","各少数民族聚居的地方实行区域自治,各民族自治地方都是中华人民共和国不可分离的部分"。③"五四宪法"又明确指出,民族区域自治的机关形式可以按照该区域民族大多数人民的意愿加以规定,自治机关依照宪法和法律规定的权限行使自治权。这就把我国在民族问题上所遵循的人民民主主义和社会主义的原则用宪法的形式肯定了下来。五是规定了国家在过渡时期的经济政策。根据过渡时期多种经济成分并存的客观现实,"五四宪法"确认并规定了包括国家所有制、劳动群众集体所有制、个体劳动者所有制和资本家所有制这四种生产资料所有制形式及其发展的相关政策,突出国营经济是全民所有制的社会主义经济,成为国民经济的领导力量和社会主义改造的物质基础,确保国营经济获得优先发展。同时,还规定"国家用经济计划指导国民经济的发展和改造,使生产力不断提高,以改进人民的物质生活和文化生活,巩固国

---

①　《建国以来重要文献选编》第 5 册,中央文献出版社 1993 年版,第 522 页。
②　《建国以来重要文献选编》第 5 册,中央文献出版社 1993 年版,第 521 页。
③　《建国以来重要文献选编》第 5 册,中央文献出版社 1993 年版,第 522 页。

家的独立和安全"①。这就为日后确立社会主义经济制度和经济体制提供了法律基础。六是确认了公民的基本权利和自由。"中华人民共和国公民在法律上一律平等",公民享有选举权和被选举权、言论、出版、集会、结社、游行、示威的自由,享有劳动、休息、社会保险、接受教育等各方面的权利,以及进行科学研究、文学艺术创作和其他文化活动的自由,妇女在政治、经济、文化、社会和家庭生活各方面享有同男子平等的权利等及其保障性条款。这些权利和自由在中国近代制宪史上是空前的。此外,"五四宪法"还规定了人民法院的组织机构以及独立审判制度、审判公开制度、审判监督制度、人民陪审员制度及辩护制度等司法制度,明确规定人民检察院的机构设置及其相关职能,这就以国家根本法的形式确认了司法机构和司法体系的地位,为宪法和法律的实施提供了制度保障。

"五四宪法"的制定和颁行,具有极为重要的理论和实践意义。它是中国探索自己社会主义法治道路的重要里程碑,是中国历史上第一部具有真正意义的民主制定的宪法,它以人民民主的原则和社会主义的原则成为中国特色社会主义法治道路探索的根本基础,是中国人民在共产党领导下坚持从中国实际出发并借鉴国内外相关经验所创造的,既与一切资本主义国家宪法根本不同、又与苏联和其他社会主义国家宪法相区别的初具本国特色的社会主义宪法。"我们的宪法是新的社会主义类型,不同于资产阶级类型。我们的宪法,就是比他们革命时期的宪法也进步得多,我们优越于他们。"②其原因主要在于我国宪法总结了历史的经验又总结了现实的经验,总结了国内的经验又总结了国际的经验,可以说是人类宪法文化不断继承发展的产物。而所以能够做到这一点,恰是由于"我们的民主不是资产阶级的民主,而是人民民主,这就是无产阶级领导的、以工农联盟为基础的人民民主专政。人民民主的原则贯串在我们整个宪法中"③。"五四宪法"为

---

① 《建国以来重要文献选编》第 5 册,中央文献出版社 1993 年版,第 524 页。
② 《毛泽东文集》第六卷,人民出版社 1999 年版,第 326 页。
③ 《毛泽东文集》第六卷,人民出版社 1999 年版,第 326 页。

全国人民指明了一条清晰、明确的通往社会主义的道路,充分体现了立足本国国情而又反映当前实际的原则性与灵活性相结合的原则。如宪法规定了社会主义全民所有制的原则,又规定了实现这个原则的过渡步骤——国家资本主义及其多种过渡形式;宪法规定了立法权集中在中央的原则,但又规定在不违背中央方针的前提下,地方可按照具体情况和工作需要制定具体章程、条例和办法;宪法规定了在民族地区实行区域民族自治的原则,又规定了各民族区域的自治机关所制定的自治条例和单行条例等,可以按照当地的政治、经济和文化的特点。以"五四宪法"为根据,全国人大陆续制定的《中华人民共和国全国人民代表大会组织法》《中华人民共和国法院组织法》《中华人民共和国地方各级人民代表大会和地方各级人民委员会组织法》等法律文件,明确规定了我国的立法权、行政立法权、立法解释权和司法解释权,为加强社会主义法治建设奠定了重要基础。

4. 党对社会主义法治认识的重要成果

"五四宪法"制定和颁行过程中,以毛泽东同志为核心的党的第一代中央领导集体相继提出了一系列重要思想,集中反映了这一时期党对社会主义法治认识的深化。

毛泽东在领导制定"五四宪法"的过程中提出了一系列重要的宪法思想。一是对宪法的地位与权威的认识。他指出:"一个团体要有一个章程,一个国家也要有一个章程,宪法就是一个总章程,是根本大法。"①在毛泽东看来,宪法作为国家的根本大法,是治国安邦的总章程,具有最高的法律权威。"五四宪法"制定过程中,曾有代表提议将"中华人民共和国主席为国家之元首"写入宪法,以确定毛泽东至高无上的法律地位;还有代表提议把"五四宪法"命名为"毛泽东宪法",以纪念毛泽东在制定"五四宪法"中的贡献,毛泽东均认为这样做不妥,并将原拟定的"中华人民共和国主席为国家之元首"条文予以删除。他认为,搞宪法就是搞科学,要相信科学,不能

---

① 《毛泽东文集》第六卷,人民出版社1999年版,第328页。

迷信。这既表明了毛泽东对制定宪法的实事求是的科学严谨态度,又体现了他坚持宪法面前人人平等原则、不允许逾越宪法特权存在的思想。关于执政党与宪法之间的关系,毛泽东认为,宪法既要肯定共产党作为执政党在国家政治生活中的领导地位,又要明确规定包括执政党在内的任何组织和个人都必须以宪法作为自己最高的行为准则,受宪法的约束,这就明确了宪法作为国家根本大法的地位。二是对宪法的类型与性质的认识。毛泽东强调我们的宪法是社会主义类型的宪法,社会主义宪法是同社会主义民主和无产阶级专政即人民民主专政相联系的,与资本主义宪法存在着本质上的区别,集中体现在宪法所确立的国体、政体两方面。他还指出:"我们的宪法草案,结合了原则性和灵活性。原则基本上是两个:民主原则和社会主义原则。"①他认为,民主原则和社会主义原则是统一的,社会主义原则在现阶段就是"一定要完成社会主义改造,实现国家的社会主义工业化"②。社会主义在本质上就是人民当家作主。这些宪法思想对于明确我国宪法和法律的社会主义性质具有重要的指导意义,为中国社会主义根本政治制度和基本政治制度的确立奠定了坚实的思想理论基础。对于资产阶级民主,毛泽东认为不能说他们的宪法在历史上是没有地位的,不能对其进行一笔抹杀。对于辛亥革命后产生的《中华民国临时约法》,毛泽东认为它"在那个时期是一个比较好的东西;当然,是不完全的、有缺点的,是资产阶级性的,但它带有革命性、民主性"③。但从根本上说,社会主义宪法优越于资本主义宪法。三是对立宪主体与立宪方法的认识。立宪主体问题,实际上回答的是"宪法由谁来立、为谁而立"的问题。毛泽东人民立宪的思想在"五四宪法"制定的过程中得到了充分的体现。毛泽东认为,要实现和保障人民的根本利益,国家必须实行人民民主,由人民来制定宪法。明确立宪的方法,实际上是采用什么方法来制定体现和维护广大人民群众根本利益的宪法。"五

---

① 《毛泽东文集》第六卷,人民出版社 1999 年版,第 326 页。
② 《毛泽东文集》第六卷,人民出版社 1999 年版,第 326 页。
③ 《毛泽东文集》第六卷,人民出版社 1999 年版,第 325—326 页。

四宪法"草案初稿形成后,曾在全国征求各方面的意见并开展广泛讨论。对于宪法草案初稿的基本条文、基本原则,大多数人是赞成和拥护的,但也提出了许多意见。对于这些意见,毛泽东作出了正确的予以采用、不正确的不予以采用、不见得很不正但是不适当以不采用为好的具体区分,强调广泛搜集各方面的意见,其好处是可以了解人们对于宪法的看法,可以有个比较。毛泽东认为,这个宪法草案之所以能够深入人心,究其原因主要体现在这一草案采取了领导机关的意见和人民群众的意见相结合的方式。其中收集了少数领导者的意见以及8000多人的意见,甚至在公布以后,会在全国进行推广讨论,使中央的意见与人民的意见更好地结合。这就是所谓的领导和群众相结合,领导和广大积极分子相结合的方式方法,这种方式今后仍然会进行大量的推广和采用。采取群众路线的立宪方法正是毛泽东人民立宪思想的集中表现。四是对宪法的完善与实施的认识。毛泽东认为,"五四宪法"是一个比较完整的宪法,但也不必讲是毫无缺点、天衣无缝。"宪法,以及别的法律,都是会有缺点的,什么时候发现就及时修改。"①宪法通过以后,还要根据社会发展和国情变化及时进行修正,使宪法既具有科学性又具有时代性。对于如何完善宪法,毛泽东提出要把总结本国经验与借鉴国际经验相结合,把坚持原则性与灵活性统一起来。毛泽东认为,"五四宪法"所以得到大家拥护,一是因为正确地恰当地总结了经验,二是因为正确地恰当地结合了原则性和灵活性。"五四宪法"草案主要总结了我国的革命经验和建设经验。它不仅对无产阶级所领导的反帝国主义、反封建主义和反官僚资本主义的人民革命中的经验加以深刻总结,对近几年来关于社会革命、经济建设、文化建设和政府工作的宝贵经验进行汲取,更是总结了从清朝末年至今的关于宪法问题的经验。与此同时,它也将本国经验与国际经验加以结合。它"参考了苏联和各人民民主国家宪法中好的东西"②,也借鉴了资产阶级在革命时期立宪的一些经验。关于恰当地结合了原则性

---

① 《毛泽东传(1949—1976)》上册,中央文献出版社2003年版,第337—338页。
② 《毛泽东文集》第六卷,人民出版社1999年版,第326页。

和灵活性,毛泽东强调宪法既要坚持原则性又要体现灵活性。应该本着一切从实际出发、实事求是的观点,"现在能实行的我们就写,不能实行的就不写。一时办不到的事,必须允许逐步去办"①,这就是灵活性的表现。关于宪法的贯彻实施,毛泽东明确指出:宪法通过以后,"全国人民每一个人都要实行,特别是国家机关工作人员要带头实行,不实行就是违反宪法"②。宪法必须得以实施和遵守的思想也充分体现在了"五四宪法"的相关条文中。

刘少奇代表宪法起草委员会向第一届全国人民代表大会所作的《关于中华人民共和国宪法草案的报告》中,围绕宪法草案的产生、我们国家的性质、过渡到社会主义社会的步骤、人民民主的政治制度和人民的权利义务、民族区域自治等问题,提出并阐述了一系列重要思想。一是关于宪法草案的产生。他指出我们制定宪法所根据的事实就是我国的"人民民主国家已经巩固地建立了起来了","我国已经建立起社会主义经济的强有力的领导地位、开始有系统地进行社会主义改造、正在一步一步地过渡到社会主义社会去"③;强调宪法草案"是中国人民一百多年以来英勇斗争的历史经验的总结,也是中国近代关于宪法问题和宪政运动的历史经验的总结"④,"不只是我国人民革命运动的产物,而且是国际社会主义运动的一个产物"⑤。二是关于国家性质。他指出:"我们的国家是人民民主国家。人民民主国家和资本主义国家在性质上是完全不同的两类国家。在资本主义国家里,无论怎样标榜'民主',终究只是占人口中极少数的资产阶级居于国家的统治地位。在我们这里,最大多数的人民才真正是国家的主人。"⑥三是过渡到社会主义社会的步骤。他强调:"工人阶级的国家领导权和工农的巩固联

①　《毛泽东文集》第六卷,人民出版社1999年版,第326页。
②　《毛泽东文集》第六卷,人民出版社1999年版,第328页。
③　《建国以来刘少奇文稿》第6册,中央文献出版社2008年版,第355页。
④　《建国以来刘少奇文稿》第6册,中央文献出版社2008年版,第355—356页。
⑤　《建国以来刘少奇文稿》第6册,中央文献出版社2008年版,第367页。
⑥　《建国以来刘少奇文稿》第6册,中央文献出版社2008年版,第369页。

盟,社会主义经济在国民经济中的领导地位,国内统一战线的关系,并加上有利的国际条件,就是我国所以能够通过和平道路消灭剥削制度、建成社会主义社会的必要条件。"①四是关于人民民主的政治制度。他指出我们采用人民代表大会制度,"是同我们国家的根本性质相联系的。中国人民就是要用这样的政治制度来保证国家沿着社会主义的道路前进"②,强调"人民代表大会制既规定为国家的根本政治制度,一切重大问题就都应当经过人民代表大会讨论,并作出决定"③。"人民的共同利益和统一意志,是人民代表大会和一切国家机关工作的出发点"。④"人民的权利和义务是完全一致的,任何人不会是只尽义务,不享受权利;任何人也不能只享受权利,不尽义务。"⑤五是关于民族区域自治。他指出工人阶级领导的人民民主国家,"能够用彻底的民主主义和民族平等的精神来解决民族问题,建立国内各民族之间的真正合作"⑥,"建设社会主义社会,这是我国国内各民族的共同目标。只有社会主义才能保证每一个民族都能在经济和文化上有高度的发展"⑦。六是关于宪法的地位和意义。他认为,"宪法一方面总结了我们过去的奋斗,另一方面给了我们目前的奋斗以根本的法律基础。它在我们国家生活的最重要的问题上,规定了什么样的事是合法的,或者是法定必须执行的,又规定了什么样的事是非法的,必须禁止的。宪法公布以后,违反宪法规定的现象并不会自行消灭,但是宪法给了我们一个有力的武器,使我们能够有效地为消灭这些现象而斗争",因而"宪法的意义是伟大的,宪法交给我们的任务尤其伟大"。⑧

　　周恩来在《政府工作报告》中,围绕第一个五年计划制订、国家机关健

---

① 《建国以来刘少奇文稿》第6册,中央文献出版社2008年版,第375页。
② 《建国以来刘少奇文稿》第6册,中央文献出版社2008年版,第378—379页。
③ 《建国以来刘少奇文稿》第6册,中央文献出版社2008年版,第380页。
④ 《建国以来刘少奇文稿》第6册,中央文献出版社2008年版,第382页。
⑤ 《建国以来刘少奇文稿》第6册,中央文献出版社2008年版,第385页。
⑥ 《建国以来刘少奇文稿》第6册,中央文献出版社2008年版,第386页。
⑦ 《建国以来刘少奇文稿》第6册,中央文献出版社2008年版,第389页。
⑧ 《建国以来刘少奇文稿》第6册,中央文献出版社2008年版,第393页。

全等问题提出了一系列重要思想。一是关于社会主义现代化目标,作出了"建设起强大的现代化的工业、现代化的农业、现代化的交通运输业和现代化的国防"①这一对"四个现代化"的最初概括。二是关于"一五"计划的编制和执行,指出"制订第一个五年计划的全部工作现在还没有最后完成,对于计划的许多细节还在进行补充和修订,但第一个五年计划的方针是大家已经知道的,这就是:集中主要力量发展重工业,建立国家工业化和国防现代化的基础,相应地发展交通运输业、轻工业、农业和商业",以"保证在发展生产的基础上逐步提高人民物质生活和文化生活的水平"②,强调"五四宪法"关于逐步完成社会主义工业化的规定,关于用经济计划指导国民经济的发展和改造、使生产力不断提高的规定,关于优先发展国营经济、鼓励和指导资本主义经济转变为国家资本主义经济的规定,并不是空谈,而是我们正在实现着的活生生的事实,并认为有计划的工业生产和工业建设对于我们是一个完全新的课题,我们必须一面工作一面学习。三是关于国家机关健全问题,指出"我国经济建设的发展和人民生活的改善,是同人民民主政权的巩固和发展分不开的,是同国家机关的健全分不开的"③。1953年,全国各地陆续开展了历史上曾经未有过的民主选举运动,"充分表现了人民群众的政治积极性和政治觉悟的提高,充分表现了人民群众对于共产党和人民政府的信任和支持"④,强调"在我国进入经济建设时期以后,我们的国家机关工作人员认真地钻研业务,学习科学,深入下层,了解情况,用具体的切实的领导来代替形式主义的一般化的领导",按照全国人大通过的相关法律"努力改善我们的国家机关的工作状况"⑤。四是明确提出了立法工作和革命的法制的思想,强调"为了保卫我们的国家建设事业不受破坏,必须加强国家的公安机关、检察机关和审判机关,必须加强立法工作和革命的

---

① 《建国以来重要文献选编》第5册,中央文献出版社1993年版,第584页。
② 《建国以来重要文献选编》第5册,中央文献出版社1993年版,第585页。
③ 《建国以来重要文献选编》第5册,中央文献出版社1993年版,第608页。
④ 《建国以来重要文献选编》第5册,中央文献出版社1993年版,第609页。
⑤ 《建国以来重要文献选编》第5册,中央文献出版社1993年版,第611页。

法制"，认为"忽视公安工作、检察工作、法院工作，忽视立法工作，忽视革命法制的观点是完全错误的"，强调"今后所有我们国家机关的工作人员都必须严格遵守宪法和法律，并成为守法的模范；同时还必须教育全体人民遵守宪法和法律，以保证表现人民意志的法律在全国统一施行"①。

在此期间，董必武作为新中国政法战线的主要领导人也提出了一些重要的法治思想，如"进一步健全人民民主制度，健全和运用人民民主法制"②；"今后必须从立法方面、从健全人民司法、公安和检察制度方面，对人民的民主权利给予充分的保护"③；"教育人民守法，首先要共产党员、国家机关工作人员守法"④；"我们的宪法已经公布，今后不但可能而且必须逐步制定比较完备的法律，以更有效地保障国家建设和保护人民的民主权利"⑤的思想；等等。

以"五四宪法"的制定和颁行为标志，毛泽东等党和国家领导人提出的包括党和国家立法、政府执法、司法和带头守法，以及人民守法在内的一系列法治思想，在一定程度上是对马克思主义法治思想的丰富和发展，不仅推动社会主义法治的基本框架逐渐建构起来，更是为探索中国自己的社会主义法治道路提供了重要的前提和基础。

（三）与社会主义革命相伴随的法治道路探索的成果

对中国社会主义法治道路的探索，已成为中国社会主义建设道路探索的重要组成部分，既没有较为成功的经验可以借鉴，也不可能直接从马克思主义著作中引经据典，这就需要坚持从中国实际出发，坚持马克思主义与中国实际相结合的原则，创造性地运用马克思主义的法治思想，在总结自己的经验中认识和掌握社会主义法治建设的规律。从毛泽东发表《论十大关

① 《建国以来重要文献选编》第 5 册，中央文献出版社 1993 年版，第 613 页。
② 《董必武年谱》，中央文献出版社 2007 年版，第 432 页。
③ 《董必武年谱》，中央文献出版社 2007 年版，第 433 页。
④ 《董必武年谱》，中央文献出版社 2007 年版，第 435 页。
⑤ 《董必武年谱》，中央文献出版社 2007 年版，第 443 页。

系》、党的第八次全国代表大会的召开,到毛泽东《关于正确处理人民内部矛盾的问题》的发表,中国社会主义法治道路的探索在持续推进中继续取得重要的成果。

1.《论十大关系》对社会主义法治道路探索的重要影响

1956年2月14日至24日,毛泽东集中时间连续听取国务院30余部委的工作汇报,深入分析研究社会主义建设中的重要问题,在此基础上于4月25日发表了《论十大关系》的重要讲话。在此期间,发生了赫鲁晓夫在苏共二十大上大反斯大林的问题。4月4日,在讨论修改中共对苏共二十大表明态度的《关于无产阶级专政的历史经验》一文时,毛泽东强调指出:"最重要的是要独立思考,把马列主义的基本原理同中国革命和建设的具体实际相结合。民主革命时期,我们吃了大亏之后才成功地实现了这种结合,取得了新民主主义革命的胜利。现在是社会主义革命和建设时期,我们要进行第二次结合,找出在中国怎样建设社会主义的道路"①。毛泽东还认为,"我们应该从各方面考虑如何按照中国的情况办事,不要再像过去那样迷信了。其实,我们过去也不是完全迷信,有自己的独创。现在更要努力找到中国建设社会主义的具体道路。"②这就在实际上形成了探索中国自己社会主义建设道路的总的指导思想。

在《论十大关系》的讲话中,毛泽东进一步明确指出,对于苏联的教训一定要引以为戒,"我们要学的是属于普遍真理的东西,并且学习一定要与中国实际相结合"③。他还运用唯物辩证法分析了我国社会主义建设过程中的"十大关系",即有关经济发展的"重工业和轻工业、农业的关系""沿海工业和内地工业的关系""经济建设和国防建设的关系",有关政治发展的"党和非党的关系""革命和反革命的关系""是非关系",以及既涉及经济

---

① 《毛泽东年谱(一九四九——一九七六)》第2卷,中央文献出版社2013年版,第557页。

② 《毛泽东年谱(一九四九——一九七六)》第2卷,中央文献出版社2013年版,第557页。

③ 《毛泽东文集》第七卷,人民出版社1999年版,第42页。

发展也涉及政治发展和社会发展的"国家、生产单位和生产者个人的关系""中央和地方的关系""汉族和少数民族的关系""中国和外国的关系"，特别强调要尽量争取化消极因素为积极因素，"努力把党内党外、国内国外的一切积极的因素，直接的、间接的积极因素，全部调动起来，把我国建设成为一个强大的社会主义国家。"①《论十大关系》表明此时毛泽东和党中央已开始着手把工作重点从政治革命向经济建设转移，其中的一些基本思想随即成为中共八大的指导方针，表明党已经开始着手将工作重点转向经济建设，有效探索符合我国实际的社会主义道路的思想已经初步形成。

十大关系就是十种矛盾。毛泽东对十大矛盾的分析以及所提出的解决问题的原则、方式和举措，不仅对于中国自身探索社会主义建设的道路具有极其重要的意义，同时对于探索社会主义法治道路也具有深远的影响。一是毛泽东提出的关于社会主义经济管理工作的一系列方针、政策和原则，对中央讨论通过各种具有指导性的决议、人大立法和政府制定各种法规、条例具有直接或间接的指导作用。对政治、军事、外交、立法，尤其是对于我国以计划经济为主体的经济行政立法和经济管理立法，无疑有着直接的指导作用。毛泽东指出："我们的宪法规定，立法权集中在中央。但是在不违背中央方针的条件下，按照情况和工作需要，地方可以搞章程、条例、办法，宪法并没有约束。我们要统一，也要特殊。""必须有全国的统一计划和统一纪律"，"又必须充分发挥地方的积极性，各地都要有适合当地情况的特殊"。② 这个思路对立法工作极有价值。二是毛泽东提出的有些命题本身就是法治原则和法律政策。如地方应有立法权，对待反革命的办法是杀、关、管、放等等。三是在毛泽东带头探索适合中国情况的社会主义建设道路的带动下，促进了党内和政法界对中国社会主义民主与法治建设的大胆探索之风。如周恩来在中共上海市第一次代表大会上的讲话中指出："现在我们的人民民主专政应该是：专政要继续，民主要扩大。……专政的权力虽

① 《毛泽东文集》第七卷，人民出版社 1999 年版，第 44 页。
② 《毛泽东文集》第七卷，人民出版社 1999 年版，第 32 页。

然建立在民主的基础上,但这个权力是相当集中相当大的,如果处理不好,就容易忽视民主。苏联的历史经验可以借鉴。"①他还认为,要使民主扩大,"就要在我们的国家制度上想一些办法"。"比如人民代表大会代表,我们现在还不是普遍实行直接的、秘密的选举,全国的经济和文化水平还没有发展到具备这样的条件。但是我们可以从另外一些方面来扩大民主。""使人大代表经常去接触人民";把所有代表的发言,不管对错,都发表出来。政府要回答人大代表提出的意见;"还要进一步使人大代表参加对政府工作的检查,一直到检查公安、司法工作"②。这三条,概括起来说,就是人民代表应有了解权、质询权、监督权。这些思想对加强我国的民主与法治建设都是极为重要的。

当然,毛泽东在《论十大关系》中没有能够正面阐述专政与民主、民主与法制、经济与法治这些在当时也是亟待说明的关系问题,这又与主要矛盾问题的未能涉及有内在联系。如果认定主要矛盾已不是阶级斗争,那么,残余的阶级斗争应纳入法治轨道来解决,经济建设应重视法律调控等思路,也就可能应运而生了。

2. 党的八大文献中对社会主义法治道路的探索

1956 年 9 月召开的中国共产党第八次全国代表大会,不仅是党在执政后所召开的第一次全国代表大会,同时也是取得一定成绩的代表大会。从党的七大到党的八大,两次具有深刻影响的历史转变都是党领导人民共同经历的:一是经过长期的奋战,推翻了三座大山,建立了中华人民共和国;二是直至党的八大召开前夕,全国的大部分地区在积极推进社会主义工业化的过程中已基本上完成了对农业、手工业和资本主义工商业的社会主义改造,使社会主义的基本制度建立起来。党的八大以毛泽东《论十大关系》的精神为指导思想,凝聚了以毛泽东同志为核心的党的第一代中央领导集体的经验和智慧,也凝聚了全党的经验和智慧。党的八大以对新形势下国内

---

① 《建国以来重要文献选编》第 8 册,中央文献出版社 1993 年版,第 435 页。
② 参见《建国以来重要文献选编》第 8 册,中央文献出版社 1993 年版,第 435—437 页。

主要矛盾的新审视和新判断为基础,在社会主义经济、政治、文化和党的建设等方面提出了一系列重要思想。

　　毛泽东在《中国共产党全国代表大会开幕词》中明确提出了"我们的党已经成了团结全国人民进行社会主义建设的核心力量"①,"把马克思列宁主义的理论和中国革命的实践密切地联系起来"②是党的一贯的思想原则和"必须善于学习"③等重要思想。刘少奇在政治报告中,对于我国在进行社会主义改造取得决定性胜利后社会阶级关系所发生的历史性变化提出了基本判断,即过去所说的剥削农民的地主和富农,逐渐被改造成为自食其力的新人;民族资产阶级分子也陆续从剥削者转变为劳动者;广大的农民和其他个体劳动者已经转变为社会主义的集体劳动者;工人阶级已经转变为国家的领导阶级;知识界已经从过去的面貌转变成了一支为社会主义服务的队伍;国内各民族已经转变为一个团结友好的民族大家庭;中国共产党已经转变为领导全国政权的党;人民民主专政实质上只能是无产阶级专政等重要观点。党的八大《关于政治报告的决议》对国内主要矛盾所作出的概括,即"我们国内的主要矛盾,已经是人民对于建立先进的工业国的要求同落后的农业国的现实之间的矛盾,已经是人民对于经济文化迅速发展的需要同当前经济文化不能满足人民需要的状况之间的矛盾"④,党和人民的当前的主要任务,就是要集中力量来解决这个矛盾,把我国尽快地从落后的农业国变为先进的工业国。邓小平在《关于修改党的章程的报告》中结合执政党建设实际需求鲜明提出坚持党的集体领导原则、健全党的民主集中制、强化对党的组织和党员的监督、发展党内民主等重要思想,集中反映了党对中国社会主义建设道路探索取得的重要成果,为进一步探索社会主义法治道路提供了根本指导思想。而八大文献中对党和国家制度建设方面所作出的

---

　　①　《毛泽东文集》第七卷,人民出版社 1999 年版,第 115 页。
　　②　《毛泽东文集》第七卷,人民出版社 1999 年版,第 116 页。
　　③　《毛泽东文集》第七卷,人民出版社 1999 年版,第 117 页。
　　④　《建国以来重要文献选编》第 9 册,中央文献出版社 1994 年版,第 341 页。

探索,则具体体现了党对社会主义法治认识的深化。

刘少奇在党的八大政治报告中指出,为了"发展我国的已经开始的社会主义建设,并且彻底完成社会主义改造,我们必须继续加强人民民主专政,继续改进国家工作"①。"我们目前在国家工作中的迫切任务之一,是着手系统地制定比较完备的法律,健全我们国家的法制"②。对于已经过去的革命的暴风雨时期,在新的生产关系已经建立、斗争的任务已经变为确保社会生产力顺利发展的情况下,"斗争的方法也就必须跟着改变,完备的法制就是完全必要的了"③。我们的一切国家机关都必须严格地遵守法律,而我们的司法机关则必须贯彻执行法制方面的分工负责和互相制约的制度。这就在指出法制建设必要性的同时,明确提出了健全社会主义法制的方针。周恩来在《关于发展国民经济的第二个五年计划的建议的报告》中强调,随着社会主义改造在我国绝大多数地区获得完全胜利,人民民主专政也随之更加巩固,这就要求我们要对中央和地方的行政管理职权加以更进一步的区分,并着力改善国家的行政体制,进而促进地方积极性的发挥。

邓小平在《关于修改党的章程的报告》中提出,党委制作为党的重要制度在确保集体领导、遏制个人包办方面仍发挥着重要作用。长期以来,中国共产党已经形成了由党的集体而不是经由个人决定重大问题的传统。党内民主并没有受到党的代表大会和代表会议未经常召开的影响,究其原因在于,从七大以来党的中央和地方组织召开了大量的干部会议,这些会议充分发扬了民主的精神,对党的政策和工作中所面对的各种问题加以讨论,使其在一定程度上发挥着党的代表会议乃至代表大会的作用。无论是党的事业所取得的胜利,还是党对于人民所肩负责任的加重,以及党在人民中所树立威信的增长,这些变化都对党员提出了更高的标准和要求。关于推动党内民主的举措并不是为了削弱党的集中,而是更好地给予党以发展的活力。

---

① 《建国以来重要文献选编》第 9 册,中央文献出版社 1994 年版,第 80 页。
② 《建国以来重要文献选编》第 9 册,中央文献出版社 1994 年版,第 92 页。
③ 《建国以来重要文献选编》第 9 册,中央文献出版社 1994 年版,第 93 页。

马克思主义充分认识到人民对于历史的创造作用的同时，并没有对杰出个人的作用予以否认，但对于个人所起到的作用还是要将其归结为一定的社会条件。当前我们的任务是，要更加坚决地实施中央所反对的将个人突出、反对对个人进行过度崇拜的方针，真正巩固领导者与群众的关系，使党的民主原则和群众路线得到真正贯彻实施。党是阶级组织的最高形式。党在国家工作中处于领导地位，并不是让党对国家机关的工作加以直接指挥，或者将各种纯粹行政性质的问题拿到党内来进行讨论，这样就会模糊党与国家机关的工作所持有的界限。在国家工作中党要通过经常性的讨论和决定各种方针和政策问题以及重要的组织问题，认真地系统地研究国家机关工作所出现的情况和问题，促使其对于国家工作能够提出正确的、可行的和具体的主张，或者能依据实践及时有效地修正自己的主张，并对于国家机关工作加以经常的监督。通过建立和健全党的各级监察机关，对于遏制党内不良倾向的斗争，具有十分重大的意义。

董必武在《进一步加强人民民主法制，保障社会主义事业》中更为集中与系统地阐述了加强社会主义法治的必要性，并提出了社会主义法治建设的基本思路。一是社会主义法治的地位。董必武指出："我们的人民民主法制，是工人阶级领导的人民群众通过国家机构表现出来的自己的意志，是我们国家实现人民民主专政的重要工具。"①他认为，党是国家的领导核心，党从来是把党组织和国家机关加以严格划分的，通过自身党员以及党组织对国家机关进行领导，而不是对国家机关的工作加以包办替代，这是党始终坚持并遵循的原则。这就指明了社会主义法治在党和国家政治生活中的重要地位。二是建立完备的社会主义法制的必要性。董必武在对我国社会主义法制的现状进行深入的集中分析和思考的基础上，鲜明提出了建立完备的社会主义法制的迫切任务。他认为，"我们还缺乏一些急需的较完整的基本法规，如刑法、民法、诉讼法、劳动法、土地使用法等。同时，我们也还有

---

① 《董必武法学文集》，法律出版社 2001 年版，第 340 页。

许多法规,如惩治反革命条例、管制反革命分子暂行办法、惩治贪污条例、农业税法、工商业税法和私营企业条例,以及政府有些部门的组织条例等,由于政治、经济情况的变化,应该修改的还没有修改,应该重新制定的还没有重新制定"①。他认为,在新建的国家会难以避免地出现一段时间的法制仍不完备的状态。我们无须要求或设想能够一下子将国家的一切法制完全地建立起来,它应该是一个循序渐进的过程。但无论是对于国家法制建设的需求,还是其客观的可能性,法制都要陆续地完备起来。法制不完备的现象无论如何不能不说是一个严重的问题。三是提出加强社会主义法治建设的基本思路。他认为,依法办事是进一步强化人民民主法治的中心环节。其内容包括:必须有法可依,就是要把国家还未能建立完备的几种重要的法规制定出来;必须有法必依,就是必须严格按照法定程序办案,凡属已有明文规定的,必须切实地执行与落实,尤其一切司法机关,更应该严格地遵守,决不允许任何机关或个人滥用权力,为所欲为;必须重视法制思想教育,使党员明确国法和党纪都是必须要遵守的,不可违反的,遵守国法是遵守党纪中不能或缺的部分,违反国法就是违反了党纪,就是违背人民的意志,强调党员应当成为全社会守法的模范,同时培养守法的社会风尚;必须强化党对法制工作的领导,各级党委在工作议程中要把法制工作问题列入,并对其定期展开讨论和检查工作。

3.《关于正确处理人民内部矛盾的问题》对社会主义法治道路探索的影响

八大以后,中国共产党按照八大确定的路线继续进行中国社会主义建设道路的探索。针对苏共二十大后国际上先后发生波兰、匈牙利国内政局动荡,苏联与东欧一些社会主义国家关系紧张,我国国内也出现某些少数人闹事问题,在共产党执政的情况下,对于敌我矛盾和人民内部矛盾的正确区分,是直接关系到社会主义建设成败、人民政权存亡的重大理论和实践问题。

---

① 《董必武法学文集》,法律出版社 2001 年版,第 346 页。

　　早在波匈事件发生后不久，1956 年 11 月，毛泽东在党的八届二中全会上的讲话中就提出："以后凡是人民内部的事情，党内的事情，都要用整风的方法，用批评和自我批评的方法来解决，而不是用武力来解决。我们主张和风细雨，真正达到治病救人的目的。也就是从团结的愿望出发，经过批评和自我批评，在新的基础上达到新的团结"①。这就结合波匈事件反映出的问题，提出了正确处理人民内部矛盾的正确方针。同年 12 月初，毛泽东在致黄炎培的信中又提出："我们国家内部的阶级矛盾已经基本上解决了(即是说还没完全解决，表现在意识形态方面的，还将在一个长时期内存在。另外，还有少数特务分子也将在一个长时间内存在)，所有人民应当团结起来。但是人民内部的问题仍将层出不穷，解决的方法，就是从团结出发，经过批评与自我批评，达到团结这样一种方法"②。这就又形成了正确处理两类社会矛盾的方针。12 月 29 日，由毛泽东审定的《再论无产阶级专政的历史经验》一文经《人民日报》发布，他认为我们所面对的矛盾呈现出两种不同性质：第一种是作为根本矛盾的敌我之间的矛盾，它是以敌对阶级之间的利害冲突为基础的；第二种则是非根本的矛盾，它是人民内部的矛盾，其产生不在于阶级利害的根本冲突。对于人民内部的矛盾，我们应当从团结的愿望出发，经过批评或斗争之后取得解决，从而使其在新的条件下实现新的团结。1957 年 1 月，毛泽东在省市自治区党委书记会议上的讲话中对法制问题进行了专门探讨，鲜明指出"一定要守法，不要破坏革命的法制。法律是上层建筑。我们的法律，是劳动人民自己制定的。它是维护革命秩序，保护劳动人民利益，保护社会主义经济基础，保护生产力的。我们要求所有的人都遵守革命法制，并不是只要你民主人士守法"③，"法制要遵守。按照法律办事，不等于束手束脚。有反不肃，束手束脚，是不对的。要按照法律放

---

　　① 《毛泽东年谱(一九四九——一九七六)》第 3 卷，中央文献出版社 2013 年版，第 34 页。

　　② 《毛泽东年谱(一九四九——一九七六)》第 3 卷，中央文献出版社 2013 年版，第 43 页。

　　③ 《毛泽东文集》第七卷，人民出版社 1999 年版，第 197—198 页。

手放脚"①。

1957年2月,毛泽东以《如何处理人民内部的矛盾》为题在最高国务会议上发表讲话,明确提出"在我们的面前有两类社会矛盾,这就是敌我之间的矛盾和人民内部的矛盾。这是性质完全不同的两类矛盾"②,"敌我之间的矛盾是对抗性的矛盾。人民内部的矛盾,在劳动人民之间说来,是非对抗性的;在被剥削阶级和剥削阶级之间说来,除了对抗性的一面以外,还有非对抗性的一面"③。两类矛盾的性质不同,解决的方法也不同。对于我们这样的人民民主专政的国家而言,专政的首要作用就在于压迫国家内部的反动阶级、反动派和反抗社会主义革命的剥削者,压迫对于社会主义建设的破坏者,其次在于防御国家外部敌人的颠覆活动和可能的侵略。"人民自己不能向自己专政,不能由一部分人民去压迫另一部分人民。人民中间的犯法分子也要受到法律的制裁,但是,这和压迫人民的敌人的专政是有原则区别的。""我们的宪法规定:中华人民共和国公民有言论、出版、集会、结社、游行、示威、宗教信仰等等自由。我们的宪法又规定:国家机关实行民主集中制,国家机关必须依靠人民群众,国家机关工作人员必须为人民服务。"④这就表明,在人民内部实行民主制度,就决定了"凡属于思想性质的问题,凡属于人民内部的争论问题,只能用民主的方法去解决,只能用讨论的方法、批评的方法、说服教育的方法去解决,而不能用强制的、压服的方法去解决"⑤。毛泽东还进一步指出,"许多人不承认社会主义社会还有矛盾,因而使得他们在社会矛盾面前缩手缩脚,处于被动地位;不懂得在不断地正确处理和解决矛盾的过程中,将会使社会主义社会内部的统一和团结日益巩固。这样,就有必要在我国人民中,首先是在干部中,进行解释,引导人们认识社

---

① 《毛泽东文集》第七卷,人民出版社1999年版,第198页。
② 《毛泽东文集》第七卷,人民出版社1999年版,第204—205页。
③ 《毛泽东文集》第七卷,人民出版社1999年版,第205页。
④ 《毛泽东文集》第七卷,人民出版社1999年版,第207页。
⑤ 《毛泽东文集》第七卷,人民出版社1999年版,第209页。

会主义社会中的矛盾,并且懂得采取正确的方法处理这种矛盾。""在社会主义社会中,基本的矛盾仍然是生产关系和生产力之间的矛盾,上层建筑和经济基础之间的矛盾。"①已建立起来的社会主义生产关系与发展中的生产力既相互适应又存在矛盾:就其适应性来看,人民民主专政的国家制度、马列主义指导下的社会主义意识形态以及由此建立的法律体系,能够符合社会主义生产关系的发展要求,但就其矛盾来看,资产阶级意识形态、官僚主义作风在不同程度、不同范围上的存在和国家制度在具体实施过程中的问题,又构成了阻碍社会主义生产关系的消极因素。"现在的情况是:革命时期的大规模的急风暴雨式的群众阶级斗争基本结束,但是阶级斗争还没有完全结束;广大群众一面欢迎新制度,一面又还感到还不大习惯;政府工作人员经验也还不够丰富,对一些具体政策的问题,应当继续考察和探索。"②毛泽东在讲话中所提出的关于社会主义社会基本矛盾、两类不同性质的矛盾和正确处理人民内部矛盾的理论,以及基于我国宪法和法律对国家基本制度确认对如何巩固新制度、建设新国家的深入思考,及时回答了苏共二十大以后国内外形势变化所提出的新情况和新问题,丰富和发展了马克思主义关于社会矛盾和社会发展的思想,与八大前后的探索相衔接,为包括法治道路在内的中国社会主义建设道路的探索奠定了重要的基础。

特别需要指出的是,毛泽东在讲话中以正确处理人民内部矛盾为主题阐述了党的一系列正确方针。如政治上的民主与集中、自由与纪律的统一;经济上的统筹兼顾与适当安排;文化上的"百花齐放、百家争鸣";党派关系层面上"长期共存、互相监督";民族关系上的克服大汉族主义、也要克服地方民族主义等。而在讲到肃反工作问题要坚持有反必肃、有错必纠的方针时,毛泽东特别提议要对肃反工作进行一次全面检查,"中央由人大常委会和政协常委会主持,地方由省市人民委员会和政协委员会主持"③。如果察

① 《毛泽东文集》第七卷,人民出版社1999年版,第213—214页。
② 《毛泽东文集》第七卷,人民出版社1999年版,第216页。
③ 《毛泽东文集》第七卷,人民出版社1999年版,第218页。

党到了差错,一定要予以纠正。无论是对于公安部门、监察部门、司法部门的管理机关,还是对于监狱和劳动改造的管理机关,我们都理应采取这个态度。"这对于健全我们的法制,对于正确处理反革命分子和其他犯罪分子,会有帮助的。"①毛泽东在讲到"百花齐放、百家争鸣"时,强调要"根据我国的宪法的原则,根据我国最大多数人民的意志和我国各党派历次宣布的共同的政治主张"②,把有利于团结全国各族人民、有利于社会主义改造和社会主义建设、有利于巩固人民民主专政、有利于巩固民主集中制、有利于巩固党的领导、有利于社会主义的国际团结和全世界爱好和平人民的国际团结,这六条原则作为人们辨别香花和毒草、判断言论和行动的是非标准,并将社会主义道路和党的领导作为其中两条最重要的原则。

此外,1957 年 3、4 月间,毛泽东、刘少奇、周恩来、邓小平等党的领导人还通过到各地视察、讲话和作报告等形式,要求党的各级干部充分认识由革命到建设的转变,深入理解和认真贯彻正确处理人民内部矛盾的方针。毛泽东在视察时的讲话中格外着重提出如何正确处理人民内部矛盾,适应党和国家工作重点转变的问题;刘少奇在阐述人民内部矛盾问题时特别强调了消除官僚主义的意义;周恩来着重阐明"长期共存、互相监督"的方针实际上是扩大民主的问题;邓小平则特别强调共产党要想避免犯大错误就必须接受监督的问题。随后,党中央即发动了以正确处理人民内部矛盾为主题的全党整风运动。

总之,这篇讲话中实际上所蕴含的新思路就是:在革命时期的大规模的急风暴雨式的群众运动式阶级斗争已经基本结束,社会主义的生产关系、经济基础和上层建筑已逐渐建构起来的情况下,党和国家所要解决的主要问题和主要的斗争方式已经发生根本性的变化,"应当转变到主要运用法律手段来对残余的反革命分子和其他犯罪分子进行有效的打击,也应当在加强思想政治工作的同时,通过完善法制的途径来调整人民内部的各种权利

① 《毛泽东文集》第七卷,人民出版社 1999 年版,第 219 页。
② 《毛泽东文集》第七卷,人民出版社 1999 年版,第 233—234 页。

义务关系"①,并意图在党和国家政治体制方面作出重要的改革,如毛泽东一再表示在适当时机不再担任国家主席,也不当党的主席,并提出了对党和国家的主席任期进行一定的限制,实际上即是对废除领导职务终身制的思考。

三、社会主义法治道路的曲折发展

在中国这样一个经济文化十分落后的国家进行社会主义法治道路的探索,不可能是一帆风顺的。1957 年夏季以后,由于党在指导思想上先后发生反右派斗争扩大化、"大跃进"和农村人民公社化,以及错误地反对"党内右倾机会主义"等"左"的错误,党对社会主义法治道路的探索也在逐步偏离正确轨道的同时而陷入困顿,最终导致"文化大革命"的严重挫折。

(一)社会主义法治道路探索的失误与缓慢推进

1957 年根据党的八大精神和党内外出现的新情况、新问题,中央决定从整顿党的作风入手,克服官僚主义、宗派主义和主观主义,正确处理人民内部矛盾。然而,随着整风运动的开展,出现了许多复杂的情况。极少数人乘机向党和新生的社会主义制度发动进攻。他们把共产党在国家政治生活中的领导地位攻击为"党天下",要求"轮流坐庄",把人民民主专政的制度说成是产生官僚主义、宗派主义和主观主义的根源。这种异常现象引起党的警觉。对极少数右派分子的进攻进行反击,对反对党的领导、反对社会主义道路的思潮进行批判,是完全必要的,也是正确的。但是,由于对阶级斗争形势作了过于严重估计,反右派斗争严重扩大化了。从法治道路探索的角度看,全党整风和反右派斗争的本意,并不是要否定八大前后开始的发扬

---

① 俞荣根:《艰难的开拓——毛泽东的法思想与法实践》,广西师范大学出版社 1997 年版,第 213 页。

社会主义民主、健全社会主义法制的正确思路。后来探索中发生的某些错误及其影响,并没有改变"五四宪法"所确立的社会主义法治建设的基本思路和框架。整体而言,由于全面开始建设社会主义的十年,党的工作在主导方面还是正确和比较正确的,因而法治道路的探索虽曾出现偏差,但还是取得了不少的成果。

1. 社会主义法治道路探索的失误

1957年夏季反右派斗争中的扩大化,是中国社会主义建设道路探索中的一个重要节点,也是法治道路探索中的一个重要节点。自此开始,法治道路的探索即因偏离八大关于"健全社会主义法制"的思路而频繁受到干扰。其主要表征是:立法缓慢导致无法可依,重政策轻法律导致有法不依和执法不严,重群众运动轻法治导致法治意识和法治观念淡漠,等等。

这一阶段,随着党和国家在指导思想上接连出现失误和"左"倾错误的发展,国家政治生活和社会秩序逐渐陷于不正常的状态,用阶级斗争、群众运动代替法治的现象不断冲击社会主义法治建设,党对社会主义法治道路的探索一再陷于停顿。一是"五四宪法"制定以来被确认的一些正确的法治原则遭到批判。在反右派斗争中,对极少数右派分子向党和社会主义制度的进攻进行反击无疑是必要的,但这些批评与意见被直接视为"反党反社会主义的言论",把许多人民内部矛盾作为敌我矛盾,这就使得正常有序的民主法治建设被极大地损害。"在这场斗争中,对社会主义法制的许多重要原则,如公民在法律上一律平等、法院独立进行审判、检察院独立行使检察权等,都当成错误的东西加以批判,把批判地吸收、借鉴历史上和外国的法律斥责为旧法观点。"①二是国家最高权力机关职能遭受削弱。十年间,全国人大及其常委会数次未能按照期限召开会议,对于国家一些重大问题的决策也未能及时提出并请求国家最高权力机关的审议和决定,多次出现全国人大未能听取与审议最高人民法院与检察院的报告,使得全国人大

①　杨一凡等主编:《中华人民共和国法制史》,社会科学文献出版社2010年版,第16—17页。

无法施行对两院的监督。由于受到各种政治运动的冲击,国家最高权力机关的立法职能也未能有效发挥。一些早应制定出来的基本法律如刑法甚至到"文化大革命"发生也没有正式制定出来,有些重要的基本法律如刑事诉讼法、民法、民事诉讼法的起草工作则最终陷于停顿。三是基层民主政权和法制建设遭受冲击和破坏。人民公社化运动使农村政权体制剧烈变化,人民公社代替乡镇政权机关实行"政社合一"的管理体制,融政治、经济、文化和军事为一个整体,工农商学兵相结合,这就在一定程度上变更了"五四宪法"对基层权力机关的相关规定,使基层人民代表大会制度名存实亡。地方各级人大都未能如期开会和进行换届选举,尤其是在部分农村和少数城市基层所开展的社会主义教育活动中,存在只讲阶级斗争,忽视法律,不仅使不少基层干部遭受了不应受到的攻击,也使民主法治建设遭受极其严重的破坏。四是司法机关和司法工作遭受严重削弱。这一时期,在重政策、轻法律,重人治、轻法治的"左"倾思想影响下,先后以"没有单独设置之必要"为由,撤销了司法部、监察部和国务院法制局等司法机构,各地的司法、监察和政府法制部门也随之撤销,而在司法实践中出现的用大辩论、大批判、群众管制等方式代替正常司法程序的现象,则导致了有法不依、以言代法局面的出现。

2. 社会主义法治道路探索失误的原因

1957年整风和反右派斗争后发生的某些错误,以及其对党和国家政治生活、经济建设和制度体制所产生的不良影响,导致了党探索社会主义法治道路逐渐偏离八大路线,并一再陷入停顿。社会主义法治道路的探索有其复杂的历史背景和主客观原因。

八大以后,毛泽东和党中央一直思考在革命时期大规模的群众性的阶级斗争已经结束的情况下,应当采取什么样的形式发展社会主义民主、调动人民群众建设社会主义的积极性的问题。在毛泽东看来,中国共产党所领导的民主革命、社会主义革命和社会主义建设都是人民的事业,都要依靠人民群众来进行。"我们的党和工人阶级要能够进一步地更好地领导全社会的改造和新社会的建设,要能够更好地调动一切积极力量,团结一切可能团结的人,并且将消极力量转化为积极力量,为着建设一个伟大的社会主义国家的目标而奋斗,必须同时改造自己。"①1957年整风的总题目是要正确处理人民内部矛盾,反对主观主义、宗派主义和官僚主义,希望通过全党整风使党的作风真正得到改进,并使党的若干领导制度得到进一步完善,毛泽东还曾考虑他辞去党和国家主要领导职务以废除领导职务终身制的问题。整风初期,党是真心实意地欢迎党外人士帮助党整风的,党也非常重视听取各方面的批评和意见。然而,始料未及的是,整风过程中,极少数的资产阶级右派分子通过所谓的"大鸣大放",对党和新生的社会主义制度进行了猛烈攻击,甚至企图取代党的领导。他们不仅将党在国家政治生活中所处的领导地位攻击为"党天下",更是公开提出要党退出机关、学校,公方代表退出合营企业,甚至妄想取代党的领导;他们尽全力去抹黑社会主义改造和建设中所取得的成就,否定社会主义制度的优越性,甚至将官僚主义、宗派主义和主观主义产生的根源归结为人民民主专政。党对极少数右派分子的进攻所采取必要的反击是完全正确的。但是,源于在长久以来猛烈的阶级斗争历史形成的政治经验,党的领导人还是习惯性地作出了有很大一批右派分子向党和社会主义猖狂进攻的判断,从而使党再度走上革命时期大规模群众性政治运动的熟路,把思想和言论有着某些片面性但却是真诚地帮助党整风的人错当成"右派分子"来处理,把历史转变时期新出现的大量人民内部矛盾尤其是意识形态领域的人民内部矛盾,被错误地当作了敌我矛盾进行处置,造成反右派斗争被极其严重地扩大化了的不幸后果,并由此导致了党对社会主义建设道路探索的失误,致使党对社会主义法治道路探索的正确思路发生偏离。

如果说1957年的反右派斗争主要是在思想政治领域开始了对党的八大关于国内阶级斗争形势、国内主要矛盾、知识分子阶级属性等正确判

---

① 《毛泽东年谱(一九四九——一九七六年)》第3卷,中央文献出版社2013年版,第140页。

断的偏离;1958年"大跃进"主要是在经济建设领域开始了对八大关于既反保守又反冒进即在综合平衡中稳步前进的经济建设方针的偏离;人民公社化运动是对"五四宪法"所确认的我国基层经济和政治制度的改变,那么,1959年庐山会议后期对所谓"彭德怀、黄克诚、张闻天、周小舟反党集团"的错误批判和之后的"反右倾",则是对民主集中制这一党和国家基本政治制度的严重损害,最终都构成了对法治道路探索的不良影响。

社会主义法治道路探索发生失误的原因是复杂的。中国社会主义革命和建设的历史表明,在中国要走出一条反映本国国情、具有自己特色的社会主义法治道路,不能搬用西方的法治理论和实践,不能搬用苏联的法治模式和经验,也不能只靠中国共产党自己已有的一些经验。党在包括法治道路在内的社会主义建设道路的探索中,之所以会发生失误,既有其客观的原因,也有其主观上的原因。从客观上来看,苏共二十大后国外出现的一些新情况,如赫鲁晓夫通过作秘密报告的形式大反斯大林,波兰、匈牙利人民起来反对本国共产党和政府的事件,以及我国国内社会主义改造后出现的少数人闹事、右派向党和社会主义进攻等新情况,在国际共产主义运动和世界社会主义发展的历史上都是前所未有的,如何正确认识和处理这些新情况新问题,使党面临新的挑战和考验。正如《关于建国以来党的若干历史问题的决议》所指出:"在社会主义改造基本完成以后,在观察和处理社会主义社会发展进程中出现的政治、经济、文化等方面的新矛盾新问题时,容易把已经不属于阶级斗争的问题仍然看做是阶级斗争,并且面对新条件下的阶级斗争,又习惯于沿用过去熟习而这时已不能照搬的进行大规模急风暴雨式群众性斗争的旧方法和旧经验,从而导致阶级斗争的严重扩大化"[1]。从主观上来说,则是由于党在探索自己社会主义建设道路的过程中逐渐偏离八大路线,先后发生"反右派斗争扩大化""大跃进""人民公社化""反右

---

[1] 《三中全会以来重要文献选编》(下),人民出版社1982年版,第817页。

倾"等错误。从社会主义法治道路探索的角度来进行深入分析,还有党对社会主义民主与法治认识上的一些具体原因。1957 年以后,党对走自己创新道路的强烈追求与治国理政经验的严重不足,使党的主要领导人对民主和法治的认识开始陷入某种困境。早在延安时期,毛泽东在回答黄炎培关于中共能否跳出"历史周期率"时,明确提出"我们已经找到新路,我们能跳出这周期率。这条新路,就是民主。只有让人民来监督政府,政府才不敢松懈。只有人人起来负责,才不会人亡政息"①。1957 年整风以后,毛泽东对民主又有一些新的认识和思考,在党的八届三中全会上,毛泽东在改变八大关于我国社会主要矛盾的判断,重提"无产阶级和资产阶级的矛盾、社会主义道路和资本主义道路的矛盾""是当前我国社会的主要矛盾"②的同时,提出"今年这一年,群众创造了一种革命形式,群众斗争的形式,就是大鸣、大放、大辩论、大字报。现在我们革命的内容找到了它的很适合的形式"③。毛泽东虽然明确提出了"要造成又有集中又有民主,又有纪律又有自由,又有统一意志、又有个人心情舒畅、生动活泼,那样一种政治局面"④,但由于他在很大程度上还是把民主看作是一种手段,重视民主的手段性而忽视民主的目的性,未能将民主与法治紧密联系起来,"也缺乏使民主制度化、法律化的理论目标和实践方向"⑤,因而导致忽视法治的地位和作用,把法治与人治、策治、德治等形式加以混淆,而重新转回到以往主要依靠党的政策和开展群众运动推进工作的"熟路"和"老办法"。而这时对极少数资产阶级右派恶毒攻击党和社会主义制度的言行,也未能指出其是违反了宪法和

---

① 《毛泽东年谱(一八九三——一九四九年)》(修订本)中卷,中央文献出版社 2002 年版,第 611 页。

② 《毛泽东年谱(一九四九——一九七六年)》第 3 卷,中央文献出版社 2013 年版,第 223 页。

③ 《毛泽东年谱(一九四九——一九七六年)》第 3 卷,中央文献出版社 2013 年版,第 221 页。

④ 《毛泽东文集》第八卷,人民出版社 1999 年版,第 293 页。

⑤ 俞荣根:《艰难的开拓——毛泽东的法思想与法实践》,广西师范大学出版社 1997 年版,第 218 页。

法律相关规定的行为,反而不适当地肯定了他们所采用的没有任何法律依据的"大鸣""大放""大字报""大辩论"的形式,进而导致社会主义法治道路探索中的严重失误。

3. 社会主义法治道路探索缓慢推进中的主要成果

1960年冬,党中央和毛泽东开始纠正"大跃进"以来农村工作中的"左"倾错误,并决定对整个国民经济实行"调整、巩固、充实、提高"的方针。随着党中央一系列正确政策和措施的制定和执行,特别是1962年初召开的有7000余人参加的扩大的中央工作会议,对"大跃进"经验教训的初步总结,使党和国家的工作在很大程度上重新回到八大路线上来,并发生了重要的转变,社会主义建设重新出现欣欣向荣的景象。虽然,这时"左"倾错误在经济工作指导思想上仍未得到彻底纠正,而在政治和思想文化方面还有所发展。但是,由于这些错误当时还没有达到支配全局的程度,因而包括社会主义法治道路探索在内的社会主义事业仍然取得一些成就。这一阶段,社会主义法治道路探索的进展主要表现在:

一是全国人大及其常委会在大多数时间里仍然在开展活动,履行其职权。最高国家权力机关得以行使职权、发挥作用的一个基本条件就是要确保人大会议能够如期召开。在将近十年的时间里,除去1961年尚未举行、1964年三届全国人大一次会议跨年度举行之外,全国人大第一、二、三届的各次会议基本上都是依据宪法的规定举行,听取和审议通过全国人大常委会的工作报告和政府工作报告,审查并批示上一年的国家决算和当年的国家预算。另外,还对二届全国人大第一、二、四次会议中的国民经济计划作出了审查和批示,1956—1957年农业发展纲要也正是于二届全国人大一次会议所审议并通过的。以上这些,都充分表明全国人大在国家建设发展的进程中所发挥的重要作用。

二是立法工作继续受到党和国家的重视并取得进展。这一时期,党的主要领导人对国家立法工作还是较为重视的。如毛泽东1962年在听取政法工作汇报时明确指出:"刑法需要制定,民法也需要制定,没有法律不行,现在是无法无天。不仅要制定法律,还要编案例。"①刘少奇在《政法工作和正确处理人民内部矛盾》一文中也指出:"人民内部也要有法制,国家工作人员和群众也要受公共章程的约束"②。周恩来还曾明确提出了必须加强立法工作的要求,强调应当以"五四宪法"为依据,紧紧围绕国家在新的历史阶段发展经济的基本任务,围绕国家基本制度和基本社会关系开展立法活动,逐步建立和完善各个部门法律。十年间,全国人大及其常委会的立法工作虽然一度有所削弱,甚至陷入停顿状态,但还是取得了一些成绩,"据统计,从 1957 年到 1966 年 3 月,我国共制定法律、法规、法规性文件 675件"③。国务院及其各部委也制定和发布了许多行政措施和决议、命令、指示,对有关国民经济计划、基本建设、工业、农业、交通、邮电、工商行政管理、财政、金融、文教卫生、公安、司法、检察、对外贸易、外交关系等方面的事务和工作制度作了规定。

三是司法工作和社会治安管理工作仍然取得较好成绩。毛泽东在《关于正确处理人民内部矛盾的问题》一文中强调:"人民中间的犯法分子也要受到法律的制裁"④。这一时期,人民法院依照宪法和法律的规定正常开展工作,依照法律对许多刑事、民事案件进行审理。在这十年期间,经全国各级人民法院审判的刑事案件共 582 万余件、审结民事案件 481.91 万件,对于审判和特赦释放日本战争罪犯、特赦释放国内战争罪犯和其他罪犯,不仅取得了巨大成功,并在国内外产生了重大影响⑤。人民检察机关和公安机关也积极配合相关部门,严厉打击各种刑事犯罪分子的破坏行为,使社会治安状况保持整体良好,有效地保障了人民群众正常的生产、学习和生活秩序。

---

① 《毛泽东年谱(一九四九——一九七六年)》第 5 卷,中央文献出版社 2013 年版,第 94 页。

② 《刘少奇选集》下卷,人民出版社 1984 年版,第 452 页。

③ 蒋传光等:《新中国法治简史》,人民出版社 2011 年版,第 31 页。

④ 《毛泽东文集》第七卷,人民出版社 1999 年版,第 207 页。

⑤ 参见杨一凡等主编:《中华人民共和国法制史》,社会科学文献出版社 2010 年版,第 16 页。

（二）社会主义法治道路探索中的严重挫折与教训

从1966年5月中共中央通过并下发《中国共产党中央委员会通知》（即"五一六通知"），标志"文化大革命"的正式开始，到1976年党中央一举粉碎"四人帮"、结束"文化大革命"，十年间，我国社会主义法治遭到全面破坏，社会主义法治道路的探索遭受严重挫折。但是，"文化大革命"期间，党和人民同"左"的错误的斗争一直没有停止过，因而使"文化大革命"的破坏受到一定程度的限制，社会主义建设仍然在一些重要领域取得进展。

1."文化大革命"的发动及其对法治的全面破坏

毛泽东作为一个执政的无产阶级政党领袖，其发动"文化大革命"主要考虑的是防止资本主义复辟、寻求中国自己的建设社会主义的道路。必须看到的是，社会主义基本制度建立以后，特别是苏共二十大以后，毛泽东不断观察和思考新兴的社会主义社会现实生活中的问题，极为关注艰难缔造的党和人民政权的巩固，高度警惕资本主义复辟的危险，为消除党和政府中的腐败和特权、官僚主义等现象，进行不断探索和不懈斗争。但是，由于对社会主义社会的建设发展规律认识不清楚，由于"左"的错误在理论和实践上的累积发展，很多关于社会主义建设的正确思想没有得到贯彻落实，最终酿成了内乱。

毛泽东发动"文化大革命"的主要论点是："一大批资产阶级的代表人物、反革命的修正主义分子，已经混进党里、政府里、军队里和文化领域的各界里，相当大的一个多数的单位的领导权已经不在马克思主义者和人民群众手里。党内走资本主义道路的当权派在中央形成了一个资产阶级司令部，它有一条修正主义的政治路线和组织路线，在各省、市、自治区和中央各部门都有代理人。过去的各种斗争都不能解决问题，只有实行文化大革命，公开地、全面地、自下而上地发动广大群众来揭发上述的黑暗面，才能把被走资派篡夺的权力重新夺回来。这实质上是一个阶级推翻一个阶级的政治大革命,以后还要进行多次。"①这些主要观点集中体现在"五一六通知"和党的九大政治报告中,并被称为"无产阶级专政下继续革命的理论"。历史已经证明,这些主要论点既不符合马克思列宁主义,也不符合中国实际,完全脱离了马克思主义与中国实际相结合的正确轨道。林彪和江青等人通过"文化大革命"所形成的以夺取最高权力为阴谋的反革命集团,在违背毛泽东发动"文化大革命"动机的情况下做出了大量有害于党和人民的罪恶行为,是非的混淆必然导致敌我的混淆,导致党和国家正常秩序的破坏,导致给党、国家和各族人民带来严重灾难的内乱,我国初步建立起来的社会主义法治也遭到严重的破坏。

一是党对法治的正确领导一再遭到严重破坏。"文化大革命"初期,伴随八届十一中全会对党中央领导机构所进行的错误改组,使得具有"左"倾性质的个人领导取代了党中央的集体领导,个人崇拜达到前所未有的程度。林彪、江青等人以"中央文革小组"的名义加以掩盖,并借机煽动"打倒一切、全面内战",各部门各地方的党政领导机构几乎都被夺权或者改组。1969 年 4 月召开的党的九大不仅对党在这一时期所产生的错误理论与实践加以合法化,而且致使林彪、江青等人的地位进一步得到加强;林彪反革命集团所进行的以谋取最高权力和策动反革命武装政变的事件,这不仅是推翻党的一系列基本原则所带来的结果,更在一定程度上宣告了"文化大革命"理论和实践的失败,但在粉碎林彪反革命集团之后召开的党的十大,却仍然继续了九大的"左"倾错误,致使江青反革命集团的势力又得到加强;1974 年江青等人通过开展所谓"批林批孔"运动,借机进行反党篡权活动,遭到毛泽东的严厉批评,而在周恩来病重、毛泽东开始支持邓小平主持中央日常工作,在一定程度上使形势大为好转之后,毛泽东发动了所谓"批邓、反击右倾翻案风"运动,致使全国再次陷入混乱。十年间,党和国家政治生活的运转,全凭中共中央、国务院、中央军委、中央文革小组的文件,中

---

① 《三中全会以来重要文献选编》(下),人民出版社 1982 年版,第 808—809 页。

央主要领导人的讲话以及《人民日报》《解放军报》《红旗杂志》"两报一刊"社论等非国家手段，实施国家对于政治、经济、文化诸方面事务的指导和管理，国家权力机关几乎处于被搁置状态。

二是国家权力机关和司法机关遭受严重破坏。"文化大革命"初期，党和国家组织在广泛遭受到冲击下，逐渐陷入了更为艰难的瘫痪状态，各级领导干部也遭受到大量批评与斗争。全国人大常委会从 1966 年 6 月举行第 33 次会议到 1975 年 1 月召开四届人大，在这 8 年多的时间里，未能举行一次会议，国家立法工作也陷入停滞状态。对于地方各级人大而言，这一停滞状态所持续的时间则更久，人民代表大会制度实际上也停止运行。这期间，林彪、江青反革命集团提出的"砸烂公检法"的反动口号，使公安机关、人民法院和人民检察院的工作一度停滞。而自 1967 年 1 月上海"夺权"开始建立所谓"革命委员会"，20 个月的时间，全国除台湾、香港、澳门以外的 29 个省、自治区、直辖市，都成立了集党、政、财、文、军事、审判、检察权于一身的"革命委员会"。"五四宪法"所确立的国家根本政治制度和司法体制遭到严重破坏，社会主义法治道路探索的制度成果几近丧失。

三是公民基本权利失去法治保障。"文化大革命"伊始，即采用了"大鸣、大放、大字报、大辩论"的所谓"大民主"的形式，"大民主"及后来一度盛行的"群众专政"等非法治手段，几乎完全代替了以法治为保障的真正的民主，导致大量冤假错案的发生和国家正常秩序陷入混乱。数以万计的各级领导干部被打成"叛徒""特务""走资本主义道路的当权派""反革命修正主义分子"；一大批知识分子被诬为"资产阶级反动学术权威"或"反党反社会主义反毛泽东思想"的"三反"分子，被任意批斗、侮辱人格，有的甚至被迫害致死，公民的人身自由及基本权利没有法治保障，人权遭到恣意侵犯，甚至国家主席刘少奇也被加上莫须有的罪名，横遭摧残，含冤而死。整个国家长期陷于严重的混乱状态，导致人治盛行法治遭到践踏。

四是宪法地位受到严重削弱。"文化大革命"期间，由第四届全国人民代表大会第一次会议通过的宪法即"七五宪法"，是距"五四宪法"21 年之后才制定的一部宪法。"七五宪法"继承了"五四宪法"中关于国家性质、政权组织形式等方面的基本规定和基本原则,表明尽管在"文化大革命"期间我国的社会主义事业遭到了严重的损失,但党和国家的性质并没有发生根本上的改变。"七五宪法"抛弃了"五四宪法"的基本结构和规范,将原来宪法的 106 条减少到 30 条,无论是指导思想还是具体内容都存在着诸多缺陷:在指导思想上,"七五宪法"把毛泽东关于发动"文化大革命"的主要观点写进序言,肯定了所谓"无产阶级专政下继续进行革命"的错误理论和实践,进而把宪法纳入"左"倾错误的轨道;在政治制度上,"七五宪法"规定:"全国人民代表大会是在中国共产党领导下的最高权力机关","中国共产党中央委员会主席统率全国武装力量",取消了原来设立国家主席的规定,并规定"人民行使权力的机关,是以工农兵代表为主体的各级人民代表大会",地方各级革命委员会为地方各级人民代表大会的常设机关,这就将"文化大革命"中产生的"革命委员会"用宪法的形式加以肯定,由此确认了这种畸形体制的宪法地位,严重地削弱了党对国家政权机关的领导;在经济制度上,"七五宪法"规定:"生产资料所有制现阶段主要有两种:社会主义全民所有制和社会主义集体所有制",国家严格实行"不劳动者不得食""各尽所能、按劳分配"的社会主义原则,这就肯定了不符合生产力发展水平和规律的"纯粹"的社会主义所有制和"纯粹"的按劳分配制度,实际上近乎否认了个体经济的存在;在公民基本权利和义务方面,"七五宪法"将"五四宪法"中的 13 条缩减为 2 条,取消了"公民在法律上一律平等"的宪法性原则及国家对公民基本权利的保障性规定,反而规定了"大鸣、大放、大辩论、大字报,是人民群众创造的社会主义革命的新形式。国家保障人民群众运用这种形式",这就破坏了民主集中制的原则,歪曲了人民民主专政的职能,为肆意践踏社会主义民主和法制提供了宪法依据;在司法检察制度上,"七五宪法"取消了"五四宪法"确立的人民法院独立审判制度、审判监督制度、人民陪审员制度和辩护制度,规定检察机关的职权由各级公安机关行使。"这实际上是取消了检察机关,用根本大法的形式肯定了'文化大革命'发动后检察机关被砸烂的事实。"①总之,作为"文化大革命"时期社会畸形发展的产物,"七五宪法"所作出的诸多错误规定,以国家根本法的形式助长了"左"倾错误的发展,造成了严重的恶果。

"文化大革命"持续十年,使党、国家和各族人民遭到新中国成立以来时间最长、范围最广、损失最大的挫折。党的组织、国家政权、社会主义民主和法治受到极大削弱,大批干部和群众遭受残酷迫害,全国陷入严重的政治危机和社会危机。但是,"文化大革命"期间,党和人民对"左"的错误的斗争一直没有停止过。正是全党和广大工人、农民、解放军指战员、知识分子和各级干部的抵制和斗争,使"文化大革命"的破坏受到一定程度的限制,社会主义建设在一些重要领域仍然取得一定进展。1971年我国开始执行第四个五年计划,1972年至1973年根据周恩来总理的指示,国务院采取各种措施对国民经济进行调整;在此期间,我国第一次把人口控制指标纳入国民经济发展计划,制定了第一部环境保护的综合性文件;铁道兵指战员和铁路工程建设人员在极其困难的条件下,相继建成了成昆铁路、湘黔铁路、襄渝铁路,改变了西南地区长期交通梗阻的闭塞落后状况,改造后的宝成铁路成为我国第一条电气化铁路;三线建设成果引人注目,在很大程度上改变了旧中国工业布局不平衡的状况;国防科技业绩显著,我国第一次成功进行了发射导弹、核武器的试验,成功爆炸了第一颗氢弹,成功发射第一颗人造地球卫星"东方红一号";民用科技也有突破,在生物技术方面,中国中医研究院成功提取出一种新型抗疟药青蒿素,我国在世界上首次培育成功强优势的杂交水稻;我国外交工作打开了新局面,第二十六届联合国大会以压倒性多数通过了2758号决议,恢复中华人民共和国在联合国的一切合法权利,中美关系的缓和直接推动了中日关系的改善,到1976年,同中国建交的国家已经有110多个,包括了当时世界上的绝大多数国家,我国外交所取得的成就极大地改善了中国的安全环境,拓展了中国外交活动的舞台,也为"文

_____

① 《中国共产党历史(1949—1978)》第2卷(下册),中共党史出版社2010年版,第913页。

化大革命"结束后中国的改革开放和更加积极地参与国际事务创造了有利前提,打下了基础。特别是 1975 年初四届全国人大一次会议的召开和"四个现代化"目标的重新提出,以及四届人大后邓小平在毛泽东、周恩来的支持下,全面主持中央和国务院的日常工作,大刀阔斧地进行了整顿,国内形势明显好转。

所有这些,都充分地表明即使在"文化大革命"时期,中国共产党、人民政权、人民军队和我国整个社会的性质都没有改变,"五四宪法"所确立的社会主义法治建设的基本原则也没有改变。

2. 社会主义法治道路探索的教训与启示

习近平总书记在纪念毛泽东同志诞辰一百二十周年座谈会上的讲话中指出:"在中国这样的社会历史条件下建设社会主义,没有先例,犹如攀登一座人迹未至的高山,一切攀登者都要披荆斩棘、开通道路。毛泽东同志晚年的错误有其主观因素和个人责任,还在于复杂的国内国际的社会历史原因,应该全面、历史、辩证地看待和分析。"①从社会主义法治道路探索的角度来进行分析和思考,"在我国,在人民民主专政的国家政权建立以后,尤其是社会主义改造基本完成、剥削阶级作为阶级已经消灭以后,虽然社会主义革命的任务还没有最后完成,但是革命的内容和方法已经同过去根本不同。对于党和国家肌体中确实存在的某些阴暗面,当然需要作出恰当的估计并运用符合宪法、法律和党章的正确措施加以解决,但决不应该采取'文化大革命'的理论和方法。"②"文化大革命"抛开法治的方式,用所谓"大民主"的方式去解决党和国家存在的问题,结果导致了"无法无天""全面内乱""打倒一切"的混乱局面,给党、国家和人民造成了严重灾难,也导致了社会主义法治道路探索的挫折,留下了惨痛的教训,也给予人们以深刻的启示。

第一,必须维护宪法地位和权威。宪法是国家的根本大法,具有最高的

---

① 《十八大以来重要文献选编》(上),中央文献出版社 2014 年版,第 693 页。
② 《三中全会以来重要文献选编》(下),人民出版社 1982 年版,第 811 页。

法律地位、法律权威和法律效力。"宪法与国家前途、人民命运息息相关。维护宪法权威，就是维护党和人民共同意志的权威。捍卫宪法尊严，就是捍卫党和人民共同意志的尊严。"①"五四宪法"以国家根本法的形式，确立了我国社会主义的发展道路和基本制度，反映了我国各族人民的共同意志和根本利益。宪法的生命在于实施，宪法的权威也在于实施。"五四宪法"本应成为党领导人民全面开展社会主义建设事业的最高法制依据和保障，但却因"文化大革命"完全抛开法治而使之在很大程度上丧失了其应有的地位和权威。"七五宪法"对"五四宪法"的诸多错误修改，特别是对所谓"无产阶级专政下继续革命"理论以及"大鸣、大放、大辩论、大字报""革命委员会"等形式的错误规定，则以根本法的形式肯定了"文化大革命"的错误，使宪法的地位和权威遭到极为严重的损害。

第二，必须使民主制度化与法律化。社会主义民主决定社会主义法制的内容和基础，社会主义法制是社会主义民主的鲜明体现和重要保障。社会主义民主与社会主义法制的辩证统一，是党的八大已经明确提出并形成共识的一条重要原则。"文化大革命"及其以前较长一个时期党在民主与法治关系上存在的主要问题在于许多法律仍没有制定出来，并且依旧不完备。对于过去总是将领导人说的话当作"法"，不赞成领导人的讲话就称作"违法"，致使法受到领导人的讲话的变化而改变。党只有在充分发扬社会主义民主的基础上，才能健全社会主义法制，依照宪法和法律的规定对国家事务、经济文化事业以及社会事务进行管理，确保国家的各项工作依照法律顺利进行，进一步实现社会主义民主的制度化与法律化，切实保障人民民主权利的实现。

第三，必须坚持党对法治的正确领导。"文化大革命"开始后，不仅使党的各级组织普遍受到冲击并陷于瘫痪、半瘫痪状态，而且党的各级领导干部又普遍受到批判和斗争，导致广大党员的组织生活也逐渐被停止，党的领

---

① 《十八大以来重要文献选编》（上），中央文献出版社2014年版，第87页。

导变成了党的领袖的个人专断,个人崇拜现象极度泛滥,党的民主集中制原则遭到严重破坏。"文化大革命"期间,虽然名义上所体现的是对群众的直接依靠,但在现实中则既脱离了党的组织又未能联系广大群众。由于种种历史原因,主要体现在党在指导思想上所产生的"左"的错误以及长期以来我国欠缺的民主法治的传统,导致党并未能及时地将党内民主和国家政治生活的民主加以制度化、法律化,或者已然制定了法律却未能树立起应有的权威性。"文化大革命"中一度出现的"踢开党委闹革命""砸烂公检法"等极端言行,既违背了宪法、法律和党章的规定,严重损害了党对社会主义事业的正确领导,也使党脱离了领导人民制定、实施宪法和法律,确保党自身在宪法和法律范围内活动的正确轨道,导致了党的领导与社会主义法治的割裂,阻碍了党对社会主义事业的正确领导,阻碍了社会主义法治的健康发展。

新中国成立后,社会主义法治道路的艰辛探索、缓慢推进和挫折失误的历史表明,在中国这样一个经济、政治、文化十分落后的国家,要走出一条自己的社会主义法治道路,既不能照搬西方资本主义的法治经验,也不能照搬苏联社会主义法治模式,也不能延续自己缺乏法治支撑的"过去熟习而这时已不能照搬的进行大规模急风暴雨式群众性斗争的旧方法和旧经验"①,只能另辟蹊径,继续探索既适合本国国情和实际,又反映科学社会主义的基本原则、体现人类文明成果的法治道路。

---

① 《三中全会以来重要文献选编》(下),人民出版社 1982 年版,第 817 页。

第五章　成功开创:中国特色社会主义 法治道路探索的历史性转折

　　"文化大革命"是在探求中国自己的社会主义道路的历程中遭到的严重挫折。中国共产党依靠自己的力量,最终自己纠正了这一严重错误。1976 年 10 月 6 日晚,华国锋、叶剑英等代表中央政治局,执行党和人民的意志粉碎"四人帮",结束了"文化大革命",社会秩序得以恢复,党和国家的工作开始重新走上健康发展的轨道。国内外发展大势要求中国共产党尽快就关系党和国家前途命运的大政方针作出政治决断和战略抉择。1978 年 12 月召开的党的十一届三中全会,是新中国成立以来的党的历史上一次具有深远影响的伟大转折,也是党探索中国特色社会主义法治道路的伟大转折。从《十一届三中全会公报》明确了邓小平于会前所提出的"为了保障人民民主,必须加强社会主义法制,使民主制度化、法律化"①的社会主义法治思想,到党的十五大明确提出依法治国、建设社会主义法治国家的基本方略,再到党的十六大明确提出党的领导、人民当家作主和依法治国三者的有机统一是建设社会主义法治国家必须始终坚持的政治方向。党的十七大更是提出确立社会主义法治理念,社会主义法治道路的探索实现了历史性伟大转折,成功开辟和拓展了中国特色社会主义法治道路并取得法治建设历史性的重大成就。

---

① 《三中全会以来重要文献选编》(上),人民出版社 1982 年版,第 11 页。

一、社会主义法治道路的伟大转折

新时期,邓小平带领全党开创中国特色社会主义道路的进程中,始终重视法、法制和法治建设,形成了内容丰富的邓小平社会主义法治思想,对于党在社会主义民主法制建设指导思想上实现拨乱反正,社会主义法治道路探索指导思想发生根本转变,开启中国特色社会主义法治道路探索的意义重大。

(一)社会主义法治道路探索指导思想的拨乱反正

"文化大革命"的十年,我国社会主义建设事业遭受了前所未有的重大摧残。在这十年期间,尽管在全局上毛泽东是维护并坚持"文化大革命"的过错,但对林彪、江青两个反革命集团的乘机作乱和极左思潮的危害也有一定的认识,制止和纠正过某些具体的错误,还保护过一些党的领导干部并使之重新回到重要岗位;由于党的各级领导干部和广大工人、农民、解放军指战员、知识分子、爱国民主人士、爱国华侨以及各民族各阶级的群众,在热爱祖国和拥护党、拥护社会主义的立场上,绝大多数都没有过动摇,并经过不同的曲折道路而逐渐觉醒,以不同方式对"文化大革命"进行抵制和抗争。所有这些,不仅使我国的社会主义建设在遭受严重挫折的情况下仍然取得了一定进展,而且为党在后来粉碎"四人帮"、结束"文化大革命",开辟社会主义现代化建设的新时期,从而为社会主义法治道路的重启奠定了重要基础。

1. 社会主义法治道路探索的缓进与徘徊

从 1976 年 10 月到 1978 年底,从"四人帮"被粉碎到党的十一届三中全会的召开,由于"文化大革命"所造成的混乱局面逐渐得到扭转,新的历史性的伟大转折得以实现,新时期发展社会主义事业的重要阶段得以开辟。粉碎"四人帮"、结束"文化大革命",挽救了国家、挽救了党,为社会主义现代化建设创造了必要的条件，也为重新开始社会主义法治道路的探索提供了重要契机。

粉碎"四人帮"后，各级党组织按照党中央的统一部署，积极开展揭批"四人帮"的斗争，并着手解决"文化大革命"所造成的各方面的混乱，推动国家经济建设和各方面工作逐步走上正轨，取得许多成绩。1977年召开的党的第十一次全国代表大会，正式宣告了长达十年的"文化大革命"的结束。党的十一大提出了动员一切积极因素，团结一切可以团结的力量，为在本世纪内把我国建设成为伟大的社会主义强国而奋斗的基本要求。为克服"文化大革命"所造成的混乱，恢复和坚持社会主义民主与法制的原则，以适应新时期社会主义现代化建设对法治的要求。

1978年第五届全国人民代表大会第一次会议通过了宪法（以下简称"七八宪法"）。"七八宪法"对"七五宪法"作了较大修改，恢复了"五四宪法"对我国社会主义制度的大部分规定：一是"七八宪法"废除了"七五宪法"中关于"人民行使权力的机关，是以工农兵代表为主体的各级人民代表大会"，以及"全国人民代表大会是在中国共产党领导下的最高国家权力机关"的规定，重新确认了人民代表大会作为国家权力机关的地位，规定"人民行使国家权力的机关，是全国人民代表大会和地方各级人民代表大会"，"全国人民代表大会是最高国家权力机关"[1]，这就在很大程度上消除了"文化大革命"对宪法的不良影响。二是"七八宪法"废除了"七五宪法"中"国务院即中央人民政府"的规定，重新恢复"五四宪法"对国家行政机关的规定，即"国务院即中央人民政府，是最高国家权力机关的执行机关，是最高国家行政机关"[2]。这就进一步明确了国务院同最高国家权力机关和地方行政机关的关系，恢复了国家行政机关的地位和有关职权。三是"七八宪法"重新恢复了人民检察院的设置，规定："最高人民检察院对于国务院所属各部门、地方各级国家机关、国家机关工作人员和公民是否遵守宪法和

---

[1] 《中华人民共和国宪法》，《人民日报》1978年3月8日。
[2] 《中华人民共和国宪法》，《人民日报》1978年3月8日。

法律,行使检察权。地方各级人民检察院和专门人民检察院,依照法律规定的范围行使检察权"①,这就基本上恢复了正常的司法体制。四是"七八宪法"恢复了"公民有进行科学研究、文学艺术创作和其他文化活动的自由",规定:"公民在权利受到侵害的时候,有权向各级国家机关提出申诉"②,基本恢复了"五四宪法"中公民基本权利和义务的规定。五是"七八宪法"规定:"国家坚持社会主义的民主原则,保障人民参加管理国家,管理各项经济事业和文化事业,监督国家机关和工作人员"③。全国人民代表大会的重要职权之一是"监督宪法和法律的实施",地方各级人大也要在本行政区域内"保证宪法、法律、法令的遵守和执行"④,从而把社会主义民主和法制建设摆到重要位置。当然,由于"七八宪法"是在粉碎"四人帮"以后仅仅一年多的时间颁布的,这时党的正确的思想路线、政治路线和组织路线还没有完全得到确立,因而"七八宪法"难免存在着继续肯定"文化大革命"的错误理论和实践、继续把"大鸣、大放、大辩论、大字报"作为公民的基本权利、依旧将地方各级人民政府规定为"地方各级革命委员会"等明显违背宪法精神的错误,以致"七八宪法"颁行后不久就不得不修改。

粉碎"四人帮"后,党和人民对国家从困境中奋起充满着希望,同时对纠正"文化大革命"错误的要求也日益强烈。然而,由于党在当时所面临的重建党的组织和各级政权机关、恢复党和国家政治生活正常秩序的任务极为艰巨,也由于当时党中央主要负责人在指导思想上仍然继续肯定"文化大革命"的错误理论和实践,拨乱反正的工作遇到了阻碍,导致法治道路的探索与整个党和国家的工作一样,也处于徘徊不前的局面。

2. 社会主义法治道路探索指导思想的根本转变

早在1975年,在个人崇拜之风严重存在并盛行的情况下,邓小平在《各

---

① 《中华人民共和国宪法》,《人民日报》1978年3月8日。
② 《中华人民共和国宪法》,《人民日报》1978年3月8日。
③ 《中华人民共和国宪法》,《人民日报》1978年3月8日。
④ 《中华人民共和国宪法》,《人民日报》1978年3月8日。

方面都要整顿》的讲话中鲜明阐述了这一重要问题。他认为，从当前来看，问题就在于如何去宣传毛泽东思想，并强调毛泽东思想有着十分丰富的内容，是一套系统完整的体系，而不是把毛泽东思想简单的归结为"老三篇""老五篇"，将毛泽东同志的其他经典著作都抛弃，更不能仅抓住其中一两句话或一两个观点，就对其进行片面的宣传。"割裂毛泽东思想这个问题，现在实际上并没有解决。"①粉碎"四人帮"后，当时尚未恢复工作的邓小平即尖锐地指出："'两个凡是'不行"②，"马克思、恩格斯没有说过'凡是'，列宁、斯大林没有说过'凡是'，毛泽东同志自己也没有说过'凡是'。"③这就是说，"两个凡是"不符合马克思列宁主义，也不符合毛泽东思想，这就在实际上为包括法治道路探索在内的党的指导思想上的拨乱反正奠定了重要的思想基础。

随着揭批"四人帮"斗争的深入和各条战线拨乱反正工作的展开，党内外许多干部群众越来越深刻地认识到，要彻底纠正"文化大革命"以来所造成的思想混乱，必须首先解决判定历史是非的标准问题，以及与之紧密相关的如何看待"文化大革命"的错误和毛泽东思想的问题。1978 年 5 月 11日，《光明日报》刊登特约评论员文章《实践是检验真理的唯一标准》，文章重申了马克思主义认识论和毛泽东本人关于社会实践是检验真理的唯一标准的基本原理和重要思想，实际上是从思想路线的角度对"两个凡是"错误观点的批判，也触及了盛行多年的思想僵化和个人崇拜现象，文章引发了关于真理标准问题的大讨论。邓小平等一大批老一辈革命家在不同场合、从不同角度反复强调要恢复和坚持毛泽东倡导的实事求是的基本原则，恢复和发扬党的解放思想、实事求是的优良传统，使这场讨论从思想理论界扩大到党、政、军及社会各界，成为一场全国范围的马克思主义的思想解放运动，为党的十一届三中全会的召开做了必要的思想准备。

---

① 《邓小平文选》第二卷，人民出版社 1994 年版，第 37 页。
② 《邓小平文选》第二卷，人民出版社 1994 年版，第 38 页。
③ 《邓小平文选》第二卷，人民出版社 1994 年版，第 39 页。

1978 年 12 月，邓小平在中央工作会议闭幕会上发表了《解放思想，实事求是，团结一致向前看》的重要讲话，这一讲话实质上成为之后召开的党的十一届三中全会的主题报告。其中，邓小平鲜明地提出了"解放思想，开动脑筋，实事求是，团结一致向前看"①。首先是解放思想。为正确的以马列主义、毛泽东思想为指导，解决历史遗留的问题，解决新产生的问题，改革由于生产力迅速发展造成的不相适应的生产关系和上层建筑，并依据实际情况确定四个现代化的具体道路、方针、方法和措施的前提就是要解放思想。他认为，无论是对于党和国家，还是对于一个民族来说，如果只是从本本出发，思想僵化，迷信盛行，那么就无法获得前进，甚至导致亡党亡国。他强调："实事求是，是无产阶级世界观的基础，是马克思主义的思想基础。过去我们搞革命所取得的一切胜利，是靠实事求是；现在我们要实现四个现代化，同样要靠实事求是。"②讲话在系统阐述解放思想、实事求是思想路线的同时，还特别指出了加强社会主义民主和法制的极端重要性，"为了保障人民民主，必须加强法制。必须使民主制度化、法律化"③。他的这一重要讲话为随后召开的党的十一届三中全会重新确立党的马克思主义思想路线、政治路线和组织路线，进而为创造社会主义现代化建设的新局面作出了重大贡献，并为社会主义法治道路探索指导思想的根本转变提供了必要的前提。党的十一届三中全会结束了粉碎"四人帮"之后党的工作缓进徘徊的困难局面，实现了党在新中国成立以来的历史性的伟大转折，开启了我国改革开放的新时期，开创了社会主义法治道路探索的新阶段。

3. 邓小平社会主义法治思想的主要内容

邓小平社会主义法治思想，不仅是其建设有中国特色社会主义思想的组成部分，也是我国法治道路在改革开放最初推行时期所取得的标志性的理论成果。从 1978 年邓小平在党的十一届三中全会前中央工作会议上发

---

① 《邓小平文选》第二卷，人民出版社 1994 年版，第 141 页。
② 《邓小平文选》第二卷，人民出版社 1994 年版，第 143 页。
③ 《邓小平文选》第二卷，人民出版社 1994 年版，第 146 页。

表的重要讲话中重申八大关于发展社会主义民主、健全社会主义法制的重要思想,到1992年他在南方谈话中再次强调"还是要靠法制,搞法制靠得住些"①,以邓小平社会主义法治思想的比较完整的形成为标志,党围绕着为什么必须加强社会主义法治、我们应当建设什么样的社会主义法治,以及怎样建设社会主义法治等重要问题,逐步取得了党对社会主义法治认识上的重大跨越,形成了对社会主义法治道路进行探索的重要理论成果。这一思想的形成,是他在新时期对苏联和其他社会主义国家社会主义建设正反两方面历史经验的深入思考的结果,是在拨乱反正的基础上对我国社会主义法治道路探索的历史经验尤其是"文化大革命"中社会主义法治建设所遭受的极为严重的惨重教训进行系统总结的结果,是对十一届三中全会以来社会主义法治建设新经验、新创造的升华,也适应了改革开放和社会主义现代化对于法治建设的迫切需要。

邓小平社会主义法治思想具有丰富的理论内涵,构成了一个较为完整的体系。

一是正确认识和解决党的领导与法治的关系。针对以往我们将领导人说的话当作"法",将否定领导人说的话就叫作"违法",法的改变随着领导人讲话的改变而改变的情况,以及"在加强党的一元化领导的口号下,不适当地、不加分析地把一切权力集中于党委,党委的权力又往往集中于几个书记,特别是集中于第一书记,什么事都要第一书记挂帅、拍板。党的一元化领导,往往因此而变成了个人领导"②的现象,邓小平指出:"国要有国法,党要有党规党法。党章是最根本的党规党法。没有党规党法,国法就很难保障"③。他还明确提出"属于法律范围的问题,要用法制来解决,由党直接管不合适""党干预太多,不利于在全体人民中树立法制观念"④的重要观点。

---

① 《邓小平文选》第三卷,人民出版社1993年版,第379页。
② 《邓小平文选》第二卷,人民出版社1994年版,第329页。
③ 《邓小平文选》第二卷,人民出版社1994年版,第147页。
④ 《邓小平文选》第三卷,人民出版社1993年版,第163页。

在邓小平看来,要在党的领导下有步骤、有领导地进行社会主义法制建设,"实现民主和法制,同实现四个现代化一样,不能用大跃进的做法,不能用'大鸣大放'的做法。就是说,一定要有步骤,有领导。否则,只能助长动乱,只能妨碍四个现代化,也只能妨碍民主和法制"①,等等。这些重要观点,初步回答了党应该如何认识和处理党的领导与法治之间的关系,为党领导社会主义法治建设指出了正确方向。

二是正确认识和解决社会主义民主与法治的关系。改革开放初始,邓小平当即提出了"为了保障人民民主,必须加强法制。必须使民主制度化、法律化"②的任务。随后,他在会见美籍华人李政道和美国最高法院首席大法官沃伦·伯格等的谈话中,先后明确提出"搞民主没有纪律不行,没有法治不行。民主和法治是统一的"③"我们提倡民主,加强民主,同时强调加强社会主义法制,把法制建设提到重要地位"④"要使我们的宪法更加完备、周密、准确,能够切实保证人民真正享有管理国家各级组织和各项企业事业的权力,享有充分的公民权利"⑤等重要观点。这就在实际上表达了党在新时期要将法治与民主一起放在治国理政的重要位置上。基于对社会主义民主和法治建设历史经验教训的系统总结和现实需要的深入思考,邓小平对当时我国为什么必须加快健全社会主义法制、为什么要实现党的执政方式从人治到法治的根本性转变,进行了不懈的理论探索,为正确认识和解决社会主义民主与法治的关系,确立社会主义法治在国家政治生活中的重要地位创造了重要的前提和条件。

三是正确认识和解决人治与法治的关系。针对党内过去一个时期"家

---

① 《邓小平文选》第二卷,人民出版社 1994 年版,第 257 页。
② 《邓小平文选》第二卷,人民出版社 1994 年版,第 146 页。
③ 《邓小平年谱(一九七五——一九九七)》(上),中央文献出版社 2004 年版,第 505 页。
④ 《邓小平年谱(一九七五——一九九七)》(下),中央文献出版社 2004 年版,第 767 页。
⑤ 《邓小平文选》第二卷,人民出版社 1994 年版,第 339 页。

长制"盛行，"一言堂、个人说了算，集体做了决定少数人不执行"①等现象，邓小平明确提出要靠法治、不要靠人治的重要思想。他清醒地认识到，把党和国家的希望放在一两个人身上是人治的集中表现，对党和国家的发展和稳定十分不利，多次指出这一问题的严重危害性。邓小平认为，夸大一个人的作用存在极大的危险，党的稳定和国家的发展无法建立在党内少数人的声望之上，因此还是必须将国家的长治久安和党的发展壮大建立在法治的基础上，除此之外，还要以党和国家领导体制的改革促进社会主义民主与法治的机制体制的完善，这就为消除导致人治产生的种种弊端，彻底解决人治与法治的关系问题提供了重要思路。

四是明确提出了社会主义法治建设的基本方针。早在党的十一届三中全会前中央工作会议上的讲话中，邓小平在讲到加强社会主义法治建设的重要性时即首先明确提出了"有法可依、有法必依、执法必严、违法必究"的社会主义法治建设的基本方针。他认为，对于刑法、民法、诉讼法和其他各种必要的法律的制定应当集中更大的力量，如工厂法、人民公社法、森林法、草原法、环境保护法、劳动法、外国人投资法等，要经由民主程序进行讨论通过，并强化检察机关和司法机关，要做到有法可依、有法必依、执法必严、违法必究。他反复强调法律面前人人平等。在《目前的形势和任务》的讲话中，邓小平进一步指出："我们要在全国坚决实行这样一些原则：有法必依，执法必严，违法必究，在法律面前人人平等"②。他把法律面前人人平等看作社会主义法制的基本原则。在同年召开的中央政治局扩大会议上，邓小平再次强调指出："公民在法律和制度面前人人平等，党员在党章和党纪面前人人平等。人人有依法规定的平等权利和义务，谁也不能占便宜，谁也不能犯法。不管谁犯了法，都要由公安机关依法侦查，司法机关依法办理，任何人都不许干扰法律的实施，任何犯了法的人都不能逍遥法外"③。邓小平

---

① 《邓小平文选》第二卷，人民出版社 1994 年版，第 360 页。
② 《邓小平文选》第二卷，人民出版社 1994 年版，第 254 页。
③ 《邓小平文选》第二卷，人民出版社 1994 年版，第 332 页。

提出的社会主义法治建设的十六字方针,在之后被写入了十一届三中全会公报与党的许多重要文件中,它囊括了党在法治建设的进程中对立法、执法、司法和普法等的基本要求,为社会主义法治道路的拓展提供了具有深远指导意义的理论和实践框架。

此外,邓小平还明确提出了要加快立法、逐步完备国家法律体系,抓好法制宣传教育、树立法治观念,以及要重视和加强法学研究和法学教育等重要思想。他强调指出:"现在的问题是法律很不完备,很多法律还没有制定出来。""当务之急就是尽快制定出国家和社会需要的法律。"①"应该集中力量制定刑法、民法、诉讼法和其他各种必要的法律。"②"法制观念与人们的文化素质有关……加强法制重要的是要进行教育,根本问题是教育人。法制教育要从娃娃抓起"③,"要讲法制,真正使人人懂得法律,使越来越多的人不仅不犯法,而且能积极维护法律"④。法制教育的一个重要方面是法律职业教育。他曾多次指出要重视和加强法学研究和法学教育,强调"法律院校要扩大,要发展","建设一个社会主义法制国家,没有大批法律院校怎么行呢? 所以要大力扩大、发展法律院校"。⑤

邓小平社会主义法治思想的形成具有极其重大的理论意义与实践价值。"邓小平法制思想的理论核心或基本原则就是依法治国、厉行法治。他在总结国际共产主义运动和我国革命与建设正反两方面经验的基础上,最早提出了依法治国的思想和原则,并在理论上作了全面深刻的阐述。"⑥邓小平对正确认识和解决党的领导与法治、民主与法治、人治与法治重大关系的深入思考,进一步丰富和发展了马克思主义、中国化马克思主义的法治

① 《邓小平文选》第二卷,人民出版社 1994 年版,第 146 页。
② 《邓小平文选》第二卷,人民出版社 1994 年版,第 146 页。
③ 《邓小平文选》第三卷,人民出版社 1993 年版,第 163 页。
④ 《邓小平文选》第二卷,人民出版社 1994 年版,第 254 页。
⑤ 彭真:《论新时期的社会主义民主与法制建设》,中央文献出版社 1989 年版,第 288 页。
⑥ 蒋传光:《邓小平法制思想概论》,人民出版社 2009 年版,第 34 页。

思想,成为中国特色社会主义法治理论形成的重要思想理论基础;他关于社会主义法治建设基本方针及一系列重大举措的提出和实施,有力地推进了新时期社会主义法治建设的恢复和发展,为党在后来提出依法治国、建设社会主义法治国家基本方略奠定了重要法治基础。

(二)改革开放初期社会主义法治建设的主要成果

以邓小平社会主义法治思想为引领,我国社会主义法治道路的探索在拨乱反正、改革开放中实现重大突破,取得一系列重要成果。

1. 加快立法与构建社会主义法律体系

改革开放初期,针对当时无法可依问题相当突出的情况,邓小平首先提出要做到有法可依。在邓小平关于加快立法、建立完备国家法律体系思想的指导下,以1982年第五届全国人民代表大会第五次会议通过的宪法(以下简称"八二宪法")的制定和颁行为主要标志,我国进行了大规模的立法活动。

党的十一届三中全会后不久,1979年召开的五届全国人大二次会议通过了《关于〈中华人民共和国宪法〉若干规定的决议》,规定在县级以上地方各级人民代表大会设立常务委员会,将地方各级革命委员会改为地方各级人民政府,县和县级的人民代表大会代表由选民直接选举产生,上下级人民检察院由监督关系改为领导关系。同时,会议审议通过了七部重要的法律,即《全国人民代表大会和地方各级人民代表大会选举法》《地方各级人大和地方各级政府组织法》《人民法院组织法》《人民检察院组织法》《刑法》《刑事诉讼法》和《中外合资经营企业法》,这在我国社会主义立法史上还是第一次。1980年五届全国人大三次会议取消了关于公民"有运用'大鸣、大放、大辩论、大字报'的权利"的规定。这在一定程度上缓解了宪法的正当性危机,但并没有从根本上解决宪法与社会发展之间的脱节问题,重新制定与经济社会发展相适应的新宪法已迫在眉睫。

1982年五届全国人大五次会议通过的"八二宪法",继承和发展了"五四宪法"的基本原则,全面总结了新中国成立以来我国社会主义革命和建设的基本经验,以国家根本法的形式为改革初期中国的发展进步提供了法制保障。

一是初步确立了以公有制为主体、多种所有制经济共同发展的基本经济制度。"八二宪法"规定,生产资料的社会主义公有制即全民所有制和劳动群众集体所有制是我国社会主义经济制度的基础,同时规定城乡劳动者个体经济是社会主义公有制经济的补充;在肯定国家实行计划经济的同时,规定了市场调节的辅助作用,并赋予外资企业、中外合资、中外合作企业合法地位;规定国营企业、集体经济组织在法律规定范围内经营管理的自主权。这些规定,在一定程度上开始反映改革开放以后我国在经济方面发生的重要变化,为推动改革开放的迅速展开发挥了重要的引导和保障作用。随着改革开放的逐步深入,特别是在农村废除人民公社、实行家庭联产承包为主的责任制,在城市把国有企业推入市场、进行价格改革、改变统购包销的单一流通形式,市场作用的不断扩大和逐步加强,我国的经济制度和体制都发生了明显的变化。1988年宪法修正案又对私营经济的法律地位作出保护、引导、监督和管理的规定,使我国社会主义基本经济制度得到宪法的进一步确认。

二是进一步确认了我国的根本政治制度和基本政治制度。"八二宪法"在"五四宪法"相关制度的基础上,更加深入地规定了我国人民民主专政的国体,人民代表大会的根本政治制度,共产党领导的多党合作和政治协商制度、民族区域自治等基本政治制度,改变了"七五宪法"和"七八宪法"中关于"中华人民共和国是工人阶级领导的以工农联盟为基础的无产阶级专政的社会主义国家"、关于"人民行使权力的机关,是以工农兵代表为主体的各级人民代表大会"等不当规定,扩大了全国人民代表大会常务委员会的职权,由过去的只能制定法令改变为可以制定法律之外的其他法律,并可在不与基本法律的基本原则相抵触的情况下,对基本法律作部分的补充和修改,使这一制度进一步完善。各级人大及其常委会做了大量的工作,有力地推动了社会主义民主法治建设。"八二宪法"明确取消农村人民公社政社合一的体制,首次规定"城市和农村按居民居住地区设立的居民委员会或者村民委员会是基层群众性自治组织"①,这就确立了基层群众自治制度的法律地位。

三是"八二宪法"明确规定一切国家机关和武装力量、各政党和各社会团体、各企业事业组织都必须遵守宪法和法律,执政党必须在宪法和法律范围内活动的原则,赋予了党依法执政方式的宪法地位,为改革党的领导方式、执政方式和领导制度提供了宪法依据。"八二宪法"还规定了中央和地方国家机构职权的划分应遵循在中央的统一领导下,充分发挥地方的主动性、积极性的原则,进而为国家权力的纵向配置提供了宪法依据。此外,"八二宪法"还对国家机构和领导体制作了许多新的重要规定,如恢复设立国家主席和副主席,国家设立中央军事委员会,并对国家机构组成人员的任职期限作出明确规定,取消了实际上存在的国家领导职务终身制,等等,所有这些规定,都为进一步深化政治体制改革,完善和发展中国特色社会主义民主政治提供了宪法依据。"八二宪法"还适应改革开放初期我国经济和社会发展的实际,在扩大公民基本权利、强化民主法治建设、重视教育科学文化事业、加强公民思想道德建设等方面作出相关规定,引领和保障了改革开放的顺利进行。"八二宪法"的制定与颁行,标志着法治建设的恢复工作基本完成,我国社会主义法治建设进入全面发展的新时期。

随着"八二宪法"的颁行,我国陆续制定和实施了环境保护法、中外合资企业所得税法、个人所得税法、民法通则、专利法等一系列关涉国家经济和社会发展的法律,适应了新时期经济体制改革和对外开放的现实要求,奠定了中国特色社会主义法治的制度基础。

2. 加强执法和司法,恢复与重建法治权威

改革开放初期,一方面基于复杂的历史和现实因素导致我国社会敌我

---

① 《十二大以来重要文献选编》(上),中央文献出版社 2011 年版,第 210 页。

矛盾和人民内部矛盾相互交织、错综复杂的状态;另一方面针对各种破坏安定团结政治局面的违法犯罪行为多发,以及"执法不严""违法不究"的现象突出等情况,邓小平既强调要加快立法、建立完备法律体系,又更加重视维护法律的权威和尊严,强调要学会运用法律武器解决社会矛盾和问题。这一阶段,我国法治建设的主要成就集中表现在:对林彪、江青反革命集团"两案"的审判、平反冤假错案、严厉打击经济和刑事犯罪活动。

1980年11月下旬至1981年1月下旬,国家司法机关对林彪、江青反革命集团案依法进行了历时两月之久的公开审判,这是新时期在法治领域进行拨乱反正的重要组成部分,也是新中国法治建设史上一个重要的里程碑。林彪、江青反革命集团在"文化大革命"期间结党营私,以各种政治罪名诬陷、迫害党和国家领导人,策划推翻无产阶级专政的政权;制造各种冤假错案,迫害、镇压广大干部和群众;建立反革命秘密组织,阴谋杀害毛泽东主席,策划反革命武装政变;策动上海武装叛乱。为了正确审理这一重大而又特殊的案件,五届全国人大常委会第十六次会议通过了《关于成立最高人民检察院特别检察厅和最高人民法院特别法庭检察、审判林彪、江青反革命集团案主犯的决定》,根据《决定》组成了最高人民检察院特别检察厅和最高人民法院特别法庭,依法公开对林彪、江青反革命集团进行了审判。对林彪、江青反革命集团案的依法公开审判,是新中国法治建设史上的一件大事,其意义"不仅在于清算这两个反革命集团的罪行,进一步揭露敌人、教育人民;尤其在于恢复法律的尊严,维护法制的权威,树立一个依法办事,以法治国的范例"①,其影响重大而深远。与此同时,平反长期积累的冤假错案的工作也在有条不紊地进行,并于1985年底基本结束。"据不完全统计,经中共中央批准平反的影响较大的冤假错案有30多件,全国共平反纠正了约300万名干部的冤假错案,47万多名共产党员恢复了党籍,数以千万计的无辜受牵连的干部和群众得到了解脱"②。大量冤假错案的平反以及由

---

① 《正义的判决》,《人民日报》1981年1月26日。
② 《中华人民共和国国史通鉴》第4卷,红旗出版社1993年版,第42页。

此带来社会关系的进一步调整，有力地调动了全党和全社会的积极性，促进了社会安定团结，推动了改革开放和社会主义现代化建设事业发展。

　　针对改革开放初期我国部分地区出现的诸如走私贩私、投机诈骗等经济犯罪活动多发的情况，1982年3月五届全国人大常委会第二十二次会议通过的《关于严惩严重破坏经济的罪犯的决定》，修订了《刑法》相关条款，对严重经济犯罪活动规定了更为严厉的刑罚。随后不久，中共中央、国务院又作出《关于打击经济领域中严重犯罪活动的决定》。依据这两个《决定》，各级人民法院在审判经济犯罪案件中，认真执行刑事诉讼法，坚持以事实为根据、以法律为准绳，力求做到定罪准确、量刑适当、程序合法，成效明显。从1983年到1987年，全国法院共审结严重经济犯罪案件288064件，判处人犯351376名。① 与此同时，针对我国社会治安状况尚未根本好转，刑事恶性犯罪事件大幅度增加的严峻形势，六届全国人大常委会第二次会议依据中共中央的决策通过了《关于严惩严重危害社会治安的犯罪分子的决定》和《关于迅速审判严重危害社会治安的犯罪分子的程序的决定》。从1983年9月开始，全国各级司法机关发动和依靠社会各方面广大群众，有计划有步骤地采取组织力量深入调查和侦查破案，集中搜捕依法审判，大张旗鼓地开展法治宣传等方法，对杀人、放火、爆炸、抢劫等严重刑事犯罪分子给予坚决打击。严厉打击严重刑事犯罪活动的斗争，使社会治安状况明显好转，刑事发案率迅速下降，保证了改革开放能够在一个稳定、安全的局面中进行。正如邓小平当时所指出："对于绝大多数破坏社会秩序的人应该采取教育的办法，凡能教育的都要教育，但是不能教育或教育无效的时候，就应该对各种罪犯坚决采取法律措施，不能手软。"②

　　3. 全民普法的开展与法学教育研究的恢复发展

　　改革开放初期，鉴于"文化大革命"期间法治建设遭受严重破坏，党员、干部和广大群众的法律意识、法治观念普遍淡薄的状况，邓小平和党中央格

---

　　① 《中国法律年鉴》(1989年卷)，法律出版社1990年版，第751页。
　　② 《邓小平文选》第二卷，人民出版社1994年版，第253页。

外重视法治宣传教育问题。

大规模的法治宣传教育(全民普法)的开展始于 1985 年。当年 6 月,中共中央宣传部和司法部在第一次全国法制宣传教育工作会议中联合公布了向全体公民基本普及法律常识的五年规划。同年 11 月,六届全国人大常委会第十三次会议也通过了《关于在公民中基本普及法律常识的决议》。按照全国人大常委会关于把法律交给人民,对全体人民进行法制教育,增强法制观念,使人人知法、守法、养成依法办事的观念和习惯的要求,从 1986 年开始到 1990 年,在全国范围内有领导、有组织、有计划、有步骤地实施了第一个五年普法教育规划(以下简称"一五"普法)。"一五"普法的目标是通过普及法律常识,使全体公民增强法治观念、养成守法习惯。"一五"普法的重点是各级干部特别是各级领导干部和青少年,采取多种形式进行。各级各类大、中、小学根据不同要求设置了有关法治教育的课程,向学生进行积极同违法犯罪行为作斗争的教育;党政机关、人民团体、企业事业单位采取在职学习,或举办短期法治培训班的办法进行普法;各级党校、团校、干部学校开设法治课程,向干部普及法律常识。"一五"普法还充分发挥了媒体在普法中的重要作用,通过增加法治方面的宣传报道,使广大人民群众形象具体地了解法律常识、增强法治观念。统计显示,从全国 7.5 亿的普法对象来看(占全国人口的 75%),其中有 7 亿人参与了普法学习活动,大约占到普法对象的 93%,在县团级以上的干部则有 48 万人,一般干部为 950 万人。在大、中、小学生中受到不同程度的法制教育的人数大约在 1.5 亿。如此规模宏大的法律普及运动,在世界各国都是绝无仅有的。①"一五"普法在全国范围内来看,通过广泛宣传以宪法为核心的法律法规,显著提高了公民的法治意识,依法治国的精神理念得到传播并逐渐成为共识,全社会的法治观念、依法办事观念、权利观念都有了较大提高,立法者、执法者、司法者和广大公民普遍受到了一次深入的法治教育,为改革开放和社会主义现代

---

① 参见杨一凡等主编:《中华人民共和国法制史》,社会科学文献出版社 2010 年版,第 34 页。

化建设营造了良好的法治环境。

　　法学教育和法学研究快速发展。党的十一届三中全会以后，伴随着法学教育的恢复发展，法学研究进入一个崭新的阶段，出现了过去少有的学术争鸣的良好氛围，为新时期社会主义法治建设的发展提供了有力的学术支撑。1979 年 9 月中国法律史学会成立，1982 年 7 月中国法学会成立，之后各省、自治区、直辖市相继成立了法学会，随之多个全国性法律、法学社会团体亦先后成立。这些相关学会和社团的成立，为繁荣发展法学研究、推动法治建设发挥了重要的作用。期间，有学者从法理学研究的角度将改革开放初期中国法学研究的发展概括为"十大转变"，即从政治哲学之法理学向法律科学之法理学转变；从研究方法的单一性向研究方法的复合性转变；从法的意志论向法的规律论转变；从法的批判性向法的批判性与法的继承性、法律移植相统一转变；从重政策轻法律向法律政策并重甚至治国主要依靠法律转变；从法的专政功能向法制与民主、法律与人权结合转变；从注重法的适用向法的适用与法的监督制约并重转变；从注释法学向实然法研究与应然法研究并重转变；从法与经济的一般关系论向市场经济与法制内在关联论转变；从工具性法制价值分析向依法治国的法治论转变。① 还有学者从法治基本问题的角度概括了改革开放初期法治研究的主要成果，认为改革开放以来法学界在"法的概念和本质""人治与法治""党的政策与国家法律"等问题上取得重要突破，特别是在"法的阶级性与共同性""权力监督与制约"以及立法、司法和执法中的一些实际问题上，打破了理论禁区并取得了可喜的成果②。我国法理学还对其他诸多理论与实践问题进行了探讨，并取得了一批有学术价值的研究成果。

　　中国特色社会主义法治道路以拨乱反正的完成和改革开放的不断深化为必要前提，在改革开放最初推行时期就取得了显著的成就。

---

　　① 　刘旺洪：《现代化范式与中国法理学的"理想图景"》，《北方法学》2009 年第 1 期。
　　② 　蒋传光：《新中国法治简史》，人民出版社 2011 年版，第 137 页。

二、中国特色社会主义法治道路的开启

随着改革开放和社会主义现代化建设的深入发展,以往阻碍我国国民经济进一步发展的高度集中的计划经济体制的局限性已日益显露。党对法治认识的突破是以经济体制改革的不断深化与市场经济理论的逐渐形成为重要基础的。党的十四大所明确提出的建立和完善社会主义市场经济体制为经济体制改革的目标,是在坚持邓小平建设有中国特色社会主义理论为指导的情况下确立的。以江泽民同志为主要代表的中国共产党人,在建立社会主义市场经济体制、全面推进改革开放和现代化建设的进程中,进一步推动中国特色社会主义法治建设取得一系列的重要成就,包括对社会主义民主法治建设的推进,邓小平社会主义法治思想的丰富与发展以及依法治国、建设社会主义法治国家的基本方略的提出等。

(一)依法治国基本方略的提出及其重大意义

依法治国、建立社会主义法治国家,是以江泽民同志为主要代表的中国共产党人在确立社会主义市场经济体制改革目标、科学总结改革开放以来我国社会主义民主法治建设实践经验的基础上,伴随党治国实践的不断深入而逐步提出并于党的十五大正式确立的基本方略。依法治国基本方略的提出,是党对法治认识上的一次重大飞跃,对中国特色社会主义法治道路的开辟具有十分重要的理论意义和实践意义。

1. 社会主义市场经济体制的建立与党对法治认识的突破

依法治国基本方略的提出与社会主义市场经济体制改革目标的确立是紧密联系、不可分割的。社会主义市场经济理论,不仅是对社会主义为什么必须与市场相结合、二者能否相结合以及应当怎样结合等重大问题的集中回答,更是对社会主义市场经济与法治之间的内在逻辑的深入揭示。

早在改革开放初期,邓小平在对如何更加有效地发展生产力这一问题进行深入思考的过程中，就已经提出了社会主义与市场经济的关系问题。他认为，我们原来对"什么是社会主义、怎样建设社会主义"的问题，不是完全清醒的，不少问题没有完全搞清楚，其中一个最重要的问题就是往往把计划与市场的问题，作为社会主义与资本主义制度范畴的问题加以认识。1979 年他又提出，只有资本主义的市场经济肯定是不正确的，要达到解放生产力，加速经济发展的目的，就要认识到在封建社会时期市场经济就出现了萌芽，而社会主义应当把计划经济与市场经济相结合，并不是只有资本主义可以搞市场经济，社会主义也可以。随着经济体制改革的展开和党对计划与市场关系的进一步认识，党逐渐形成了：实行计划经济、同时发挥市场调节的辅助作用；贯彻计划经济为主、市场调节为辅的原则；有计划的商品经济是在公有制基础上的社会主义经济；其体制则应该是将计划与市场内在统一的体制；"计划多一点还是市场多一点，不是社会主义与资本主义的本质区别。计划经济不等于社会主义，资本主义也有计划；市场经济不等于资本主义，社会主义也有市场。计划和市场都是经济手段"①等许多观点和论断，从根本上来看，传统的市场经济姓"资"、计划经济姓"社"的观念被破除，这就为社会主义市场经济理论以及建立社会主义市场经济体制指明了正确的方向。

在现代文明中，市场与法治被看作是两大基石。我们普遍认为，市场经济本身所具有的平等性、竞争性、法治性和开放性等特征，是顺应社会化大生产以及推动整个经济社会发展的有效机制，因而要使市场经济得到有效运行就离不开法治作为保障。市场经济进行运作的规则和原则都是通过法律具体设定的；法律不仅规范并制约着市场主体的各种行为，也成为对市场经济主体行为进行衡量的基本标准；无论是官员还是普通群众，在市场经济的条件下，都必须服从具有非人格特征的法律秩序。当代中国经济体制改革的核心，就是要建立一个既能发挥市场经济作用又具有社会主义特点的

---

① 《邓小平文选》第三卷，人民出版社 1993 年版，第 373 页。

经济体制,并且通过法律的引导、规范、保障和约束作用,进而确保社会主义市场经济体制的建立和完善以及社会主义市场经济的健康发展。"世界经济的实践证明,一个比较成熟的市场经济,必然要求并具有比较完备的法制。市场经营活动的运行、市场秩序的维系、国家对经济活动的宏观调控和管理,以及生产、交换、分配、消费等各个环节,都需要法律的引导和规范;在国际经济交往中,也需要按照国际惯例和国与国之间约定的规则办事。这些都是市场经济的内在要求。"①当代中国经济体制改革的核心,不仅在于使传统的计划经济体制转向现代市场经济体制,更要建立一个既能发挥市场经济作用又具有社会主义特点的经济体制。但这样的体制是基于坚实的法治基础之上的,这也成为加快建立社会主义市场经济体制必须解决好的极其重要的关键性问题。因而在建立社会主义市场经济体制的条件下,一定要"高度重视法制建设。加强立法工作,特别是抓紧制订与完善保障改革开放、加强宏观经济管理、规范微观经济行为的法律和法规,这是建立社会主义市场经济体制的迫切要求"②。同时,社会主义市场经济体制的建立又要求建立与之相适应的法律体系。从 1979 年至 1992 年,为适应经济体制改革和对外开放的需要,全国人大及其常委会制定了 130 多件法律。但是,由于这一法律体系是建立在计划经济体制基础之上的,因而无法适应以市场为导向的改革的需要。随着党对市场经济与法治认识的逐渐深化,与社会主义市场经济体制相适应的法律体系的逐渐建立,以及为社会主义市场经济保持健康有序发展营造良好的执法、司法与守法环境成为一个迫切的任务。

2. 依法治国基本方略的提出及其科学内涵

依法治国基本方略的提出不是偶然的。它是改革开放以来党对"什么是社会主义、怎样建设社会主义"这一基本问题不懈探索所取得的一个重要成果,也是党对法治在国家政治生活中重要地位的认识所取得的一个重

---

① 《江泽民文选》第一卷,人民出版社 2006 年版,第 511—512 页。
② 《江泽民文选》第一卷,人民出版社 2006 年版,第 236 页。

要成果。从 1989 年 9 月江泽民在中外记者招待会上正式宣布"我们一定要遵循法治的方针"，到 1994 年 12 月江泽民在中共中央第一次法制讲座上的讲话中首次提出"以法治国"，再到党的十五大正式提出依法治国的基本方略，以江泽民同志为主要代表的中国共产党人逐步形成并提出了依法治国、建设社会主义法治国家的基本方略。

　　党的十五大对依法治国基本方略的科学内涵进行了明确概括，即"依法治国，就是广大人民群众在党的领导下，依照宪法和法律规定，通过各种途径和形式管理国家事务，管理经济文化事业，管理社会事务，保证国家各项工作都依法进行，逐步实现社会主义民主的制度化、法律化，使这种制度和法律不因领导人的改变而改变，不因领导人看法和注意力的改变而改变。依法治国，是党领导人民治理国家的基本方略，是发展社会主义市场经济的客观需要，是社会文明进步的重要标志，是国家长治久安的重要保障。党领导人民制定宪法和法律，并在宪法和法律范围内活动。依法治国把坚持党的领导、发扬人民民主和严格依法办事统一起来，从制度和法律上保证党的基本路线和基本方针的贯彻实施，保证党始终发挥总揽全局、协调各方的领导核心作用"①。这一阐述深刻揭示了依法治国的科学内涵。一是党领导下的人民群众是依法治国的主体。依法治国，就是党领导人民治理国家，保证人民依法实行民主选举、民主决策、民主管理和民主监督，维护广大人民群众的根本利益。二是国家事务、经济文化事业和社会事务等是依法治国的客体和对象，涉及国家机构和国家公职人员治理和管理的各项工作，以依法治权、依法治官，杜绝权力腐败与滥用为重点工作，使国家的各项权力受到代表人民意志的法律的约束。三是建立以宪法为核心的法律体系、促进社会主义民主制度化和法律化进程是依法治国的依据和宗旨。依法治国，"最根本的是要把坚持党的领导、人民当家作主和依法治国有机统一起来"②。1999 年 3 月 14 日，全国人大通过的宪法修正案正式把"依法治国，

---

① 《十五大以来重要文献选编》（上），人民出版社 2000 年版，第 30—31 页。
② 《江泽民文选》第三卷，人民出版社 2006 年版，第 553 页。

建设社会主义法治国家"写入了宪法,这就标志着依法治国的治国方略与建设社会主义法治国家的重要目标以根本大法的形式确立下来。

党在治国理政方式上所完成的重大跨越与突破,是从"法制"到"法治"的演进中、在依法治国基本方略的提出中实现的,这不仅展现了发展社会主义民主和建立社会主义市场经济体制的必然要求,更是社会进步和国家长治久安的重要支撑。人民是国家的主体,人民在取得民主权利后,必然要求将之上升为制度和法律,并使其具有稳定性、连续性和权威性。只有依法治国、建设社会主义法治国家,才能保证人民依照法定程序实行民主选举,决定国家大事,监督国家机构以及国家公职人员的行为,实现依法行政和依法执政,开创社会安定、政府廉洁高效、全国各族人民团结和睦的政治局面;社会主义市场经济体制运行中,市场对资源配置基础性作用的发挥、国家对市场的宏观调控、市场主体的活动和对市场秩序的维护,也都离不开法律的规范、调节和保障;法治本身所具有的稳定和连续的明确性、平等和公正的公开性、严密和规范的科学性、强制和至上的权威性,决定了它是人类社会追求文明进步的重要目标和标志,依法治国意味着用法律来调整人们之间的社会关系、权利与义务关系,建立一整套完善的法律制度和法治原则,并严格依法办事;没有稳定,就没有发展。要保持社会稳定,维护国家的长治久安,最根本的办法就是实行法治。把依法治国确定为党治国理政的基本方略,这就为彻底清除人治在国家治理中的消极影响、开辟中国特色社会主义法治道路创造了必要的前提和重要条件。正如有学者所指出:"中国是一个封建历史很长的国家,历史上缺乏民主法治传统。确立依法治国基本治国方略,从人治到法制,再从'法制'到'法治',这是中国特色社会主义法治建设进程中一个具有重大意义的历史性跨越。"①

3. 依法治国与以德治国相结合

进入新世纪,在加快建设社会主义市场经济过程中,思想道德建设问题

---

① 李林:《中国的法治道路》,中国社会科学出版社 2016 年版,第 17 页。

进一步凸显。2001 年初,江泽民在全国宣传部长会议上的讲话中首次提出"以德治国"的要求,他指出:"在建设有中国特色社会主义,发展社会主义市场经济的过程中,要坚持不懈地加强社会主义法制建设,依法治国,同时也要坚持不懈地加强社会主义道德建设,以德治国"①。2002 年 5 月,江泽民在四川考察工作时又指出:"要坚持依法治国和以德治国相结合。在我国社会主义现代化建设的进程中,依法治国和以德治国都有自己的重要作用"②。党的十六大强调,依法治国要与以德治国相辅相成,"要建立与社会主义市场经济相适应、与社会主义法律规范相协调、与中华民族传统美德相承接的社会主义思想道德体系。"③这就将依法治国与以德治国相结合作为建设社会主义法治国家的重要指导思想。

马克思主义认为,法律与道德虽然是作为两种不同范畴的社会规范,但二者仍然具有内在的统一性,并且在一定条件的影响和作用下会发生相互渗透与转化。在阶级社会,法律与统治阶级道德都是上层建筑的重要组成部分,它们在本质上是一致的,不仅都体现着统治阶级自身的意志,由共同的经济基础所决定,在共同的思想基础上形成,更将社会秩序的维护以及人们思想与行为的规范作为重要手段。在古代中国,法治与德治作为维护封建统治的两种社会治理手段,一直是中国古代思想家争论不休的问题,形成了三种具有代表性的观点:一是德治为主、法治为辅的观点;二是崇尚法治但也不否认德治作用的观点;三是法治与德治并重的观点。这三种观点虽各有侧重,但都指出了德治在国家和社会治理中的不可或缺的重要作用。在当代中国,人民成为国家的主人,国家法律是广大人民共同意志和利益的体现,法律与道德有共同的经济基础和政治基础,具有本质上的一致性。德与法、德治与法治,作为中国传统文化的重要概念和范畴,其内容既有精华

---

① 《十五大以来重要文献选编》(中),中央文献出版社 2001 年版,第 1587 页。

② 《江泽民论有中国特色社会主义》(专题摘编),中央文献出版社 2002 年版,第 337 页。

③ 《江泽民文选》第三卷,人民出版社 2006 年版,第 560 页。

也有糟粕,坚持走中国特色社会主义法治道路、建设社会主义法治国家,不仅要借鉴国外法治的有益经验,更要深入汲取中华优秀传统法律文化的精华。

法治与德治,虽然都是社会调控的重要手段,但由于其在社会治理中所处的地位不同,作用也有所不同。"法律和道德作为上层建筑的组成部分,都是维护社会秩序、规范人们思想和行为的重要手段,它们相互联系、相互补充。法治以其权威性和强制手段规范社会成员的行为。德治以其说服力和劝导力提高社会成员的思想认识和道德觉悟。道德规范和法律规范应该相互结合,统一发挥作用。"①社会主义法治国家的建设将以德治国与依法治国的联系作为重要指导思想,对中国特色社会主义法治道路的开辟仍具有重要的意义和价值。

(二)社会主义法治国家建设的主要成就

通过建立社会主义市场经济体制、提出依法治国的基本方略,极大地推动了我国社会主义现代化建设,也有力地促进社会主义法治国家建设取得一系列重要成就。

1. 社会主义市场经济法律体系的初步建立

建立什么样的经济体制是中国特色社会主义的一个重大问题,也是中国特色社会主义法治道路探索中的一个重大问题。党的十四大根据改革开放和现代化实践发展的要求和邓小平关于社会主义也可以搞市场经济的思想,特别是 1992 年初南方谈话的精神,确定了建立社会主义市场经济体制的改革目标,从原则上指明了实现这一目标的基本途径。完备的法制是建立并完善社会主义市场经济体制的规范与保障。社会主义市场经济在宪法中的地位是在 1993 年八届全国人大常委会第一次会议通过的宪法修正案所确立的,这一修正案也成为社会主义市场经济建立和发展的宪法依据。

---

① 《江泽民文选》第三卷,人民出版社 2006 年版,第 91 页。

1993 年 4 月八届全国人大常委会第一次会议明确提出"要把加快经济立法作为第一位的任务"①,"应当对社会主义市场经济法律体系进行总体上、法理上的研究"②。同年 7 月召开的八届全国人大常委会第二次会议又进一步强调:"今后五年,是我国从旧经济体制向新经济体制转换的关键时期。建立和健全市场经济法律体系,是培育和发展社会主义市场经济不可分割的组成部分。社会主义市场经济的发展,必须有法律来引导、规范、保障和约束。"③同年 11 月,党的十四届三中全会通过的《关于建立社会主义市场经济体制若干问题的决定》提出,"要高度重视法制建设,做到改革开放与法制建设的统一,学会运用法律手段管理经济。法制建设的目标是:遵循宪法规定的原则,加快经济立法,进一步完善民商法律、刑事法律、有关国家机构和行政管理方面的法律,本世纪末初步建立适应社会主义市场经济的法律体系"④。这次会议所提出的社会主义市场经济法律体系的科学命题,以及对我国社会主义市场经济体制基本框架的确立,不仅进一步深化了党对社会主义市场经济与社会主义法治的认识,更进一步促进了其完整体系的形成。

要通过制定涉及内容十分广泛以及数量众多的法律才能建构起社会主义市场经济法律体系的框架。当时急需出台的:一是市场主体得以规范的法律,通过公司法、会计法等,不仅确保市场主体在权利和义务的规定上受到法律的明确和保障,而且要使其能够进行自主经营、自负盈亏、自我发展、自我约束;二是市场主体得以公平竞争的法律,如反不正当竞争法、产品质量法等;三是宏观调控以及协调经济发展方面的法律,如预算法、人民银行法和审计法,个人所得税法等;四是建立和健全社会保障制度方面的法律,如劳动法、保险法等。这一时期,我国制定了数量众多的市场经济建设必需

---

① 《十四大以来重要文献选编》(上),人民出版社 1996 年版,第 251 页。
② 《十四大以来重要文献选编》(上),人民出版社 1996 年版,第 252 页。
③ 《十四大以来重要文献选编》(上),人民出版社 1996 年版,第 338 页。
④ 《十四大以来重要文献选编》(上),人民出版社 1996 年版,第 543—544 页。

的法律法规,包括《公司法》《合伙企业法》《个人独资企业法》《海商法》《保险法》《票据法》《证券法》《合同法》《担保法》等一大批民商事法律法规,同时还对不同时期制定的法律法规进行了修订,极大地促进了市场经济的快速健康发展。其中,《公司法》和《合同法》是最为重要的两部。与此同时,在民主政治建设方面相继制定了《国家赔偿法》《人民警察法》等,修改了《地方组织法》和《选举法》;在基础建设和环境保护方面,制定了《食品卫生法》《煤炭法》,修改了《水污染防治法》《矿产资源法》等;在维护社会治安、打击刑事犯罪方面,制定了《关于惩治生产、销售伪劣商品犯罪的决定》《关于惩治破坏金融秩序犯罪的决定》;在促进科学、教育、文化发展方面制定了《促进科技成果转化法》《职业教育法》等,从而在基本上形成了适应社会主义市场经济发展需要的法律体系的框架。

2. 司法改革初见成效

随着社会主义市场经济体制的建立和利益主体的不断多元化,司法在国家经济和社会生活中的地位日益凸显,而现行司法制度难以适应社会政治、经济发展的需要,司法改革势在必行。在司法体制改革和发展过程中,"如何合理界定司法权在国家政权结构中的位置、建立科学有序的案件管辖与审级体系、构建'有权利就有救济'的诉讼制度,成为司法体制改革的主要着眼点。"①党的十五大明确提出了"推进司法改革,从制度上保证司法机关依法独立公正地行使审判权和检察权,建立冤案、错案责任追究制度"②的任务,这就为推进司法改革指明了正确方向。

从党的十五大到党的十六大之前的司法改革,"主要实施了以强化庭审功能、扩大审判公开、加强律师辩护、建设职业化法官和检察官队伍为重点的审判方式改革和司法职业化改革"③。九届全国人大一次会议以后,各级人民法院紧紧围绕党和国家工作大局,全面加强审判和执行工作,审判职

---

① 李林等:《中国法治 1978—2018》,社会科学文献出版社 2018 年版,第 247 页。
② 《十五大以来重要文献选编》(上),人民出版社 2000 年版,第 33 页。
③ 李林等:《中国法治 1978—2018》,社会科学文献出版社 2018 年版,第 249 页。

能逐渐强化，审判领域不断拓展，审判质量和效率进一步提高。人民法院在维护国家安全和社会稳定，依法打击和惩处各类刑事犯罪；调节民事和行政关系，促进经济发展和社会进步；加强执行工作，切实维护法律权威；加强审判监督与指导，提高裁判质量等方面，发挥了重要作用。这一阶段，"最高人民法院共审结各类案件 20293 件；地方各级人民法院和专门人民法院共审结各类案件 2960 万件。"①与此同时，全国检察机关坚持公正执法、加强监督、依法办案、从严治检、服务大局的方针，认真履行宪法和法律赋予的职责，为进一步维持社会稳定，要依法严厉打击严重刑事犯罪；为进一步推进反腐败斗争的开展，要积极查办职务犯罪；加大诉讼监督力度，努力维护司法公正和法制尊严，为改革开放和社会主义现代化建设作出了重要贡献。

我国司法改革的重大意义，不仅在于保障司法公正、满足民众的司法需求，而且在于塑造法治秩序、保障依法治国基本方略的落实。司法体制改革承担着巩固和推进经济市场化、政治民主化和治国法治化的重要使命，因而成为国家政治体制改革的重要组成部分。党的十五大后，我国改革开放和社会主义现代化建设是以司法体制改革所取得的进展为重要的司法保障。

3. 全面推进依法行政

改革开放初期的政府法治建设主要是解决有法可依的问题，目标在于建立行政法律体系。1993 年 10 月，国务院发布《关于加强政府法制工作的决定》，提出要切实加强行政执法的各项工作，使各级政府及其各部门，特别是领导干部，加强法制观念，依法行政，严格依法办事，做勤政廉政、奉公守法的模范，同有法不依、执法不严、违法不究的行为，特别是同执法犯法、徇私枉法、权钱交易等腐败现象进行不懈的斗争。伴随依法治国基本方略的提出，政府法治建设以提高政府依法行政水平，从严执政，建设廉洁、勤政、务实、高效政府为主要任务。党的十五大指出："一切政府机关都必须依法行政，切实保障公民权利，实行执法责任制和评议考核制"②，这

---

① 张金才：《中国法治建设 40 年（1978—2018）》，人民出版社 2018 年版，第 252 页。
② 《十五大以来重要文献选编》（上），人民出版社 2000 年版，第 33 页。

就表明"无论是从建设社会主义法治国家的需要看,还是从当前政府机关依法行政状况和面临的新形势看,都要求我们必须坚决地、全面地推进依法行政"①。

全面推进依法行政,是贯彻依法治国基本方略的重要组成部分。行政机关作为国家权力机关的执行机关,在贯彻依法治国基本方略中负有重大责任,宪法和其他法律、法规的许多规定主要是靠行政机关来执行的。依法治国,对于政府机关及其工作人员而言,最基本的要求就是要依法行政、依法办事。全面推进依法行政,是从严治政,建设廉洁、勤政、务实、高效政府的根本要求。我国的政府法治建设在改革开放以来取得了显著的成就,依法行政也有了较大的进步,但仍存在一些问题,诸如:政府立法工作相对滞后,执法水平不高,普遍存在有法不依、执法不严、违法不究的现象,加之许多地方政府和部门少数工作人员滥用职权、执法犯法、徇私枉法的行为,这些不仅严重影响了党和政府在人民中的形象,更是极大地破坏了法制的尊严。全面推进依法行政已成为在改革和发展形势下的迫切要求。伴随社会主义市场经济发展所带来的经济和社会生活等各个方面的深刻变化,以及由此所产生的社会利益格局的变化,比过去任何时候都需要用法律、法规来规范和调整,这就对政府依法行政提出了更高的要求。

党的十五大后,随着《行政复议法》《行政许可法》等相关法律法规的颁行,以及行政审批制度改革的稳步推进,政府依法行政逐步实现了从政府法制到法治政府转变,社会主义法治建设在行政领域取得一系列重要成就。

4. 全民普法深入推进

自 1986 年开始至 1990 年截止的"一五"普法取得显著成效,为中国特色社会主义法治建设奠定了一定基础。为进一步适应社会主义经济建设和社会主义民主法治建设的要求,进一步提高广大干部群众的法治观念,为改革开放创造良好的法治环境,促进国家政治稳定、经济振兴和社会发展,自

①　《十五大以来重要文献选编》(中),人民出版社 2001 年版,第 899 页。

1991 年开始了第二个五年普法教育规划(以下简称"二五"普法)。

"二五"普法阶段成立了普法工作专门机构,普法教育以宪法为核心、以专业法为重点。除继续学习宪法、基本法律和新颁布的法律法规外,重点学习专业法律法规。各部门、各系统还根据业务需要,有重点地学习与工作、生产相关的法律知识。中央和地方各级国家机关重点学习组织法和选举法,各级党政机关重点学习有关廉政建设方面的法律法规,各级党政机关、企业事业单位和科技部门重点学习保密法,各企业、事业单位和个体劳动者重点学习国家税收方面的法律法规。"二五"普法期间,"各地方、各部门在普法教育中自觉做到了以学法促用法,以用法深化普法,依法治市、治县,依法治厂、治校、治村等各项依法治理活动得到进一步开展。到 1993 年底,全国有 29 个省、自治区、直辖市,113 个地级市,120 个县级市开展了依法治市工作,约占全国城市总数的 40%。全国约 600 多个县(区)正式开展依法治理工作。"①"二五"普法教育,使公民的宪法观念和法律意识得到了进一步提高。

经过"一五""二五"两个普法规划的实施,"三五"普法"能否在更高层次上取得突破和发展,能否得到广大干部群众的支持,目标的确定是个关键性问题"②。1996 年 2 月,江泽民在中共中央举办的法制讲座上的讲话中,在明确提出"坚持依法治国"基本要求的同时,强调指出:"加强社会主义法制建设,必须同时从两个方面着手,既要加强立法工作,不断健全和完善法制;又要加强普法教育,不断提高干部群众遵守法律、依法办事的素质和自觉性。二者缺一不可,任何时候都不可偏废","必须坚持不懈地做好法制宣传教育工作,力争在'三五'普法期间即二〇〇〇年前,使广大干部群众的法律素质有一个新的提高。"③党的十五大又提出"深入开展普法教育,增

---

① 李林等:《中国法治 1978—2018》,社会科学文献出版社 2018 年版,第 319 页。
② 张金才:《中国法治建设 40 年(1978—2018)》,人民出版社 2018 年版,第 191 页。
③ 《江泽民文选》第一卷,人民出版社 2006 年版,第 513 页。

强全民的法律意识,着重提高领导干部的法制观念和依法办事能力"①的要求。"三五"普法强调对领导干部的"普法",抓住了法治宣传教育中的"关键少数",同时坚持法治教育与法治实践相结合的原则,注重普法与依法治理的有机结合,依法治理工作取得了突破性进展,国家各项事业的管理开始步入法治化的轨道。

伴随全民普法教育的深入开展,包括领导干部、青少年、特殊社会群体以及普通民众的法治意识明显提高,初步形成了全社会学法、知法、懂法、用法的良好机制,为实施依法治国方略提供了重要保障。

三、中国特色社会主义法治道路的推进

党的十六大以来,以胡锦涛为主要代表的中国共产党人面对新世纪新阶段中国改革发展的新情况与新问题,提出并系统阐释了实施科学发展观、构建社会主义和谐社会、全面落实依法治国基本方略、加快建设社会主义法治国家、建设社会主义核心价值体系与弘扬社会主义核心价值观等一系列重大战略思想及其举措,其中蕴含的丰富法治思想,使党对法治的认识得以深化,我国法治建设取得了新的重大进展。

(一)新世纪新阶段党对法治认识的深化

进入新世纪新阶段,伴随党对科学发展、社会和谐问题认识的深入,党对中国特色社会主义法治的认识水平也在不断提升。如果说从法制到法治的变化,凸显的是法的一般性与普遍性,强调法治与德治的结合,凸显的是中国法治的特殊性,那么,把法治作为治国理政的基本方式,则凸显了法治在中国特色社会主义事业中的"基本"地位,标志着党对法治认识上的质的飞跃。以胡锦涛同志为总书记的党中央高度重视社会主义法治建设,紧紧

---

① 《江泽民文选》第二卷,人民出版社 2006 年版,第 31 页。

围绕"科学执政、民主执政、依法执政"这一重大课题,不断深化党对法治重要地位作用的认识,先后提出了依法执政、树立社会主义法治理念、法治是治国理政的基本方式等重大理念和思想,为中国特色社会主义法治理论的建构作出了新的重大贡献。

1. 坚持依法执政

依据新世纪新阶段的实际,党的十六大把"社会主义法制更加完备,依法治国基本方略得到全面落实"①作为全面建设小康社会的一个重要目标,明确提出了"坚持依法执政,实施党对国家和社会的领导"②的新要求,并强调要不断提高党依法执政的能力,善于把坚持党的领导、人民当家作主和依法治国三者统一起来。党的十六届四中全会通过的《中共中央关于加强党的执政能力建设的决定》,进一步提出"必须坚持科学执政、民主执政、依法执政,不断完善党的领导方式和执政方式"③的要求,同时强调"坚持依法执政,就要始终坚持依法治国的基本方略,坚持依法执政的基本方式,完善社会主义法制,建设社会主义法治国家,增强法制观念,严格依法办事,不断推进各项治国理政活动制度化、法律化"④。并认为这"是我们总结党执政成功经验的必然结论,也是新形势下我们党更好执政的根本要求"⑤,"依法执政这个全新的执政理念的提出,充分反映了新的社会历史条件对党的执政能力的新要求,是加强和巩固中国共产党的执政地位、推进依法治国进程的一个重大举措,丰富和发展了中国特色社会主义法治道路的基本内容。"⑥

要把坚持党的领导、人民当家作主和依法治国有机统一起来是社会主义法治国家本质属性的根本要求。党的领导是建设法治国家、实现依法治国的根本保证。依法治国,不仅不能削弱党的领导,还要进一步加强和改进

---

① 《十六大以来重要文献选编》(上),人民出版社 2005 年版,第 15 页。
② 《十六大以来重要文献选编》(上),人民出版社 2005 年版,第 26 页。
③ 《十六大以来重要文献选编》(中),人民出版社 2006 年版,第 274 页。
④ 《胡锦涛文选》第二卷,人民出版社 2016 年版,第 244 页。
⑤ 《胡锦涛文选》第二卷,人民出版社 2016 年版,第 243 页。
⑥ 公丕祥:《新中国 70 年社会主义法治建设的成就与经验》,《光明日报》2019 年 8 月 23 日。

党的领导。我们必须充分认识到,党在依法治国中所处的领导地位和重要作用,必须始终坚持党的领导,反对任何削弱甚至否定党的领导的倾向,不仅要把党的领导贯彻到依法治国的全过程,更要落实到依法治国的每个环节。对于依法治国基本方略的全面落实以及社会主义法治国家的加快建设,必须着眼于解决依法执政,不断完善党的执政方式,这是党在全国执政后始终面临的一个重大问题。依法执政,就是执政党要进入政治体制内部依法行使国家权力,而不是置身于政治体制的外部来实施自己的领导;就是执政党的一切活动都要在宪法和法律的范围内进行,实现法治化。党在社会主义革命、建设和改革的不同历史阶段,对执政方式都曾相应作出过一些调整与改革,但始终未能完成执政方式从依靠政策到依靠法治的根本转变。改革开放以来特别是进入新世纪新阶段以来,随着党对自身历史地位认识的深刻变化,党对领导方式和执政方式改革的认识也在不断深入。"党领导的改革开放既给党注入巨大活力,也使党面临许多前所未有的新课题新考验。"①针对党的执政方式改革而提出的关于依法执政的重大命题,进一步深化了党对共产党执政规律、社会主义建设规律、人类社会发展规律的认识,并在一定意上成为党提高执政能力的重要内容。

依法行政这一科学命题和重大理念的提出,并将其作为改革和完善党的领导方式、执政方式的重要举措,要求进一步改革和完善党的工作机构和工作机制,并以党总揽全局、协调各方的原则,进一步规范和协调党委与人大、政府、政协以及人民团体的关系;更要支持人大依法履行国家权力机关的职能,经由一定的法定程序,使党的主张逐渐变成国家意志,使党组织推荐的人选成为国家政权机关的领导人员,并对他们加以监督;支持政府履行法定职能,依法行政。以上这些,不仅充分反映了党对共产党执政规律认识的深化,也体现了坚持和拓展中国特色社会主义法治道路的必然要求。

2. 树立社会主义法治理念

法治理念是法治发展的内在动力。"法治理念是对法治的性质、功能、

———————

① 《十七大以来重要文献选编》(上),中央文献出版社 2009 年版,第 38 页。

目标方向、价值取向和实现途径等重大问题的系统化认识和反映，它根植于一国法治实践之中，反映法治现实，对法治实践起着指导和推动作用。"①社会主义法治理念是马克思主义法治思想中国化的理论成果，"它反映和指引着社会主义法治的性质、功能、目标方向、价值取向和实现途径，是社会主义法治的精髓和灵魂，也是立法、执法、司法、守法和法律监督的指导思想"②，是中国特色社会主义理论体系的重要组成部分，是中国共产党执政治国理念的有机组成部分。党的十七大从坚持和发展中国特色社会主义的战略高度，明确提出了要"全面落实依法治国基本方略，加快建设社会主义法治国家"的新要求，同时强调要"树立社会主义法治理念，实现国家各项工作法治化"，这就将社会主义法治理念作为全党和全社会加强中国特色社会主义法治建设的一项重要任务，标志着党对法治在社会主义现代国家建设中地位的认识又迈出了关键一步。

"社会主义法治理念"，最早出现在2005年底胡锦涛对中央政法委一份报告所作的修改中，他把报告中的"现代法治理念"修改为"社会主义法治理念"，并提出开展"社会主义法治理念教育"的要求。社会主义法治理念包含着依法治国、执法为民、公平正义、服务大局、党的领导五个方面的基本内涵，从不同方面对社会主义法治加以反映和规定，对社会主义法治的核心内容、本质要求、价值追求、重要使命和根本保证加以明确，共同构成的一个相辅相成、有机统一的整体。"依法治国"，是党在总结长期治国理政经验教训基础上提出的基本方略，它不仅是党治国理政观念上的重大转变，更是中国特色社会主义法治的核心内容，在一定程度上体现了发展社会主义民主政治的必然要求，是实现国家长治久安的重要保障；作为社会主义法治本质要求的"执法为民"，不仅是执政为民理念的具体体现，更是中国共产党始终坚持立党为公、执政为民宗旨的必然要求，它具体体现了"一切权力属于人民"的宪法原则，确保社会主义法治始终沿着正确的方向前进；作为

---

① 《社会主义法治理念读本》，中国长安出版社2009年版，第3—4页。
② 《社会主义法治理念读本》，中国长安出版社2009年版，第4页。

人类社会的共同理想以及社会主义法治的价值追求的"公平正义",既是中国共产党人的一贯主张,也是中国特色社会主义发展的内在要求;"服务大局",也就是说服务于党和国家事业发展的大局,总结了社会主义法治国家建设和法治实践的经验以及明确了社会主义法治的重要使命;"党的领导",即坚持中国共产党的领导,是实施依法治国方略、推进我国社会主义法治建设、建设社会主义法治国家的根本保证。在马克思主义法治思想与当代中国法治实践有机结合下产生的社会主义法治理念,既是社会主义法治建设经验与时代精神在新中国成立以来相互融合取得的新成果,具有鲜明的政治性、人民性、科学性、开放性等基本特征,在一定程度上反映了坚持党的领导、人民当家作主和依法治国统一的本质属性,又是高度统一、不可分割的整体,共同体现了社会主义法治建设的必然要求。

社会主义法治理念的提出,极大地丰富了中国特色社会主义理论体系中法治思想的内涵,对于推进依法治国、加快建设社会主义法治国家、保障社会主义民主法治建设的正确方向,具有重大的理论和实践意义。社会主义法治理念的凝炼和确认,极大地提高了党对"什么是社会主义法治国家""怎么样建设社会主义法治国家"重大理论和实践问题的认识。

3. 法治作为治国理政基本方式地位的确认

党的十八大在总结十六大以来党在贯彻落实依法治国基本方略、推进建设社会主义法治国家实践中对法治认识所取得的一系列新成果的基础上,明确提出"法治是治国理政的基本方式。要推进科学立法、严格执法、公正司法、全民守法,坚持法律面前人人平等,保证有法必依、执法必严、违法必究"①的新要求,这就在提出全面推进依法治国任务的同时,将党对法治在治国理政中重要地位的认识提高到了一个新的水平,实现了党治国理政方式的质的飞跃。

在当代中国,"法治是全体人民通过立法、执法、司法、法律监督、法治

---

① 《十八大以来重要文献选编》(上),中央文献出版社2014年版,第21页。

教育和实践等环节所建立起来的社会主义法律秩序,具有鲜明的阶级性和人民性。"①新中国成立 70 多年特别是改革开放 40 多年来,伴随党对中国特色社会主义法治道路的探索,党对法治在治国理政中地位的认识也经历了一个艰难曲折的过程。党在全国执政以后,特别是在社会主义基本制度建立以后,长期主要依靠党制定政策、党的干部贯彻执行党的政策,甚至靠党的领导人的言行,而不是靠国家政权机关把党的政策上升为法律,靠法律的实施、遵行来治理国家和社会,以至许多本来可以通过法治渠道解决的问题,也都未能用符合法治的方式去加以解决。在大规模的群众性阶级斗争基本结束之后,又长期沿用带有明显人治色彩的政治运动式的领导方式、执政方式,使刚刚建立起来还未能得到巩固的法治方式遭受不断的破坏,最终导致"文化大革命"时期"无法无天"的混乱状态,教训是极为沉痛的。正如有学者所指出:"由于历史的和现实的多种原因,无论在观念上,还是在实践中,混淆政策与法律的界限,重政策轻法律,甚至用'土政策'取代法律、冲击法律等现象依然存在,构成了实行依法执政、依法治国、依法行政、依法管理社会的障碍"②。因此,新时期伊始,邓小平就尖锐地提出必须加强法制,必须使民主制度化、法律化,使其不因领导人的改变而改变,不因领导人的看法和注意力的改变而改变,强调要用法律的形式来解决问题,并逐渐形成了"还是要靠法制,搞法制靠得住些"③的中国特色社会主义法治建设的大思路。

进入新世纪新阶段,我国发展呈现一系列新的阶段性特征。以胡锦涛同志为主要代表的中国共产党人,在提出实施科学发展观、构建社会主义和谐社会、全面落实依法治国基本方略、提高党的执政能力建设的过程中,不断深化对法治的认识。党把全面推进依法治国、依法执政、依法行政放在更加突出、更加重要的地位,因而也使党对法治在治国理政中重要地位的认识逐步发生根本性变化。首先,只有把法治作为深入贯彻落实科学发展观的

---

① 张文显:《社会主义法治理念导言》,《法学家》2006 年第 5 期。

② 张文显:《运用法治思维和法治方式治国理政》,《社会科学家》2014 年第 1 期。

③ 《邓小平文选》第三卷,人民出版社 1993 年版,第 379 页。

基本方式和有效载体,通过制度供给、制度导向、制度创新来解决制约科学发展的制度空白、制度缺陷和制度冲突,才能真正把科学发展建立在制度化的基础上,纳入法治化的轨道。其次,只有充分发挥社会主义法治对人民民主的根本保障作用,推进社会主义民主政治的制度化、规范化、程序化,从各层次各领域扩大公民有序政治参与,实现国家各项工作法治化,才能"把依法治国的基本方略、依法执政的基本方式和依法行政的基本准则全面落到实处,不断提高依靠法治治国、执政和行政的水平"①。再次,法治作为调节社会利益关系的基本方式,是社会公平正义的集中体现,也是构建社会主义和谐社会的重要基础,但法治的成效有一个从小到大、从隐性到显性的过程。历史经验表明,在我国这样一个发展中大国,实现政治清明、社会公正、民心稳定、长治久安,从根本上来说还是要靠法治。最后,依法执政作为党在新的历史条件下执政的基本方式,是落实依法治国基本方略的必然要求。党通过全面推进依法治国、依法执政,把党的意志和路线方针政策规范化、程序化、法律化,落实到经济、政治、文化、社会和生态文明建设、国防和军队建设等各个方面和各个环节,是党有效应对执政考验、改革开放考验、市场经济考验、外部环境考验,提高拒腐防变和抵御风险能力的必然要求。

总之,从提出坚持依法执政、不断提高党依法执政的能力,到提出不断改善党的领导方式和执政方式,再到强调法治是治国理政的基本方式,从提出树立社会主义法治理念到强调弘扬社会主义法治精神,再到把法治与民主、自由、平等、公正等价值理念一起融入社会主义核心价值观,党对法、法治和中国特色社会主义法治的认识不断提升,为中国特色社会主义法治的体系建构和实践推进奠定了极为重要的基础。

(二)中国特色社会主义法治道路继续推进取得的主要成就

1. 中国特色社会主义法律体系如期形成

中国特色社会主义法律体系是中国特色社会主义法治道路探索的标志

---

① 袁曙宏:《全面推进依法治国》,《光明日报》2012年11月22日。

性成果之一。随着党对中国特色社会主义理论和实践认识的深化，特别是党的十五大在提出依法治国、建设社会主义法治国家基本方略的同时，明确提出了到 2010 年形成中国特色社会主义法律体系的立法目标，社会主义市场经济法律体系这一过渡性的概念为中国特色社会主义法律体系概念所替代。构建中国特色社会主义法律体系过程中，国家立法机关坚持中国共产党的领导、人民当家作主、依法治国有机统一，始终围绕国家的工作重心，积极行使立法职权，有计划、有重点、有步骤地开展立法工作，多层次立法齐头并进，综合运用制定、修改、废止、解释等多种立法形式，全方位推进立法工作，既促进了立法质量的不断提高，保证了法律体系的科学和谐统一，又为保障法律规范的有效实施奠定了基础。

在中国特色社会主义理论体系指导下，全国人大及其常委会以提高立法质量为重点，全面加强立法工作，有力地推进了中国特色社会主义法律体系的形成。从九届全国人大到十一届全国人大，经过 10 余年时间的努力，终于实现了形成中国特色社会主义法律体系的目标任务。在九届全国人大任期内，相继通过了宪法修正案、立法法、村民委员会组织法的修订等；通过了合同法、婚姻法的修改、农村土地承包法、证券法等；制定了行政复议法、人口与计划生育法等；制定了税收征收管理法、政府采购法等；出台了安全生产法、预防未成年人犯罪法等；通过了有关刑法的 1 个决定、4 个修正案和 6 个解释；制定了海事诉讼特别程序法、引渡法。按照世界贸易组织（WTO）规则的要求和我国政府的承诺，在加入世贸组织前后，又及时修改了中外合作经营企业法、中外合资经营企业法、外资企业法、商标法、专利法、著作权法、海关法、进出口商品检疫法和保险法等一批法律。十届、十一届全国人大及其常委会继续重视立法工作，在总结过去立法经验、立足现实需要、着眼未来发展的基础上，提出了以立法推进社会主义和谐社会建设新的立法工作要求。这一阶段，我国立法机关在继续制定适应社会主义市场经济发展的法律法规的基础上，调整过去以经济立法为中心的立法方针，突显了以人为本、科学发展、社会和谐的立法理念，强化了保障民生、维护民权、促进民本方面的立法。立法内容更加强调经济立法、社会立法、民事立法、刑事立法等全面协调发展,程序性立法与实体性立法并重进行,及时修改和完善不符合现实需要的法律法规,有力地促进了法律体系的完善。与此同时,国务院、地方人大及其常委会根据宪法和法律规定的立法权限,通过制定大量的行政法规和地方性法规,推动了中国特色社会主义法律体系的形成。各级立法机关以维护国家法制和法律体系科学和谐统一为目标,对法律法规多次开展了清理工作。"2009 年以来,全国人大常委会、国务院、地方人大及其常委会集中开展了对法律法规的全面清理工作。全国人大常委会废止了 8 部法律和有关法律问题的决定,对 59 部法律作出修改;国务院废止了 7 部行政法规,对 107 部行政法规作出修改;地方人大及其常委会共废止地方性法规 455 部,修改地方性法规 1417 部,基本解决了法律法规中存在的明显不适应、不一致、不协调等问题。"①

经过各方面坚持不懈的共同努力,"截至 2011 年 8 月底,中国已制定现行宪法和有效法律共 240 部、行政法规 706 部、地方性法规 8600 多部,涵盖社会关系各个方面的法律部门已经齐全,各个法律部门中基本的、主要的法律已经制定,相应的行政法规和地方性法规比较完备,法律体系内部总体做到科学和谐统一,中国特色社会主义法律体系已经形成"②。国家经济建设、政治建设、文化建设、社会建设以及生态文明建设的各个方面实现了有法可依。

中国特色社会主义法律体系作为一个相对完备的法律体系,它是由法律、行政法规、地方性法规等多个层次法律规范所构成的,是基于中国国情和实际,并适应改革开放和社会主义现代化建设需要,能够集中体现党和人民意志,以宪法为统帅,以宪法相关法、民法商法等多个法律部门的法律为主干的法律体系。中国特色社会主义法律体系,"是中国特色社会主义永葆本色的法制根基,是中国特色社会主义创新实践的法制体现,是中国特色

---

① 国务院新闻办公室:《中国特色社会主义法律体系白皮书》,2011 年 10 月 27 日发表。
② 国务院新闻办公室:《中国特色社会主义法律体系白皮书》,2011 年 10 月 27 日发表。

社会主义兴旺发达的法制保障"①。它的形成,不仅体现了改革开放和社会主义现代化建设的伟大成果,而且是我国社会主义民主法治建设史上的一个重要里程碑。

2. 依法行政全面推进

新世纪新阶段,针对当时政府工作存在着的体制机制问题,以及人民群众反映比较强烈的一些突出问题,党为适应全面建设小康社会的新形势以及推进依法治国、依法执政的需要,提出了必须全面推进依法行政、建设法治政府的目标。

国务院于 2004 年 3 月颁布了《全面推进依法行政实施纲要》。以此为基础,国家将建设法治政府设定为目标,并以今后十年为期限,系统阐述了全面推进依法行政的指导思想、基本原则和基本要求,由此,一整套较为完善的依法行政制度通过现实举措和明确的任务逐步得以建立起来。随着《中华人民共和国政府信息公开条例》的颁布,政府信息公开制度的建立将我国行政法治建设向前推进了一大步。市、县两级人民政府是国家法律法规的重要执行者,是政府工作的基础部门,2008 年国务院颁布了《关于加强市县政府依法行政的决定》,对推进和加强市县政府依法行政的指导思想、基本原则和基本要求,以及主要任务和具体举措等都作了详细规定,对推进市县政府依法行政工作作出了具体的部署和安排。同年 3 月,新的国务院工作规则的制定,明确提出了要努力建设服务政府、责任政府、法治政府和廉洁政府,规定了要实行科学民主决策、坚持依法行政、推进政务公开、健全监督制度和加强廉政建设的五大准则。这些相关制度的确立及其实施,使各级政府的行政权力逐步纳入了法治化的轨道,基本形成了规范政府权力取得和运行的法律机制。与此同时,各级人民政府在改革行政管理体制、转变政府职能和管理方式以及完善行政监督制度等方面都采取了许多措施,积极推进法治政府建设。在推进依法行政的过程中,国务院及其相关部门

① 国务院新闻办公室:《中国特色社会主义法律体系白皮书》,2011 年 10 月 27 日发表。

为保障国家法律法规的统一,加强对制定法规、规章和规范性文件等抽象行政行为的监督,及时进行了行政法规的清理工作。国务院各部门,各省、自治区、直辖市和较大的市人民政府则全面清理了当时施行的部门规章和地方政府规章,"列入清理范围的 12695 件规章中,共废止 1977 件,宣布失效 196 件,修改 395 件"①,进一步提高了依法行政制度建设的质量。在加强对法规、规章备案审查的基础上,国务院还进一步健全省、市、县、乡"四级政府、三级备案"的规章、规范性文件备案体制,有力地促进了地方各级政府依法行政。各级政府推行的执法责任制在我国法治政府建设进程中发挥了重要作用。依据 2005 年 7 月国务院办公厅印发的《关于推行行政执法责任制的若干意见》的基本要求,各地区、各部门不仅依法确定了执法的岗位及其职权,而且明确要求对未能履行职责或玩忽职守、给国家和人民造成损失的单位和个人追究责任。"据不完全统计,自推行行政执法责任制以来,全国各级行政机关共追究行政执法责任 28 万多人次。"②2010 年《国务院关于加强法治政府建设的意见》的颁行,强调全面推进依法行政要以增强领导干部依法行政的意识和能力、提高制度建设质量、规范行政权力运行、保证法律法规严格执行为着力点。这一时期,行政执法体系逐步健全,执法力度加大,保证了法律法规的贯彻实施;行政管理体制改革稳步推进,政府职能和管理方式逐步转变,行政监督不断完善,各级行政机关工作人员尤其是领导干部的依法行政意识明显增强,依法行政能力有了很大提高。

3. 司法改革重点深化、系统推进

伴随社会主义市场经济的发展、依法治国基本方略的全面落实以及民众司法需求的日益增长,在改革开放不断走向深入的时期,司法制度也迫切需要进一步改革、完善与发展。在前期开展司法改革的基础上,依据党的十

---

① 杨一凡等主编:《中华人民共和国法制史》,社会科学文献出版社 2010 年版,第 32 页。

② 杨一凡等主编:《中华人民共和国法制史》,社会科学文献出版社 2010 年版,第 32 页。

六大提出的推进司法改革的战略决策、中央司法改革领导小组对推进司法体制改革作出了全面部署与规划，以及党的十七大提出对司法体制改革进一步深化的要求，我国的司法改革逐渐走向整体统筹、重点深化与系统推进的阶段。

从 2004 年起，兼具统一规划部署和组织实施的大规模司法改革在中国启动，为达到公正司法和严格执法的要求，要着眼于民众反映强烈的突出问题和影响司法公正的关键环节，着眼于司法规律与特点，进一步完善司法机关的机构设置、职权划分和管理制度，形成权责明确、相互配合、相互制约、高效运行的司法体制。从 2008 年起，伴随新一轮司法改革的启动，逐渐进入重点深化、系统推进的新阶段。此次司法改革从优化司法职权配置、落实宽严相济刑事政策、加强司法队伍建设、加强司法经费保障等四个方面为重点开展司法体制改革，坚持以民众的司法需求出发，以维护人民共同利益为根本，以促进社会和谐为主线，以加强权力监督制约为重点，抓住影响司法公正、制约司法能力的关键环节，以解决体制性、机制性、保障性障碍为目的。2012 年 10 月，国务院新闻办发布了《中国的司法改革》白皮书，对改革开放以来司法体制改革的主要内容和成就进行了总结，其中阐述了中国以维护司法公正为目标，以优化司法职权配置、加强人权保障、提高司法能力、践行司法为民为重点，进一步完善中国特色社会主义司法制度，扩大司法民主，推行司法公开，保证司法公正，并推进司法体制和工作机制改革，为中国经济发展和社会和谐稳定提供了司法保障。

合理配置与优化司法职权。通过强化司法机关内设机构职权行使的相互制约，理顺上下级司法机关的业务关系，建立严格责任追究制度，积极推进量刑规范化改革，并建立案例指导制度，强化案件监督管理，全面推进司法公开，与此同时，不断加强司法队伍的自身建设，进一步规范司法行为，等等，这些改革举措有力地促进了司法行为的规范化，不仅提高了司法机关公正司法的能力，而且为中国经济发展和社会和谐稳定提供了有力的司法保障。

加强司法队伍建设。不断完善法律职业准入制度,实行了统一的国家司法考试制度,建立警察执法资格等级考试制度。加强司法人员职业教育培训和职业道德建设,中央和省级司法机关一方面建立起多种培训机构,明确了首任必训、晋升必训的培训原则并完善了专项培训制度;另一方面建构了新型培训规划,全体司法人员都可纳入培训对象的范围,并以司法实践的各类重难点问题为重点、以针对性和实用性为目标展开教育培训。

司法经费保障。改革经费保障体制,建立"分类负担、收支脱钩、全额保障"的司法机关经费保障体制,有效提高了司法能力,为提升司法公信力奠定了坚实基础。

4. 法治宣传教育制度化、多渠道开展

普及法律知识已经成为全社会共同参与的行动。经过前三个五年计划的普法宣传教育,广大干部群众的法律意识普遍有所提高,对依法治国、建设社会主义法治国家有了比较全面、正确的认识,学法、知法、懂法、守法的自觉性和良好社会风气逐渐形成。

"四五"普法规范明确提出了以努力提高全民法律意识转变为提高全民法律素质,由注重依靠行政手段管理转变为注重依靠法律手段管理的"两个转变"的目标,以及全面提高全体公民特别是各级领导干部的法律素质,提高全社会法治化管理水平的"两个提高"的目标。"四五"普法不仅注重普法工作的行业特点,强调普法工作要从简单的学法到提高法律素质的转变,而且高度重视对青少年的普法。此外,开通了中国普法网,首次确立每年的 12 月 4 日为全国法制宣传日。"五五"普法的最大亮点是深入开展以法律进机关、进乡村、进社区、进学校、进企业、进单位为内容的"法律六进"活动。这一活动的总体要求:一是为提高公民的宪法意识与法治观念,使法治理念深入群众日常生活中,要大力开展宪法的学习宣传和社会主义法治理念教育。二是为促进和保障社会和谐,要大力开展相关方面的法律法规宣传教育,突出宣传社会主义市场经济和社会治安方面的基本法律原则、法律制度。三是为教育引导广大干部群众依法维权,自觉履行义务,切

实保障人民群众的切身利益,要开展以"学法律、讲权利、讲义务、讲责任"为主要内容的法制主题教育活动。四是为营造良好的社会环境,要大力开展法治文化建设,努力创造符合我国国情、体现时代特色的法治文化。开展"法律进机关"活动,不断提高依法管理和服务社会的水平。开展"法律进乡村"活动,努力促进社会主义新农村建设。开展"法律进社区"活动,促进和谐社区建设。开展"法律进学校"活动,进一步推进青少年学生法律素质教育。开展"法律进企业"活动,大力促进企业依法经营、诚信经营。开展"法律进单位"活动,逐步提高法治化管理水平。"五五"普法期间,依法治理工作取得了显著成就。"据不完全统计,共有 19 个省(区、市)、130 多个市(地、州、盟)、500 多个县(市、区)开展了法治创建活动,有力地推进了依法治国进程。"①通过开展形式多样、群众喜闻乐见的法制宣传教育活动,以及普法与依法治理的有机结合,在全社会掀起学法用法的新高潮。为进一步提高公民宪法和法律意识,权利与义务、责任相一致的意识,要教育广大干部与人民群众自觉的学法律、讲权利、讲义务、讲责任;为进一步提升全社会法治化管理水平,努力维持改革发展稳定的大局,实施依法治国基本方略、建设社会主义法治国家、构建社会主义和谐社会、全面建设小康社会,就要引导广大机关、乡村、社区、学校、企业和单位依法管理、依法办事,进而营造良好的法治环境。为适应全面建设小康社会和"十二五"时期经济社会发展需要,全面落实依法治国基本方略,加快建设社会主义法治国家进程,进一步增强全社会法治观念,"六五"普法规划开始启动。

党的十六大以来,为更好地让全社会尤其是公务人员学习法律知识、确立法治观念,中共中央政治局前后共组织了 20 多次有关法律知识的集体学习活动,起到了良好的榜样示范作用。全国人大常委会、国务院常务会议、全国政协常委会组成人员通过举行一系列法治学习,形成了关于各级党组织和国家机关集体学习法律知识的制度。每年的一些重要法律颁布实施纪

---

① 李林等:《中国法治 1978—2018》,社会科学文献出版社 2018 年版,第 321 页。

念日如 12 月 4 日的全国法制宣传日、3 月 5 日的国际消费者权益日、6 月 5 日世界环境日等都成为法治宣传教育的重要内容。此外,各级各类学校也在必修课程中将法治教育涵括在内,一些新闻媒体如广播、电视、报刊、网络等也加大了法治宣传的力度。截至 2009 年,开设法治栏目的省级、市级电视台就已达到 300 多家,其中一些地方甚至创建了法治宣传教育的网站。

第六章　时代新篇:中国特色社会主义
法治道路探索的伟大飞跃

中国特色社会主义法治道路是中国特色社会主义道路的重要组成部分,是"社会主义法治建设成就和经验的集中体现,是建设社会主义法治国家的唯一正确道路"①。党的十八大以来,以习近平同志为核心的党中央以巨大的政治勇气和一往无前的进取精神,团结带领全党全国人民继续坚持和发展中国特色社会主义。党中央将全面依法治国置于中国特色社会主义经济建设、政治建设、文化建设、社会建设、生态文明建设"五位一体"总体布局和全面建成小康社会②、全面深化改革、全面依法治国、全面从严治党"四个全面"战略布局之下作出决定和部署,提出了中国特色社会主义法治道路这一崭新科学命题,并围绕新时代为什么实行全面依法治国、怎样实行全面依法治国等一系列重大问题,创立了习近平法治思想,开创了法治中国建设的新局面。

法律是治国之重器,法治是治国理政的基本方式。"全面依法治国,是关系我们党执政兴国、关系人民幸福安康、关系党和国家长治久安的重大战略问题,是坚持和完善中国特色社会主义制度、推进国家治理体系和治理能力现代化的重要方面,是解决党和国家事业发展面临的一系列重大问题,解

---

① 《十八大以来重要文献选编》(中),中央文献出版社 2016 年版,第 147 页。

② 2021 年 7 月 1 日,习近平总书记在庆祝中国共产党成立 100 周年大会上指出:经过全党全国各族人民持续奋斗,我们实现了第一个百年奋斗目标,在中华大地上全面建成了小康社会,历史性地解决了绝对贫困问题,正在意气风发向着全面建成社会主义现代化强国的第二个百年奋斗目标迈进。

放和增强社会活力、促进社会公平正义、维护社会和谐稳定的根本要求。在全面建设社会主义现代化国家新征程上，统筹中华民族伟大复兴战略全局和世界百年未有之大变局，统揽伟大斗争、伟大工程、伟大事业、伟大梦想，必须坚持把全面依法治国摆在全局性、战略性、基础性、保障性位置，更好发挥法治固根本、稳预期、利长远的重要作用。"①

一、中国特色社会主义法治道路
命题的提出及其核心要义

党的十八届四中全会通过的《中共中央关于全面推进依法治国若干重大问题的决定》，第一次正式提出了中国特色社会主义法治道路的重大命题。中国特色社会主义法治道路，是中国共产党在新的历史条件下全面推进依法治国和法治中国建设中所取得重大成就的集中体现，是中国特色社会主义法治建设中最具有原创性、基础性的理论和实践成果。

（一）中国特色社会主义法治道路命题的提出

正如习近平总书记所说，中国特色社会主义道路来之不易，"它是在改革开放三十多年的伟大实践中走出来的，是在中华人民共和国成立六十多年的持续探索中走出来的，是在对近代以来一百七十多年中华民族发展历程的深刻总结中走出来的，是在对中华民族五千多年悠久文明的传承中走出来的"②，这在揭示了中国特色社会主义道路的历史渊源和现实基础的同时，也为我们认识中国特色社会主义法治道路命题的提出提供了方法论的指导。中国特色社会主义法治道路，凝结着几代中国共产党人的智慧和心血，是中国共产党对中国特色社会主义法治认识不断升华、实现飞跃取得的伟大成果。

---

① 《习近平法治思想学习纲要》，人民出版社、学习出版社 2021 年版，第 1—2 页。
② 《十八大以来重要文献选编》（上），中央文献出版社 2014 年版，第 234 页。

1. 中国特色社会主义法治道路形成的基本脉络

中国特色社会主义法治道路的形成，经历了改革开放前后两个 30 年几代共产党人的不懈探索。以毛泽东为主要代表的中国共产党人，对中国特色社会主义法治道路进行了初步探索。新民主主义革命时期，党在局部执政条件下带领人民在各革命根据地积极开展法治建设，在复杂的战争环境中积累了一些经验，为中国特色社会主义法治道路的探索奠定了历史前提。新中国成立后，毛泽东亲自领导制定《中华人民共和国宪法》。1954 年第一届全国人民代表大会审议并颁布了新中国历史上第一部宪法，且通过了《全国人民代表大会组织法》《国务院组织法》等一系列法律，为中国特色社会主义法治道路的探索奠定了重要法制基础。党的八大进一步强调必须根据需要逐步地系统地制定完备的法律。毛泽东也曾强调要完善我们的法制，严格依法办事。但后来由于党在指导思想上发生"左"的错误而使我国社会主义法治建设遭受严重挫折。

十一届三中全会实现了新中国成立以来党的历史上的伟大转折，标志着我国社会主义法治道路探索的重新开启。以邓小平为主要代表的中国共产党人，依据新的历史条件在总结我国社会主义法治建设正反两方面经验的基础上，创造性地提出一系列重要法治思想，为中国特色社会主义法治道路的开辟奠定了重要基础。党的十三届四中全会以来，以江泽民为主要代表的中国共产党人，明确提出把依法治国作为国家基本方略，对于坚持和推进中国特色社会主义法治道路作出了突出贡献。党的十六大以后，以胡锦涛同志为主要代表的中国共产党人，提出了依法执政、社会主义法治理念等重大命题，并明确将法治作为治国理政的基本方式，推动了国家各项工作的法治化进程。

2. 中国特色社会主义法治道路科学命题的正式提出

党的十八大以来，以习近平同志为核心的党中央，高瞻远瞩、审时度势，对中国特色社会主义法治道路的坚持和拓展作出了独创性贡献。他在十八届中央政治局第四次集体学习时的讲话中指出："全面推进科学立法、严格执法、公正司法、全民守法，坚持依法治国、依法执政、依法行政共同推进，坚持法治国家、法治政府、法治社会一体建设,不断开创依法治国新局面"①。随后,党的十八届三中全会通过的《中共中央关于全面深化改革若干重大问题的决定》,确定了建设法治中国的新目标和新要求,把"紧紧围绕坚持党的领导、人民当家作主、依法治国有机统一深化政治体制改革""紧紧围绕提高科学执政、民主执政、依法执政水平深化党的建设制度改革",作为全面深化改革六个"紧紧围绕"中的两条重要指导思想。随着十八届三中全会的结束,党中央便开始研究和思考四中全会的主要议题。全面建成小康社会、全面深化改革都需要提供可靠的法治保障。为了实现党的十八大、十八届三中全会的一系列战略部署和具体目标,全面建成小康社会,全面深化改革,坚持和完善中国特色社会主义制度,实现中华民族的伟大复兴,就必须在依法治国方面明确切实措施和总体部署。基于此,中央政治局决定于 2014 年召开十八届四中全会,对全面推进依法治国问题进行重点研究,同年 10 月会议召开并通过了《中共中央关于全面推进依法治国若干重大问题的决定》。

党的十八届四中全会《决定》共分三大板块。第一,总论部分,鲜明地提出了坚持走中国特色社会主义法治道路的科学命题,集中阐述了全面推进依法治国的基本问题,包括重大意义、指导思想以及总目标与原则,具体界定了中国特色社会主义法治体系的科学内涵,厘清了党的领导和依法治国的关系,等等。第二,加强顶层设计,主要从法治建设的基本格局出发,对科学立法、严格执法、公正司法、全民守法进行全面部署。第三,围绕建设高素质法治专门队伍、加强和改进党对全面推进依法治国的领导等问题进行了具体的论述,最后号召全党全国为建设法治中国而奋斗。《决定》充分体现了全面建成小康社会、全面深化改革与全面推进依法治国三者间的内在逻辑关系,反映了中国社会发展对提高法治水平的迫切要求,反映了法治中国建设的基本格局,牢牢坚持改革方向和问题导向,对人民群众的法治期待

---

① 《习近平关于全面依法治国论述摘编》,中央文献出版社 2015 年版,第 3 页。

作出了真切回应。

中国特色社会主义法治道路命题提出及其坚持和拓展，有力推动和深化了中国共产党对中国特色社会主义法治的认识及其在理论上的建构与提升，促进了马克思主义特别是中国化马克思主义法治思想的丰富和发展，为法治中国建设提供了强大的思想武器、行动指南和根本遵循。

（二）中国特色社会主义法治道路的基本内涵与核心要义

习近平总书记以"三个核心要义"精准概括了中国特色社会主义法治道路的科学内涵，即坚持党的领导、坚持中国特色社会主义制度、贯彻中国特色社会主义法治理论，"这三个方面实质上是中国特色社会主义法治道路的核心要义，规定和确保了中国特色社会主义法治体系的制度属性和前进方向"[1]。这一概括更加凸显了坚持党的领导、坚持中国特色社会主义制度、贯彻中国特色社会主义法治理论在中国特色社会主义法治道路中所具有的决定性意义。总体上说，"坚持走中国特色社会主义法治道路，就是要在中国共产党领导下，紧紧围绕坚持和完善中国特色社会主义制度，深入贯彻中国特色社会主义法治理论，建设中国特色社会主义法治体系，坚持人民主体地位，坚持法律面前人人平等，坚持依法治国和以德治国相结合，坚持从中国实际出发，建设科学立法、严格执法、公正司法、全民守法的社会主义法治国家。"[2]三个核心要义彼此辩证相联，其中，根本的是坚持党的领导，中国特色社会主义制度是基础，中国特色社会主义法治理论则为中国特色社会主义法治道路提供科学指引和理论支撑。

1. 坚持中国共产党的领导

党的领导是中国特色社会主义的最本质特征，也是社会主义法治最根本的保证。作为中国特色社会主义法治道路的第一核心要义，毫不动摇坚持党的领导是总结我国社会主义法治建设经验得出的一条基本结论，也是

---

①　《十八大以来重要文献选编》（中），中央文献出版社 2016 年版，第 146 页。

②　栗战书：《坚持走中国特色社会主义法治道路》，《人民日报》2014 年 11 月 10 日。

我国宪法确立的一条根本原则,是依宪治国、依宪执政的根本体现。只有在党的领导下依法治国、厉行法治,人民当家作主才能充分实现,国家和社会生活法治化才能有序推进。"党的领导是中国特色社会主义法治之魂,是我们的法治同西方资本主义国家的法治最大的区别。离开了中国共产党的领导,中国特色社会主义法治体系、社会主义法治国家就建不起来。"①

　　坚持走中国特色社会主义法治道路,必须坚持党的领导。坚持党的领导,具体包括党要领导立法、保证执法、支持司法、带头守法。第一,领导立法。党的十八届四中、五中全会对加强党对立法工作的领导提出了明确要求,强调要完善党对立法工作中重大问题决策的程序,将党的领导贯彻和落实到立法的全过程。做好党领导立法的工作,必须坚持党的领导主要是思想、政治和组织上的领导,充分发挥立法机关的作用,坚持依法依规开展工作。第二,保证执法。保证执法是法律得以有效实施的关键环节。这就要求各级党委要积极支持、推动各级政府执法体制的创新和执法程序的完善,开展综合执法、严格执法责任,督促、保证各级行政机关严格规范公正文明执法,推动法治政府建设进程。第三,支持司法。各级党委及其政法委要严格遵守宪法法律,提高运用法治思维和法治方式领导政法工作的能力,发挥中国共产党依法执政、依法治国的巨大优势,支持司法机关依法独立公正行使司法权,坚决排除对司法活动的各种干预和干扰,为独立公正司法构建良好的制度依托和社会氛围。第四,带头守法。各级党组织必须带头维护宪法法律权威,自觉带头遵守宪法和法律,引导、带动全社会和全体人民依法办事、遇事找法、解决问题用法、化解矛盾靠法。各级人大、政府、政协、审判机关、检察机关的党组织尤其要领导和监督本单位模范遵守宪法法律,坚决查处执法犯法、违法用权等行为。

　　坚持党的领导,就要把依法治国基本方略同依法执政基本方式统一起来,把党总揽全局、协调各方同人大、政府、政协、审判机关、检察机关依法依

---

① 《习近平关于社会主义政治建设论述摘编》,中央文献出版社 2017 年版,第 31 页。

章程履行职能、开展工作统一起来,把党领导人民制定和实施宪法法律同党坚持在宪法法律范围内活动统一起来。中国共产党所拥有的政治、组织以及思想优势,都决定了只有在党的领导下依法治国、厉行法治,建设社会主义法治国家才有可靠的政治保障,人民当家作主才能充分实现,国家和社会生活法治化才能有序推进。坚持中国特色社会主义法治道路,就要把法治贯穿于经济、政治、文化、社会、生态文明建设以及国防和军队建设、党的建设各个方面。坚持党的领导,就要贯彻落实十八届四中全会提出的"三统一"和"四善于"的基本要求。这是坚持中国特色社会主义法治道路的关键之所在。

2. 坚持中国特色社会主义制度

制度,在内容上不仅包括一系列习惯、道德、宪法法律,也涵盖各类具体法规、规章、条例,用以在特定社会范围内调节人们之间的社会关系。新中国一经成立,中国共产党便开始了中国社会主义制度的设计,至1956年底,社会主义的根本政治制度、基本政治制度以及根本经济制度已初步建立,奠定了当代中国一切发展进步的根本政治前提和制度基础。在此基础上,新时期党领导人民不断推进经济、政治以及其他各方面体制机制改革,充满生机活力、特征鲜明的中国特色的社会主义制度体系日益形成和完善。包括人民代表大会制度的根本政治制度,中国共产党领导的多党合作和政治协商制度、民族区域自治制度以及基层群众自治制度等基本政治制度,中国特色社会主义法律体系,公有制为主体、多种所有制经济共同发展的基本经济制度,以及建立在这些制度基础上的经济体制、政治体制、文化体制、社会体制等各项具体制度在内的中国特色社会主义制度,它充分体现了我国的基本国情、体现了广大人民群众的根本利益和愿望,在遵循科学社会主义基本原则的同时,具有鲜明的中国特色,是充分彰显中国特色社会主义制度的鲜明品格和巨大优势的好制度。

把坚持中国特色社会主义制度作为中国特色社会主义法治道路的核心要义之一,突出了中国特色社会主义法治发展的制度基础和本质特征。政治制度决定法律制度,坚定不移沿着中国特色社会主义法治道路前进,是党深刻总结我国社会主义政治制度与法律制度建设正反两方面历史经验得出的根本结论。新中国成立初期,中国共产党运用新民主主义法治建设的成功经验,开始进行社会主义法治建设,1949 年《中国人民政治协商会议共同纲领》的通过,作为一部建国纲领,彻底摧毁了国民党政府的旧法统,初步确定了新中国的制度结构框架,起到了临时宪法的作用;1954 年颁布的《中华人民共和国宪法》,确立了新中国的根本政治制度、经济制度以及立法、行政、司法体制等,为我国社会主义法治的发展奠定了初步基础。进入新时期以来,中国共产党在改革开放的浪潮中不断推进社会主义现代化,坚持、完善和发展了中国特色社会主义制度,实现了对法治、社会主义法治以及中国特色社会主义法治认识的突破和飞越,取得一系列巨大成就,开辟、拓展了中国特色社会主义法治道路。

中国特色社会主义制度决定了我国的法治只能是社会主义的法治,我国一切法律法规和相关体制机制都必须建立在社会主义制度的基础之上。毫不动摇地坚持中国特色社会主义制度,坚定制度自信,不断发挥和增强我国制度优势,就必须站在人民的立场上,以人民代表大会制度为核心、以中国共产党领导多党合作和政治协商制度为关键,不搞"三权分立"和"议会民主",不实行多党竞选、轮流执政。人民代表大会制度是我国的根本政治制度,其对坚持和加强党的领导、推动人民当家作主充分实现、贯彻落实依法治国方略和促进社会主义法治国家的建设具有决定性意义。"我国社会主义制度保证了人民当家作主的主体地位,也保证了人民在全面推进依法治国中的主体地位。这是我们的制度优势,也是中国特色社会主义法治区别于资本主义法治的根本所在。"①中国特色社会主义法治体系是中国特色社会主义制度的重要组成部分,也是坚持走中国特色社会主义法治道路的重要保证。作为全面推进依法治国的总抓手,中国特色社会主义法治体系

---

① 《十八大以来重要文献选编》(中),中央文献出版社 2016 年版,第 183—184 页。

内涵丰富、目标明确,主要由五大体系构成:一是完备的法律规范体系。法律是治国之重器,良法是善治之前提。虽然中国特色社会主义法律体系的如期形成,使国家生活和社会生活各方面总体上实现了有法可依。但在立法领域,我国仍然面临着一些突出问题。建设中国特色社会主义法治体系,必须坚持立法先行,使之与经济社会发展相适应,充分发挥立法的引领和推动作用。二是高效的法治实施体系。法律的生命力在于实施,法律的权威也在于实施。法律实施存在着的诸多问题,如有法不依、执法不严、违法不究以及执法权责脱节、多头执法、选择性执法等问题,都必须通过建立健全高效的法治实施体系,加快建设执法、司法、守法等方面的体制机制来加以解决。三是严密的法治监督体系。以约束公权力为重点,加强党内监督、人大监督、民主监督、行政监督、司法监督、审计监督、社会监督、舆论监督制度建设,将各主体监督与职权监督等结合起来,努力形成科学有效的权力运行制约和监督体系,增强监督合力和实效,做到有权必有责、用权受监督、违法必追究。四是有力的法治保障体系。健全法治保障体系,就要加强法治工作队伍建设,建立符合职业特点的法治工作人员管理制度,健全培养、招录、遴选、交流、晋升机制,大力提高法治工作队伍综合素质,为加快建设社会主义法治国家提供强有力的组织和人才保障。五是完善的党内法规体系。党内法规不仅是管党治党的重要依据,也是建设社会主义法治国家的有力保障。完善党内法规制度,要坚持问题导向,遵循管党治党规律,加快形成以党章为根本、配套完备的党内法规制度体系。要坚持用法治思维来管党治党,要从党内法规的制定、执行等方面理顺与国家法律的关系,实现依规治党与依法治国有机统一。

中国共产党深知,照抄照搬他国的制度只会水土不服,甚至可能葬送国家的前途和命运。例如第二次世界大战结束之后,东欧社会主义国家照搬"苏联模式"带来的诸多消极后果,一些发展中国家照搬西方制度模式导致国家陷入政治和社会动荡、人民流离失所的沉痛教训,都一再表明:世界上既没有完全一样的制度,也没有一种制度模式能够适用于一切国家。坚持中国特色社会主义制度和中国特色社会主义法治道路,是坚定制度自信和不断改革创新的有机统一,不是裹足不前、故步自封,而是在坚持中国特色社会主义制度的基础上,在守正创新中不断推进国家各方面工作的法治化,助力社会主义法治国家的建设。

3. 贯彻中国特色社会主义法治理论

目前,学界关于中国特色社会主义法治理论的认识和概括并未形成共识,多数学者认同中国特色社会主义法治理论已经形成的观点,但对其内涵的概括却有所不同,其中代表性的观点有:一是将中国特色社会主义法治理论作为中国法治实践的理论表达,认为"中国特色社会主义法治理论系统地总结了改革开放以来我国社会主义法治建设的实践经验,并在此基础上进行理论概括、理论诠释、理论创新,从而形成了反映社会主义法治建设内在规律的科学体系"①。二是认为"中国特色社会主义法治理论是中国特色社会主义理论体系的重要组成部分,是对中国社会主义法治实践的理论升华和学术表达。中国特色社会主义法治理论是关于法治特别是中国特色社会主义法治的科学认知的集成,是党和国家法治建设的根本指导思想"②。三是主张"中国特色社会主义法治理论是服务和支持中国特色社会主义法治道路和中国特色社会主义法治体系的直接理论依据,是引领和指导全面推进依法治国、加快建设社会主义法治国家的科学理论体系,是中国特色社会主义法治话语权的重要体现,是构建国家法治软实力、硬实力和巧实力的重要学理支撑"③。中国特色社会主义法治理论理论内涵丰富,涉及中国特色社会主义法治的本质特征、基本原则和法治建设的基本方针,全面依法治国的总目标总抓手等全面推进法治中国建设的新理念新思想新战略。这一理论,"蕴含在邓小平理论、'三个代表'重要思想、科学发展观中,蕴含在

---

① 王乐泉:《坚持和发展中国特色社会主义法治理论》,《中国法学》2015 年第 5 期。

② 张文显:《习近平法治思想研究(中)——习近平法治思想的一般理论》,《法制与社会发展》2016 年第 3 期。

③ 李林:《坚持和发展中国特色社会主义法治理论》,《检察日报》2014 年 12 月 3 日。

习近平总书记系列重要讲话中"①,是对中国共产党在开辟和拓展中国特色社会主义法治道路、不断推进中国特色社会主义法治体系建设以及全面推进依法治国实践过程中的经验总结和理论结晶。

在中国特色社会主义法治理论的内容结构方面,学界目前的认识也不尽一致,我们主张运用以下思路:什么是中国特色社会主义法治,怎样建设中国特色社会主义法治,以及建设中国特色社会主义法治需要着力解决的若干重大关系三大部分加以概括。

第一,关于什么是中国特色社会主义法治,这是对中国特色社会主义法治的本质和基本特征问题的科学回答和理论阐释。中国特色社会主义法治,是作为中国特色社会主义事业领导核心的中国共产党,从当代中国改革开放和社会主义现代化建设的实际出发,不断总结和提升我国社会主义法治建设经验与教训,在艰辛探索中国特色社会主义法治道路、开展法治建设的实践中,日益形成和完善的引导社会主义法治国家建设的重要理论成果。党的十一届三中全会以来,邓小平理论从理论与实践的结合上揭示了在中国这样一个东方大国建设社会主义法治的基本规律;"三个代表"重要思想蕴含着丰富的法治内涵,是马克思主义法治思想中国化进程中取得的重要理论成果;科学发展观所蕴含的法治思想,集中体现了中国共产党人坚持依法治国基本方略、推进社会主义法治国家建设的理论思考。所有这些成果,都为中国特色社会主义法治理论的形成奠定了重要的理论基础。党的十八大以来,以习近平同志为核心的党中央将法治建设提升到前所未有的高度,推进全面依法治国战略,高扬起中国特色社会主义伟大旗帜,始终坚持党的领导、人民当家作主、依法治国有机统一,强调法治建设与改革开放和社会主义现代化建设紧密结合,坚持依法治国与依规治党紧密结合,坚持社会主义法治理论与法治实践紧密结合,坚持法治理论创新不忘本来、吸收外来、面向未来,提出了一系列新理念新思想新战略,形成了以习近平法治思想为

---

① 栗战书:《坚持走中国特色社会主义法治道路》,《人民日报》2014 年 11 月 10 日。

标志的中国特色社会主义法治理论。中国特色社会主义法治,是中国共产党领导中国人民在社会主义制度的基础上建立起来的法治,它集中反映了中国人民的根本利益和愿望,揭示了当代中国法治道路、法治建设、法治理论的根本性质与基本特征,它是社会主义的而不是其他什么主义的法治,是立足中国国情和实际,体现中国特色、中国风格和中国气派的法治。

第二,关于怎样建设中国特色社会主义法治,即关于对中国特色社会主义法治建设的基本原则、方针和基本路径的集中概括和理论阐释。改革开放以来,伴随党对法治、社会主义法治、中国特色社会主义法治认识的不断深化,党在关于怎样建设中国特色社会主义法治的问题上,不断取得理论和实践上的突破。进入新时代,围绕怎样推进法治中国建设,加快建设社会主义法治国家,习近平总书记提出了一系列富有创见的新思想新观点新论断新要求,深刻回答了新形势下怎样建设中国特色社会主义法治的问题。一是进一步丰富和发展了党的领导、人民当家作主、依法治国有机统一的思想。强调在中国发展社会主义民主政治,关键是要坚持党的领导、人民当家作主、依法治国有机统一。人民代表大会制度是"三者统一"的根本制度安排,这就指明了建设中国特色社会主义法治必须牢牢坚守的根本原则。二是明确了建设中国特色社会主义法治的总目标。强调全面推进依法治国总目标是建设中国特色社会主义法治体系、建设社会主义法治国家,并将全面推进依法治国与全面建成小康社会、全面深化改革、全面从严治党紧密衔接起来作为"四个全面"战略布局中的重要环节,确立了坚持依法治国、依法执政、依法行政共同推进,法治国家、法治政府、法治社会一体建设,促进国家治理体系和治理能力现代化的法治建设的基本路径。三是明确提出依宪治国、依宪执政的重要思想。坚持依法治国首先要坚持依宪治国,坚持依法执政首先要依宪执政。维护宪法权威就是维护党和人民共同意志的权威,保证宪法实施就是保证人民根本利益的实现,党要履行好执政兴国的重大职责,必须依据宪法治国理政。这就将树立和维护宪法权威、弘扬宪法精神、加强宪法实施提到建设中国特色社会主义法治的头等重要的地位。四是明确提出了实现科学立法、严格执法、公正司法、全民守法的基本方针。强调提高立法质量必须以科学立法、民主立法作为根本途径,科学立法的核心在于尊重和体现客观规律,民主立法的核心在于为了人民、依靠人民;强调法治实施是法律的生命力及其权威性彰显的关键所在,各级政府必须坚持在党的领导下、在法治轨道上开展工作;强调公正是法治的生命线,司法是维护社会公平正义的最后一道防线,要发挥司法公正对社会公正的重要引领作用,努力让人民群众在每一个司法案件中都感受到公平和正义。

第三,关于建设中国特色社会主义法治需要着力解决的若干重大关系,即关于党的领导与法治、改革与法治、民主与法治、德治与法治、政策与法治等相关问题的理论阐释。例如,党的领导与法治的关系。党法一致、依法执政、依宪执政是社会主义国家必须始终坚持的一条根本原则。党领导人民制定宪法法律,党又必须遵守宪法法律,在宪法和法律的范围内活动。党的领导和社会主义法治是根本一致的,社会主义法治必须坚持党的领导,党的领导必须依靠社会主义法治。改革与法治的关系。改革与法治,体现了"破"和"立"的辩证统一。党的十八届三中、四中全会分别作出了全面深化改革的重大决定和全面推进依法治国的重大决定,由此中国社会主义现代化呈现出改革和法治"双轮驱动"的局面。全面深化改革需要法治保障,全面推进依法治国也需要深化改革。这既要在法治下推进改革,以法治凝聚改革共识,又要在改革中完善法治,以改革驱动法治的现代化。民主与法治的关系。近代意义上的法治都与民主密切联系,有什么性质的民主,就有什么性质的法治。民主决定法治的内容和性质,社会主义国家政权的建立,使人民事实上掌握了国家权力,能够把自己的意志上升为法律,进而产生社会主义法治;法治是民主的体现和保障,法治规定了民主权利的范围、人民行使民主权利的条件以及对破坏人民民主权利的行为实行制裁的措施,为实现人民民主权利指明了方向,为人民正确行使民主权利提供了法律依据和保证。德治与法治的关系。德治属于精神文明范畴,法治属于政治文明范畴,德治与法治并非彼此对立,而是相互补充、相互促进。在国家和社会的治理过程中,不仅要着重发挥法律的规范作用,而且要重视道德的教化作用,不断促进法律和道德、法治和德治相得益彰。政策与法治的关系。政策和法律各有自己的优势,各有自己的调整方式和范围,二者的作用也是互补的。在本质上,党的政策与国家法律都是人民意志的反映。党的政策引领国家法律,为创制和实施国家法律提供依据和指导,政策依法成为国家法律后,实施法律就是贯彻党的意志,依法办事就是执行党的政策。此外,还有中国特色社会主义法治与中国特色社会主义道路、理论、制度、文化的关系,以及其与人类法治文明之间的关系,等等。

贯彻中国特色社会主义法治理论,有助于深刻理解和把握中国特色社会主义法治建设的性质和方向,以及中国特色社会主义法治体系、法治道路、法治文化等马克思主义法学理论重大理论命题,有助于自觉坚持党的领导、人民主体地位、法律面前人人平等等基本原则,有助于正确认识和处理法治中国建设中若干重大关系,为全面推进依法治国、建设社会主义法治国家提供科学的理论指导和学理支撑,不断引领和推动依法治国的理论、制度创新和实践创新。

二、坚持与拓展中国特色社会主义 法治道路的重大成就

新时代,以习近平同志为核心的党中央部署和推进全面依法治国重大战略,以新思想引领新探索,在坚持和拓展中国特色社会主义法治道路的实践中,坚持改革创新,深入贯彻科学立法、严格执法、公正司法、全民守法的方针,法治中国建设取得一系列根本性成就。

(一)持续推进科学立法,中国特色社会主义法律体系不断完善和发展

法律是治国之重器,良法是善治之前提。实践是法律的基础。"实践

发展永无止境,立法工作也永无止境,完善中国特色社会主义法律体系任务依然很重。"①为此,党的十八届三中、四中全会都把推进科学立法、完善中国特色社会主义法律体系作为一项重大战略任务。依据党的十八届四中全会关于形成完备的法律规范体系的要求,各级立法机关着力围绕立法工作中存在的突出问题,不断推进立法体制机制的进一步完善,坚持通过科学立法、民主立法、依法立法以实现立法质量的提升,加强重点领域立法,立法工作取得显著成绩,中国特色社会主义法律体系不断完善和发展。

1. 立法体制机制进一步完善

长期以来,由于立法体制机制不完善等原因,我国的立法工作面临许多问题,例如,立法质量需要进一步提高,部分法律法规尚不能全面、真切地反映客观规律和人民意愿,且在实际的运用中由于针对性、可操作性、有效性不强,难以妥善地解决实际问题,立法工作中存在突出的部门化倾向、地方保护主义以及争权诿责现象,立法的技术和效率也亟待进一步提高。不断提高立法质量、充分发挥立法的引领和推动作用、解决立法工作中存在的突出问题,都要求进一步完善立法体制机制。

加强了党对立法工作的领导。坚持党的集中统一领导和全面领导,是确保国家始终沿着社会主义方向前进的显著优势,也是加强党对立法工作的领导、完善立法体制的核心和根本。发挥党作为领导核心的总揽全局、协调各方作用,把能够反映、汇集人民意愿的主张通过国家立法机关按照法律程序转变为国家意志,使之成为全社会一体遵循的行为规范和准则,也确保了立法涉及重大体制和重大政策调整必须报党中央讨论和决定的制度的贯彻和实施,进而从根本上确立了中国共产党在推进立法体制不断完善中的领导核心地位。

进一步发挥了人大及其常委会在立法工作中的主导作用。立法权是人大最重要的职权。长期以来,由于没有从体制机制和工作程序上解决人大

---

① 《十八大以来重要文献选编》(中),中央文献出版社 2016 年版,第 149 页。

的立法主导作用的问题,立法实践中存在着人大代表立法作用没有得到有效发挥、政府部门主导立法等现象。通过不断发挥人大及其常委会在立法工作中的主导作用,从体制机制和工作程序方面防止部门利益和地方保护主义法律化,保证人大常委会通过围绕党和国家工作大局做好立法规划,从源头上主导立法,以立法工作的有效开展不断推动和落实党中央的重大决策部署,不断健全立法的起草、论证、协调、审议等立法机制,完善法律草案的表决程序,进而增强了立法的针对性、及时性、系统性和有效性。

加强和改进了政府立法制度建设。国务院作为最高国家行政机关有权根据宪法和法律,规定行政措施,制定行政法规,发布决定和命令。十二届全国人大三次会议修改的《中华人民共和国立法法》,明确划分了政府立法权力边界,成为政府立法制度建设的法律依据,为从体制机制和工作程序上进一步有效防止部门利益和地方保护主义的法律化提出了新的、更高的要求。通过贯彻和实施立法法,不仅完善了行政法规和规章的制定程序,而且完善了公民参与政府立法机制,增强了政府立法的公开性和透明度。

2. 2018 年宪法修正案的通过

作为国家的根本大法,宪法不仅是党和人民意志的集中体现,也是治国安邦的总章程。我国现行宪法自 1982 年颁行以来,为适应改革开放和社会主义现代化建设的需要,全国人大针对其个别条款和部分内容于 1988 年、1993 年、1999 年以及 2004 年进行了必要的修正,并相继通过了 31 条宪法修正案,不仅实现了宪法的与时俱进,推动和加强了我国社会主义法治建设,而且有力地推动和保障了中国特色社会主义事业的发展。党的十八大以来,中国特色社会主义进入了新时代。新时代坚持和发展中国特色社会主义的新形势新实践,都要求在总体上保持我国宪法的连续性、稳定性和权威性的基础上,对其作出适当的修改,以更好地发挥我国宪法的规范、引领、推动和保障作用。

2018 年的宪法修改,遵循了坚持党对宪法修改的领导、严格依法推进宪法修改、充分发扬民主凝聚共识的原则。2017 年 9 月,在中央政治局常委会领导下的宪法修改小组成立,标志着宪法修改工作启动。同年 11 月,党中央发出关于对宪法内容部分进行修改征求意见的通知,在综合各地区、各部门、各方面提出的修改意见后,宪法修改小组形成了中央修宪建议草案稿,中央政治局常委会会议和中央政治局会议分别对其加以审议。随后,党中央将中央修宪建议草案稿下发党内一定范围征求意见,习近平总书记主持召开了党外人士座谈会听取意见和建议,据此宪法修改小组再次修改了中央修宪建议草案稿,中央政治局常委会会议和中央政治局会议再次审议了修改后的中央修宪建议草案稿。2018 年 1 月,党的十九届二中全会审议并通过了《中共中央关于修改宪法部分内容的建议》,并向全国人大常委会提出《中国共产党中央委员会关于修改宪法部分内容的建议》,1 月 29 日,十二届全国人大常委会第 32 次会议集中讨论了中央修宪建议,全国人大常委会法制工作委员会受委员长会议委托,拟订了《中华人民共和国宪法修正案(草案)》,经会议审议和表决,会议决定将宪法修正案(草案)提请十三届全国人大一次会议审议。

2018 年 3 月 11 日,十三届全国人大一次会议举行的第三次全体会议通过了《中华人民共和国宪法修正案草案》,即 2018 年宪法修正案。这次宪法修改,内容丰富,意义重大,主要体现在:一是以国家根本法的形式确立了习近平新时代中国特色社会主义思想在国家政治和社会生活中的指导地位,使之成为全体人民的共同意志,成为国家各项事业、各方面工作的根本遵循。二是明确规定了"中国共产党领导是中国特色社会主义最本质的特征",这就从国家根本制度的高度确立了党在国家政治生活和社会生活中的领导地位,为坚持和加强党的全面领导提供了根本制度保障。三是对国家主席任职规定作出调整,进一步健全党和国家领导体制的制度安排,为推进党和国家领导制度的完善、坚持和维护党中央的权威和集中统一领导提供了根本法保障。四是确立了监察委员会作为国家机构的法律地位,反映了新时代国家监察体制改革的成果,体现了全面深化改革、全面依法治国与全面从严治党的有机统一,为加强党对反腐败工作的统一领导,建立集中统

一、权威高效的国家监察体系提供了法律依据。此外,这次宪法修正案还从健全和完善党和国家领导制度、推进国家治理体系和治理能力现代化的战略高度,对人民代表大会制度、统一战线制度、宪法宣誓制度、国务院管理制度以及地方立法制度等方面作出了一系列相关制度规定,充分体现了新时代坚持和发展中国特色社会主义的制度成果,为进一步发挥中国特色社会主义制度优势,不断提高党依法执政的能力和水平奠定了宪法基础。

2018 年的宪法修改,是党和国家政治生活中的一件大事,是新时代以习近平同志为核心的党中央从坚持和发展中国特色社会主义战略全局的高度作出的重大举措,也是坚持和拓展中国特色社会主义法治道路、深化依法治国实践、推进国家治理体系和治理能力现代化的重大举措。

3. 重点领域立法持续加强

党的十八大特别是十八届四中全会以来,全国人大及其常委会着力开展重点领域立法工作,推动以宪法为核心的中国特色社会主义法律体系日益完善,立法工作呈现数量多、分量重、节奏快、效果好的特点,为新时代坚持和发展中国特色社会主义营造了良好的法治环境。

健全保证宪法实施的法律制度,制定了国家勋章和荣誉称号法、国歌法。

加快了国家安全立法,相继颁布了国家安全法、反间谍法、反恐怖主义法、境外非政府组织境内活动管理法、网络安全法、国家情报法、国防交通法、军事设施保护法、核安全法等一批重要的法律及刑法修正案(十)的通过,贯彻落实了总体国家观,为维护国家安全、核心利益和重大利益提供了有力的法治保障。

颁布了《中华人民共和国民法典》。这是新中国历史上第一部以"法典"命名的被誉为"社会生活的百科全书"和"总规矩"的基本法律。按照党的十八届四中全会关于编纂民法典的任务要求,编纂民法典列入了调整后的十二届全国人大常委会立法规划。作为民法典编纂工作的奠基引路之举,民法总则草案审议受到各界高度关注,全国人大常委会对其进行了三次审议和反复修改后，十二届全国人大五次会议于 2017 年 3 月 15 日审议通过了民法总则。这一开篇之作的完成，为具有鲜明中国特色、体现新时代精神与要求、反映人民根本利益的民法典的形成奠定了坚实基础。与此同时，民法典各分编的编纂工作也在相继起步并扎实推进。2018 年 8 月 27 日，民法典各分编草案提请第十三届全国人大常委会第五次会议审议。2019年 12 月 28 日上午，十三届全国人大常委会第十五次会议表决通过了全国人大常委会关于提请审议民法典草案的议案，决定将民法典草案提请 2020 年召开的十三届全国人大三次会议审议。2020 年 5 月 28 日，十三届全国人大三次会议表决通过了《中华人民共和国民法典》，自 2021 年 1 月 1 日起施行。民法典的颁行，对于全面推进依法治国、加快建设社会主义法治国家具有极为重要的里程碑意义。

继续加强了社会主义市场经济立法。加强经济领域立法就是要使党关于发展社会主义市场经济的主张通过法定程序成为国家意志，确保党在经济建设方面的路线、方针、政策成为社会一体遵循的法律规范，实现国家各项经济工作的法治化。按照平等保护的原则，进一步健全以公平为核心原则的产权保护制度，创新体现公有制多种实现形式的产权保护制度，完善保护国家、集体、私人产权的法律法规；修改完善企业国有资产法等法律法规，切实保护了国有财产权；加强对集体资产所有权、承包权、经营权保护，切实保障了农户的土地承包权、经营收益权和宅基地使用权；加强对非公有制经济产权保护，完善保护私有财产权法律制度，清理修改不利于私有产权保护的法规政策，确保个人和非公企业法人财产权不受侵犯，促进了非公有制经济健康发展。

加强了文化领域的立法。制定了公共文化服务保障法、公共图书馆法、电影产业促进法等，有效推动了社会主义核心价值观入法入规。

构建了严格的生态环境保护法律制度。对环境保护法进行全面修订，相继修改了大气污染防治法、水污染防治法、海洋环境保护法、野生动物保护法，以适应人民日益增长的优美生态环境的需要。此外，制定慈善法、中医药法、反家庭暴力法,全面修订了食品安全法,消费者权益保护法等法律的修改以及刑法修正案(九)的通过,在改善民生方面进一步实现了有法可依。

(二)持续推进严格执法,法治政府建设取得了重大进展

法治政府基本建成是党的十八大确立的全面建成小康社会的一项重要目标,党的十八届四中全会《决定》明确提出了要加快职能科学、权责法定、执法严明、公开公正、廉洁高效、守法诚信的法治政府建设进程,党的十八届五中全会进一步明确了这一目标任务。中共中央、国务院印发的《法治政府建设实施纲要(2015—2020年)》对法治政府建设的目标要求、主要任务、具体措施等均作出了具体部署。党的十九大根据决胜全面建成小康社会、夺取新时代中国特色社会主义伟大胜利的新形势、新任务,从深化依法治国实践新要求的角度,明确提出"建设法治政府,推进依法行政,严格规范公正文明执法"[1]。新时代,我国法治政府建设全面展开,各方面工作取得了明显的成效。

1. 行政执法体制改革继续深化

行政执法关乎国家法律法规能否得以全面正确实施,关乎人民群众的合法权益能否得到切实有效保障的重大问题,对于推进依法行政、建设法治政府意义重大。针对以往存在着的权责交叉、多头执法、选择性执法等突出问题,为了建立权责统一、权威高效的行政执法体制,推动行政执法程序逐步完善,各级行政机关必须扎实推进行政执法体制改革。

综合执法逐步推进。按照党的十八届三中、四中全会《决定》的要求,各级行政机关一方面在横向上着力整合执法主体,促进执法权的相对集中;另一方面在纵向上大力提升基层政府的执法能力,合理配置执法力量,特别加强了食品药品、环境保护、安全生产等涉及民生福祉重点领域的基层执法

---

[1] 《十九大以来重要文献选编》(上),中央文献出版社2019年版,第27页。

力量。与此同时，各地方政府进一步完善推进城市管理综合行政执法的相关制度，对相对集中行政处罚权及综合行政执法等作出具体规定，如"上海、浙江等 11 个省（市）制定了地方性法规，北京、天津等 34 个省（市）制定了地方政府规章"①。为适应我国新型城镇化发展和人民群众生产生活需要对城市管理执法的新要求，2015 年 11 月，中共中央全面深化改革领导小组审议通过的《关于深入推进城市执法体制改革改进城市管理工作的指导意见》，其核心内容就是理顺城管执法体制、加强城市管理综合执法机构建设、提高执法和服务水平。一些地方政府结合本地实际制定了工作方案并取得初步实施成效。上海浦东新区率先开展市场监管"四合一"及城市管理综合执法体制改革的探索取得了初步成效。2016 年 4 月，中共中央办公厅、国务院办公厅联合印发《关于进一步深化文化市场综合执法改革的意见》，对于深化文化市场综合执法改革、促进文化市场的持续健康发展发挥了重要作用。

执法责任制全面落实。按照党的十八届三中、四中全会关于全面落实执法责任制的改革目标和要求，国务院发布的《法治政府建设实施纲要（2015—2020 年）》明确提出了严格确定不同部门及机构、岗位执法人员的执法责任，建立健全常态化的责任追究机制的主要任务和具体举措。为严格规范和约束行政权力，切实做到法无授权不可为、法定职责必须为，促进行政执法机关严格规范公正文明执法，一些地方政府积极采取有效措施并取得了明显进展。如 2015 年"河北省各地、各部门对省政府 2014 年度行政执法检查中发现的 458 个'不作为、乱作为'问题进行责任追究，坚持主管责任和直接责任共同追究的原则，共追究执法过错责任人 666 人次"②。行政执法责任制的全面落实，既确保了重大行政违法行为能够得到及时纠正，又有效约束了行政执法权力。通过惩戒不当或违法的执法行为，在依法保

---

① 《中国法治建设年度报告（2013）》，《法制日报》2014 年 6 月 18 日。

② 《当好参谋助手　推动依法行政——2015 年政府法制工作亮点回顾》，《河北法制报》2015 年 12 月 31 日。

护公民、法人和其他组织的合法权益的同时,也切实提高了行政执法人员的责任意识,有力地推动了有权必有责、用权受监督、违法必追究的要求逐步常态化、法治化。

执法程序日益完善。各地方、各部门不断完善行政执法程序制度建设,清理审查行政执法主体和人员,深入推行行政执法责任制,一些地方政府和部门先行先试,例如规范执法自由裁量权,对行政执法过程予以全程记录,对重大行政执法决定进行法制审核。在这些有益举措的基础上,2017 年 2 月,国务院印发了中共中央全面深化改革领导小组审议通过的《推进行政执法公示制度执法全过程记录制度重大执法决定法制审核制度试点工作方案》。该《方案》确定在天津市、河北省、安徽省及国土资源部等 32 个地方和部门在开展行政许可、行政处罚、行政强制等 6 类执法行为中,要求严格贯彻落实行政执法公示、执法全过程记录、重大执法决定法制审核"三项制度",取得了明显的成效,"初步建立了统一的执法信息平台,实现了执法依据、执法过程、执法结果及时公开,形成了规范的执法决定法制审核工作规则和工作机制;推行使用音像记录仪,对现场检查、调查取证、送达等多个环节进行音像记录,实现执法全过程留痕和可回溯管理,执法乱作为、不作为,野蛮执法、粗暴执法等突出问题得到有效遏制。"①推行行政执法"三项制度",对于推动严格规范公正文明执法起到了整体性、基础性、突破性的带动作用。

2. 政府依法履职能力不断提高

党的十八大以来,各级政府不断完善行政组织和行政程序方面的法律制度,推进机构、职能、权限、程序、责任法定化,政府依法履行职能的意识和能力不断增强。

行政审批制度改革进一步深化。十八大以来,党中央和国务院高度重视政府简政放权、放管结合和优化服务改革,以壮士断腕的决心和勇气持续

---

① 《中国法治建设年度报告(2017)》,法律出版社 2018 年版,第 21 页。

推进行政审批制度改革，不断削减行政审批事项，大大降低了制度性成本，激发了市场活力和社会创造力。据统计，自 2013 年来，国务院分 9 批审议通过取消和下放的国务院部门行政审批事项共 618 项①，清理规范的国务院部门行政审批中介服务事项共 323 项，取消的中央指定地方实施行政审批事项共 283 项②，取消国务院部门职业资格许可和认定事项共 434 项③。这些重大改革举措及其实施力度，为政府依法履职和法治政府建设创造了极为有利的条件。

权力清单制度的有力推进。所谓政府权力清单制度，是将政府的职责权限、法律依据、实施主体等事项以权力清单的形式向社会公开，为各级政府依法履行职能提供制度依据和基本遵循。推行政府权力清单制度，是党的十八届三中、四中全会部署的重要改革任务。为进一步落实这项改革任务，2015 年 3 月，中共中央办公厅、国务院办公厅联合印发了《关于推行地方各级政府工作部门权力清单制度的指导意见》，明确要求"省级政府 2015 年年底前、市县两级政府 2016 年年底前要基本完成政府工作部门、依法承担行政职能的事业单位权力清单的公布工作"④。随后，各级政府按照"清权、减权、制权、晒权"四个主要环节落实权力清单制度。截至 2015 年底，"全国 31 个省份全部公布省级政府部门权力清单，其中 24 个省份公布了责任清单，17 个省份公布了市县两级政府部门的权力清单和责任清单"⑤。在此基础上，各地按照"职权法定"原则全面削减部门行政职权。在建立权责清单、完善政府运行机制的同时，各地还强化对权力运行的监督制约。对

---

①　《2013 年以来国务院已公布的取消和下放国务院部门行政审批事项》，《人民日报》2017 年 2 月 10 日。

②　《2013 年以来国务院已公布清理规范的国务院部门行政审批中介服务事项和取消的中央制定地方实施行政审批事项》，《人民日报》2017 年 3 月 2 日。

③　《2013 年以来国务院已公布取消的国务院部门职业资格许可和认定事项》，《人民日报》2017 年 2 月 20 日。

④　《关于推行地方各级政府工作部门权力清单制度的指导意见》，《人民日报》2015 年 3 月 25 日。

⑤　《全国省级政府部门权力清单全部公布》，《人民日报》2016 年 1 月 29 日。

"行政许可"和"行政处罚"这两类社会集中关注的职权事项,制定权力运行图,简化行政流程,缩短办事时限,同时把权力主体、权力依据、监督电话等一并向社会公布。① 到 2016 年底,按照中共中央全面深化改革领导小组审议通过的《国务院部门权力和责任清单编制试点方案》,根据不同部门的职责特点,各试点部门均已按照方案要求完成了试点工作任务,全国 31 个省(区、市)均已公布省、市、县三级政府部门权力和责任清单。② 政府权责清单制度的有力推行,对于约束和规范权力、加快建成法治政府具有十分重要的意义。

3. 依法决策机制不断健全

"决策是行政行为的起点,规范决策行为是规范行政权力的重点,也是建设法治政府的前端环节。"③党的十八大以来,各级政府不断完善行政决策的法定程序,注重提高行政决策的法治化水平,政府依法决策的机制不断健全。

行政机关内部重大决策合法性审查机制的建立。合法性审查不仅有效规范了各级政府的重大行政决策行为,而且有助于提高重大行政决策的质量,对进一步深入推进法治政府建设意义重大。伴随依法决策意识和观念的形成,各级政府普遍将部分决策事项交由政府法制机构进行合法性审查。例如,上海市普陀区制定了《区政府重大行政决策合法性审查规定》,细化了合法性审查的内容与流程。部分区县提出了法制机构必须列席区政府常务会议、专题会议以确保政府依法决策的具体要求。山东省政府明确提出:"需要进行合法性审查的重大行政决策事项,决策事项承办单位应当在完成组织公众参与、专家论证、风险评估等法定程序,并经本单位法制机构进行合法性初审和部门会签后,将重大行政决策方案及相关材料送同级政府

---

① 参见《全国省级政府部门权力清单全部公布》,《人民日报》2016 年 1 月 29 日。
② 参见李克强:《在国务院第五次廉政工作会议上的讲话》,《人民日报》2017 年 4 月 10 日。
③ 张金才:《中共十八大以来法治政府建设的进展及成效》,《当代中国史研究》2017 年第 3 期。

法制机构进行合法性审查。"①《山西省重大行政决策合法性审查办法》详细规定了省政府进行重大行政决策合法性审查工作的事项范围、审查内容、方式和时限等。②

政府法律顾问制度的普遍推行。为落实党的十八届四中全会提出的"积极推行政府法律顾问制度"的要求，2016 年 3 月，中共中央全面深化改革领导小组第 22 次会议审议通过了《关于推行法律顾问制度和公职律师公司律师制度的意见》。同年 6 月，中共中央办公厅、国务院办公厅印发了该意见，明确提出到"2017 年底前，中央和国家机关各部委，县级以上地方各级党政机关普遍设立法律顾问、公职律师，乡镇党委和政府根据需要设立法律顾问、公职律师，国有企业深入推进法律顾问、公司律师制度，事业单位探索建立法律顾问制度，2020 年全面形成与经济社会发展和法律服务需求相适应的中国特色法律顾问、公职律师、公司律师制度体系"③的目标任务。随后，江苏、河北、湖北、江西等省（区、市）相继制定了推行政府法律顾问制度的指导意见，有力地推动了各地政府法律顾问制度的建立，对于促进政府依法、科学、民主决策，提高决策质量、避免违法决策进而提升行政决策的公信力和执行力发挥了重要作用。

重大决策终身责任追究制度及责任倒查机制的建立。决策失误是最大的失误。要保证决策的正确性，避免因决策失误而造成重大损失，切实提高重大行政决策的科学性，就必须建立重大决策终身责任追究制度及责任倒查机制。党的十八届四中全会《决定》明确提出要"建立重大决策终身责任追究制度及责任倒查机制，对决策严重失误或者依法应该及时作出决策但久拖不决造成重大损失、恶劣影响的，严格追究行政首长、负有责任的其他

---

① 《重大行政决策须经合法性审查》，《人民日报》2015 年 4 月 13 日。
② 参见《我省规范重大行政决策事项合法性审查办法》，《山西日报》2016 年 5 月 8 日。
③ 《关于推行法律顾问制度和公职律师公司律师制度的意见》，《人民日报》2016 年 6月 17 日。

领导人员和相关责任人员的法律责任"①。2014 年 10 月，安徽省人民政府发布了《关于进一步规范政府系统重大事项决策行为的意见》，要求各级政府、各部门坚持重大事项集体决策，实行决策事项终身负责，坚持谁决策谁负责、谁主管谁负责，实行责任到人、记录在案、问题倒查的决策事项终身负责制。② 内蒙古自治区 2015 年 6 月制定的《重大行政决策程序规定》，明确规定重大行政决策实行终身责任追究制度和责任倒查机制，对于违反该规定造成决策失误的，依照《行政机关公务员处分条例》，对负有领导责任和直接责任人员给予处分。③ 这些重要举措，对于健全和完善依法决策机制，促进领导干部依法、审慎决策，进而保证重大决策能够经得起历史和实践的检验具有重要的意义。

4. 行政权力制约和监督的进一步加强

党的十八大以来，各级政府自觉、主动地接受监督，政府信息公开、政务公开深入推进，取得了显著成效。

各级政府接受监督的自觉性、主动性明显提高。对于人大的监督和民主的监督，各级政府认真向本级人大及其常委会报告工作，接受询问和质询，报备行政法规、规章，对人大及其常委会组成人员提出的有关审议意见和人大代表和政协委员提出的意见、建议进行认真研究与妥善处理，知情明政机制日益健全，并定期向政协通报有关情况，便于政协委员履职；对于司法的监督，各级政府严格按照行政诉讼法及其相关规定的要求，推进行政机关负责人出庭应诉，积极配合人民法院的行政审判活动，认真落实司法机关的建议，尊重并自觉履行人民法院的生效判决和裁定，取得了良好的社会效果；对于审计的监督，高度重视并积极配合审计部门的相关工作已成为各级政府自觉主动地接受监督的重要内容。随着审计整改力度的不断加大以及

---

① 《十八大以来重要文献选编》(中)，中央文献出版社 2016 年版，第 165 页。
② 参见《我省出台意见规范政府重大事项决策》，《安徽日报》2014 年 12 月 16 日。
③ 参见《内蒙古自治区重大行政决策程序规定》，《内蒙古自治区人民政府公报》2015年第 8 期。

审计制度的日益完善,审计监督的作用和成效愈加突显。

政府信息公开和政务公开深入推进。各级政府认真贯彻落实党中央和国务院对政府信息公开、政务公开作出的一系列重大部署,并取得了积极成效。2015 年 4 月,国务院办公厅印发《2015 年政府信息公开工作要点》,对政府信息公开工作作出了具体部署,要求应在行政权力清单、财政资金、公共资源配置、重大建设项目以及公共服务、国有企业、环境保护、食品药品安全、社会组织和中介机构必须进行信息公开。中共中央全面深化改革领导小组于 2016 年 1 月审议并通过了《关于全面推进政务公开工作的意见》,中共中央办公厅、国务院办公厅也随即印发了该意见,主要从扩大政务开放参与、提升政务公开能力等方面作了具体部署,同时要求各地区各部门要结合各自的实际情况制定具体的实施办法。同年 5 月,北京市政府即通过了《关于全面推进政务公开工作的实施意见》,要求政务公开要覆盖权力运行全流程、政务服务全过程,强调要扩大公众参与、积极回应社会关切,特别重大、重大突发事件发生后,应在 24 小时内举行新闻发布会。① 随着国务院办公厅印发《2017 年政务公开工作要点》,国务院及地方各级政府每年出台政务公开工作要点已经成为推动政务公开制度化的必要举措。通过以上措施,各级政府不断完善政府信息公开制度,继续拓宽政府信息公开渠道,提高政务公开信息化水平,有力地促进了依法行政、加快建设法治政府的进程。

(三)持续推进公正司法,司法公信力得到明显提升

公正司法是维护社会公平正义的最后一道防线。只有努力使人民群众在每一个司法案件中都真切感受到公平正义,才能确保司法的公信力。全国各级司法机关在习近平新时代中国特色社会主义思想的指导下,坚持服务大局,恪守司法为民理念,秉持公正司法,司法公信力明显增强,司法改革

---

① 参见《北京政务公开要覆盖服务全过程》,《人民日报》2016 年 5 月 18 日。

取得突破性进展和显著成效。

各级人民法院、人民检察院忠实履行宪法法律赋予的职责,坚持贯彻国家总体安全观和新发展理念,在积极推进平安中国建设的同时,服务于保障国家经济和社会持续健康发展,努力满足人民群众日益增长的司法需求,确保国家长治久安、人民安居乐业。全国各级司法机关在实际工作中认真履行职能,在维护社会大局稳定和保障社会公平正义方面发挥了巨大作用。

2013 年至 2018 年我国各级人民法院、人民检察院开展司法工作相关情况:

司法机关	司法工作情况	2013 年	2014 年	2015 年	2016 年	2017 年	2018 年
最高人民法院	受理案件数量	11016 件	11210 件	15985 件	22742 件	28499 件	34794 件
	审结案件数量	9716 件	9882 件	14135 件	20151 件	25808 件	31883 件
地方各级人民法院	受理案件数量	1421.7 万件	1565.1 万件	1951.1 万件	2303 万件	25737393 件	2800 万件
	审结、执结案件数量	1294.7 万件	1379.7 万件	1671.4 万件	1977.2 万件	22754188 件	2516.8 万件
	结案标的额	\	2.6 万亿元	4 万亿元	4.98 万亿元	6.11 万亿元	5.5 万亿元
全国检察机关	批准逮捕各类刑事犯罪嫌疑人数量	879817 人	879615 人	873148 人	828618 人	106.97 万人	1056616 人
	提起公诉数量	1324404 人	1391225 人	1390933 人	1402463 人	166.48 万人	1692846 人

资料来源:2013 年至 2018 年《中国法治建设年度报告》。

与此同时,司法体制改革积极稳妥地有序推进,主要体现在以下四个方面:

一是在司法管理体制改革方面,根据党的十八届三中全会《决定》和十二届全国人大常委会第十次会议的决定,2014 年在北京、上海和广州先后设立了知识产权法院,为实施国家创新驱动发展战略提供了有力的司法保障,并通过公开审理涉外疑难案件,进一步树立了我国保护知识产权的良好形象;根据党的十八届四中全会《决定》的重大改革部署,2014年12月,在上海和北京先后设立了首批跨行政区划人民法院、人民检察院,分别为上海市第三中级人民法院、上海市人民检察院第三分院和北京市第四中级人民法院、北京市人民检察院第四分院。2015年1月,最高人民法院在广东省深圳市和辽宁省沈阳市设立的第一、二巡回法庭相继挂牌成立,并实现了机构设置、运行机制、人员管理、监督机制的创新。截至2019年3月,"六个巡回法庭审结案件1.7万件,妥善处理一批历史形成的跨行政区域重大行政和民商事案件"①;为保障司法机关依法独立、公正地行使职权,依据党的十八届四中全会提出的健全防止人为干扰司法制度的要求,中共中央办公厅、国务院办公厅和中共中央政法委员会于2015年3月分别印发了《领导干部干预司法活动、插手具体案件处理的记录、通报和责任追究规定》《司法机关内部人员过问案件的记录和责任追究规定》,明确规定了司法机关、党委政法委和纪检监察机关对于领导干部干预司法活动、插手具体案件处理的记录制度、通报制度和责任追究制度,取得了良好的社会效果;此外,进一步整合司法资源、优化司法队伍、完善司法人员分类管理制度,创设法官、检察官单独职务序列,为实现司法的公正、高效和权威提供制度保障。

二是在司法权运行机制改革方面,完善司法责任制,实现"让审理者裁判、由裁判者负责",确保法院依法独立、公正行使审判权。按照"谁办案谁负责、谁决定谁负责"的要求,检察人员应当对其履行检察职责的行为承担司法责任,在职责范围对办案质量终身负责。大力推进审判流程公开、庭审活动、裁判文书公开、执行信息公开等信息化平台建设,进一步拓展司法公开的广度和深度,更好地为人民群众提供更加优质、高效和便捷的司法服务。统计数据显示,截至2019年2月,"中国审判流程信息公开网公开案件信息3.7亿项,中国庭审公开网直播庭审259万件,中国裁判文书网公开文书6382万份,访问量226亿次。"②检察机关开展公益诉讼改革试点,探索

---

① 周强:《最高人民法院工作报告》,《人民日报》2019年3月20日。

② 周强:《最高人民法院工作报告》,《人民日报》2019年3月20日。

建立检察机关提起公益诉讼制度。依据《关于授权最高人民检察院在部分地区开展公益诉讼试点工作的决定》和《检察机关提起公益诉讼改革试点方案》,北京、内蒙古、江苏等 13 个省区市的检察机关开始试点,重点针对涉及我国生态环境和资源保护、国有资产保护、食品药品安全等领域侵害国家和社会公共利益的情况,及时提起民事或行政公益诉讼,有力地维护了国家和社会公共利益,其法律监督职能亦得到有效发挥。

三是在人权司法保障机制建设方面,健全错案防止、纠正、责任追究机制,建立冤假错案有效防范、及时纠正机制,严格落实罪刑法定、疑罪从无、证据裁判等法律原则和制度,依法纠正了呼格吉勒图重大冤假错案,并启动了错案责任追究机制,对呼格吉勒图错案负有责任的 27 人进行了追责。此外,在深化律师制度改革、依法保障律师执业权利,减少死刑罪名适用以及进一步规范涉案财物处置的司法程序等方面,采取了一系列明确而具体的改革举措。

四是贯彻司法为民原则,切实维护人民群众的合法权益。例如,针对公众普遍反映的"立案难"问题,实行立案登记制改革,推行网上立案、自助立案等便民服务;通过扩大民事和行政法律援助覆盖面、加强特定群体法律援助工作、实现法律援助咨询服务全覆盖,不断完善法律援助制度,以维护困难群众的合法权益,促进社会公平正义;通过健全国家司法救助制度,发挥其在及时化解矛盾纠纷、维护当事人合法权益中的重要作用。

(四)持续推进全民守法,全社会法治观念日益增强

党的十八大以来,以习近平同志为核心的党中央高度重视法治宣传教育工作,明确将推进全民守法作为全面推进依法治国、加快建设社会主义法治国家的基础性工程,持续深入地开展普法工作,进一步健全了普法宣传教育机制,法治宣传形式不断创新,全社会法治观念明显增强。

自 2011 年"六五"普法规划顺利实施以来,我国的法治宣传教育工作取得了明显进展和积极成效。根据党的十八届四中全会提出的加强"法治

宣传教育"的新理念新要求，普法工作实现了从"法制宣传教育"向"法治宣传教育"的转变。"六五"普法期间，学习宣传宪法成为全民普法的首要任务。党的十八届四中全会将每年 12 月 4 日设立为国家宪法日，此后，包括全国人大常委会办公厅、中宣部以及司法部等有关部门都在国家宪法日联合举办座谈会、报告会，全国中小学的"晨读宪法"活动在教育部、司法部的组织和领导下开展，宪法宣传的公益广告在地市级以上的党报、党刊上统一刊登，营造了全社会学习宣传宪法的浓厚氛围。在党员干部的法治宣传教育方面，宪法不仅是法治培训的必修课，也是远程教育、网上学法课堂的重要学习内容。在以宪法学习为重点的同时，中国特色社会主义法律体系的学习和宣传活动也日益丰富和深入。各地进一步深化"法律进机关、进乡村、进社区、进学校、进企业、进单位"的"六进"主题活动，针对不同行业和对象的特点，采取了多种多样的群众喜闻乐见的方式，不断推动法治宣传教育向面上拓展、向基层延伸，更加贴近广大人民群众及其社会生活实际。此外，根据党中央提出的实行国家机关"谁执法谁普法"的普法责任制要求，包括安徽、四川在内的 12 个省（区、市）制定和落实了"谁执法谁普法"的普法责任制，为各负其责、共同参与机制的建立明确了具体路径。

"六五"普法呈现出三个主要特点：

首先，突出"关键少数"，通过扎实推进领导干部和公务员的学法用法工作，发挥他们的示范带头作用。各地各部门党委（党组）中心组学法制度的普遍建立，明确把法治作为干部录用、晋职、培训的重要内容，并将其纳入各级党校、行政学院、干部学院和社会主义学院的必修课程。与此同时，司法部及相关部门还通过制作、播出远程法治教育节目，举办关于法治思维和法治方式的系列讲座，提高领导干部及广大党员的法治素养。

其次，抓住重点对象，推进青少年的法治教育。为贯彻落实党的十八大和十八届三中、四中、五中全会精神，教育部会同司法部、全国普法办于 2016 年 6 月联合印发实施的《青少年法治教育大纲》，为切实推动法治教育纳入国民教育体系，提高法治教育的系统化、科学化水平，完善学校、家庭、社会"三位一体"的法治教育格局提供了基本依据。全国共建立青少年法治教育基地多达3万余个,96.5%以上的中小学配有法治辅导员。司法部、共青团中央每年举办青少年网上法律知识竞赛,5年共吸引1000多万名青少年参加。①

再次,着力加强了对于企业经营管理人员、农民以及其他群体的法治宣传教育。在法治宣传教育的过程中,以促进诚信守法、依法经营为重点内容,对与企业生产经营密切相关的法律法规进行了大力宣传。

"七五"普法全面启动、顺利推进。2016年3月,中组部、中宣部、司法部、人力资源和社会保障联合印发《关于完善国家工作人员学法用法制度的意见》,提出健全完善党委(党组)中心组学法制度、健全完善日常学法制度、加强法治培训、坚持依法决策、严格依法履职、完善考核评估机制等六方面的重点措施。中共中央、国务院于4月转发了《中央宣传部、司法部关于在公民中开展法治宣传教育的第七个五年规划(2016—2020年)》,十二届全国人大常委会第二十次会议予以通过。5月,中共中央宣传部、司法部在北京召开第八次全国法治宣传教育工作会议,贯彻落实"七五"普法规划并作出安排部署,"七五"普法工作全面启动。6月发布的《青少年法治教育大纲》强调要普及法治知识、养成守法意识、规范行为习惯、培育法治观念、践行法治理念、树立法治信仰的青少年法治教育总体目标,规定将必要的法律常识纳入不同阶段学生学业评价范畴,在中、高考中适当增加法治知识内容,这便大大提升了法治素养在学生综合素质中的重要地位。"七五"普法规划实施以来,各地区、各部门和各单位立足实际,多措并举,扎实推进法治宣传教育工作。例如相继举办"12·4"国家宪法日系列宣传活动、"百名法学家百场报告会"、"青年普法志愿者法治文化基层行"等全国性、有特色、极具影响力的法治活动。媒体公益普法制度也逐步建立,"新媒体、新技术在普法中得到广泛运用,中国普法微信公众号订阅用户数约80万,中国普

---

① 参见《"六五"普法决议全面贯彻落实成效显著》,《法制日报》2016年4月26日。

法两微一端总粉丝人数超 600 万。"①以中国普法两微一端为龙头、整合全国普法新媒体的"全国普法新媒体矩阵"逐步形成。

2017 年 2 月，《关于实行国家机关"谁执法谁普法"普法责任制的意见》由中共中央全面深化改革领导小组第三十二次会议审议通过，《意见》明确要求实行国家机关"谁执法谁普法"普法责任制，坚持普法工作和法治实践相结合，坚持系统内普法和社会普法并重，健全工作制度，加强督促检查，努力形成部门分工负责、各司其职、齐抓共管的普法工作格局。② 5 月，中共中央办公厅、国务院办公厅印发了该意见，这就为健全"七五"普法领导体制和工作机制提供了根本遵循。8 月，中组部、中宣部、司法部和全国普法办联合印发《关于加强党内法规学习宣传的通知》，要求认真贯彻落实"七五"普法规划和《中共中央关于加强党内法规制度建设的意见》。与此同时，各种形式的法治宣传教育活动持续开展、扎实推进，全社会尊法学法守法用法的良好风气日益形成。

---

① 《中国法治建设年度报告（2016）》，法律出版社 2017 年版，第 65 页。
② 参见《党政主要负责同志要亲力亲为抓改革扑下身子抓落实》，《人民日报》2017 年 2 月 7 日。

第七章　中国智慧:中国特色社会主义法治道路探索的基本经验

中国特色社会主义法治道路的探索经历了较长的发展过程,期间既有许多宝贵的经验,也有过一些沉痛的教训。"把坚持党的领导、人民当家作主、依法治国有机统一起来是我国社会主义法治建设的一条基本经验"[1],这集中反映了党和人民在社会主义基础上探索自己法治道路取得的伟大成果,是对人类法治文明作出的独特贡献。围绕"三统一"的原则,正确认识和处理一系列相互关联的重大理论和实践问题,积累了正反两方面的宝贵经验。

一、正确认识和处理党的领导与法治的关系

党的十八届四中全会《决定》强调,"党的领导是中国特色社会主义最本质的特征,是社会主义法治最根本的保证"[2],"党的领导和社会主义法治是一致的,社会主义法治必须坚持党的领导,党的领导必须依靠社会主义法治"[3],这就为我们正确认识和处理党的领导与法治的关系提供了基本遵循。

(一)坚持党对社会主义法治的领导

在当代中国,党是领导一切的,这是历史和人民的选择,也是党治国理

---

① 《十八大以来重要文献选编》(中),中央文献出版社 2016 年版,第 147 页。
② 《十八大以来重要文献选编》(中),中央文献出版社 2016 年版,第 157 页。
③ 《十八大以来重要文献选编》(中),中央文献出版社 2016 年版,第 158 页。

政的根本之所在。坚持党的领导，是当代中国的最高政治原则，是社会主义法治的根本保证。

　　中国共产党成立后，就在确立为共产主义、社会主义而奋斗纲领的同时，担负起了实现中华民族伟大复兴的历史使命。中华民族的独立和解放是在中国共产党的领导下实现的。新中国成立后不久，毛泽东在领导制定《中华人民共和国宪法》的过程中就形成并明确地提出了"领导我们事业的核心力量是中国共产党"①的重大观点，随后又将坚持党的领导和社会主义制度作为判断是非的重要标准。改革开放之初，针对当时出现的否定共产党的领导的资产阶级自由化思潮，邓小平尖锐地指出："在中国，在五四运动以来的六十年中，除了中国共产党，根本不存在另外一个像列宁所说的联系广大劳动群众的党。没有中国共产党，就没有社会主义的新中国"②，并进一步指出："从根本上说，没有党的领导，就没有现代中国的一切"③，"中国一向被称为一盘散沙，但是自从我们党成为执政党，成为全国团结的核心力量，四分五裂、各霸一方的局面就结束了"④。当然，"我们党经历过多次错误，但是我们每一次都依靠党而不是离开党纠正了自己的错误"⑤。"中国由共产党领导，中国的社会主义现代化建设事业由共产党领导，这个原则是不能动摇的；动摇了中国就要倒退到分裂和混乱，就不可能实现现代化。"⑥

　　中国共产党之所以能够成为中国社会主义事业的最高政治领导力量，是中国共产党的性质、宗旨和历史使命决定的。马克思主义经典作家认为，共产党是工人阶级先进分子组成的先锋队。"共产党人同其他无产阶级政党不同的地方只是：一方面，在无产者不同的民族的斗争中，共产党人强调

---

①　《毛泽东文集》第六卷，人民出版社 1999 年版，第 350 页。
②　《邓小平文选》第二卷，人民出版社 1994 年版，第 170 页。
③　《邓小平文选》第二卷，人民出版社 1994 年版，第 266 页。
④　《邓小平文选》第二卷，人民出版社 1994 年版，第 267 页。
⑤　《邓小平文选》第二卷，人民出版社 1994 年版，第 170 页。
⑥　《邓小平文选》第二卷，人民出版社 1994 年版，第 267—268 页。

和坚持整个无产阶级共同的不分民族的利益;另一方面,在无产阶级和资产阶级的斗争所经历的各个发展阶段上,共产党人始终代表整个运动的利益"①。这就是说,共产党是由工人阶级中的先进分子所组成的先进政党。中国共产党是以中国工人阶级为其阶级基础的,由工人阶级中的先进分子所组成的工人阶级的先锋队,是用马克思列宁主义特别是中国化马克思主义武装起来的马克思主义的政党,始终代表先进生产力发展的要求、先进文化的前进方向和最广大人民群众的根本利益,因而党在成为工人阶级先锋队的同时,又能够成为中国人民和中华民族的先锋队,成为中国特色社会主义的领导核心。党的执政使命和执政实质是领导人民当家作主、运用人民赋予的权力来为人民服务,只有这样,党才能够使自己真正成为实现社会主义现代化和中华民族伟大复兴的中流砥柱。

从中国特色社会主义法治道路探索的角度来看,早在党领导人民创建中国农村革命根据地、开始局部执政的时期,就已经认识到必须坚持党对各方面工作的领导,并使之融入新民主主义革命法治建设之中,成为中国特色社会主义法治的红色基因。土地革命时期,党在创建红军和红色政权的过程中,通过制定《中华苏维埃共和国宪法大纲》等具有革命性质的法律条例,开展革命法治实践,以法治形式保障人民革命成果。抗日战争时期,党先后领导制定的《陕甘宁边区施政纲领》和《陕甘宁边区宪法原则》,以及各抗日根据地开展的抗日民主法治建设,对新中国成立后的法治建设产生了较为深远地影响。新中国成立前夕,党领导各民主党派通过召开政治协商会议,制定代行宪法的《中国人民政治协商会议共同纲领》,以及随之开展的人民民主法治建设,为中国特色社会主义法治道路的开启奠定了重要基础。1954 年,党领导人民制定了中国第一部社会主义性质的宪法,成为中国特色社会主义法治建设的新起点。虽然,由于后来党在指导思想上发生"左"的错误,党对我国社会主义法治道路的探索出现失误,并导致社会主

---

① 《马克思恩格斯选集》第 1 卷,人民出版社 2012 年版,第 413 页。

义法治遭受严重破坏，但党在随后对历史经验教训的反思中，又明确地形成了对坚持党的领导、加强社会主义法治的更为坚定的认识。在建设社会主义法治国家的进程中，党始终发挥着根本性、全局性的领导作用。中国特色社会主义法治道路的探索始终是在党的领导下进行的，中国共产党始终是社会主义法治建设的开创者、领导者和倡导者。坚持党对法治的领导是一个带有根本性的重大原则问题，必须旗帜鲜明、立场坚定，决不能含糊动摇。

（二）党的领导要依靠社会主义法治

改革开放以来，党在把依法治国确定为领导人民治理国家的基本方略、把依法执政确定为治国理政的基本方式的过程中不断深化自己对法治的认识，习近平总书记指出："法治是治国理政不可或缺的重要手段。法治兴则国家兴，法治衰则国家乱。什么时候重视法治、法治昌明，什么时候就国泰民安；什么时候忽视法治、法治松弛，什么时候就国乱民怨"①。全面推进依法治国，是党深刻总结我国法治建设成功经验和深刻教训作出的一个重大抉择。

"法"的概念内涵极其丰富。一般意义上，"法"是指由国家制定或认可并由国家强制力保证实施的行为规范体系，在我国当下即是指以宪法为统帅的中国特色社会主义法律体系。法治，就是用法律的准绳去衡量、规范、引导社会生活。在当代中国，党要在我国这样一个地域辽阔、民族众多、国情复杂的人口大国长期执政，就必须更加重视法治在治国理政中的重要地位和作用。

要不要依靠法治？依靠什么样的法治？怎样依靠这样的法治？这是新中国成立后党在治国理政中遇到的一个极为重要的问题。从"五四宪法"的制定开始，党即着手领导人民创建社会主义法治，随着"五四宪法"的通过和颁行，构建起了以"五四宪法"为统帅的社会主义法律体系的基本框

---

① 《习近平关于全面依法治国论述摘编》，中央文献出版社 2015 年版，第 8 页。

架,并通过党的八大确立了"健全社会主义法制"的方针,初步形成了依靠法治来治国理政的认识,为中国特色社会主义法治道路的开辟奠定了重要的前提和基础。然而,由于种种原因,主要是由于党在指导思想上逐渐发生"左"的错误,导致"以阶级斗争为纲"在党和国家政治生活中占据主导地位,党内民主、法治意识逐渐淡薄,以个人专断为主要特征的人治倾向不断强化,"大鸣、大放、大字报、大辩论"逐渐取代了党内民主和人民民主,最终导致"文化大革命"中整个国家和社会陷入了"无法无天"的状态。改革开放之初,邓小平深刻总结这一历史教训,明确提出了加强社会主义法治的基本要求,进而回答了要不要依靠法治、依靠什么样的法治的问题,并逐渐使依靠法治来治理国家成为全党和全国人民的共识。随着改革开放的深入和社会主义市场经济体制改革目标的确定,党对要不要依靠法治的认识也在不断深化。党逐渐认识到市场经济本质上是法治经济,没有法治的规范、引领和保障,就不可能产生发达的市场经济。正是基于对社会主义市场经济基本特征和发展规律的正确认识,党先后提出了"依法治国""依法执政""依法行政""法治是治国理政的基本方式"等重大理论观点,进一步回答了党要不要依靠法治、怎样依靠法治等重大问题。

党的十八大以来,以习近平同志为核心的党中央,将党对法治的认识提高到实现中华民族伟大复兴的中国梦和维护党和国家长治久安的战略全局的高度,把全面推进依法治国作为推进国家治理体系和治理能力现代化的主要内容和重要依托。党的十八届四中全会绘制了法治中国建设的总蓝图,并作出了加强社会主义法治建设的新部署,旗帜鲜明地回答了党要不要法治、要不要依靠社会主义法治、应该怎样依靠社会主义法治等重大原则问题,为正确处理党的领导与法治的关系提供了重要遵循和行动纲领。

新中国成立以来,党在探索、开辟和拓展中国特色社会主义法治道路过程中所积累的正反两方面的经验反复证明:建设社会主义法治必须坚持党的领导,党的领导必须依靠社会主义法治。坚定不移地推进依法治国,既不能虚化、弱化甚至动摇、否定党的领导,也不能忽视、轻视甚至动摇依靠法治在保证党和国家长治久安中的重要作用的认识。一些人鼓吹和宣扬"西方宪政""三权分立""司法独立",其要害既是要削弱和否定党对法治的领导,也是要割裂党的领导与法治之间的正确关系,进而达到既否定党的领导又否定社会主义法治的目的。"中国特色社会主义法治道路,是社会主义法治建设成就和经验的集中体现,是建设社会主义法治国家的唯一正确道路"①,而坚持党的领导,正确认识和处理党的领导与法治的关系,则是坚持走中国特色社会主义法治道路的重中之重。

(三)党的领导和社会主义法治是一致的

在当代中国,党的领导与法治的一致性从根本上来说,是由党的性质、宗旨、领导地位和我国社会主义法治的本质属性所决定的。坚持党的领导、实行社会主义法治、推进依法治国的目的,都是为了实现国家富强、人民幸福和中华民族伟大复兴的中国梦。

《中华人民共和国宪法》既以根本法的形式肯定了党的领导地位,又以根本法的形式确认了法治的基本方式,充分体现了党的领导与社会主义法治的统一,反映了党全心全意为人民的宗旨和社会主义法治为人民的本质属性和最高要求,进而为二者的统一提供了宪法依据和根本法基础;《中国共产党章程》既明确规定了党的领导核心地位,又明确要求党必须在宪法和法律的范围内活动。宪法和党章的相关规定,为我们正确认识和处理党的领导与法治的关系提供了根本依据。

党的领导与社会主义法治的统一,是正确认识和处理党的领导与法治关系的基本原则。中国共产党对党的领导与法治关系的认识经历了一个长期的过程。新民主主义革命时期,党作为一个革命党,首先将废除国民党旧法统作为创建新民主主义革命法治的前提,并在较长的时间内形成了主要

---

① 《十八大以来重要文献选编》(中),中央文献出版社 2016 年版,第 147 页。

靠党的政策来组织和领导人民进行革命斗争的传统。那时,"如果要讲法,就不能革命,就是维护三大敌人的统治秩序。那时候对反动阶级就是要'无法无天',在人民内部主要讲政策"①。党领导人民"依靠政策,把三座大山推翻了。那时,只能靠政策"②。革命法律只是党领导群众运动和开展武装斗争的辅助方式。新中国成立前夕,中共中央作出《关于废除国民党〈六法全书〉和确定解放区司法原则的指示》,党开始从依靠政策办事向依法办事的过渡。1949年《中国人民政治协商会议共同纲领》的通过和1954年《中华人民共和国宪法》及一批重要法律法令的颁行,逐步奠定了新中国法治的基础。"建国后我们党作为执政党,领导方式与战争年代不同,不仅要靠党的政策,而且要依靠法制。凡是关系国家和人民的大事,党要做出决定,还要形成国家的法律"③,党的领导与依法办事的一致性开始成为党内外的共识,但尚未从根本上解决靠法治还是靠人治的问题。1957年下半年以后,党和国家政治生活开始出现不正常的情况。究竟搞人治还是搞法治?党的主要领导人的看法发生重要变化,毛泽东在1958年的北戴河会议上在讲到这一问题时说:"法律这个东西,没有也不行,但我们有我们这一套"④,"不能靠法律治多数人,多数人要靠养成习惯"⑤。当时党中央主要领导人对法治重要性的这种认识,导致了党对法治重要性的忽视,并成为后来党政不分、以党代政、以言代法等积弊产生的重要原因,使党的领导与法治统一关系的认识发生动摇。因此,改革开放之后,邓小平即明确提出:"要通过改革,处理好法治和人治的关系"⑥,强调要贯彻"有法可依、有法必依、违法

---

① 《彭真文选(一九四一——一九九〇年)》,人民出版社1991年版,第491页。
② 《彭真文选(一九四一——一九九〇年)》,人民出版社1991年版,第491页。
③ 《江泽民论有中国特色社会主义(专题摘编)》,中央文献出版社2002年版,第307—308页。
④ 《毛泽东年谱(一九四九——一九七六)》第3卷,中央文献出版社2013年版,第421页。
⑤ 《毛泽东年谱(一九四九——一九七六)》第3卷,中央文献出版社2013年版,第421页。
⑥ 《邓小平文选》第三卷,人民出版社1993年版,第177页。

必究、执法必严"的方针,依靠法治解决问题,并由此开始了党对法治重要地位和作用认识的新时期,随着党不断深化对党的领导与社会主义法治统一关系的认识,最终由党的十八届四中全会《决定》正式确定了党的领导与社会主义法治统一的正确关系。

站在新的历史起点上,坚持党的领导与法治二者的统一,既要防止"党法不分""以党代政""以党代法"而导致忽视法治倾向的重新出现;更要警惕离开党的领导,去搞所谓"普适性"的法治或"宪政"而导致否定党的领导倾向的重演,避免落入"党大还是法大"的政治陷阱,既要牢记"党的领导是中国特色社会主义法治之魂,是我们的法治同西方资本主义国家的法治最大的区别"①;又要牢记法治是治国理政的基本方式,是治国理政不可或缺的重要手段,始终坚持党的领导与法治的统一。

二、正确认识和处理民主与法治的关系

在当代中国政治话语体系下,民主即是指人民民主,法治即是指社会主义法治,这是探讨民主与法治的关系、正确认识和处理二者关系的基础和前提。改革开放以来,党总结我国社会主义民主法治建设正反两方面的历史经验,将发展社会主义民主与健全社会主义法治紧密地衔接起来,在积极稳妥推进政治体制改革,开辟中国特色社会主义法治道路的过程中,逐步认识到:"党的领导是人民当家作主和依法治国的根本保证,人民当家作主是社会主义民主政治的本质特征,依法治国是党领导人民治理国家的基本方式,三者统一于我国社会主义民主政治伟大实践"②,这就是说,走出具有中国自己特点的法治道路,既要正确认识和处理党的领导与法治的关系,又要正确认识和处理民主与法治的关系。

---

① 李林:《党的领导是中国特色社会主义法治之魂》,《人民日报》2015 年 4 月 2 日。
② 《十九大以来重要文献选编》(上),中央文献出版社 2019 年版,第 26 页。

（一）人民民主是社会主义法治的基础

人民民主是中国共产党始终不渝的奋斗目标，是社会主义的生命。党在带领人民争取人民民主、探索民主新路的过程中先后提出了"工农民主""人民民主""新民主主义"等民主概念，不断丰富和发展马克思主义的民主政治理论，并创造了工农兵代表苏维埃、各界人民代表会议等适合中国国情、能够保证人民当家作主的民主政治实现形式，从理论和实践的结合上对人民当家作主的民主新路进行了深入探索，积累了宝贵经验。新中国的成立，开辟了人民当家作主的新纪元，我国广大人民群众依法享有了民主选举、民主决策、民主管理、民主监督等广泛权利和自由。随着生产资料私有制社会主义改造的完成，我国实现了由新民主主义政治制度向社会主义政治制度的转变。进入新时期，党在坚持社会主义根本政治制度和基本政治制度的基础上，不断推进政治体制改革，在成功开辟中国特色社会主义政治发展道路的同时，开创了具有本国特点和优势的法治道路。

人民是社会实践的主体，是社会物质财富和精神财富的创造者，也是推动社会变革的决定力量。共产党是无产阶级的先锋队，但党永远只是人民的一部分。中国共产党的性质和宗旨都决定了它要把人民放在至高无上的地位，使自己的一切言论和行动都服务于人民群众的事业。"全心全意地为人民服务，一刻也不脱离群众；一切从人民的利益出发，而不是从个人或小集团的利益出发；向人民负责和向党的领导机关负责的一致性"[1]，永远是党认识和解决问题的出发点。毫无疑问，社会发展首先应该考虑大多数人的利益，考虑作为社会财富主要创造者的广大人民群众的需要。邓小平强调，"我们党提出的各项重大任务，没有一项不是依靠广大人民的艰苦努力来完成的"[2]。在当代中国，广大工人、农民和知识分子是人民群众的绝大多数，是建设中国特色社会主义事业的根本力量。实行改革开放，解放和

---

[1] 《毛泽东选集》第三卷，人民出版社 1991 年版，第 1094—1095 页。

[2] 《邓小平文选》第三卷，人民出版社 1993 年版，第 4 页。

发展生产力,使生产关系更加适应生产力的发展,进行社会主义现代化建设,实现中华民族的伟大复兴,都符合工人阶级的根本利益,因此能够充分调动广大工人群众的积极性并激发他们的工作热情;农民阶级是我国人数最多的基本依靠力量。农民问题是我国革命、建设和改革的根本问题,农业不仅直接关系到我国 14 亿多人口的基本生存条件的改善,而且关系到能否保证和支持整个国民经济的正常运行和稳步发展,没有农业的牢固基础,就不可能有国家的自立、不可能有工业的发展、农村的稳定与整个社会的稳定和全面进步;知识分子作为中国工人阶级中掌握科学文化知识较多、主要从事脑力劳动的一部分,是先进生产力的开拓者和发展教育科学文化事业的基本力量,在社会主义现代化建设中具有不可替代的作用,承担着重大的社会责任。建设中国特色社会主义,反映了广大工人、农民、知识分子和其他人民群众最根本的利益,与党的性质、宗旨和指导思想是完全一致的。

党的十八大把必须坚持人民主体地位作为新的历史条件下坚持和发展中国特色社会主义必须牢牢把握的首项基本要求,强调"中国特色社会主义是亿万人民自己的事业。要发挥人民主人翁精神,坚持依法治国这个党领导人民治理国家的基本方略,最广泛地动员和组织人民依法管理国家事务和社会事务、管理经济和文化事业、积极投身社会主义现代化建设,更好保障人民权益,更好保证人民当家作主"①。尊重人民主体地位必然要求保障人民当家作主,这也是坚持和拓展中国特色社会主义法治道路的应有之义。把人民作为依法治国的主体和力量源泉,这是在总结我国社会主义法治建设正反两方面经验的基础上提出来的,是实现全面推进依法治国总目标必须坚持的重大原则之一,也是开辟中国特色社会主义法治道路的基本经验之一。改革开放以来,中国共产党在开辟中国特色社会主义法治道路的过程中,总是时刻关注最广大人民群众在法治建设中的重要地位和作用,把人民群众的利益、愿望和要求作为制定和实施宪法法律的出发点和归宿。

---

① 《十八大以来重要文献选编》(上),中央文献出版社 2014 年版,第 11 页。

党在推进社会主义法治建设中,注意通过各种渠道听取人民的意见、反映人民的愿望、汲取人民的智慧。我国许多法律的制定和修改,都广泛听取了人民群众的意见和建议,充分发挥了人民群众作为依法治国主体和力量源泉的作用。我国宪法总纲第一条规定:"中华人民共和国是工人阶级领导的、以工农联盟为基础的人民民主专政的社会主义国家"①。这一规定阐明了我国的国体,同时阐明了包括社会各阶层人民在内的中国最广大人民是国家的主人。第二条规定:"中华人民共和国的一切权力属于人民。人民行使国家权力的机关是全国人民代表大会和地方各级人民代表大会"②。这一规定阐明了我国的政体,同时阐明了人民代表大会制度是保障人民当家作主的根本政治制度。坚持人民在依法治国中的主体地位,必须坚持法治建设为了人民、依靠人民、造福人民、保护人民,以保障人民根本权益为出发点和落脚点,保证人民依法享有广泛的权利和自由、承担应尽的义务,维护社会公平正义,促进共同富裕;必须保证人民在党的领导下,依照法律规定,通过各种途径和形式管理国家事务,管理经济文化事业,管理社会事务;必须使人民认识到法律既是保障自身权利的有力武器,也是必须遵守的行为规范,增强全社会学法尊法守法用法意识,使法律为人民所掌握、所遵守、所运用,充分体现人民在社会主义民主和法治建设中的主体地位和作用,人民就可以成为社会主义法治的忠实崇尚者、自觉遵守者、坚定捍卫者,就可以使社会主义民主与法治紧密地结合起来,社会主义法治就可以拥有坚实的基础。

(二)社会主义法治是人民民主的保障

法治是人类社会追求文明进步的重要目标和标志。一个社会的法治越健全,文明程度越高,人们依法办事的意识也就越强。保持社会稳定,维护国家的长治久安,最根本、最靠得住的办法是实行法治。法律的稳定性、继

---

① 《十二大以来重要文献选编》(上),中央文献出版社1986年版,第187页。
② 《十二大以来重要文献选编》(上),中央文献出版社1986年版,第187页。

承性,决定了它所设定的行为规则是一种恒则,不会因人的变化而变化;法律的平等、公正、至上性,决定了一切组织和个人都必须无条件地自觉执行;法律的严密性、科学性,决定了国家的政治事务、经济事务和社会文化事务公平、高效地进行;法律的明确性、公开性,决定了其具有普遍的约束力和广泛的可监督性;法律的国家强制性、权威性,决定了它能够有效地维护国家的政治、经济和社会生活的秩序。发展社会主义民主,无论是坚持和完善人民民主专政的国体、坚持和完善人民代表大会制度的政体,还是保障人民的主人翁地位、保证公民享有广泛的权利与自由、尊重和保障人权,都离不开完备的社会主义法治。长期以来特别是改革开放以后,社会主义法治逐步成为发展社会主义民主的重要保障。新时代,要"使我国社会在深刻变革中既生机勃勃又井然有序,实现经济发展、政治清明、文化昌盛、社会公正、生态良好,实现我国和平发展的战略目标,必须更好发挥法治的引领和规范作用"①。

法治的引领和规范作用主要表现在:一是保持国家制度稳定,引领国家始终沿着正确发展道路前进;二是确立所有社会成员都必须遵守而不能违反的行为规则;三是规范经济行为,引领和保障经济社会持续健康发展;四是化解社会矛盾、凝聚社会力量,扶正祛邪,增强社会凝聚力;五是整合社会利益、协调各种利益关系,维护社会公平正义等,这些都是我国社会主义法治在国家和社会治理中地位作用的重要体现。改革开放初期,邓小平等党和国家领导人,针对以往我国民主制度建设不健全、个人专断作风长期存在导致人民民主的制度化滞后的情况,反复强调要加强人民民主的制度化,"从制度上保证党和国家政治生活的民主化、经济管理的民主化、整个社会生活的民主化,促进现代化建设事业的顺利发展"②,同时,又针对"文化大革命"时期盛行的所谓"大民主",提倡"大鸣、大放、大辩论、大字报",导致"踢开党委闹革命""砸烂公检法"等历史教训,以及当时仍然存在着的以党代政、以言代法、无法可依、有法不依等现实状况,特别强调人民民主制度的

① 《十八大以来重要文献选编》(中),中央文献出版社 2016 年版,第 156 页。
② 《邓小平文选》第二卷,人民出版社 1994 年版,第 336 页。

法律化。"旧中国留给我们的,封建专制传统比较多,民主法制传统很少。解放以后,我们也没有自觉地、系统地建立保障人民民主权利的各项制度,法制很不完备,也很不受重视,特权现象有时受到限制、批评和打击,有时又重新滋长"①,这就导致轻视法律的思想长期未能得到克服,以致"文化大革命"时期发展到了"无法无天"的地步,这也是党在改革开放初期反复强调民主的制度化、法律化的重要原因。

党的十八届四中全会《决定》在肯定改革开放以来我国法治建设取得历史性成就的同时,强调指出:"同党和国家事业发展要求相比,同人民群众期待相比,同推进国家治理体系和治理能力现代化目标相比,法治建设还存在许多不适应、不符合的问题"②,只有下大气力解决这些问题,才能不断提高加强民主法治化重要性的认识。"如果说民主的制度化主要针对的是无章可循和个人专断等问题,民主的法律化主要针对的是'无法无天'、有法不依的混乱局面和党政不分、以言代法的政治体制和权力运作方式,那么,民主的法治化针对的问题不仅包括上述两个层面的问题,尤其是想通过制度化、法律化解决却没有解决好的问题,针对制度化、法律化本身不足的问题,如仅仅把制度化、法律化视为一种解决问题的手段而忽视其内在价值,而且主要是针对法律本身及其实践问题,既包括法律原则、法理基础、法学理论以及对法律的认识、态度、信念等思想理论和价值层面的问题,也包括立法、执法、司法和用法等实践层面的问题"③,也就是说,人民民主的法治化是对人民民主制度化、法律化的进一步升华,旨在体现民主制度化、法律化实质内容的基础上,通过规范和治理法治主体及其活动达到良法善治,实现法治的价值性与功能性、实体性与程序性、社会性与政治性的内在统一。

---

① 《邓小平文选》第二卷,人民出版社 1994 年版,第 332 页。
② 《十八大以来重要文献选编》(中),中央文献出版社 2016 年版,第 156 页。
③ 王文兵:《论人民民主的制度化、法律化、法治化》,《北京联合大学学报(人文社会科学版)》2016 年第 2 期。

法治体系是更好发挥法治引领和规范作用的前提和基础,法律实施是更好发挥法治引领和规范作用的必由之路,法治文化是更好发挥法治引领和规范作用的重要支撑,法治工作队伍是更好发挥法治引领和规范作用的组织和人才保障,党的领导是更好发挥法治引领和规范作用最根本的保证。人民民主是一个动态的发展过程,只有在社会主义法治的引领、规范和保障下,才能实现人民对民主政治发展前景的向往和期待。

(三)人民民主与社会主义法治是统一的

党在领导人民推进中国特色社会主义法治建设的实践中,不断排除各种错误思潮的干扰和影响,逐步深化民主与法治关系的认识,形成了人民民主与社会主义法治统一的正确认识。

有学者认为:"在越来越实证化的学理研究中,'民主'和'法治'常常被当作两个不同领域(分属政治学和法学)的问题,仿佛它们应该是彼此分开的。形成这种分立思考的主要原因,固然是理论和实践发展的深入和细化所必需,但也不能忽视它与两个不自觉的成见有关:一是由于民主在实践中推进的复杂性,使人们往往纠结于它的某些经验形式和操作环节,因而忽略了它的总体精神和基本原则的现实意义;二是对'法治'(rule of law)的理解,也由于过分突出了它的工具性质和形式化特征,从而忽视了它的主体性根基和目的性意义。"①这就指出了以往人们在认识民主与法治关系问题上常常陷入困境的症结所在,即人们往往自觉不自觉地抱着某些成见去认识和理解民主、法治以及二者的关系,不是强调民主与法治之间的内在统一,而是从实质上将它们分离开来,导致在基本理念上发生根本性错误。

我国社会主义法治建设的实践已经和正在证明,社会主义民主与社会主义法治是统一的,不能把二者割裂开来、对立起来。正确认识和处理民主与法治二者之间的关系,关键在于:一是要牢牢把握民主的核心和本质是人

---

① 李德顺:《论民主与法治不可分——"法治中国"的几个基本理念之辨》,《中共中央党校学报》2017 年第 1 期。

民当家作主。不建立社会主义国家政权,人民事实上没有掌握国家权力,也就不可能产生社会主义法治。法治与民主的密切联系是我国法治社会主义性质的根本体现。社会主义民主是社会主义法治的力量源泉,社会主义法治的建立和加强,法治措施的有效实施,都必须依靠人民群众的力量,而要调动人民群众的积极性,又必须发扬社会主义民主。二是要牢牢把握社会主义法治的实质是保障人民民主权利。在我国,人民民主权利不是"天赋的",而是在党的领导下通过广大人民群众的长期斗争实现的。我国宪法和法律对人民当家作主的权利和各种民主权利都作出了明确具体的规定;社会主义法治规定了人民行使民主权利的条件、程序和方法,为人民正确行使民主权利提供了法律依据和法治保障,人民运用法律的武器,既可以维护自身的合法权益,又可以监督政府各部门的行政行为,促进行政机关及其人员依法行政、恪尽职守。三是始终坚持人民民主与社会主义法治相结合的原则。民主理念所包含的"程序化原则",已经内含了法治的要求、体现了法治的精神。我国民主实践的历史也已经证明,民主若不以法治作为其必要的形式,就不能真正实现全体人民"当家作主";而按照"法是一切行为的正当根据"来理解法治,其意蕴则主要在于必须以宪法和法律为根据,即法治所体现的是以民主为实质和灵魂的逻辑。"没有法治的相应保障,民主终将成为一句空话,其结果不是演变成无序化的动荡,就是倒退回专制;而法治若不以民主为其实质和目的,就不能全面地保障人们享有平等自由的权利,反而会沦落为专制统治的暴力工具,法治也终将蜕变回人治。"①为此,正确认识和处理人民民主与社会主义法治之间的关系,在依法治国的实践中,始终坚持人民的主体地位,保障人民享有平等参与、平等发展的权利,通过各种途径和形式,发展更加广泛、更加充分、更加健全的人民民主。同时,人民也要认识到法律既是自己必须遵守的行为规范也是保障自身权利的有力武器。只有使法律为人民所掌握、所遵守、所运用,才能充分发挥人

---

① 李德顺:《论民主与法治不可分——"法治中国"的几个基本理念之辨》,《中共中央党校学报》2017 年第 1 期。

民在社会主义法治国家建设中的力量源泉作用。

三、正确认识和处理德治与法治的关系

改革开放以来,党深刻总结我国社会主义法治建设的成功经验和深刻教训,走出了中国特色社会主义法治道路。"这条道路的一个鲜明特点,就是坚持依法治国和以德治国相结合,强调法治和德治两手抓、两手都要硬。这既是历史经验的总结,也是对治国理政规律的深刻把握"①。在新的历史条件下,坚持一手抓法治、一手抓德治,把法治建设和德治建设更加紧密地结合起来,既强化道德对法治的支撑作用,又重视运用法治手段解决道德领域的突出问题,使法治和德治相互补充、相互促进、相得益彰。

(一)道德与法律的关系

正确认识德治与法治的关系,必须首先厘清道德与法律的关系。道德与法律都有维护社会秩序的功能和属性。法律依赖道德而被认同和遵行,道德依靠法律的强制性来保障底线。在当代中国,道德与法律都是治国理政的重要手段。

道德是对人们行为活动良善丑恶进行评价的心理意识、原则规范的总和,其作为反映社会经济关系的特殊社会意识形态,是社会利益关系的特殊调解方式。人们的内心信念、传统习俗及社会舆论是道德得以维系的主要途径。道德的产生具有多方面的条件,经历了一个漫长的历史过程。人类最初的道德是以风俗习惯等形式表现出来的。但随着社会生产力的发展和社会生活的日益复杂多样,特别是随着人类文明时代的到来,道德逐渐从风俗习惯中分化出来,成为一种相对独立的社会意识形式。与人类社会形态的发展相适应,道德的发展亦经历了原始社会、奴隶社会、封建社会、资本主

---

① 习近平:《论坚持全面依法治国》,中央文献出版社 2020 年版,第 166 页。

义社会和社会主义社会五种历史类型的道德。道德归根结底是由社会经济基础决定的,是社会经济关系的反映。社会经济关系的性质决定着道德体系的性质,社会经济关系所表现出来的利益决定着道德的基本原则和主要规范。道德对社会经济关系的反映不是消极被动的,而是以能动的方式来引导和规范人们的社会实践活动,其功能集中表现为处理个人与他人、个人与社会之间关系的行为规范及实现自我完善的一种重要精神力量。道德的社会作用主要表现在:它能够影响经济基础的形成、巩固和发展,是影响社会生产力发展的一种重要的精神力量,对其他社会意识形态的存在具有重大的影响;它通过调整人们之间的关系维护社会秩序和稳定,是提高人的精神境界、促进人的自我完善、推动人的全面发展的内在动力;道德发挥作用的性质并不都是一致的,只有反映先进生产力发展要求和进步阶级利益的道德,才会对社会的发展和人的素质的提高产生积极的推动作用。否则,就不利于甚至阻碍社会的发展和人的素质的提高。社会主义道德作为社会主义精神文明的重要组成部分,对于社会发展的能动作用比历史上任何其他类型的道德都更加广泛、深刻和强大。坚持中国特色社会主义法治道路,推进社会主义法治建设,既需要"良法",更需要"善治",即是说,不仅法律的制定要体现社会主义道德规范的要求,而且法律的实施更应该以社会主义核心价值观为引领。充分重视发挥道德的教化作用,强化道德对法律的支撑,就可以为法律的实施创造良好的思想道德基础。

法律作为具有强制力的社会行为规范,是由国家制定或认可并以国家强制力保证实施的、反映由特定社会物质生活条件所决定的统治阶级意志的规范体系。与人类进入阶级社会之后的社会形态相一致,先后产生了奴隶制法律、封建制法律、资本主义法律和社会主义法律四种历史类型的法律,当代中国的法律属于社会主义类型的法律。国家通过制定和认可两种方式创制法律规范。法律不但由国家制定或认可,而且由国家保证实施,因而具有国家强制性,这种国家强制性,既表现为国家对违法行为的否定和制裁,也表现为国家对合法行为的肯定和保护。国家强制力并不是保证法律实施的唯一力量,法律意识、道德观念、纪律观念也在保证法律的实施过程中发挥着重要作用。在阶级社会中,统治阶级不仅迫使被统治阶级服从和遵守法律,也要求统治阶级的成员遵守法律。统治阶级的意志不仅体现为法律,而且体现在国家政策、统治阶级的道德、最高统治者的言论等形式之中。物质资料的生产方式既是决定社会面貌、性质和发展的根本因素,也是决定法律本质、内容和发展方向的根本因素。我国的法律体系,是在中国共产党领导的新民主主义革命时期孕育、在社会主义制度建立后基本确立、在社会主义现代化建设中不断发展和完善的具有中国特色的社会主义法律体系,是工人阶级领导下的广大人民意志的体现,既有其鲜明的阶级性,又有其广泛的人民性,体现了阶级性与人民性的统一、科学性和先进性的统一等基本特征。它对于维护和巩固中国特色社会主义制度、保障改革开放和社会主义现代化建设的顺利推进,对于保证人民享有广泛的民主权利和自由、镇压敌对势力和敌对分子的反抗和破坏活动,对于繁荣社会主义先进文化、弘扬和培育社会主义核心价值观,对于维护和保障社会公平与正义、维护国家主权和领土完整等都具有十分重要的价值和意义。

道德与法律相互区别,二者在其产生的条件、内容、表现形式、调整的范围及作用的机制等方面均有所不同,不能相互替代、混为一谈;道德与法律又是相互联系、彼此补充的,二者都是建立在一定经济基础之上的上层建筑的组成部分,都是调整社会关系和社会行为的手段,二者共同发挥着维护社会秩序和社会价值的功能。因此,无论人们怎样认识道德、怎样认识法律,以及怎样认识道德与法律之间的关系,都无法否认道德与法律之间的辩证关系。"法律有效实施有赖于道德支持,道德践行也离不开法律约束。法治和德治不可分离、不可偏废,国家治理需要法律和道德协同发力"[1]。

(二)德治与法治的关系

厘清德治与法治的关系,是坚持依法治国与以德治国相结合的重要

---

[1] 《习近平谈治国理政》第二卷,外文出版社2017年版,第133页。

前提。

德治与法治虽分属于不同的范畴,具有不同的功能和作用,但在国家治理中都具有各自独特的、不可替代的作用。在全面推进依法治国的背景下,道德与法律、德治与法治的关系问题已经不只是一个重要的理论问题,而且是一个重要的现实问题。凡是现实中在法律领域或道德领域出现较大争议的问题,在本质上都可能会涉及如何认识和处理道德与法律、德治与法治的关系。历史经验表明,只有将德治与法治紧密结合起来,使其更好地发挥各自的作用,国家治理才能做到井然有序,社会才能健康运行。

德治是一种治国理论和道德规范。在中国,德治由孔子在周人提出的"明德慎刑""为政以德"思想基础上所创立,后经两汉魏晋南北朝的法律儒家化运动中达成礼法合流,最终由《唐律》确定"德礼为政教之本,刑罚为政教之用"的德治方略,并为历代所尊崇。"现代德治"是指"道德精神和价值原则对法的支撑和性质的规定,是在法治框架下充分发挥道德的独特作用,是社会成员具有遵法守德的品行以及社会具有良好的道德风尚"①。它与"传统德治"既有一定的联系也有明显的区别。"现代德治"主要是指通过人们的内心信念、传统习俗、社会舆论等进行道德教化发挥其作用,并对违反道德的行为进行谴责,因而被称为是内心的法律。"传统德治"是在"人治"框架下运行的,而"现代德治"是在"法治"框架下运行的,这是二者的本质区别所在。但无论是"传统德治"还是"现代德治",都肯定道德在国家治理中所具有的不可或缺的独特作用。

法治,通常是指以民主为前提和基础的社会管理机制、活动方式和秩序状态,"是一种与人治相对立的治国方略或良好法律秩序,其形式上要求具备'依法办事'的制度安排及运行体制机制,实质上则强调法律至上、制约权力、保障权利、程序公正、良法之治的法律精神和价值原则"②。在西方,古希腊思想家亚里士多德认为,"法治应包含两重意义:已成立的法律获得

---

① 王淑芹、刘畅:《德治与法治:何种关系》,《伦理学研究》2014 年第 5 期。
② 王利明:《法治:良法与善治》,北京大学出版社 2015 年版,第 1 页。

普遍的服从,而大家所服从的法律又应该本身是制订得良好的法律"①。在中国,古代思想家和政治家在思考治国理念、探索并实践治国方式的过程中,也提出过"以法治国""任法而治国""治民无常,唯以法治"等思想,由于这些思想本质上是为了加强和巩固专制服务的,其实质是"以法治民"。"现代'法治',是一套与民主政治相适应的政治价值体系、原则体系和制度体系,是一个相对独立的系统,有着自己发生、发展和完善的规律,有着自己独立发挥作用的方式和特点"②。在当代中国,法治是中国共产党治国理政的基本方式。

德治与法治既相互区别又相互联系,不可分离、不可偏废,都是治国理政不可或缺的重要方式,在国家治理中各自起着独特的、不可替代的作用。历史经验表明,只有把二者紧密结合起来,国家才能治理有序,社会才能健康运行。在古代中国,从孔子提出"宽猛相济"、荀子提出"隆礼而重法"到董仲舒强调"阳为德,阴为刑",再到唐代提出"制礼以崇敬,立刑以明威",以至宋元明清延续德法合治,都留下了德治与法治结合的行之有效的治国经验。在近代世界,凡是社会治理比较有效的国家,也都在坚持把法治作为治国基本原则的同时,重视德治的作用,避免因为将法治与德治割裂开来、对立起来而产生的各种片面性,坚持德治与法治两手抓,以道德滋养法治,以法治保障道德,使法治和德治紧密结合起来,协力推进德法共治。首先,要重视发挥道德的教化作用,强化道德对法治的支撑。其次,要以法治承载道德理念,把道德要求贯彻到法治建设之中。立法、执法、司法都要体现社会主义道德要求,树立鲜明的道德导向,弘扬真善美,打击假恶丑,使社会主义法治成为良法善治。再次,要善于运用法治手段解决道德领域的突出问题,通过法治引导全社会更好地崇德向善,依法加强对群众反映强烈的失德行为的整治。

---

① ［古希腊］亚里士多德:《政治学》,吴寿彭译,商务印书馆1965年版,第199页。
② 戴木才:《中国共产党如何依法执政》,江西教育出版社2017年版,第76—77页。

（三）坚持依法治国和以德治国相结合

在当代中国,能否正确认识和处理道德与法律、德治与法治、依法治国与以德治国的关系问题极为重要,是党在探索中国特色社会主义法治道路过程中创造的一条重要经验。

中国共产党在中国特色社会主义法治道路的最初探索中,一方面,注重加强以继承和发扬中国革命道德,倡导为人民服务思想,弘扬集体主义精神,确立爱祖国、爱人民、爱劳动、爱科学、爱护公共财物的社会主义公德为主要内容的思想道德建设;另一方面,也重视以马克思主义法治思想为指导,总结新民主主义革命时期革命根据地法治建设的经验,制定和施行以"五四宪法"为核心的一系列社会主义法律法规为主要内容的法治建设,形成了将道德与法律紧密结合起来巩固新生人民政权、促进经济和社会发展的重要经验。而后来恰是由于党在指导思想上发生"左"的错误,而在强调重视人与道德作用的同时却又发生了忽视法治作用的错误,并导致思想道德和法治建设两个方面均遭受严重破坏。进入新时期,党在总结以往的经验主要是"文化大革命"的沉痛教训的基础上,对人与制度、思想道德问题与制度法律问题作出了深入地思考,形成了治国理政法治更可靠的结论,并明确提出了一手抓民主、一手抓法制,一手抓物质文明建设、一手抓精神文明建设,创造了将道德与法律紧密结合起来推进社会主义现代化建设的新经验,为正确认识和解决道德与法律、德治与法治、依法治国与以德治国关系问题奠定了重要基础,提供了重要的方法论指导。正是在这一基础上,党确立了依法治国的基本方略,提出了依法治国与以德治国相结合的重要原则,并将其写入宪法以国家根本大法的形式确立下来。党将社会主义法治建设同思想道德建设紧密结合起来共同推进,就为坚持依法治国与以德治国相结合奠定了重要基础。新世纪新阶段,党在加快推进国家各项工作法治化的同时,推进思想道德建设,以全体公民思想道德素质和整个社会文明程度的提高促进全面依法治国。新时代,党不断推进国家治理体系和治理能力现代化,进一步丰富和发展了依法治国与以德治国相结合的重要经验。

　　坚持依法治国与以德治国相结合,体现了坚持和拓展中国特色社会主义法治道路的基本要求。新时代,我国社会主要矛盾已经由人民日益增长的物质文化需要同落后的社会生产之间的矛盾转化为人民日益增长的美好生活需要和不平衡不充分的发展之间的矛盾。但我国仍处于并将长期处于社会主义初级阶段的基本国情没有变,我国是世界最大发展中国家的国际地位没有变。面对新形势新任务,党要更好统筹社会力量、平衡社会利益、调节社会关系、规范社会行为,使我国社会在深刻变革中既生机勃勃又井然有序,实现经济、政治、文化、社会、生态和各方面发展的战略目标,就必须在全面推进依法治国的同时,更加自觉地坚持依法治国和以德治国的结合。一方面,着力构建依法治国的坚实道德基础。通过把社会主义核心价值观贯彻到法律实施的全过程,使执法司法行为既遵从法律标准又符合道德标准,既于法有据又合乎情理,获得坚实的民意基础、道义基础;通过加强公民思想道德建设,提升公民思想道德觉悟,使社会主义道德更加深入人心,进而为推进社会主义法治建设培育丰厚的道德土壤。另一方面,强化法治对以德治国的促进作用。通过深入开展法治宣传教育,增强全民法治意识,使法治中所蕴含的价值理念、道德观念深入人心;通过严格执法、公正司法,发挥法治扶正祛邪、激浊扬清的社会功能,增强人们道德自觉和道德自律,发挥法治在解决道德领域突出问题中的作用;通过发挥领导干部在全面推进依法治国中的关键性作用,带动全社会崇德向善、尊法守法。总之,就是要把道德与法律、德治与法治、以德治国与依法治国紧密结合起来,使之在治国理政中共同发挥作用。

四、正确认识和处理法治创新与法治借鉴的关系

　　坚持从本国实际出发走自己的法治道路,既不能离开本国国情、超越发

展阶段,也不能封闭僵化、无视他国走过的法治道路及其有益经验,而是必须既立足本国国情、坚持从实际出发,推进法治建设的自主创新,又以开放的态度看待其他国家法治建设的成果和经验,合理吸收和借鉴包括资本主义法治在内的人类法治文明成果,并将二者紧密衔接起来,正确处理法治创新与法治借鉴的关系。

(一)从本国实际出发,着力推进法治的自主创新

从中国实际出发,即从我国的基本国情出发,是党在领导中国革命、建设和改革中取得的一条基本经验,也是中国特色社会主义法治道路探索中的一条基本经验。一切从实际出发,就是从客观存在的、不以人的意志为转移的事实出发。"我们看问题不要从抽象的定义出发,而要从客观存在的事实出发,从分析这些事实中找出方针、政策、办法来"①。中国的实际既包括底子薄、人口多,也包括要在改革开放和实现四个现代化中必须在思想政治上坚持四项基本原则。新时代,习近平总书记在强调坚持和拓展中国特色社会主义法治道路的过程中,也明确强调要"坚持从实际出发,就是要突出中国特色、实践特色、时代特色"②。而当代中国的最大实际,就是我国仍处于并将长期处于社会主义初级阶段。

中国特色社会主义法治道路不是从天上掉下来的,也不可能是人们头脑中固有的,而是在改革开放和社会主义现代化建设的实践中开创的,是在新中国成立七十多年、中国共产党成立百年长期奋斗的基础上产生的。党的历史经验表明,中国实际决定中国道路,中国道路决定中国命运。一个国家的革命、建设和改革走什么样的道路,关系到这个国家革命、建设和改革的成败,而适合本国情况和特点的革命、建设和改革道路,只能由这个国家的革命政党领导人民自己来寻找、创造和决定,而不能由别国的政党或领导人来代替。各国无产阶级政党,必须坚持以马克思主义为指导,自己认识本

---

① 《毛泽东选集》第三卷,人民出版社 1991 年版,第 853 页。
② 《十八大以来重要文献选编》(中),中央文献出版社 2016 年版,第 186 页。

国的国情,"根据自己的经验"确定本国革命的道路。一个国家的法治道路的开辟和坚持也是如此。改革开放之初,邓小平在讲到我国法治的现状和历史时即指出:"现在的问题是法律很不完备,很多法律还没有制定出来。往往把领导人说的话当做'法',不赞成领导人说的话就叫做'违法',领导人的话改变了,'法'也就跟着改变"①。中国特色社会主义法治道路正是在这种中国特有的法治国情的基础上探索和开辟的。

半殖民地半封建的旧中国,曾是一个分散落后的自然经济和半自然经济占统治地位,经济、政治和文化的发展极端不平衡的东方大国。这是中国革命和革命胜利以后一个相当长时期内解决一切问题的基本出发点。以毛泽东同志为主要代表的中国共产党人在探索中国自己法治道路的过程中,一直同那种把马克思主义教条化和把外国经验神圣化的错误倾向进行斗争。他始终认为:"中国这个客观世界,整个地说来,是由中国人认识的,不是在共产国际管中国问题的同志们认识的。共产国际的这些同志就不了解或者说不很了解中国社会,中国民族,中国革命。对于中国这个客观世界,我们自己在很长时间内都认识不清楚,何况外国同志呢?"②只有本国的革命政党和人民群众最了解本国的社会历史状况和现实状况,最有权决定自己走什么样的道路。中国共产党正是由于坚持从中国实际出发,独立自主地运用马克思列宁主义解决中国革命问题,才找到了包括法治道路在内的适合中国情况的正确发展道路。新时期,改革开放以来,以邓小平同志为主要代表的中国共产党人在开创包括法治道路在内的中国特色社会主义道路过程中也反复强调,必须坚持从中国实际出发走自己的道路。他明确指出:"无论是革命还是建设,都要注意学习和借鉴外国经验。但是,照抄照搬别国经验、别国模式,从来不能得到成功"③。当代中国最大的实际就是我国仍处于社会主义的初级阶段。一方面,我们必须坚持而不能离开社会主义。必

---

① 《邓小平文选》第二卷,人民出版社 1994 年版,第 146 页。
② 《毛泽东文集》第八卷,人民出版社 1999 年版,第 299—300 页。
③ 《邓小平文选》第三卷,人民出版社 1993 年版,第 2 页。

须看到,我们已经建立了社会主义的基本经济制度、基本政治制度,确立了坚持以马克思主义为指导的社会主义意识形态,这是我国一切进步和发展的基础。另一方面,也必须看到,我国的社会主义社会还处在初级阶段,生产力不发达的状况没有根本改变,社会主义制度还不完善,我们必须也只能从初级阶段这一最大的实际出发、而不能离开和超越这个实际来确定自己的发展道路和发展战略。"历史和现实充分证明,无论封闭僵化的老路,还是改旗易帜的邪路,都是绝路、死路。只有中国特色社会主义道路才能发展中国、富强中国,这是一条通往复兴梦想的康庄大道、人间正道"[①]。坚持和拓展中国特色社会主义法治道路,必须始终立足中国自身发展实际,创造适合中国实际的法律制度和法治体系,坚持中国的法治立场,要更多体现中国传统法律文化的精华,更多体现中国自己法治建设的经验和法治道路探索的成果,在注重总结自己的法治经验和教训的基础上,走自主创新的法治道路,而不是简单照搬照抄其他国家的法治模式和法治经验。

(二)以开放的态度对待他国法治经验

合理借鉴人类文明成果,是新中国成立以来党提出向外国学习时始终坚持的一个正确态度。改革开放以来,针对我们过去曾经一度比较封闭、不够开放甚至有一段时间把学习外国先进技术和经验叫作"崇洋媚外",因而对我国经济和社会发展产生了不良影响的教训,邓小平尖锐地指出:"中国在历史上对世界有过贡献,但是长期停滞,发展很慢。现在是我们向世界先进国家学习的时候了",强调"关起门来,固步自封,夜郎自大,是发达不起来的"[②]。中国共产党在探索中国特色社会主义法治道路的过程中,也始终强调要正确对待包括资本主义法治文明在内的人类法治文明成果。

中国的发展、中国特色社会主义法治的创新,都离不开世界。当今世界是一个开放的世界,这是对近代以来世界经济发展历史的深刻总结。早在

---

① 《习近平总书记系列重要讲话读本》,学习出版社、人民出版社 2014 年版,第 30 页。
② 《邓小平文选》第二卷,人民出版社 1994 年版,第 132 页。

18世纪中叶，马克思、恩格斯就已经指出："资产阶级，由于开拓了世界市场，使一切国家的生产和消费都成为世界性的了"①，强调"过去那种地方的和民族的自给自足和闭关自守状态，被各民族的各方面的互相往来和各方面的互相依赖所代替了"②。世界市场的形成，使各国之间建立起了相互依赖的经济关系，促成了商品交换关系的国际化，也促进了现代法治的形成。对外开放在本质上是要解决如何对待本国发展所面临的庞大的自我运行的世界体系问题。从十月革命开始，社会主义制度的产生和发展还只有100多年的历史，社会主义制度在各方面的发展都还不够完善。而所有走上社会主义道路的国家，原来又大都是经济文化落后的国家，这也是一个客观事实。从我国的实际情况看，过去的主要问题是未能正确认识社会主义与资本主义的关系，只看到社会主义同资本主义对立和斗争的一面，而往往忽视了社会主义同资本主义还有学习、借鉴、合作和利用的一面。中国的对外开放方针不仅是对当今时代世界经济、科技发展和国际形势变化敏锐观察的基础上提出来的，而且是对当代中国社会主义发展深入思考的基础上提出来的。纵观中国的历史，凡是国力强盛、经济繁荣总是与以开放的态度对待外国的先进经验分不开的；凡是国力衰退、经济发展缓慢总是与闭关自守分不开。在对外开放问题上，"我们吃过这个苦头，我们的老祖宗吃过这个苦头。恐怕明朝明成祖时候，郑和下西洋还算是开放的。明成祖死后，明朝逐渐衰落。以后清朝康乾时代，不能说是开放"③。"中国长期处于停滞和落后状态的一个重要原因是闭关自守"④。新中国成立后，未能很快实行开放政策，这在相当长一个时期不是我们自己的原因，"人家封锁我们，在某种程度上我们也还是闭关自守"⑤。历史的经验和教训一再告诉我们，关起门来搞建设只能把自己孤立于世界之外，顺应世界发展大势必须对外开放。

---

① 《马克思恩格斯选集》第1卷，人民出版社2012年版，第404页。
② 《马克思恩格斯选集》第1卷，人民出版社2012年版，第404页。
③ 《邓小平文选》第三卷，人民出版社1993年版，第90页。
④ 《邓小平文选》第三卷，人民出版社1993年版，第78页。
⑤ 《邓小平文选》第三卷，人民出版社1993年版，第64页。

从法治文明借鉴的角度来进行思考,坚持从中国实际出发,并不等于关起门来搞法治。我们必须看到,西方资本主义国家通过长达几百年的时间进行法治建设,已经建立起比较成熟完备的法治社会,同时也创造了许多对人类社会有益的法治文明成果,积累了许多重要的经验。现代西方资本主义国家的"法治"道路多种多样,但只要是"法治"搞得比较成功的国家,都较好地实现了"法治"与本国国情的结合,也大都以开放的态度对待人类法治文明的成果,并注意吸收其他国家法治建设的经验。正确认识和对待他国有益经验,对于我国法治道路的开辟、法治理论的形成、法律制度的完善、法治文化的创新,无疑都具有重要的启示和借鉴意义。改革开放以来,中国共产党和中国政府通过对世界发达国家法治建设成果和经验的分析、批判与合理借鉴,不仅使我们更好地结合中国国情和实际学习到了许多发达国家法治建设的有益经验,而且也使我们避免了一些国家所走过的弯路,加快了中国法治建设的步伐。在立法方面,吸收和借鉴了外国的一些经验,如民商法领域中的民法总则、物权法、合同法等法律,兼采了普通法系和大陆法系国家的诸多基本制度,吸收了国际通行的立法原则,体现了契约自由、意思自治与主体平等法治精神;刑事法领域,借鉴和吸收了国外罪刑法定、公开审判等现代刑事法治的基本原则和精神;在知识产权保护的立法方面,更是借鉴国际知识产权公约和发达国家知识产权立法的先进经验;环境保护的立法也吸收了不少国外的立法经验;等等。在司法和司法改革方面,也借鉴了一些外国的有益经验和好的做法。如在司法改革中,我们强调应当以有利于人民法院更好地履行司法职责为旨归,强化司法的本我定位、保障司法的独立性、提高司法保障人权的程度、提高司法公信力等,都借鉴了司法本身的性质和功能所具有的共通性、普遍性的经验。学习借鉴不等于拿来主义,更不能照搬照抄西方法治模式,否则,只能使中国的法治建设走向邪路。

(三)坚持法治创新与法治借鉴相结合

自主创新,是中国共产党在领导人民开辟中国特色革命、建设和改革道路中始终坚持的一条原则,也是一条最重要的经验。走中国自己的法治道路同样需要坚持自主创新,坚持以我为主的方针,不能搬用任何别国法治模式。

早在新民主主义革命根据地的创建和发展中,就已经初步体现了法治创新与法治借鉴相结合的鲜明特色。新中国成立特别是改革开放以来则更加彰显了这一特色和优势。近代以来,特别是五四运动以后,中国一直有人主张要走西方资产阶级共和国的道路,主张搬用西方的所谓"两党制""多党制""议会制""三权分立"等欧美式的国家体制。抗日战争时期,毛泽东在《新民主主义论》中对当时世界多种多样的国家体制进行系统的分析和概括后,明确地提出了建设新民主主义这一创新型国家的目标,并将之与社会主义、资本主义的国家类型加以区别,他还认为,国体问题"其实,它只是指的一个问题,就是社会各阶级在国家中的地位。资产阶级总是隐瞒这种阶级地位,而用'国民'的名词达到其一阶级专政的实际"[1]。稍后,毛泽东又以《新民主主义宪政》为题发表演说,针对当时党内一些人被所谓"宪政"宣传的欺骗所迷惑,明确指出:"宪政是什么呢? 就是民主的政治。……但是我们现在要的民主政治,是什么民主政治呢? 是新民主主义的政治,是新民主主义的宪政"[2],这就将揭露"宪政"欺骗变为启发人民觉悟的一个武器。

新中国成立前夕,中国共产党为揭露了国民党全部法律的阶级实质,阐明关于废除国民党《六法全书》的必要性,提出我们所要创制的人民民主法治的基本要求。1954 年毛泽东在主持制定新中国第一部宪法时,明确提出我们的宪法要体现社会主义和民主两条原则,在第一届全国人民代表大会第一次会议上的开幕词中明确提出了"领导我们事业的核心力量是中国共产党"[3]的重大理论观点。随后,在 1957 年又针对一些人鼓吹所谓"轮流坐

---

① 《毛泽东选集》第二卷,人民出版社 1991 年版,第 676 页。
② 《毛泽东选集》第二卷,人民出版社 1991 年版,第 732 页。
③ 《毛泽东文集》第六卷,人民出版社 1999 年版,第 350 页。

庄"的言论,反复强调要坚持中国共产党的领导、坚持社会主义道路。改革开放后,邓小平曾多次公开申明中国不能搬用西方资产阶级的"多党制""议会制""三权分立"等政治体制,他在揭露资产阶级自由化思潮的本质时,更是将其提高到了坚持还是否定社会主义的政治高度。"有些人在搞煽动,使用的语言很恶毒。他们一方面反对共产党的领导,反对社会主义制度,另一方面又主张全盘西化,要把西方资本主义制度全盘搬到中国来"①。为此,邓小平明确提出并始终坚持四项基本原则,强调"四个坚持中最核心的是党的领导和社会主义。四个坚持的对立面是资产阶级自由化"②。"如果中国搞资产阶级自由化,那末肯定会有动乱,使我们什么事情也干不成,我们制定的方针、政策、路线、三个阶段发展战略的目标统统告吹。"③以江泽民、胡锦涛为主要代表的中国共产党人,在持续推进中国特色社会主义政治发展道路、提出并推进依法治国、建设社会主义法治国家的过程中,将法治创新与法治借鉴紧密结合起来,不断推进了中国特色社会主义政治和法治道路的创新。新时代,习近平总书记深刻阐述依法治国是党领导人民治理国家的基本方略、依法执政是党治国理政的基本方式,提出了关于依法治国的一系列新观点、新举措,回答了党的领导和依法治国的关系等一系列重大理论和实践问题,明确提出坚持党的领导、人民当家作主、依法治国有机统一是我国社会主义法治建设的一条基本经验,也是我国社会主义法治的本质特征。

一个时期以来,有人在鼓吹所谓"宪政""法治""普世价值"时,竟然断章取义,将毛泽东在抗日战争时期借用"宪政"一词表达新民主主义政治的观点,说成是毛泽东曾赞成"宪政"的主张,甚至以此为据宣扬其所谓"法治"的"普世性",企图混淆视听,使我们脱离中国特色社会主义法治道路,走上全盘照搬资产阶级法治的邪路。上述事实表明,中国共产党不仅在实

---

① 《邓小平文选》第三卷,人民出版社 1993 年版,第 198 页。
② 《邓小平文选》第三卷,人民出版社 1993 年版,第 324 页。
③ 《邓小平文选》第三卷,人民出版社 1993 年版,第 344 页。

际上清楚地表达了中国人民对西方资本主义国家所谓"民主""宪政""法治"的态度,而且表达了党对创制人民民主新法治的基本立场。习近平总书记一再强调搞法治要坚持从我国实际出发,但"学习借鉴不等于是简单的拿来主义,必须坚持以我为主、为我所用,认真鉴别、合理吸收,不能搞'全盘西化',不能搞'全面移植',不能照搬照抄"①,并明确提出"要向干部群众讲清楚我国社会主义法治的本质特征,做到正本清源、以正视听"②。

创新是一个民族赖以生存和发展的不懈动力。中国共产党在领导中国特色社会主义法治类型的创制过程中,始终致力于法治创新与法治借鉴的有机结合和统一,坚持以我为主、为我所用的方针,走出了具有本国特色的法治道路。依法治国基本方略的提出和实施,中国特色社会主义法治体系和法治国家目标的确立,充分体现了中国化马克思主义道路、理论、制度和文化创新的基本精神。新中国不仅在国体、政体以及立法、执法、司法等方面均有着自己的特色,而且在宪法和许多重要法律的内容上也都具有自己的特色,因而较好地解决了自主创新与合理借鉴的关系,充分彰显了我国法治道路的特殊的规律及显著优势。坚持走中国特色社会主义法治道路必须将自主创新、以我为主与分析批判、合理借鉴结合起来,既要反对教条主义,又要反对实用主义,始终坚持实事求是、群众路线、独立自主等中国化马克思主义的基本立场、观点和方法。创新需要守正,借鉴需要辨别,既要夯实属于中国自己的法治根基,又要汲取人类法治文明的精华。

---

① 《习近平关于全面依法治国论述摘编》,中央文献出版社 2015 年版,第 32 页。
② 《十八大以来重要文献选编》(中),中央文献出版社 2016 年版,第 147 页。

参考文献

经典文献：

《马克思恩格斯选集》第1—2卷，人民出版社2012年版。

《马克思恩格斯全集》第3卷，人民出版社2017年版。

《马克思恩格斯全集》第6卷，人民出版社2017年版。

《马克思恩格斯文集》第1卷，人民出版社2009年版。

《马克思恩格斯文集》第2卷，人民出版社2009年版。

《马克思恩格斯文集》第4卷，人民出版社2009年版。

《列宁选集》第2卷，人民出版社1995年版。

《列宁全集》第2卷，人民出版社1984年版。

《列宁全集》第4卷，人民出版社1984年版。

《列宁全集》第12卷，人民出版社1987年版。

《列宁全集》第13卷，人民出版社1987年版。

《列宁全集》第20卷，人民出版社1989年版。

《列宁全集》第29卷，人民出版社1985年版。

《列宁全集》第31卷，人民出版社1985年版。

《列宁全集》第34卷，人民出版社1985年版。

《列宁全集》第35卷，人民出版社2017年版。

《列宁全集》第38卷，人民出版社2017年版。

《列宁全集》第43卷，人民出版社1987年版。

《斯大林文选》上卷，人民出版社1962年版。

《毛泽东选集》第一——四卷，人民出版社1991年版。

《毛泽东文集》第六——八卷，人民出版社1999年版。

《毛泽东年谱（一九四九——一九七六）》第2卷，中央文献出版社2013年版。

《毛泽东年谱（一九四九——一九七六）》第3卷，中央文献出版社2013年版。

《毛泽东年谱（一八九三——一九四九）》（修订本）上卷，中央文献出版社2013年版。

《毛泽东年谱(一八九三——一九四九)》(修订本)中卷,中央文献出版社 2013 年版。

《毛泽东传(一九四九——一九七六)》上册,中央文献出版社 2003 年版。

《周恩来选集》上卷,人民出版社 1980 年版。

《周恩来年谱(一八九三——一九四九)》(修订本),中央文献出版社 1998 年版。

《刘少奇选集》下卷,人民出版社 1985 年版。

《刘少奇年谱(一八九八——一九六九)》上卷,中央文献出版社 1996 年版。

《建国以来刘少奇文稿》第 6 册,中央文献出版社 2008 年版。

《董必武年谱》,中央文献出版社 2007 年版。

《董必武政治法律文集》,法律出版社 1986 年版。

《董必武法学文集》,法律出版社 2001 年版。

《彭真文选(1941—1990)》,人民出版社 1991 年版。

《邓小平文选》第二卷,人民出版社 1994 年版。

《邓小平文选》第三卷,人民出版社 1993 年版。

《邓小平年谱(一九七五——一九九七)》(上),中央文献出版社 2004 年版。

《邓小平年谱(一九七五——一九九七)》(下),中央文献出版社 2004 年版。

《江泽民文选》第一——三卷,人民出版社 2006 年版。

《江泽民论有中国特色社会主义(专题摘编)》,中央文献出版社 2002 年版。

《胡锦涛文选》第一——二卷,人民出版社 2016 年版。

《习近平谈治国理政》,外文出版社 2014 年版。

《习近平谈治国理政》第二卷,外文出版社 2017 年版。

《习近平谈治国理政》第三卷,外文出版社 2020 年版。

《习近平关于全面依法治国论述摘编》,中央文献出版社 2015 年版。

《习近平总书记系列重要讲话读本》,学习出版社、人民出版社 2014 年版。

《中国共产党简史》,人民出版社、中共党史出版社 2021 年版。

《中国共产党历史(1921—1949)》第 1 卷(下),中共党史出版社 2011 年版。

《中国共产党历史(1949—1978)》第 2 卷(下),中共党史出版社 2011 年版。

《建党以来重要文献选编(1921—1949)》第 8 册,中央文献出版社 2011 年版。

《建党以来重要文献选编(1921—1949)》第 10 册,中央文献出版社 2011 年版。

《建党以来重要文献选编(1921—1949)》第 11 册,中央文献出版社 2011 年版。

《建党以来重要文献选编(1921—1949)》第 12 册,中央文献出版社 2011 年版。

《建党以来重要文献选编(1921—1949)》第 14 册,中央文献出版社 2011 年版。

《建党以来重要文献选编(1921—1949)》第 16 册,中央文献出版社 2011 年版。

《建党以来重要文献选编(1921—1949)》第 18 册,中央文献出版社 2011 年版。

《建党以来重要文献选编(1921—1949)》第 21 册,中央文献出版社 2011 年版。

《建党以来重要文献选编(1921—1949)》第 26 册,中央文献出版社 2011 年版。

《建国以来重要文献选编》第 1 册,中央文献出版社 1992 年版。

《建国以来重要文献选编》第 5 册,中央文献出版社 1993 年版。

《建国以来重要文献选编》第 8 册,中央文献出版社 1994 年版。

《建国以来重要文献选编》第 9 册,中央文献出版社 1994 年版。

《三中全会以来重要文献选编》(下),人民出版社 1982 年版。

《十二大以来重要文献选编》(上),中央文献出版社 2011 年版。

《十三大以来重要文献选编》(上),人民出版社 2011 年版。

《十四大以来重要文献选编》(上),人民出版社 1996 年版。

《十五大以来重要文献选编》(上),人民出版社 2000 年版。

《十五大以来重要文献选编》(中),中央文献出版社 2001 年版。

《十六大以来重要文献选编》(上),中央文献出版社 2005 年版。

《十六大以来重要文献选编》(中),中央文献出版社 2006 年版。

《十七大以来重要文献选编》(上),中央文献出版社 2009 年版。

《十八大以来重要文献选编》(上),中央文献出版社 2014 年版。

《十八大以来重要文献选编》(中),中央文献出版社 2016 年版。

《十九大以来重要文献选编》(上),中央文献出版社 2019 年版。

《中共中央抗日民族统一战线文件选编》(下),档案出版社 1986 年版。

习近平:《论坚持全面依法治国》,中央文献出版社 2020 年版。

著作:

俞荣根:《艰难的开拓——毛泽东的法思想与法实践》,广西师范大学出版社 1997 年版。

钟枢:《情理法的冲突与整合——周恩来的法思想与法实践》,广西师范大学出版社 1997 年版。

赵明:《探寻法的现代精神——刘少奇的法思想与法实践》,广西师范大学出版社 1997 年版。

钟枢:《划时代的转换——邓小平的法思想与法实践》,广西师范大学出版社 1997 年版。

吕世伦主编:《列宁法律思想史》,法律出版社 2000 年版。

付子堂:《马克思主义法律思想研究》,高等教育出版社 2005 年版。

公丕祥主编:《马克思主义法律思想通史》第 1 卷,南京师范大学出版社 2014 年版。

龚廷泰主编:《马克思主义法律思想通史》第 2 卷,南京师范大学出版社 2014 年版。

公丕祥、蔡通道主编:《马克思主义法律思想通史》第 3 卷,南京师范大学出版社 2014 年版。

张希坡、韩延龙主编:《中国革命法制史》,中国社会科学出版社 2007 年版。

彭光华、杨木生、宁群:《中央苏区法制建设》,中央文献出版社 2009 年版。

武树臣等:《中国传统法律文化》(下),北京大学出版社 1994 年版。

叶扬主编:《欧洲社会主义国家政治体制的理论与实践》,中共中央党校出版社 1989 年版。

《季米特洛夫选集》,人民出版社 1953 年版。

[苏]盖尔青仲:《苏联和苏俄刑事立法史料汇编》,郑华、王增润、赵涵兴译,法律出版社 1956 年版。

[法]孟德斯鸠:《孟德斯鸠法意》(上册),严复译,商务印书馆 1981 年版。

[美]孟罗·斯密:《欧陆法律发达史》,姚梅镇译,中国政法大学出版社 1999 年版。

[古罗马]西塞罗:《国家篇 法律篇》,沈叔平、苏力译,商务印书馆 1999 年版。

[古希腊]亚里士多德:《政治学》,吴寿彭译,商务印书馆 1965 年版。

韩延龙主编:《中华人民共和国法制通史》(上、下),中共中央党校出版社 1998 年版。

杨一凡、陈寒枫、张群主编:《中华人民共和国法制史》,社会科学文献出版社 2010 年版。

汪世荣等:《新中国司法制度的基石》,商务印书馆 2011 年版。

韩延龙、常兆儒编:《中国新民主主义时期根据地法制文献选编》(上),中国社会科学出版社 2013 年版。

韩延龙、常兆儒编:《革命根据地法制文献选编》(上卷),中国社会科学出版社 2013 年版。

马小红、姜晓敏:《中国法律思想史》,中国人民大学出版社 2015 年版。

孙琬钟等:《董必武法学思想研究文集》(第二辑),人民法院出版社 2003 年版。

孙婉钟主编:《共和国法治从这里启程》,知识产权出版社 2015 年版。

田克勤:《国共关系论纲》,东北师范大学出版社 1992 年版。

田克勤:《邓小平理论体系研究》,东北师范大学出版社 1997 年版。

田克勤等:《中国共产党与二十世纪中国社会的变革》,中共党史出版社 2004 年版。

田克勤:《马克思主义中国化的理论轨迹》,中共党史出版社 2006 年版。

张文显:《二十世纪西方法哲学思潮研究》,法律出版社 2006 年版。

张中秋:《中西法律文化比较研究》(第 4 版),法律出版社 2009 年版。

中共中央政法委员会编:《社会主义法治理念读本》,中国长安出版社 2009 年版。

蒋传光:《新中国法治简史》,人民出版社 2011 年版。

蒋立山:《法律现代化:中国法治道路问题研究》,中国法制出版社 1970 年版

张恒山等:《法治与党的执政方式研究》,法律出版社 2004 年版。

何勤华等:《法治的追求:理念、路径和模式的比较》,北京大学出版社 2005 年版

李步云:《论法治》,社会科学文献出版社 2008 年版。

卓泽渊:《法治国家论》,法律出版社 2008 年版。

封立霞:《政党、国家与法治》,人民出版社 2008 年版。

杨绍华:《科学执政 民主执政 依法执政——中国共产党执政方式问题研究》,人民出版社 2008 年版。

严存生：《法治的观念与体制——法治国家与政党政治》，商务印书馆 2013 年版。

李贵连：《法治是什么——从贵族法治到民主法治》，广西师范大学出版社 2014 年版。

王利明：《法治：良法与善治》，北京大学出版社 2015 年版。

张松辉、张景：《韩非子译注》第 4 辑，上海三联书店 2014 年版。

李婧：《中国特色社会主义法律体系构建研究》，东北师范大学出版社 2010 年版。

李龙：《中国特色社会主义法治理论体系纲要》，武汉大学出版社 2012 年版。

赵春燕：《最初的理想——新中国建国初期的法制话语与实践》，法律出版社 2012 年版。

李步云：《中国法治之路》，社会科学文献出版社 2013 年版。

江必新：《法治中国的制度逻辑与理性建构》，中国法制出版社 2014 年版。

周晓露：《商君书译注》，上海三联书店 2014 年版。

李林：《中国的法治道路》，中国社会科学出版社 2016 年版。

田克勤、李婧：《邓小平与中国特色社会主义》，中国人民大学出版社 2016 年版。

李婧：《中国特色社会主义法律体系的完善和发展研究》，人民出版社 2016 年版。

迟方旭：《毛泽东对中国法治建设的创造性贡献》，中国社会科学出版社 2016 年版。

戴木才：《中国共产党如何依法执政》，江西教育出版社 2017 年版。

冯玉军：《中国法治的道路与特色》，中国社会科学出版社 2017 年版。

李林等：《中国法治 1978—2018》，社会科学文献出版社 2018 年版。

张金才：《中国法治建设 40 年（1978—2018）》，人民出版社 2018 年版。

《习近平法治思想概论》编写组：《习近平法治思想概论》，高等教育出版社 2021 年版。

论文：

吕世伦：《列宁社会主义法制建设的理论和实践》，《马克思主义研究》1983 年第 1 期。

杜艳钧：《苏联法制建设的历史沿革及其经验教训》，《苏联东欧问题》1988 年第 1 期。

公丕祥：《中国传统法律文化与义务本位》，《学习与探索》1991 年第 6 期。

蒋立山：《中国法治道路初探》，《中外法学》1998 年第 3—4 期。

杨立新：《论中国传统法治中的依法治国思想》，《辽宁教育学院学报》1998 年第 4 期。

刘新：《黄宗羲民主法治思想评析》，《法学家》2001 年第 2 期。

高鸿钧：《先秦和秦朝法治的现代省思》，《中国法学》2003 年第 5 期。

孙光妍、于逸生：《苏联法影响中国法制发展进程之回顾》，《法学研究》2003 年第 1 期。

于敏、马小红:《中国传统法在法的现代化进程中的几个问题的研究》,《法制与社会发展》2003 年第 4 期。

张文显:《社会主义法治理念导言》,《法学家》2006 年第 5 期。

张述周:《列宁对社会主义法治国家建设的构想》,《当代世界与社会主义》2007 年第 6 期。

李春明:《传统"法治"文化与当代中国公众的法律认同》,《东岳论丛》2007 年第 6 期。

张文显:《论中国特色社会主义法治道路》,《中国法学》2009 年第 6 期。

周叶中:《关于中国特色社会主义法治道路的几点认识》,《法制与社会发展》2009 年第 6 期。

刘旺洪:《现代化范式与中国法理学的"理想图景"》,《北方法学》2009 年第 1 期。

李婧、田克勤:《马克思主义法律思想中国化的历史进程及其经验启示——基于中国特色法律体系构建的视角》,《马克思主义研究》2009 年第 9 期。

程燎原:《中国法治思想的"突破"》,《法商研究》2011 年第 3 期。

杨宝成:《党探索和推进中国特色社会主义法治之路的艰辛历程与基本经验》,《中国浦东干部学院学报》2012 年第 2 期。

孙谦:《走中国特色社会主义法治道路》,《求是》2013 年第 6 期。

李婧、田克勤:《中国特色社会主义制度的历史由来和创新发展——以宪法及其修正案为分析视角的思考》,《马克思主义研究》2013 年第 8 期。

王会军、李婧:《社会主义法治理念的理论溯源——对马克思主义经典作家法治思想的认识与思考》,《思想理论教育》2013 年第 11 期。

张文显:《运用法治思维和法治方式治国理政》,《社会科学家》2014 年第 1 期。

王淑芹、刘畅:《德治与法治:何种关系》,《伦理学研究》2014 年第 5 期。

蒋青青、李婧:《毛泽东宪法思想及其当代价值》,《思想理论教育导刊》2014 年第 7 期。

王乐泉:《坚持和发展中国特色社会主义法治理论》,《中国法学》2015 年第 5 期。

李婧:《传统法治思想的基本内涵及其当代价值》,《求索》2015 年第 12 期。

张文显:《习近平法治思想研究(中)——习近平法治思想的一般理论》,《法制与社会发展》2016 年第 3 期。

李婧:《中国特色社会主义法治的红色基因探源》,《思想理论教育导刊》2016 年第 10 期。

魏伦、李婧:《改革开放初期中国共产党对法治的认识及其当下价值》,《思想理论教育》2016 年第 12 期。

李婧、田克勤:《改革开放以来中国特色社会主义政治建设的持续推进与创新》,《马克思主义研究》2018 年第 11 期。

李婧:《新时代全面推进依法治国必须正确认识和处理的几个重大关系》,《马克思主义研究》2021 年第 3 期。

李建国:《全面推进依法治国的总目标》,《人民日报》2014 年 11 月 5 日。

栗战书:《坚持走中国特色社会主义法治道路》,《人民日报》2014 年 11 月 10 日。

李君如:《坚持中国特色社会主义法治道路要处理好的六个重大关系》,《天津日报》2014 年 11 月 10 日。

王立明:《坚定不移走中国特色社会主义法治道路》,《光明日报》2014 年 11 月 19 日。

李林:《党的领导是中国特色社会主义法治之魂》,《人民日报》2015 年 4 月 2 日。

袁曙宏:《全面推进依法治国》,《光明日报》2012 年 11 月 22 日。

李德顺:《论民主与法治不可分——"法治中国"的几个基本理念之辨》,《中共中央党校学报》2017 年第 1 期。

公丕祥:《新中国 70 年社会主义法治建设的成就与经验》,《光明日报》2019 年 8 月 23 日。

后　记

本书是我主持完成的国家社会科学基金项目"中国共产党探索中国特色社会主义法治道路的历程与经验研究"（批准号：2015BDJ025）的最终研究成果。自课题获批立项以来，课题组多次召开研讨会，研究确定项目的研究思路，落实研究计划和任务分工，并基本按照原定计划开展项目研究。课题组成员对已有的相关研究资料进行了大量的较为全面的跟踪、收集并进行分类整理和分析，课题组成员还就项目研究的主要内容先后赴北京、上海、深圳、江西、四川、甘肃等地的高校、理论研究机构以及司法部门等进行了相关调研，掌握了较为丰富的研究资料，并深入研究了马克思主义、中国化马克思主义经典文献，为在理论上继续深入研究本课题做了重要准备。其间，课题负责人及主要成员相继撰写并在《马克思主义研究》《社会科学战线》《思想理论教育导刊》《思想理论教育》等 CSSCI 以上刊物发表《中国特色社会主义法治的红色基因探源》《传统法治思想的基本内涵及其当代价值》《改革开放初期中国共产党对法治的认识及其当下价值》《改革开放初期创制党的建设法规制度的历史考察》《改革开放以来中国特色社会主义政治建设的持续推进与创新》等阶段性成果 10 余篇，其中有的被人大报刊复印资料全文转载，有的获得省级社科成果奖励，有的转化为学术讲座进行交流，产生了一定的社会影响。

本书亦是作者围绕"中国特色社会主义法治理论与实践"这一方向持续多年开展研究，主持国家社科基金重大项目"中国特色社会主义理论体系研究"子课题、"马工程"重大项目"中国特色社会主义进入新时代研究"

子课题、教育部人文社科规划基金项目"科学发展观视阈下中国特色社会主义法律体系的完善和发展研究"等省部级以上多项课题,相继撰写并发表相关论文 20 余篇,为研究生开设"马克思主义法律思想研究专题""中国特色社会主义法治理论与实践专题""中国道路专题研讨"等课程,出版个人学术著作《中国特色社会主义法律体系构建研究》《中国特色社会主义法律体系的完善和发展研究》,合著《邓小平与中国特色社会主义》《中国特色社会主义理论体系新论》等多部学术著作的基础上,对中国特色社会主义法治道路探索这一重大理论与实践问题进行整体性研究撰写的一部著作。本书立足于中国革命、建设和改革百年历史发展的大背景,以百年来中国共产党对法治在治国理政中地位和作用的认识为主线,其目的在于深入探寻中国特色社会主义法治道路的历史轨迹,分析和总结中国法治发展的经验与教训,进而揭示中国特色社会主义法治道路的历史必然性,坚定走中国特色社会主义法治道路的自觉和自信,为推进中国特色社会主义法治的理论研究和教育教学贡献自己的绵薄之力。

本书付梓之际,特别要感谢恩师田克勤先生为课题研究和书稿撰写贡献的智慧和心血。先生作为中共党史和马克思主义中国化研究学科的带头人,不仅支持本人申报课题并全过程参与了本课题的指导工作,而且亲自为书稿把关定向、释疑解惑。可以说,没有先生的鼎力支持和帮助,课题研究和书稿撰写是不可能顺利完成的。借此向先生表达深深的敬意和诚挚的感谢!

本书的出版得到了东北师范大学马克思主义学部学术著作出版基金的资助,人民出版社赵圣涛编辑为本书的出版提供了诸多支持。本人指导的博士生刘晓慧、张鹭、王亚新、张雅琪、崔守滨、岳子琪、窦莹莹、蔡芳,硕士生王霞在前期文献资料的收集整理以及书稿的校对方面提供了诸多切实的帮助。在此,一并表示衷心感谢!

中国特色社会主义法治道路的研究,涉及中共党史、中华人民共和国国史、中国近现代史、马克思主义理论、法理学、政治学等诸多学科领域,既需要有深厚的学术积累,又需要有宽阔的学术视野,还需要掌握跨学科的研究方法,由于本人学识水平有限,书中难免存在诸多不足,敬请同行专家及各位读者批评指正。

李　婧

2021 年 12 月 17 日

责任编辑:赵圣涛
封面设计:王欢欢
责任校对:吕　飞

图书在版编目(CIP)数据

中国特色社会主义法治道路探索的历程与经验研究/李婧 著. —北京:
　人民出版社,2021.12
ISBN 978－7－01－024416－7

Ⅰ.①中…　Ⅱ.①李…　Ⅲ.①社会主义法治-研究-中国　Ⅳ.①D920.0

中国版本图书馆 CIP 数据核字(2021)第 276084 号

中国特色社会主义法治道路探索的历程与经验研究

ZHONGGUO TESE SHEHUI ZHUYI FAZHI DAOLU TANSUO DE LICHENG YU JINGYAN YANJIU

李　婧　著

人民出版社 出版发行
(100706　北京市东城区隆福寺街 99 号)

中煤(北京)印务有限公司印刷　新华书店经销

2021 年 12 月第 1 版　2021 年 12 月北京第 1 次印刷
开本:710 毫米×1000 毫米 1/16　印张:21.5
字数:350 千字

ISBN 978－7－01－024416－7　定价:79.00 元

邮购地址 100706　北京市东城区隆福寺街 99 号
人民东方图书销售中心　电话 (010)65250042　65289539